信托公司资产管理和服务法律风险全解析

55个风险点与投资建言

胡松松
赵意奋
施　周
著

法律出版社 LAW PRESS · CHINA
北京

图书在版编目（CIP）数据

信托公司资产管理和服务法律风险全解析：55个风险点与投资建言 / 胡松松，赵意奋，施周著. -- 北京：法律出版社，2025. -- ISBN 978-7-5244-0094-3

Ⅰ. D922.291.914

中国国家版本馆CIP数据核字第20251H0N28号

信托公司资产管理和服务法律风险全解析
——55个风险点与投资建言

XINTUO GONGSI ZICHAN GUANLI HE FUWU FALÜ FENGXIAN QUANJIEXI
— 55 GE FENGXIANDIAN YU TOUZI JIANYAN

胡松松
赵意奋 著
施　周

策划编辑 翁潇潇
责任编辑 翁潇潇
装帧设计 苏　慰

出版发行 法律出版社
编辑统筹 法规出版分社
责任校对 张翼羽
责任印制 耿润瑜
经　　销 新华书店

开本 710毫米×1000毫米　1/16
印张 23　　**字数** 342千
版本 2025年5月第1版
印次 2025年5月第1次印刷
印刷 北京盛通印刷股份有限公司

地址：北京市丰台区莲花池西里7号(100073)
网址：www.lawpress.com.cn
投稿邮箱：info@lawpress.com.cn
举报盗版邮箱：jbwq@lawpress.com.cn
销售电话：010-83938349
客服电话：010-83938350
咨询电话：010-63939796

书号：ISBN 978-7-5244-0094-3
定价：78.00元

前　　言

一、研究起点

相较于传统的银行业务、保险业务，信托是风险更高的金融业务。信托项目无法按照约定兑付的情况常有发生，信托投资公司和投资者之间的纠纷由此产生。投资者诉信托投资公司的事实和理由中以信托投资公司未尽履职义务最为突出。作为长期关心信托实务的律师，我们非常想搞清楚信托投资公司是如何在实务中因为履职疏忽引发诉讼。故我们有了对信托纠纷系统梳理的愿望。

本书着手的时候又恰逢中国银保监会发布《关于规范信托公司信托业务分类的通知》（银保监规〔2023〕1 号），信托业务从此进入三分类（资产服务信托、资产管理信托、公益慈善信托）时期。资产管理信托和资产服务信托两类业务是信托投资公司最重要的业务，公益慈善信托业务相对较少，涉诉案件更是寥寥。我们决定把重点放在资产管理信托和资产服务信托的案件分析和风险梳理上。

我们在前期做了大量的准备工作，主要对目前我国关于信托业务的法律法规、监管文件进行了梳理。继而，把主要精力放在案例研究上，试图从案件梳理中发现问题。

二、公开案例检索情况

我们在阿尔法数据库内对以“营业信托纠纷”为案由的民事案件进行全面检索，截至 2023 年 5 月 30 日（以 2023 年 6 月 1 日《关于规范信托公司信托业务分类的通知》正式实施为时间界限），共检索到已发布的各类裁判文书共计 991 份。对 991 份裁判文书逐一阅读、分析与整理，并按照裁判文书的类型及案件的争议焦点进行分类。

从裁判文书类型来看，民事判决书共占 41%（407 件），调解结案案件 7%（69 件），管辖权异议案件、财产保全案件等裁定书共占 52%（515 件）。在 407 件判决书中涉及委托人诉信托公司违反约定未履行或不当履行受托义务的共 381 件，其中一审判决书 237 份，二审判决书 143 份，再审判决书 1 份。

从审判程序来看，一审案件占比 67%（666 件），二审案件占比 21%（209 件），再审案件占比 6%（58 件），发回重审及重审后的二审、再审案件占比 6%（58 件）。

从审理法院来看，其中最高人民法院 26 件；北京市高级人民法院 31 件，北京金融法院 29 件，北京市第二、三、四中级人民法院共 30 件，北京市其他基层法院共 203 件；上海高级人民法院 15 件，上海金融法院 38 件，上海第一、二中级人民法院共 11 件，上海市其他基层法院共 154 件；其他省市高级人民法院共 60 件，其他省市中级人民法院共 241 件，其他基层法院 153 件。

除此之外，为了不让样本有所疏漏，又对全国 67 家信托投资公司通过企查查检索营业信托涉诉案件。经逐一筛选，将同一案件一审、二审、再审程序的裁判文书归并，算作一个案例；不同委托人就同一信托产品提起相似诉讼的裁判文书择一个案例参考，审理法院涉及基层人民法院、中级人民法院、高级人民法院、最高人民法院及专门法院各个层级法院。基于以上标准将 991 份裁判文书重新归类，并以出现的风险点挑选最经典的案例、具有参考价值的信托公司受托履职涉诉案件进行详细分析，部分案件涉及多个风险点，部分风险点多个案件均有涉及。

三、本书的体例

本书共分为上下两编。

上编为资产管理和资产服务信托公司法律风险和投资者涉诉风险总述，共有四章内容。其一，主要对资产管理和资产服务信托业务的法律背景进行了详细研究，试图总体上展示两大信托业务是在法律法规和监管文件框架下开展的，受到司法理念和监管理念的影响，明确信托业务的投资者较普通投资者有更多的注意义务。其二，对信托投资公司资产管理和资产服务信托业务受托履职的主要法律风险进行了系统分析，并以案例列举形式佐证观点，以期更具说服力。其三，对信托投资公司两大业务履职提出了法律建议。信托投资公司应按照业务三分类监管要求开展资产管理信托业务和资产服务业务,全面履职,充分了解投资者并做到卖者尽责、依法合规信息披露、拒绝刚性兑付,尽到谨慎投资和善良管理人义务等。其四,对资产管理和资产服务投资者的涉诉风险进行详细分析,并提出总体建议。

下编为分述部分。主要对38个案件逐一分析风险点,以信托业务不同阶段为顺序,从信托项目审查和决策阶段(26个风险点)、项目销售和发行阶段(7个风险点)、项目投后管理阶段(19个风险点)、项目清算阶段(3个风险点)四个阶段共梳理了业务中的55个风险点。每一个风险点包括基本法理、参考案例、风险提示和投资建言四个部分。部分风险点的参考案例引用为同一个。

四、研究期待

关于法律风险,本书主要是写给信托投资公司和投资者的。

期待本书能够为信托投资公司提供受托履职的思路。个案的裁判结果存在差异,信托公司在诉讼过程大部分取得了胜诉的结果,但通过个案的梳理发现规律,或从胜诉的案件窥见业务开展中存在的问题,为信托投资公司依法受托履职提供借鉴。在梳理的案例中,投资者的诉讼请求大部分没有得到支持,换言之,信托投资公司的抗辩成立的较多。但是,进入诉讼本身就是一种风险,如果投资者确实找不到一点理由,提起诉讼成本过高,应该也会放弃诉讼;或者法院很快能够查明事实作出判决。但是在梳理的涉诉案件中,信托投资公司存在疏漏较多,虽和项目最终失败无关。下编中每一个风险点都有1个参考案例,有些风险点的案例重复,但反过来采用的38个参考案件基本都涉及一个以上的风险点。其中一个案件中最多涉及九个风险点①,包括:无法证明尽到卖者尽责的风险;路演文件中载明却在正式文件

---

① 韩某与某信托公司营业信托纠纷案,参见北京市西城区人民法院民事判决书,(2021)京0102民初24974号。该案可以从天眼查关于该信托公司的司法案件中获取;可参见《300万血本无归！法院判信托公司赔偿投资人75%本金!》,载搜狐网2024年3月5日,https://www.sohu.com/a/762041701_121123913;参见《中融信托败诉,投资者反转获赔案分析》,载微信公众号"北京汉盛律师事务所"2023年12月29日,https://mp.weixin.qq.com/s/0t015h4o3VUHprdyKZzytw。详见风险三十的参考案例中关于资金投向集中度过高的风险属于资金投向违反信托合同约定风险的一种具体表现,受托人未对具体锁定期限进行提示的风险为未充分履行投后信息披露义务的具体表现,不在下编风险点另行分析。

中未履行告知义务的风险；项目投后不以投资者利益最大化为原则的变更风险；资金投向违反信托合同约定的风险；投资项目不符合信托目的风险；信息披露、通知未按合同约定执行的风险；忽略风险控制等独立运作职能的风险；资金投向集中度过高的风险；受托人未对具体锁定期限的进行提示的风险。有四个案例分别涉七个风险点[①]：未合理尽到尽职调查义务的风险；项目开展中部分信托文件委托人未签字的风险；签署的难以实际履行的相关信托文件可能成为受益人等声称信托合同无效理由的风险；推介中夸大收益的法律风险；将委托人和受益人沉默不作表态视作同意，构成信托公司违约之风险；项目投后不以投资者利益最大化为原则的变更风险；未尽清算义务承担责任的风险。

期待为规范信托业提供思路。根据公开渠道可检索的司法判例，对案由为“营业信托纠纷”（个别案由为损害赔偿纠纷）的案件进行汇总，以信托项目的具体流程为时间轴，对比分析容易发生争议的环节，梳理涉诉风险点和法院对此的裁判标准，筛选具有代表性的案件进行案例分析，旨在还原信托项目各个环节的涉诉风险，从司法认定和争议解决的角度来充分剖析何谓“卖者尽责”，为进一步规范信托展业提供帮助。信托投资公司从业中应重视并避免高发的风险点。从 38 个案例涉及的 55 个典型性风险点看，其中有 23 个案件涉及信息披露、通知未按合同约定执行的风险；涉及关于项目投后不以投资者利益最大化为原则的变更风险的共有 12 个案件；金融理财产品销售机构未尽适当性义务的风险（含推介中夸大收益的法律风险）的共有 11 个案件；涉及未合理尽到尽职调查义务的风险的有 9 个案件。

期待投资者从中进一步明确买者自负的金融理念。本书原计划从信托投资公司履职的角度展开分析的，但在案例分析中，强烈地感受到投资者本

① 这四个案例分别为：某万证券公司与某信托公司营业信托纠纷案，参见北京金融法院民事判决书，（2021）京 74 民终 430 号。李某伟与某信托公司营业信托纠纷案，参见最高人民法院民事判决书，（2018）最高法民终 173 号；最高人民法院民事裁定书，（2019）最高法民申 2689 号。某研究院与工行某省分行、华某信托公司、博某公司金融委托理财合同纠纷案，参见湖南省长沙市中级人民法院民事判决书，（2021）湘 01 民终 4584 号。某旗服饰公司与某信托公司营业信托纠纷案，参见北京金融法院民事判决书，（2022）京 74 民终 415 号。

身忽略风险、难以承受投资损失的情形大量存在。每一个案例都是一体两面，通过涉诉案件分析同样可以给投资者以经验总结。所以，本书增加了对投资者的涉诉风险分析和建议，并在每一个风险点中专列投资建言。信托业务的投资者有严格的准入门槛，故有合格投资者之称。但是在很多案例中，投资者中存在一些普遍现象，比如：不认真仔细阅读合同或签订合同不规范，对涉及自身义务和责任的条款没有引起重视，甚至希望业务经理帮助签字等不规范的行为等。我们期待通过参考案例的具体展示，投资者能够充分理解合格投资者的注意义务和自我保护意识，法律不会保护躺在权利上睡觉的人。同时，期待信托投资者有买者自负的勇气！

五、写在最后

本书写作历时两年，过程确实艰难。三位作者分工协作，每一个内容一再推敲、讨论、行文、再讨论、改进……有些案件在写作中出现了二审、再审，又重新调整。又恰逢我国法院案例库的改革，初期通过阿尔法数据库检索案例，为了所有案例都能公开查询，对所有引用案例进行核对，除了个别案例用网页等形式注释，大部分案例确保能在人民法院案例库或裁判文书网查询到。

特别需要感谢的是法律出版社和本书编辑翁潇潇老师。如前文所述，本书主要是从信托投资公司受托履职的视角展开的，但在交了初稿之后，三位作者觉得案例分析中对投资者同样有很多话要说。那么，何不借机一并表达？所以在翁老师已经审完第一稿并给出了详细的修改意见后，我们又改变了体例。在上编部分加入了投资者涉诉风险和建议，在下编的每一个风险点分析中专门加了投资建言板块。这是一个很大的改变，给出版社和翁老师增加了沉重的工作量。抱歉难以说尽，感激无以言表！

书已经写成，但研究并未结束。我们依然会努力前行，在实践中发现问题、提出建议。

胡松松

2025 年 3 月 3 日于浙江宁波

缩略语表

法律文件全称	简称
《中华人民共和国民法典》	《民法典》
《中华人民共和国信托法》	《信托法》
《中华人民共和国证券法》	《证券法》
《中华人民共和国民法总则》	《民法总则》(已废止)
《中华人民共和国合同法》	《合同法》(已废止)
《中华人民共和国继承法》	《继承法》(已废止)
《中华人民共和国侵权责任法》	《侵权责任法》(已废止)
《最高人民法院关于适用〈中华人民共和国合同法〉若干问题的解释(二)》	《合同法司法解释(二)》(已废止)
《最高人民法院关于适用〈中华人民共和国民事诉讼法〉的解释》	《民事诉讼法解释》
《最高人民法院关于适用〈中华人民共和国民法典〉合同编通则若干问题的解释》	《民法典合同编通则司法解释》
《关于规范金融机构资产管理业务的指导意见》	《资管新规》
《全国法院民商事审判工作会议纪要》	《九民纪要》
《全国法院金融审判工作会议纪要(征求意见稿)》	《金融会议纪要(征求意见稿)》
《关于加强规范资产管理业务过渡期内信托监管工作的通知》	37号文

续表

法律文件全称	简称
《关于〈关于规范信托公司信托业务分类的通知〉实施后行业集中反映问题的指导口径(一)》	《指导口径》
《信托公司集合资金信托计划管理办法》	《集合资金办法》
机关全称	**简称**
中国银行业监督管理委员会	银监会
中国银行保险监督管理委员会	银保监会
中国证券监督管理委员会	证监会

目　录

·上　编·

资产管理和资产服务信托公司法律风险和投资者涉诉风险总述

·下　编·

信托公司受托履职法律风险分述——以资产管理业务和资产服务业务为核心

上　编

资产管理和资产服务信托公司法律风险和投资者涉诉风险总述

第一章 资产管理和资产服务法律背景研究

信托公司受托履职风险频发，不仅表现在监管过程中信托公司因违规履职受到行政处罚，还表现在民事诉讼纠纷中其常因未谨慎履职而被投资者要求承担民事责任。信托公司的信托业务正式进入三分类（资产服务信托、资产管理信托、公益慈善信托）时代，对不同受托业务提出了更为严格的履职要求。鉴于此，为提高信托公司的法律风险防范能力，有必要对其受托履职法律风险进行全面梳理。①

一、信托公司信托业务监管背景

2023 年 6 月，信托业务正式进入三分类合规经营阶段。此前，信托作为金融的重要板块，其金融功能定位在司法审判实务中不断受到重视。金融监管的理念逐渐渗透金融司法审判。

（一）信托业务新分类合规经营的时代来临

根据 2023 年银保监会发布的《关于规范信托公司信托业务分类的通知》（银保监规〔2023〕1 号）第 2 条规定，信托业务分为三大类共 25 个品种（见图 1-1），每类业务要求不同，不可混淆。

① 关于信托公司受托履职中的法律风险受到实务界的关注，比如兰台律师事务所 2022 年 6 月到 7 月在其公众号发表了《信托公司受托履职责任涉诉风险研究报告》系列，报告主要对信托业务不同阶段法律风险的典型案例进行了分析，该所的专业报告对本书研究的开启有比较大的启发。

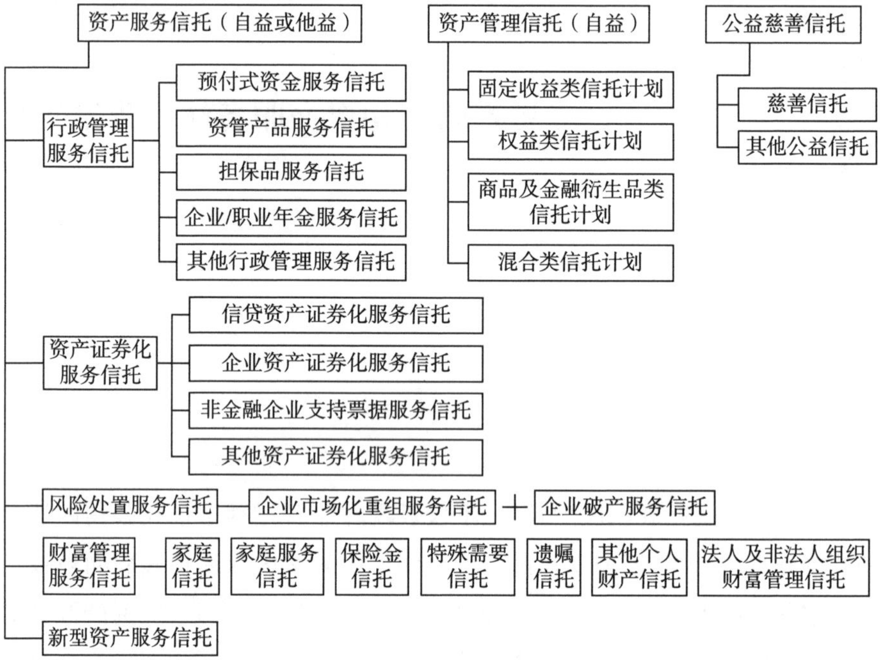

图 1-1　信托业务分类

根据该业务分类，信托公司应该明确分类标准，按照服务内容的具体差异，对信托业务进行细分，禁止变相开展违规业务；在穿透基础上，按“实质重于形式”原则对信托业务进行分类。

（二）脱虚向实、支持实体经济的金融功能定位

党的二十大报告指出：“深化金融体制改革，建设现代中央银行制度，加强和完善现代金融监管，强化金融稳定保障体系，依法将各类金融活动全部纳入监管，守住不发生系统性风险的底线。”中国人民银行货币政策委员会在 2022 年第四季度例会也明确提出，加大稳健货币政策实施力度，要精准有力，发挥好货币政策工具的总量和结构双重功能，着力稳增长、稳就业、稳物价，着力支持扩大内需，着力为实体经济提供更有力支持。2023 年 12 月召开的中央经济工作会议提出，继续实施积极的财政政策和稳健的货币政策，稳健的货币政策要精准有力。为牢牢守住不发生系统性金融风险的底线，坚定不移走中国特色金融发展之路，实现金融高质量发展，国务院将继续实施稳健的货币政策、全面加强和完善金融监管、进一步加大金融支持实体经

济力度、不断深化金融改革和对外开放、积极稳妥防范化解金融风险。

习近平总书记深刻指出:“金融要为实体经济服务,满足经济社会发展和人民群众需要。”刘贵祥指出:“牢固树立服务实体经济理念。”服务实体经济,是金融的天职。防止金融脱实向虚,是各国金融治理都要面对和解决的难题。维护国家金融安全、促进金融服务实体经济,是金融审判职能作用的一体两面,不可偏废。人民法院在金融民商事审判中,可以金融服务实体经济为价值本源,既依法支持金融监管部门对金融服务科技创新、先进制造业、战略性新兴产业、绿色发展以及普惠金融所采取的一系列重大举措,又依法支持监管部门抑制金融脱实向虚的监管政策、监管导向、监管措施。服务实体经济,要依法保障和促进直接融资。①

在鼓励金融脱虚向实、金融支持实体经济的背景下,司法审判中重视审查信托产品相关的真实性交易背景。比如,信托结构的效力要求其严格按照金融监管要求,若违反监管要求,则可能被穿透后否定信托结构的效力。以(2020)京民终36号某建设公司等与佛山市某公司金融借款合同纠纷案为例,该案体现了上述金融支持实体经济的功能定位:

(1)法院将规避监管要求的单一资金信托+信托贷款的结构穿透识别为委托贷款关系,信托结构形式被否定。

在该案中②,对于如何判断成立信托贷款关系还是委托贷款关系,北京

---

① 参见刘贵祥:《关于金融民商事审判工作中的理念、机制和法律适用问题》,载《法律适用》2023年第1期。

② 某建设公司等与佛山市某公司金融借款合同纠纷案二审民事判决书(2020)京民终36号,该案的简要案情:佛山某公司(委托人)与某信托公司(受托人)签订《资金信托合同》。佛山某公司将其合法拥有的资金委托给某信托公司,由某信托公司以自己名义按照《信托贷款合同》的约定向某建设公司发放信托贷款,贷款金额为44000万元,期限为1年,共365天,为担保某建设公司偿还借款,四主体提供连带责任保证担保。同时,某信托公司(贷款人)与某建设公司(借款人)签署《信托贷款合同》,约定某信托公司同意根据《信托贷款合同》的约定,以自己的名义,为本信托的受益人佛山某公司的利益,以本信托项下的信托资金为限向某建设公司发放贷款。后因某建设公司未按约定还款而讼争。北京市高级人民法院认为:根据现行法律,人民法院应认定出资人与金融机构间成立信托贷款关系,出资人与金融机构、用资人之间按有关委托贷款的要求签订有委托贷款协议的,人民法院应认定出资人与金融机构间成立委托贷款关系;但该案中《资金信托合同》和《信托贷款合同》对于信托的约定并不是信托法意义上的信托形式,案涉委托贷款合同关系实质是作为委托人的佛山某公司与作为借款人的某建设公司之间的民间借贷。同时,佛山某公司发放的4.4亿元借款非自有资金,某建设公司亦明知这一事实。故依据《最高人民法院关于审理民间借贷案件适用法律若干问题的规定》(法释〔2015〕18号)第14条第2项的规定,案涉合同应属无效。合同被确认无效后,某建设公司应将案涉借款本金4.4亿元返还给佛山某公司,并赔偿佛山某公司的利息损失等。

市高级人民法院基于《信托法》以及《贷款通则》的规定，认定："出资人与金融机构间签订委托贷款协议后，由金融机构自行确定用资人的，人民法院应认定出资人与金融机构间成立信托贷款关系。出资人与金融机构、用资人之间按有关委托贷款的要求签订有委托贷款协议的，人民法院应认定出资人与金融机构间成立委托贷款关系。"

案涉当事人虽未签订委托贷款协议，但佛山某公司、某信托公司与某建设公司对于《资金信托合同》《信托贷款合同》均属知悉，委托人佛山某公司提供资金，某信托公司对佛山某公司确定的借款人(某建设公司)代为发放、协助监督使用并收回贷款，某信托公司收取手续费且不承担贷款风险，故法院认定：佛山某公司、某信托公司与某建设公司签订《资金信托合同》《信托贷款合同》实际构成的是委托贷款关系。

该认定同时体现出法院通过穿透式审判思维，查明当事人的真实意思，探求真实法律关系。

(2)该案资金出借适用民间借贷的规定。基于当事人之间成立委托贷款关系，北京市高级人民法院进一步认定上述佛山某公司出借资金给某建设公司实际构成民间借贷法律关系，该观点与(2016)最高法民终124号最高人民法院公报案例等观点一致。[①] 据此，该案资金出借适用民间借贷相关规定规制。

(3)佛山某公司通过资金倒腾"实现"自有资金的要求，规避对自有资金来源的审查。

信托投资人认购信托须以自有资金进行。该案二审法院在监管层面已认定信托资金实际源于银行，并通过企业账户的划转流入佛山某公司，最终由佛山某公司用于信托投资。

此案情或许也是该案二审法院认定《资金信托合同》《信托贷款合同》属

---

① 参见(2016)最高法民终124号最高人民法院公报案例裁判摘要：委托人、受托银行与借款人三方签订委托贷款合同，由委托人提供资金，受托银行根据委托人确定的借款人、用途、金额、币种、期限、利率等代为发放、协助监督使用并收回贷款，受托银行收取代理委托贷款手续费，并不承担信用风险，其实质是委托人与借款人之间的民间借贷。委托贷款合同的效力，委托人与借款人之间的利息、逾期利息、违约金等权利义务均应受有关民间借贷的法律、法规和司法解释的规制。

无效，当事人之间成立民间借贷关系的关键。该认定亦反映出司法审判与监管理念的协同，助力金融风险防范。

(4)该案相关交易合同非因属通道业务而无效。佛山某公司利用贷款资金提供民间借贷，违反民间借贷司法解释有关合同效力的规定，导致《资金信托合同》《信托贷款合同》无效。合同无效对“借款”利率以及“担保”责任的承担产生进一步影响。①

(三)金融监管和金融司法审判协同治理的背景

党的十八大以来，各级人民法院以习近平新时代中国特色社会主义思想武装头脑、指导实践、推动工作，在服务党和国家经济社会发展大局、维护金融秩序、保护金融消费者及中小投资者合法权益、守护社会公平正义、保障金融安全等方面发挥重大作用，取得显著成效。各级人民法院必须深刻领会、牢牢把握习近平新时代中国特色社会主义思想，坚持中国特色社会主义法治道路，全面贯彻落实党的二十大精神及中央经济工作会议等的重大决策部署，确保党中央的重大决策部署到哪里，金融审判工作就跟进到哪里；更加自觉地站稳以人民为中心的根本立场，以严格公正的金融司法，保护金融消费者和中小投资者合法权益，捍卫社会公平正义；更加自觉地完整、全面、准确贯彻新发展理念，发挥金融审判职能作用，服务高质量发展之大局，服务金融稳定健康发展之大局，坚决守住不发生系统性风险的底线。

关于牢固树立金融治理协同理念，习近平总书记在党的二十大报告中强调，必须坚持系统观念。人民法院在金融民商事审判中维护金融市场秩序、保障金融安全、防范化解重大金融风险，与金融监管的价值取向、核心目标高度一致。应强化金融治理协同，金融司法与金融管理部门协同是在各方分工明确、职责清晰的基础上的通力合作、同向发力、良性互动、优势互

---

① 参见《最高人民法院关于审理民间借贷案件适用法律若干问题的规定》(法释〔2015〕18号)第14条规定：“具有下列情形之一，人民法院应当认定民间借贷合同无效：(一)套取金融机构信贷资金又高利转贷给借款人，且借款人事先知道或者应当知道的；(二)以向其他企业借贷或者向本单位职工集资取得的资金又转贷给借款人牟利，且借款人事先知道或者应当知道的；(三)出借人事先知道或者应当知道借款人借款用于违法犯罪活动仍然提供借款的；(四)违背社会公序良俗的；(五)其他违反法律、行政法规效力性强制性规定的。”

补。二者协同,更有利于实现共同追求的核心目标;更有利于克服金融民商事审判中的知识局限、视野局限,准确把握金融市场、金融监管态势,准确适用法律,实现“三个效果”的有机统一。强化金融治理协同,要高度重视中央金融政策的落实落地。金融规章、规范性文件是落实党中央关于金融工作决策部署的重要载体,是金融法律规范体系的重要组成部分。司法解释、指导案例、地方法院作出的指导意见,要充分体现中央金融监管政策、金融监管规章的基本精神、基本要求,及时统一裁判尺度,规范法官自由裁量权。通过完善协同机制,金融审判的裁判规范与金融监管规范最大化保持协调一致,充分发挥金融法治“固根本、稳预期、利长远”的功能作用。强化金融治理协同,要加强重大案件、重大风险协同处理的示范效应、模式效应。人民法院在处理对金融市场有重大影响、社会关注度高的重大案件时,要了解相关的监管措施,听取监管部门意见,使重大案件的处理具有“三个效果”统一的市场示范效应。①

在(2020)京民终 36 号案件中,北京市高级人民法院引用监管部门的意见书作为审判的依据之一。2021 年 6 月 1 日,银保监会广东监管局(以下简称广东银监局)向某建设公司出具《银行保险违法行为举报调查意见书》,其中载明:2015 年 1 月,某银行向佛山某公司发放流动资金贷款 4.4 亿元,用于购买工程建设所需原材料,贷款受托支付至购销合同约定的交易对手账户后,经过企业账户之间资金划转流入佛山某公司账户,资金最终用于投资某信托公司的信托计划。某银行收集了佛山某公司与交易对手的购销合同,但未收集发票、仓单、运输单据等相关贷款用途的证明材料,存在贷后管理不尽职的问题。

在(2020)沪 74 民终 29 号案②中,上海金融法院认为,行政监管部门也

---

① 参见刘贵祥:《关于金融民商事审判工作中的理念、机制和法律适用问题》,载《法律适用》2023 年第 1 期。

② 即吴某诉某信托公司财产损害赔偿纠纷案,该案是 2020 年全国商事审判十大案例之一。某信托公司案涉投资项目涉及较多投资人,上海金融法院以该案为首个判决,并经过二审形成终审。就投资人和某信托公司的相同诉讼大部分以该案为参考,并写入判决书。从裁判文书网以该案案号为关键词对判决书全文进行搜索,共有 33 个案件引用该案判决书。2024 年该案被收入人民法院案例库参考案例。

曾认定某信托公司存在对机构委托人未作充分调查,对其委托资金来源的调查流于形式,对该信托计划的委托资金来源未尽到合规审查的义务,违反了审慎经营原则,由此,法院认为,某信托公司在信托业务开展时对委托资金来源的审核未尽必要注意义务。

在(2020)湘民终 1598 号案件中,一审法院审理时,向银保监会上海监管局(以下简称上海银保监局)征询《信托受益权转让协议》及《补充协议》是否构成刚性兑付行为,一审法院与上海银保监局进行了电话沟通并依据电话沟通意见认定其不构成刚性兑付行为。得知一审判决作出后,上海银保监局又向一审法院出具书面的《关于回复长沙中级人民法院征询函的函》,该函中的意见与上海银保监局之前的电话沟通意见相反,认为《信托受益转让协议》《补充协议》属于刚性兑付行为。最终,湖南省高级人民法院直接依据上述上海银保监局书面意见,撤销一审判决,认定《信托受益转让协议》《补充协议》属于刚性兑付,协议无效。一审法院认定协议有效,其依据为上海银保监局的电话沟通意见,二审改判协议无效,其依据为上海银保监局在一审判决作出后给一审法院的书面回复意见,尽管裁判观点有异,其审判依据都是上海银保监局的意见。

二、信托公司受托履职涉诉面临的司法审判新理念

2018 年银保监会等四部门发布《资管新规》,金融监管正式进入统一的强监管时代。2019 年 11 月 8 日最高人民法院印发的《九民纪要》奠定了金融涉诉案件的司法审判与金融监管逐渐协同的基础。在梳理目前法律法规以及监管文件的基础上,结合法院的司法审判,出现了信托业务监管和司法审判的新理念。

(一)部门规章等监管规定将成为判定合同效力的重要依据

《九民纪要》之前,违反金融监管规定一般不会导致合同无效,法院对于将金融监管规定作为判断是否违背公序良俗的理由颇为审慎。但《九民纪要》第 30 条指出:《合同法》施行后,针对一些人民法院动辄以违反法律、行政法规的强制性规定为由认定合同无效,不当扩大无效合同范围的情形,合

同法司法解释(二)第14条将《合同法》第52条第5项规定的“强制性规定”明确限于“效力性强制性规定”。此后,《最高人民法院关于当前形势下审理民商事合同纠纷案件若干问题的指导意见》第15条进一步提出了“管理性强制性规定”的概念,指出违反管理性强制性规定的,人民法院应当根据具体情形认定合同效力。随着这一概念的提出,审判实践中又出现了另一种倾向,有的人民法院认为凡是行政管理性质的强制性规定都属于“管理性强制性规定”,不影响合同效力。这种望文生义的认定方法,应予纠正。人民法院在审理合同纠纷案件时,要依据《民法总则》第153条第1款和《合同法司法解释(二)》第14条的规定慎重判断“强制性规定”的性质,特别是要在考量强制性规定所保护的法益类型、违法行为的法律后果以及交易安全保护等因素的基础上认定其性质,并在裁判文书中充分说明理由。下列强制性规定,应当认定为“效力性强制性规定”:强制性规定涉及金融安全、市场秩序、国家宏观政策等公序良俗的;……违反特许经营规定的,如场外配资合同……

2023年4月23日,《金融会议纪要(征求意见稿)》公布。该纪要公布后,法院对金融交易有效性的司法自由裁量权可能加大,违反金融监管规定导致合同无效的可能性将数倍增加。根据金融审判会议精神,金融监管规定可作为判断是否违背公序良俗的重要依据或裁判理由,这在此前的《关于适用〈中华人民共和国民法典〉合同编通则部分的解释(征求意见稿)》已有涉及。《民法典合同编通则司法解释》已于2023年12月5日正式实施,[①]即在金融监管规定有关条款违反公序良俗的情况下,法院可以适用《民法典》

---

① 参见《民法典合同编通则司法解释》第17条第1款规定:“合同虽然不违反法律、行政法规的强制性规定,但是有下列情形之一,人民法院应当依据民法典第一百五十三条第二款的规定认定合同无效:(一)合同影响政治安全、经济安全、军事安全等国家安全的;(二)合同影响社会稳定、公平竞争秩序或者损害社会公共利益等违背社会公共秩序的;(三)合同背离社会公德、家庭伦理或者有损人格尊严等违背善良风俗的。”人民法院在认定合同是否违背公序良俗时,应当以社会主义核心价值观为导向,综合考虑当事人的主观动机和交易目的、政府部门的监管强度、一定期限内当事人从事类似交易的频次、行为的社会后果等因素,并在裁判文书中充分说理。当事人确因生活需要进行交易,未给社会公共秩序造成重大影响,且不影响国家安全,也不违背善良风俗的,人民法院不应当认定合同无效。

第 153 条第 2 款的规定认定合同无效,该规定意味着金融市场进入“强监管”阶段。未来,《民法典》第 153 条第 2 款及相应的《民法典合同编通则司法解释》规定将被案件审理法官高频度适用。

在杭州市中级人民法院(2017)浙 01 民终 1996 号案件中,认定伞形信托是创新性金融产品,不构成出借证券账户,信托合同有效。而北京市第二中级人民法院(2019)京 02 民终 13011 号案件认定:“2015 年 4 月 16 日,在中国证券业协会召开的证券公司融资融券业务情况通报会上,对证券公司开展融资融券业务提出了七项要求,其中第四项明确要求证券公司不得为场外配资、伞形信托提供数据端口等服务或便利。证监会亦于 2015 年 4 月 22 日发布《证监会通报证券公司融资融券业务开展情况》,该文明确‘证券公司不得以任何形式参与场外股票配资、伞形信托等活动,不得为场外股票配资、伞形信托提供数据端口等服务或便利’。在此强监管背景下,索某与某信托公司分别于 2015 年 4 月 16 日及 2015 年 6 月 1 日订立涉案信托合同,不仅交易形式的设计违反了《中华人民共和国证券法》关于证券账户实名制的规定,而且伞形信托有增加金融风险、破坏证券市场正常秩序、损害证券市场不特定投资者的利益的情况,一审法院认定涉案信托合同无效,具有事实和法律依据。故本院对某信托公司关于涉案信托计划合法合规的上诉主张不予采纳。”

撇开各地裁判差异以及信托产品立项时间早晚等因素,两案之所以判决存在差异,是因为(2019)京 02 民终 13011 号判决书描述监管背景引用了证监会发布的政策性文件,故监管政策亦是评判合同有效与否的重要因素。

(二)穿透式监管到穿透式审判

在 2016 年中国互联网金融协会的挂牌仪式上,时任中国人民银行副行长潘功胜在谈及互联网金融监管时首次提到了“穿透式监管”这一全新名词;此后,2016 年 4 月 12 日,国务院办公厅发布《互联网金融风险专项整治工作实施方案》,其中提及对于互联网金融企业的监管,要“采取‘穿透式’监管方法,根据业务实质认定业务属性”。自此,“穿透式监管”的概念被正式提出,并广泛地应用于金融监管之中。2016 年颁布的《通过互联网开展资产管理及跨界从事金融业务风险专项整治工作实施方案》、2018 年颁布的《商业银行股权管理暂行办法》、2018 年修改后颁布的《保险公司股权管理办法》等文件中均出现了“穿透式监管”的相关表述。以 2018 年颁布的《资管新规》最为典型：该文件不仅重申了“穿透式监管”理念，还将“穿透式监管”的适用领域在互联网金融领域之外进行了扩张，指出对资产管理业务实施监管应当遵循“穿透式监管”的原则，“对于多层嵌套资产管理产品，向上识别产品的最终投资者，向下识别产品的底层资产（公募证券投资基金除外）”，并在限制多层嵌套等方面规定了细则。在强监管的背景之下，司法机关基于公共利益的考量，在裁判路径及裁判后果等方面也发生了显著的变化；其中最为典型的，是最高人民法院于 2018 年公布的两个典型案例。这两个案例分别为（2017）最高法民申 2454 号、（2018）沪 74 民初 585 号[①]，二者涉及的股权代持协议的效力最终均遭否定，且裁判路径均以“社会公共利益”“社会公共秩序”为转介，在事实上实现了以金融监管规定否定合同效力的效果。《九民纪要》颁布后，正式确定了穿透式司法审判理念。

（2020）京民终 36 号的审判思路环环相扣，其所体现的穿透式审判思维、司法审判与监管理念的协同等，值得信托行业思考与关注。

（三）打破刚性兑付是监管和司法审判的重点

“保本信托”“结构化信托”“保本基金”“分级基金”“避险策略基金”等资管产品风靡全国。从投资者的视角观察，这类资管产品的共性是通过直接或间接安排，投资者既是受益人又是债权人，规避了金融机构无过错投资失败的风险和破产风险。由于投资者被允诺了预期回报的下限，交易又采取了信托的形式，本书将这些资管产品统一命名为“保底信托”。

在我国金融监管视野下，保底信托属于刚性兑付。从 2007 年银监会发布的《信托公司管理办法》第 34 条到 2009 年银监会发布的《集合资金办法》第 8 条、第 11 条，再到 2018 年的《资管新规》第 19 条、第 21 条、第 30 条，刚性兑付一直受到监管层的否定评价。不过，监管层面的行政相对人违法不

---

① 杉某诉龚某股权转让纠纷案。该案 2024 年被收入人民法院案例库参考案例。

等于私法层面的法律行为无效。《九民纪要》以前的司法裁判大多承认了信托与保底条款的效力，除非保底信托本身存在信托法或债法上的效力瑕疵，否则法院不会仅以信托文件存在保底条款为由，否定信托或保底条款的效力。但《九民纪要》第 90 条、第 92 条改变了保底信托效力认定的规则：对于受托人自己承担保底之债的保底信托，信托有效但保底条款无效；对于采用结构化安排且有差额补足条款的保底信托，信托与保底条款均有效。这两条规定虽未给出明确的分类标准，但裁判指引作用明显。后续风险点会述及，此处不做赘述。

（四）卖者尽责、买者自负的审判理念

1.《信托法》之外，《资管新规》正式提出金融机构的适当性义务，《九民纪要》进一步推进“卖者尽责、买者自负”的审判理念

《资管新规》第 6 条规定：“金融机构发行和销售资产管理产品，应当坚持‘了解产品’和‘了解客户’的经营理念，加强投资者适当性管理，向投资者销售与其风险识别能力和风险承担能力相适应的资产管理产品。禁止欺诈或者误导投资者购买与其风险承担能力不匹配的资产管理产品。金融机构不得通过拆分资产管理产品的方式，向风险识别能力和风险承担能力低于产品风险等级的投资者销售资产管理产品。金融机构应当加强投资者教育，不断提高投资者的金融知识水平和风险意识，向投资者传递‘卖者尽责、买者自负’的理念，打破刚性兑付。”并在第 12 条中对金融机构披露信息进行了规定，即“金融机构应当向投资者主动、真实、准确、完整、及时披露资产管理产品募集信息、资金投向、杠杆水平、收益分配、托管安排、投资账户信息和主要投资风险等内容”。

《九民纪要》认为，在审理金融产品发行人、销售者以及金融服务提供者（以下简称卖方机构）与金融消费者之间因销售各类高风险等级金融产品和为金融消费者参与高风险等级投资活动提供服务而引发的民商事案件中，必须坚持“卖者尽责、买者自负”原则，将金融消费者是否充分了解相关金融产品、投资活动的性质及风险并在此基础上作出自主决定作为应当查明的案件基本事实，依法保护金融消费者的合法权益，规范卖方机构的经营行

为，推动形成公开、公平、公正的市场环境和市场秩序。

《九民纪要》第72条详细解释了适当性义务。适当性义务是指卖方机构在向金融消费者推介、销售银行理财产品、保险投资产品、信托理财产品、券商集合理财计划、杠杆基金份额、期权及其他场外衍生品等高风险等级金融产品，以及为金融消费者参与融资融券、新三板、创业板、科创板、期货等高风险等级投资活动提供服务的过程中，必须履行的了解客户、了解产品、将适当的产品（或者服务）销售（或者提供）给适合的金融消费者等义务。卖方机构承担适当性义务的目的是确保金融消费者能够在充分了解相关金融产品、投资活动的性质及风险的基础上作出自主决定，并承受由此产生的收益和风险。在推介、销售高风险等级金融产品和提供高风险等级金融服务领域，适当性义务的履行是"卖者尽责"的主要内容，也是"买者自负"的前提和基础。

2. 各级法院在审理金融案件时，格外关注金融机构的适当性义务

不过，在金融机构，比如资管业务中的管理人是否需要为违反适当性义务而承担法律责任，则未必。评价审慎管理义务主要不是以结果为导向，而是鉴于管理人信义义务的履行强调的是过程性义务，而不是结果性义务，因此，评价审慎管理义务可能更多是管理人"积极"地去履行，而不一定必然要求管理人"有效"地履行。

在（2017）津民终498号案例中，法院认定期货公司在强行平仓的过程中，履行了通知义务，给予了委托人自行处置风险的合理时间，而就强行平仓的时机，虽委托人主张在强行平仓后期货价格大幅升高，但法院基于《期货经纪合同》约定认为，在市场行情剧烈波动的情况下，委托人不能以强行平仓的时机未能选择最佳价位为由，对期货公司的勤勉义务提出过高要求。

3. 管理人违反审慎管理义务也不必然导致承担赔偿责任

就管理人未有效履行审慎管理义务与投资人损失是否有必然的因果关系、有多少因果关系而言，实践中，较多情况下投资人损失产生的直接原因可能在于项目方，因此，除非管理人相关行为直接导致了投资人损失，否则管理人未有效履行审慎管理义务可能只与投资人损失有一定的因果关系，

且法院对因果关系的比例认定有自由裁量权。在(2021)京0102民初10068号案例中,基金净值跌破止损线而管理人未按约抛售的,违反了约定的风控机制,止损线以下的损失由管理人承担。《基金合同》约定"自触及止损线的下一个交易日起,基金管理人须对本基金持有的全部非现金资产进行不可逆变现,直至本基金财产全部变现为止",法院认为:"在2018年3月13日起涉案基金净值跌破0.85止损线,管理人应当将非现金资产进行不可逆变现。但是管理人在某股票恢复交易之后未立即将股票卖出,直至3月26日才将该股票全部卖出,后续又进行了多次股票买卖,违反了合同中关于预警止损风控机制的约定。因此,管理人应承担0.85止损线之下,也就是85%的损失部分,0.15止损线之上,即15%的部分,系市场风险导致的损失,投资者应当自行负担。"

管理人未能举证其采取了有效挽回损失的措施,在履行谨慎勤勉义务上存在瑕疵,但即使已提起仲裁或诉讼也无法避免投资损失的,投资人损失和管理人是否履行谨慎勤勉义务没有必然的因果关系。在(2020)沪74民终371号案例中,法院认定管理人未能举证证明其采取了切实有效挽回损失的措施,在履行诚实信用、谨慎勤勉的义务上存在瑕疵。而就因果关系来说,法院则认为,原股东、目标公司因未履行生效法律文书,自2018年起被多家法院列为失信被执行人,有多起执行案件已中止执行,可见,即使管理人已对原股东和目标公司提起仲裁或诉讼也无法避免投资损失,投资人的投资损失和管理人是否履行了诚实信用、谨慎勤勉的义务之间没有必然的因果关系。

4. 在信托通道业务中,通道方仍具有审慎经营义务

《九民纪要》明确对《资管新规》过渡期之前的通道业务的效力予以认可,而对于委托人和受托人之间的权利义务关系,《九民纪要》则认为应当依据信托文件的约定加以确定。"通道业务判赔第一案"[(2020)沪74民终29号]中法院认为,信托公司在通道类信托业务中虽仅负责事务性管理,但仍应秉持审慎原则开展经营,并履行必要的注意义务,否则应承担相应的赔偿责任。

基于以上分析,对于信托公司应当如何妥善履行投后风险管理义务,其应当基于勤勉、审慎义务,有效落实相关投后风险控制措施,持续跟进投资项目运作情况,妥善履行信息披露义务,及时采取风险控制措施等。

5. 对于信托公司是否未尽管理职责以及赔偿责任的判断,最高人民法院的几个案例给出启示

第一,信托公司迟延发送通知不承担违约责任。在(2019)最高法民终1025号案中,某受益人主张某信托公司迟延发送召开第一次受益人大会的通知及相关材料,属于未尽管理职责的违约行为,应承担赔偿责任。最高人民法院认为,某信托公司向该受益人发送召开第一次受益人大会的通知及相关材料的时间,虽稍晚于信托合同约定的日期,但该瑕疵并不足以导致该受益人无法行使第一次受益人大会的表决权,亦未实际影响其相关权利。该受益人明知大会讨论内容,且收到相关通知后,并未及时向某信托公司提出异议。某信托公司已经履行了通知该受益人参加会议的义务,且第一次受益人大会的决议符合《信托合同》约定的条件和法律规定,合法有效。第一次受益人大会召开后,某信托公司在其网站上公告了相关内容,该受益人亦未及时提出异议。某信托公司依据《信托合同》的约定和受益人大会的决议履行管理义务,不应承担违约责任。

第二,信托公司向未取得"四证"的项目投资不属于未尽管理职责。在(2019)最高法民申2689号案中,受益人主张信托公司向未取得"四证"的项目进行投资,违反银监办发〔2008〕265号文件。最高人民法院认为,经查,信托公司与某集团公司设立合资公司的行为并不等同于向未取得国有建设用地使用权证的房地产项目发放贷款,且双方明确对未按期取得该证的后果进行了约定。若受益人认为信托公司的行为违反银监办发〔2008〕265号文件,其可向监管部门反映情况,由其进行查处。《资金信托合同》和认购风险申明书均以黑体字特别提示受托人,投资管理人不对预期收益率作出任何承诺,不保证投资本金可被部分或全部收回。受益人亦在认购风险申明书上书写"本人已阅读上述风险提示,充分了解并清楚知晓本信托计划的运作,愿意承担相关风险",明确了信托计划不承诺保本和最低收益,具有一定

的投资风险。受益人主张某信托公司在未清算的情况下，返还本金及可得利益，无事实和法律依据。

第三，信托公司未提交尽职调查报告、银行明细和资产负债表等不推定为未尽管理职责。在(2019)最高法民申6857号案中，再审申请人主张某信托公司对于履行有关义务的关键证据，如尽职调查报告、银行明细和资产负债表等均未提交，应推定其未履行合同约定的“审慎、有效的管理义务”，原审法院对举证责任分配的认定违反法律规定。最高人民法院审理后认定某信托公司在该案的一审、二审过程中，提交了一系列文件，可以认定其就履行信托合同以及管理义务，进行了较为充分的举证，原审对举证责任的分配并无不当，故驳回再审申请。

（五）家族信托明确为资产服务信托业务且可被击穿

家族信托业务被实务和法律所肯定。2018年银保监会信托监督管理部发布的37号文，特别指出家族信托不适用《资管新规》的相关规定，并从监管层面对家族信托进行定义：家族信托是指信托公司接受单一个人或者家庭的委托，以家族财富的保护、传承和管理为主要信托目的，提供财产规划、风险隔离、资产配置、子女教育、家庭治理、公益（慈善）事业等定制化事务管理和金融服务的信托业务。家族信托财产金额或价值不低于1000万元，受益人应包括委托人在内的家庭成员，但委托人不得为唯一受益人。单纯以追求信托财产保值增值为主要信托目的，具有专户理财性质和资产管理属性的信托业务不属于家族信托。

37号文对家族信托的委托人及受益人范围、资金门槛及信托目的等作出了规定，其中关于家族信托不适用《资管新规》的规定一方面表明了监管机构对家族信托的支持态度；另一方面则表明了家族信托是他益信托，主要以委托人的委托为主，服从于委托人的意志，受托人的服务内容主要由合同约定，区别于资产管理自益信托、投资者购买信托产品以及信托公司主动设计产品等的特点。《民法典》首次从制度上肯定了遗嘱信托，实现了和《信托法》的对接，弥补了《继承法》中遗嘱信托的缺位。《民法典》对遗嘱信托作为一类财富传承的法定工具予以明确，进一步丰富了家族信托的设立方式。

家族信托业务明确属于资产服务信托业务。《关于规范信托公司信托业务分类的通知》提出信托业务回归信托本源，信托公司应当以信托目的、信托成立方式、信托财产管理内容为分类维度。根据以上分类标准，家族信托属于资产服务信托，强调根据委托人需求量身定制业务。

我国确立了信托财产独立性的基本制度，家族信托具有财产独立和债务隔离的功能。我国《信托法》出台于2001年，是我国家族信托的重要法律理论基础。其中第2条、第15条、第16条、第47条、第48条分别对信托财产的独立性进行了规定。《九民纪要》第95条在《信托法》的基础上对信托财产独立性和债务隔离性进行了重申和进一步阐释。家族信托可参考适用其中关于营业信托财产独立性及债务隔离性的规定。这是家族信托隔离功能在司法层面得到的再次认证。

家族信托的信托财产具有独立性，但可以被击穿，这是司法机关对家族信托纠纷的态度。这可以在被称为国内家族信托第一案的法院态度中得到论证。在武汉市中级人民法院管辖的(2020)鄂01执异661号执行案中[①]，张某丽异议称：因杨某丽与胡某刚、张某丽不当得利纠纷一案，法院依据杨某丽的申请于2019年11月6日作出了(2019)鄂01民初9482号民事裁定书，裁定查封、冻结异议人名下存款880万元、五处不动产市场价值共计1857万元，受益人为张某的《某信托·福字221号财富传承财产信托》项下的信托资金1180万元，以及异议人名下价值40万元的路虎牌越野车一辆，以上查封、冻结的异议人财产价值总计3957万元，该金额远远高于杨某丽起诉张某丽不当得利的3383万元。涉案的3383万元中绝大部分是胡某刚出于法定抚养义务为他与张某丽的非婚生子张某设立的家庭信托基金，基金所获收益用作张某的生活、教育等开销，由于张某尚未成年，异议人作为法定监护人负有代管职责，因此该案中异议人没有不当得利，杨某丽无权主张所谓的资金占用费。张某丽认为《某信托·福字221号财富传承财产信托》

---

① 即张某丽执行异议案。在法院执行杨某丽与张某丽不当得利纠纷一案[(2020)鄂01执保230号]诉讼保全的过程中，张某丽向武汉市中级人民法院提出执行异议。由于家族信托涉及个人的隐私，该案涉及的信托合同等信息获取并不完整。

项下的信托资金受法律保护，法院不应对其实施财产保全，已实施保全的应立即解除。根据《九民纪要》第 95 条的规定，除符合《信托法》第 17 条规定的情形外，人民法院不应当准许当事人因其与委托人之间的纠纷申请对信托公司专门账户中的信托资金采取保全措施。该案中《某信托 · 福字 221 号财富传承财产信托》并不涉及《信托法》第 17 条规定的情形，杨某丽没有如实向法院告知上述情况，导致法院保全错误。张某丽请求解除对《某信托 · 福字 221 号财富传承财产信托》项下信托资金的冻结。其间，某信托公司于 2020 年 8 月 10 日向法院出具的关于(2020)鄂 01 执保 230 号协助冻结存款的说明载明："《某信托 · 福字 221 号财富传承财产信托》为我司作为受托人、某银行股份有限公司作为财务顾问机构的单一信托。由委托人张某丽于 2016 年 2 月 5 日设立，初始规模 3080 万元。依据最新的估值数据，截至 2020 年 7 月 31 日信托财产净值为 11830320. 73 元……该项目由张某丽作为委托人，其子张某作为唯一受益人的他益信托，信托受益权由张某 100%享有。依据《信托法》的相关规定，该项目项下的信托财产非委托人张某丽的存款或个人财产……"武汉市中级人民法院认为："关于案涉信托合同项下资金及收益权能否冻结的问题。本院在财产保全程序中，为避免委托人转移信托受益权或信托理财回赎资金行为，本院依杨某丽的申请于信托期间内对案涉《某信托 · 福字 221 号财富传承财产信托》合同项下的所有款项进行了冻结，要求受托人某信托公司停止向委托人及其受益人或其他第三方支付合同项下的所有款项，该冻结措施不涉及实体财产权益的处分，不影响信托期间内某信托公司对张某丽的信托财产进行管理、运用或处分等信托业务活动，只是不得擅自将张某丽的本金作返还处理，不属于对信托财产的强制执行。因此，本院上述保全信托合同项下资金不违反《中华人民共和国信托法》的相关规定，合法有效。至于本院对《某信托 · 福字 221 号财富传承财产信托》项下信托基金收益的冻结，根据已查明事实，上述信托利益受益对象即信托基金受益人为案外人张某，如认为本院执行行为损害信托基金受益人的权益，可由案外人张某向本院提出排除执行异议。张某丽提出此项异议，主体不适格，且本院已对案外人张某所提异议在另案中予以审查,故对张某丽此项异议请求,本院不予支持。"法院最后驳回异议人张某丽的异议请求。

上述案例虽然无论是在实务界还是在学术界均存在争议,但是可以证明关于信托财产不可以被强制执行的原则在司法实务中被打破了。理论上,委托人以资金设立家族信托之后,完成处分行为,信托财产就不再属于其责任财产,原则上既不可以被强制执行,也不可以被采取冻结等保全措施。家族信托不能为完全的自益信托,信托财产并非委托人的责任财产,除非有证据证明信托设立无效、应被撤销,或者委托人把信托当作自己的"木偶""傀儡",委托人事实上完全控制信托财产,否则委托人的债权人不能对信托财产进行强制执行,也无权对信托财产采取保全措施。司法实践中,法院可能以其他理由对信托财产强制执行。比如上述国内家族信托纠纷第一案中,武汉市中级人民法院认为:"为避免委托人转移信托受益权或信托理财回赎资金行为,本院依杨某丽的申请于信托期间内对案涉《某信托·福字221号财富传承财产信托》合同项下的所有款项进行了冻结,要求受托人某信托公司停止向委托人及其受益人或其他第三方支付合同项下的所有款项,该冻结措施不涉及实体财产权益的处分,不影响信托期间内某信托有限公司对张某丽的信托财产进行管理、运用或处分等信托业务活动,只是不得擅自将张某丽的本金作返还处理,不属于对信托财产的强制执行。"委托人根据《九民纪要》第95条之规定,主张人民法院原则上不应当准许当事人因其与委托人之间的纠纷申请对信托公司专门账户中的信托资金采取保全措施。而审理法院认为,其依当事人申请于信托期间内对案涉信托合同项下的所有款项进行了冻结,不属于对信托财产的强制执行。

当然,国内家庭信托纠纷第一案中家族信托的财产被冻结,有其特殊性,包括案涉家族信托合同在2016年1月28日签订,该信托合同授予委托人在5年内解除信托的权利(案涉信托合同第17.2.1.6条);5年期间内的2020年5月30日,委托人与受托人签订信托受变更函,将上述信托受益人由委托人张某丽的儿子(张某)、父亲、母亲、舅舅和外婆五人变更为其儿子张某一人。案涉法院依据申请对信托财产采取保全措施的民事裁定书的作出时间是在此之前的 2019 年 11 月 6 日……这些细节可能都会影响该案的处理。

离岸家族信托被击穿的案例以俏江南创始人张某最有影响。① 张某与欧洲私募股权公司 CVC Capital Partners（以下简称 CVC）的纠纷仍在继续。2023 年 3 月 3 日，美国联邦地区法院公布了 La Dolce Vita Fine Dining Company Limited（甜蜜生活美食有限公司）与张某的民事诉讼判决书，判决张某及其公司所有的纽约西 53 街 20 号，39A 公寓出售所得归 La Dolce Vita Fine Dining Company Limited 所有。而 La Dolce Vita Fine Dining Company Limited 实际上是 CVC 为了收购俏江南成立的，判决书还透露张某在 2019 年与 CVC 的诉讼中败诉，共欠对方 1.42 亿美元及其利息。为了追讨 1.42 亿美元的欠款，获取出售纽约公寓的资金只是其中的一部分，CVC 还瞄准了张某在海外的家族信托。2014 年 2 月 2 日，张某的家族信托壳公司 Success Elegant Trading Limited（以下简称 SETL）成立；并在此基础上于 2014 年 6 月 3 日成立了离岸信托 The Success Elegant Trust，受益人为她的儿子汪某菲及其子女，托管人为亚洲信托（AsiaTrust Limited）。2022 年 11 月，新加坡高等法院披露的裁判文书公布了张某的海外信托情况。值得注意的是，在这份判决书中，新加坡高等法院的法官认定：张某是信托所在银行账户资产的实际所有人，因此同意了原告也就是 CVC 提出的任命接管人的申请。这也就意味着本来起着资产隔离作用的离岸信托被击穿，张某被认定为实际控制人，家族信托财产被认定为张某的个人财产，那么自然张某的债权人 CVC 可以申请对这笔资金采取相应的执行措施。这笔离岸家族信托的资产隔离功能发挥失败。

三、资产管理和资产服务中的投资者保护

投资者保护是金融监管的目标之一，在资产管理和资产服务领域，投资者保护是至关重要的一环。这不仅关系投资者的切身利益，也直接影响市

① 参见《张某境外家族信托被击穿　资产隔离失败背后原因几何?》，载东方财富网 2023 年 3 月 15 日，https://finance.eastmoney.com/a/202303152662724142.html。

场的稳定和健康发展。前述监管背景和对信托公司受托履职涉诉的司法审判新理念,其实都是对投资者保护的重要表现,重复之处不再赘述。

(一)维护受益人利益的信义义务制度保障

信义义务是资产管理和资产服务中投资者保护的核心。它起源于罗马法中的信托遗嘱制度,并在英国衡平法中得到确立和发展。信义义务要求管理人忠于受托目的和受益人的利益,抵御自我利益的诱惑,同时以高度的注意和谨慎态度行使管理职责。在资产管理行业中,这主要体现在管理人对投资者财产的审慎管理和处分上。

我国《信托法》要求受托人必须恪尽职守,履行诚实、信用、谨慎、有效管理的义务。《集合资金办法》第1条就明确表述该办法的制定目的是"为规范信托公司集合资金信托业务的经营行为,保障集合资金信托计划各方当事人的合法权益"。《信托投资公司信息披露管理暂行办法》(2020年修正)、《信托公司证券投资信托业务操作指引》(2009年)、《信托业保障基金管理办法》(2014年)、《信托公司受托责任尽职指引》(2018年)都将维护客户和相关利益人的合法权益作为制定目的。

《中国银保监会关于规范信托公司信托业务分类的通知》(银保监规〔2023〕1号)开篇提出回归信托本源:"信托公司从事信托业务应当立足受托人定位,遵循法律法规和监管要求,确保信托目的合法合规,为受益人的最大利益处理信托事务,履行诚实守信、勤勉尽责的受托责任。"

此外,《私募投资基金监督管理条例》等法规也强调了管理人在资金募集、投资、管理和退出等阶段的信义义务。《资管新规》通过对金融机构的义务规定,体现了法律对投资者利益的保护。

这些法律规定为投资者提供了法律保障,确保了管理人在行使管理职责时能够充分考虑到投资者的利益。

(二)严格信托合格投资者

为了维护投资者的利益,将投资者的风险承受能力、识别能力和投资产品的风险相匹配。我国信托产品对合格投资者提出严格的要求。

《集合资金办法》第6条首先对信托业务中合格投资者进行了界定:"合

格投资者,是指符合下列条件之一,能够识别、判断和承担信托计划相应风险的人:(一)投资一个信托计划的最低金额不少于100万元人民币的自然人、法人或者依法成立的其他组织;(二)个人或家庭金融资产总计在其认购时超过100万元人民币,且能提供相关财产证明的自然人;(三)个人收入在最近3年内每年收入超过20万元人民币或者夫妻双方合计收入在最近3年内每年收入超过30万元人民币,且能提供相关收入证明的自然人。"《资管新规》规定:"合格投资者是指具备相应风险识别能力和风险承担能力,投资于单只资产管理产品不低于一定金额且符合下列条件的自然人和法人或者其他组织:(一)具有2年以上投资经历,且满足以下条件之一:家庭金融净资产不低于300万元,家庭金融资产不低于500万元,或者近3年本人年均收入不低于40万元。(二)最近1年末净资产不低于1000万元的法人单位。(三)金融管理部门视为合格投资者的其他情形。合格投资者投资于单只固定收益类产品的金额不低于30万元,投资于单只混合类产品的金额不低于40万元,投资于单只权益类产品、单只商品及金融衍生品类产品的金额不低于100万元。投资者不得使用贷款、发行债券等筹集的非自有资金投资资产管理产品。"

《中国银保监会关于规范信托公司信托业务分类的通知》(银保监规〔2023〕1号)中对每一产品投资提出严格要求,同时要求"家族信托初始设立时实收信托应当不低于1000万元","家庭服务信托初始设立时实收信托应当不低于100万元,期限不低于5年"等。

(三)重视投资者教育

为了保护投资者,强调对投资者进行教育,提高投资者的判读能力。

《资管新规》第6条详细规定了强调投资者教育的要求:"金融机构发行和销售资产管理产品,应当坚持'了解产品'和'了解客户'的经营理念,加强投资者适当性管理,向投资者销售与其风险识别能力和风险承担能力相适应的资产管理产品。禁止欺诈或者误导投资者购买与其风险承担能力不匹配的资产管理产品。金融机构不得通过拆分资产管理产品的方式,向风险识别能力和风险承担能力低于产品风险等级的投资者销售资产管理产品。

金融机构应当加强投资者教育，不断提高投资者的金融知识水平和风险意识，向投资者传递‘卖者尽责、买者自负’的理念，打破刚性兑付。”

《中国银保监会关于规范信托公司信托业务分类的通知》（银保监规〔2023〕1号）强调：“各银保监局应当指导辖内信托公司加强金融消费者教育，引导金融消费者正确认识信托关系实质和信托业务风险特征，树立信托产品打破刚性兑付的风险意识。信托业协会应当加强宣传引导，组织信托公司自觉落实相关要求，普及信托相关知识，提高社会各界对各类信托业务的认知度。”

（四）强调信息披露以保护投资者知情权

信息披露是资产管理和资产服务中投资者保护的关键环节。充分、准确、及时的信息披露有助于投资者了解管理人的运营情况、投资策略以及风险状况，从而作出明智的投资决策。

信息披露是信义义务的核心内容，我国许多法律法规和监管文件强调了信息披露的重要性。2005年，《信托投资公司信息披露管理暂行办法》出台，该办法明确“信息披露是指信托投资公司依法将反映其经营状况的主要信息，如财务会计报告、公司治理、业务经营、风险管理、关联交易及其他重大事项等真实、准确、及时、完整地向客户及相关利益人予以公开的过程”；强调“信托投资公司披露信息应当遵守法律法规、国家统一的会计制度和银监会的有关规定”。

在《私募投资基金监督管理暂行办法》等法规中也要求管理人必须向投资者充分揭示投资风险，并根据投资者的风险识别能力和风险承担能力匹配不同风险等级的私募基金产品。同时，管理人还必须定期向投资者披露基金的投资运作情况、财务状况以及重大事项等信息。

《资管新规》进一步规范资产管理业务中金融机构的信息披露义务：“金融机构应当向投资者主动、真实、准确、完整、及时披露资产管理产品募集信息、资金投向、杠杆水平、收益分配、托管安排、投资账户信息和主要投资风险等内容。国家法律法规另有规定的，从其规定。对于公募产品，金融机构应当建立严格的信息披露管理制度，明确定期报告、临时报告、重大事项公告、投资风险披露要求以及具体内容、格式。在本机构官方网站或者通过投资者便于获取的方式披露产品净值或者投资收益情况,并定期披露其他重要信息:开放式产品按照开放频率披露,封闭式产品至少每周披露一次。对于私募产品,其信息披露方式、内容、频率由产品合同约定,但金融机构应当至少每季度向投资者披露产品净值和其他重要信息。对于固定收益类产品,金融机构应当通过醒目方式向投资者充分披露和提示产品的投资风险,包括但不限于产品投资债券面临的利率、汇率变化等市场风险以及债券价格波动情况,产品投资每笔非标准化债权类资产的融资客户、项目名称、剩余融资期限、到期收益分配、交易结构、风险状况等。对于权益类产品,金融机构应当通过醒目方式向投资者充分披露和提示产品的投资风险,包括产品投资股票面临的风险以及股票价格波动情况等。"

(五)司法裁判中的投资者保护

投资者保护还体现在司法裁判中。我国将5月15日确定为全国投资者保护宣传日。2024年5月15日,上海金融法院精选五件投资者保护典型案例予以发布,涉及上市公司信息披露、期货居间人法律义务、资管产品清算及赔偿责任、老年人投资权益保护、在线平台电子仲裁条款认定等问题,以进一步发挥金融司法裁判规则指引作用,在全社会倡导理性投资,强化投资风险意识,促进金融市场健康有序发展。其中案例3和案例4更是体现在资产管理业务中对投资者的保护。①

案例3邓某诉某证券公司等委托理财合同纠纷案,明确了资管产品清算义务与管理人责任的认定。法院认为:资管计划到期后投资者损失的确定一般应以清算为前提,但管理人长期未履行清算义务且无证据证明尚存在可清算资产的,可合理认定投资者损失已客观产生。管理人因过错承担赔偿责任后,若资管计划清算完成后仍有可分配资金的,管理人按赔付比例扣除相应款项后将剩余资金依约向投资者分配。

案例4关于林某某诉某证券公司委托理财合同纠纷案,体现了对老年人

---

① 参见《全国投资者保护宣传日,上海法院发布5件典型案例》,载微信公众号"上海发布"2024年5月15日,https://mp.weixin.qq.com/s/bvss6An03au45wuk0fs4aA。

投资者的适当性义务保护。法院认为:资管计划的管理人及其委托的销售机构在向金融投资者推介、销售金融产品过程中,必须履行了解客户、了解产品、将适当的产品销售给适合的金融投资者等适当性义务,尤其是对于老年人投资者等特殊群体,应当全面审慎地进行风险测评并根据其风险承受能力作出充分的风险揭示。未尽到适当性义务的,应就其缔约过失对投资者损失承担相应赔偿责任。

第二章 信托公司资产管理和资产服务履职重点涉诉业务环节风险梳理

以“营业信托纠纷”为关键词在中国裁判文书网搜索，从 2014 年至 2024 年共有 537 篇民事判决书，其中二审民事判决书共 139 篇。排除部分案例为信托公司同一项目与多个投资者之间的争议，梳理出一批具有代表性的纠纷案例。从我国信托公司已有涉诉案件中，发现营业信托业务的法律风险点主要发生在资产管理信托和资产服务信托两大业务领域。以信托项目的具体流程为时间轴，对比分析容易发生争议的高频环节，梳理 55 个涉诉风险点。对重要涉诉风险进行梳理，参考法院的裁判标准进行总结归纳，并部分列举相关案例。

一、投前项目审查和决策阶段主要涉诉风险

（一）未全面、客观地履行尽职调查的涉诉风险

尽职调查是项目的开端，为项目的审查和决策提供依据，故其是投前阶段重要的履职义务。根据检索结果，委托人直接主张受托人在投前项目尽职调查阶段未尽责的案例并不多见。其原因可能在于项目尽职调查的成果（可行性研究报告/尽职调查报告）并非必须向投资人公开的材料，机构投资者/专业投资者更容易发现信托公司在投前项目尽职调查中存在瑕疵、未尽到勤勉义务，而普通的自然人投资者则较难发现和举证证明信托公司在该阶段存在履职问题。争议案件中委托人对受托人在投前项目尽职调查环节

履职责任的诉讼请求/理由可归纳为下列几点：

(1)受托人对项目主体及用款项目进行尽职调查时，对于项目公司的实际财产状况、用款项目的合规性、增信措施的真实性及项目的预期收益等，未能尽到全面、审慎、合理审查的义务；

(2)受托人对项目主体及用款项目进行尽职调查后，未能出具全面、客观的尽职调查报告，出具的尽职调查报告存在重大遗漏，未能揭示项目主体及用款项目的重大风险；

(3)受托人对项目主体及用款项目进行尽职调查的截止日过早，尽职调查报告出具日至信托计划发行日期间，项目主体及用款项目状况可能发生较大变化，此时先前作出的尽职调查报告不能够全面、客观地反映信托计划的真实风险，即尽职调查报告的时效存在瑕疵；

(4)信托公司明知要进行尽职调查，在发起信托计划前也进行了调查，但并没有全面、详细调查并告知委托人等。

法院对于受托人在投前项目尽职调查环节是否“尽职”、是否尽到审慎义务，更多的是从受托人尽职调查的形式去判断，例如尽职调查的方式、频率，尽职调查结果的体现，尽职调查是否委托第三方专业机构出具意见等，而对于尽职调查的深度、准确度实际上难以作出实体判断。审判中仍然需要考察受托人未履行尽职调查义务和委托人是否可因该项违约而获赔间的因果关系，法院认定受托人未全面、客观履行尽职调查义务，并不意味着委托人就该项违约主张的赔偿请求必然获得支持。

相关案例：

在(2020)京02民初302号某银行与某信托公司营业信托纠纷案中，法院认定的事实包括：某信托公司在投前尽职调查环节有意回避投资风险，未能准确揭示产品风险，对某银行购买信托计划产生误导，导致其蒙受重大损失。《集合资金办法》第9条规定，信托公司设立信托计划，事前应进行尽职调查……出具尽职调查报告。正如《九民会纪要》所述，“卖者尽责”是“买者自负”的前提。然而，某信托公司出具的《某信托利源精制定向增发集合资金信托计划尽职调查报告》(以下简称《尽职调查报告》)有意回避了重大投资风险:第一,《尽职调查报告》第 32 页被投企业“诉讼仲裁及其他事项”部分,仅有“(1)涉诉情况查询”的标题而没有内容,误导某银行以为利源精制不存在涉诉情况。第二,报告并未就作为唯一增信义务人的王某所涉诉讼情况、负面舆情信息进行调查。对此,《北京银保监局信访答复意见书》(京银保监信复〔2020〕15 号)认定,经查阅某信托至信 272 号项目《尽职调查报告》,报告中涉诉情况查询部分为空,该局最终核查认为,某信托未在《尽职调查报告》中体现被投企业及保证人涉诉情况,尽职调查工作存在不足,该局将要求某信托进行整改。因此,某信托尽职调查工作不当,未能揭示涉案信托计划投资风险,导致某银行基于不完整的信息购买信托计划,蒙受重大损失。

(二)通道业务中尽职调查义务的特殊对待

关于信托公司在通道业务中的尽职调查义务,法院一般认为若合同中明确约定受托人不对尽职调查承担责任,且投资人已经充分明了该项约定,则不认为信托公司违约。

相关案例:

在(2020)京民终 155 号陕西某农村商业银行等与某信托公司营业信托纠纷案中,法院认为,从案涉资金信托合同相关条款约定的内容看,案涉资金信托合同为被动管理类信托,案涉信托的设立、信托财产的运用和处分等事项,均由资金信托合同事先明确约定,某信托公司不具有运用、处分信托财产的裁量权;在案涉资金信托合同对于信托设立之前的尽职调查义务没有明确约定的情况下,某信托公司并不承担尽职调查的职责。

(三)与信托目的不一致等谨慎投资义务违反的涉诉风险最大

信托公司应当按照公司规范,结合尽职调查报告及可行性报告对拟设的信托项目进行审议,以“受益人利益最大化原则”选定投资方向。信托计划项下交易主体的信用风险,不同类型的信托产品的产品类型风险,国家宏观经济政策、货币政策、经济周期变化的风险,受托人/受托人相关工作人员的管理风险等,均可能导致委托人的财产损失。委托人对于受托人是否尽到谨慎投资义务的认识不一,根据检索,争议案件中委托人针对受托人在项目审查和决策环节履职责任提起的诉讼请求/理由主要有：信托公司负有根据信托目的谨慎投资的义务，当明知或应知用款项目处于较高风险状态、项目公司财务状况严重恶化、用款项目合规性存在瑕疵可能影响其继续运行、项目公司或用款项目的重大违规受到监管部门处罚等，信托公司无特殊理由仍向其进行投资有悖其依约所应承担的谨慎投资义务等。

相关案例：

（1）在（2022）京0101民初3399号案[①]中，法院认为，针对信托财产的管理，某信托公司并未秉承诚实、信用、谨慎、有效原则。信托合同对于投资范围约定可投资于法律法规及监管机构许可的其他投资品种，包括但不限于：基金公司、基金管理公司子公司、证券公司、信托公司等金融机构发行的，以货币市场工具和标准化固定收益产品为主要投资方向的公募基金、资产管理计划、信托计划等金融产品。根据监管机关意见，某信托公司存在违规通过信托计划受让股东发行的债券以及绕道非关联方将信托资金用于公司股东问题。结合中民永泰1号历史投资标的表，其投资的均为信托计划，投资标的多层嵌套，某信托公司未能进一步举证证明投资的信托计划实际投向了货币市场工具和标准化固定收益产品，不能认定某信托公司对于信托财产的管理、运用符合信托目的的要求。某信托公司的上述行为不仅违反了

① 该案是某信托中民永泰1号发生争议后一系列案件中的一个，目前可以在裁判文书网上查到。在该案的裁判文书中表明法院审理的（2021）京0101民初15772号案件中依职权调取了涉案信托专户“自推介日2017年11月20日至2021年8月4日期间的交易流水……”表明“本院审理的（2021）京0101民初15772号案件中，当事人提交了加盖银保监会北京监管局举报专用章的《银行保险违法行为举报调查意见书》，该意见书编号为京银保监举复YJ2021303-21号，内容为：关于反映中民永泰1号集合资金信托计划（以下简称永泰1号）为非标资金池产品问题，经核查，永泰1号符合非标资金池业务特征，某信托公司违反了《中国银监会办公厅关于信托公司风险监管的指导意见》（银监办发〔2014〕99号）中‘信托公司不得开展非标准化理财资金池等具有影子银行特征的业务’的规定。我局已责令某信托公司限期清理非标资金池业务，后续将依法采取进一步监管措施。关于反映某信托公司涉嫌自融的问题，经核查，根据你提供的质押登记材料，某信托公司存在违规通过信托计划受让股东发行的债券以及绕道非关联方将信托资金用于公司股东问题，核查认为，某信托公司违反了《信托公司集合资金信托计划管理办法》（银监会令2009年第1号）第二十七条‘信托公司管理信托计划，应当遵守以下规定：……（三）不得将信托资金直接或间接运用于信托公司的股东及其关联人’的规定。我局已责令民生信托整改问责，后续将依法采取进一步监管措施。……”基本上系列案件对于信托公司在受托义务履行等事实的认定保持一致。

《集合资金办法》的规定，其违约运用信托资金，也违反了信托合同中约定的投资范围，未尽受托人的诚实、信用管理之责。该违约行为是造成底层资产处置困难，无法按期向投资人进行兑付的根本原因。

（2）在（2018）最高法民终173号李某伟诉某信托公司营业信托纠纷案[①]中，李某伟认为某信托公司违反《中国银监会办公厅关于加强信托公司房地产、证券业务监管有关问题的通知》（银监办发〔2008〕265号）等相关文件的规定，违规向房地产项目发放贷款。法院认为，“根据本案查明事实，本案所涉的信托集合资金的运用方式是股权投资方式，某信托公司以信托资金出资与某地集团公司共同设立合资公司，再由合资公司向项目公司增资扩股。根据某信托公司与某地集团公司签订的《合作框架协议》的约定，某地集团公司不负有必须回购的义务。因此，李某伟主张的该违约行为不成立”。

该案中，法院对于资金流向的合规性未穿透后作实体审判，而是主要依据信托公司与融资方签署的书面合同作形式判断，并依据合同内容认定是否存在违约行为。

李某伟同时主张项目筛选不符合约定标准，根据某信托公司与某地集团公司签订的《合作框架协议》所附的《项目初始商业计划书》中的数据计算出的盈亏平衡点、成本回报率、投资内部收益率与《资金信托合同》第9条第8项约定的数据不相符合。法院认为，首先，李某伟凭借《合作框架协议》所附的《项目初始商业计划书》中的数据单方计算出的数据并不能证明某信托公司项目筛选不合标准。李某伟也并未申请有资质的中介机构对项目筛选问题进行司法审计。其次，李某伟向银监会重庆监管局（以下称为重庆银监局）对某信托公司的相关行为进行了反映，重庆银监局的答复意见书中，明确“经核查，未发现某信托公司在信托计划前期存在明显的尽调不充分等问题”。因此，李某伟主张的该违约行为，无证据予以支持。该案中，法院对于原告的计算方式未予以认可，裁判观点可以看出法院对数据的判断更倾向于认可有资质的专业中介机构的司法审计、监管部门的认定等。

---

① 该案后提出了再审，最高人民法院作出了驳回再审申请的决定，详见（2019）最高法民申2689号。

(3)在(2020)鲁民终2633号丁某与某信托公司营业信托纠纷案中,丁某确认其将合法拥有的自有资金委托给某信托公司设立单一资金信托计划,并指示某信托公司以自己的名义与天富人防签署信托贷款合同并发放信托贷款;《资金信托合同》的信托目的明确:丁某为有效运用其自有资金,基于对某信托公司的信任,将其合法拥有的自有资金委托给某信托公司,由某信托公司以自己的名义将信托资金加以运用,某信托公司将其用于向天富人防发放信托贷款;信托计划履行过程中贷款利息的延期支付、贷款展期、提起诉讼、委托律师、申请执行、支付评估费等,作为受托人的某信托公司均是依丁某的指示进行。

一审法院认为,依据《九民纪要》第93条通道业务的效力部分规定,"当事人在信托文件中约定,委托人自主决定信托设立、信托财产运用对象、信托财产管理运用处分方式等事宜,自行承担信托资产的风险管理责任和相应风险损失,受托人仅提供必要的事务协助或者服务,不承担主动管理职责的,应当认定为通道业务";综合该案查明事实,丁某与某信托公司签订的《资金信托合同》系事务管理信托纠纷中的通道业务。法院查明事实中的系列相关文件中,多处明确记载案涉信托具体情况及可能产生的风险,丁某作为成熟的商事投资主体,在签订合同过程中应当对信托文件进行认真阅读,对信托计划所固有的市场风险进行理性预判,该案中,丁某对包括《信托财产管理、运用风险申明书》等一系列文件进行了阅读并签字,应当认定丁某已经充分认识到案涉信托计划和风险,故其主张某信托公司违反信息披露义务无事实依据,一审法院不予支持。

二审法院认为,涉案信托并未明确是通道业务型信托还是主动管理型信托,根据《信托法》第25条的规定以及信托合同内容,某信托公司负有向丁某如实披露信托项目相关风险信息的义务。而该案中,按照理性投资者的通常认知,未披露信息及不实披露,足以影响丁某的投资意向,某信托公司未依法依约履行信息披露义务,构成违约,按照《资金信托合同》约定,其应当赔偿因违约给丁某造成的相应损失。

(4)在(2023)最高法民申444号刘某与联储某公司、某信托公司财产损害赔偿纠纷案中，最高人民法院关于某信托公司是否应承担连带赔偿责任焦点问题阐述时，认为：根据《九民纪要》第93条规定，当事人在信托文件中约定，委托人自主决定信托设立、信托财产运用对象、信托财产管理运用处分方式等事宜，自行承担信托资产的风险管理责任和相应风险损失，受托人仅提供必要的事务协助或者服务，不承担主动管理职责的，应当认定为通道业务。《资管新规》第22条在规定“金融机构不得为其他金融机构的资产管理产品提供规避投资范围、杠杆约束等监管要求的通道服务”的同时，也在第29条明确按照“新老划断”原则，将过渡期设置为截至2020年年底，确保平稳过渡。在过渡期内，对通道业务中存在的利用信托通道掩盖风险，规避资金投向、资产分类、拨备计提和资本占用等监管规定，或者通过信托通道将表内资产虚假出表等信托业务，如果不存在其他无效事由，一方以信托目的违法违规为由请求确认无效的，人民法院不予支持。至于委托人和受托人之间的权利义务关系，应当依据信托文件的约定加以确定。该案所涉资管计划发生在2020年之前，根据联储某公司与某信托公司之间签署的《某联储集合资金信托合同》的约定，某信托公司依据联储证券公司的指令行使管理行为，而与刘某琼并不存在直接的合同关系，某信托不应对联储证券公司承担的赔偿责任承担连带赔偿责任。

(四)刚性兑付合同条款绝对无效的涉诉风险

信托公司不得承诺刚性兑付。《资管新规》第2条第2款明确指出“金融机构开展资产管理业务时不得承诺保本保收益。出现兑付困难时，金融机构不得以任何形式垫资兑付”；《中国银保监会关于规范信托公司信托业务分类的通知》再次强调银保监局应“引导金融消费者正确认识信托关系实质和信托业务风险特征，树立信托产品打破刚性兑付的风险意识”。最高人民法院对刚性兑付效力的态度表现在《九民纪要》中，明确表达刚性兑付的条款无效。通过检索案例，发现刚性兑付条款在诉讼请求/理由中出现的频率较高，通常以各种隐形方式出现，比如直接保底、约定回购等方式。法院在审理中按照穿透式思维，通过审查证据等方式确定信托文件是否涉及刚性兑付的无效情形。

相关案例：

（1）在（2022）京74民终415号某旗公司与某信托公司营业信托纠纷案中，2021年5月6日，某旗公司向某信托公司提交赎回申请书，拟申请赎回信托合同项下第878期信托单位1000000份，拟赎回日期为2021年5月27日。某信托公司未按期向某旗公司分配收益、未返还信托本金。一审庭审中，某旗公司依据《信托合同》第8.2条、第8.3条、第8.4条的约定要求某信托公司兑付本金及收益。经询问，某旗公司不主张某信托公司承担其违约行为造成某旗公司损失的违约损害赔偿责任，主张某信托公司履行合同约定的兑付义务。法院认为：该案中，某旗公司作为委托人与受益人，某信托公司作为受托人，签订的《汇鑫5号集合资金信托计划信托合同》系各方真实意思表示。该《信托合同》第8.4条约定，赎回资金-受益人赎回的信托单位份数×1元，每份赎回信托单位对应的信托收益-1元×该份信托单位适用的最高参考年化收益率×截止该开放日该份信托单位实际存续天数/365-该份信托单位存续期间已实际获得分配的信托收益。上述约定，系保证本金及固定收益的约定。根据相关规定，信托公司作为资产管理产品的受托人与受益人订立的含有保证本息固定回报、保证本金不受损失等保底或者刚兑条款的合同无效。该案中，信托财产处置情况尚未确定，某旗公司亦明确表示仅要求某信托公司依据合同条款刚性兑付，不主张违约损害赔偿责任。因其诉讼请求缺乏事实及法律依据，法院不予支持。某旗公司若认为某信托公司作为信托管理人违反受托人义务而造成其财产损失，可另行主张。

该案信托合同由于约定的赎回条款属于刚性兑付条款而无效，因而法院未支持委托人（受益人）要求某信托公司依据合同同意赎回申请的请求。表面上比较有利于信托公司，但是该案还有一个重点，信托公司存在未按期向某旗公司分配收益、未返还信托本金的违约行为；经询问，某旗公司不主张某信托公司承担其违约行为造成某旗公司损失的违约损害赔偿责任，仅主张某信托公司履行合同约定的兑付义务。因而法院未就违约责任作出判决。但对于信托公司的违约行为法院已经明确表示。法院甚至表示，某旗公司若认为某信托公司作为信托管理人违反受托人义务而造成其财产损失，可另行主张。

（2）在（2020）湘民终1598号某信托公司、某高速财务公司营业信托纠纷案中，一审法院在该案审理过程中，就《信托受益权转让协议》《补充协议》的签订是否为刚性兑付行为向银保监会上海监管局（以下简称上海银保监局）发出《征询函》，上海银保监局电话回复称若《信托受益权转让协议》及《补充协议》与《信托合同》非同时间签订，不符合刚性兑付的情形。一审法院认为，该案《信托受益权转让协议》及《补充协议》是双方当事人在《信托合同》生效2年后自愿签订的，法律、行政法规也并未禁止信托受益权的转让，且两协议系某高速财务公司与某信托公司的真实意思表示，内容也未违反法律、行政法规的效力性强制性规定，因此该两协议合法有效。双方当事人应如实履行各自的合同义务。某信托公司辩称前述两协议无效，法律依据不足，法院不予支持。

得知一审判决作出后，上海银保监局又于2020年8月28日向一审法院出具《上海银保监局关于回复长沙中级人民法院征询函的函》，认为两份协议属于刚性兑付。对于上海银保监局出具的《上海银保监局关于回复长沙中级人民法院征询函的函》，二审法院认为，该函件系专业的金融监管行政机关出具，该行政机关具有对金融机构相关违法违规行为予以认定并加以处罚的职能。在一审法院就该案争议的信托受益权转让行为的性质向上海银保监局发出《征询函》后，上海银保监局对此作出的书面回复，是行政机关对于该行为定性的权威结论。上海银保监局于2020年8月28日出具《上海银保监局关于回复长沙中级人民法院征询函的函》，函件上记载："……根据《信托公司管理办法》第三十四条：'信托公司开展信托业务，不得有下列行为：……（三）承诺信托财产不受损失或者保证最低收益。'因此，在各种信托文件中若存在信托公司将履行远期回购义务等类似意思表示的，都属于违规行为。我局收到来函后，对某信托公司进行了相关调查，同时也向湖南银保监局进行了协查问询。根据目前调查情况，某信托公司与高速财务公司在2017年5月签署的《信托受益权转让协议》等一系列操作是保证本金收益不受损失的行为,属于违规刚性兑付行为。”最终二审法院认为,该案双方争议的涉案《信托受益权转让协议》及《补充协议》应认定无效。

(五)其他合同文本瑕疵导致的涉诉风险

“魔鬼”藏在细节里。信托文件设计时,对合同成立、生效、解除权、信托终止、赎回起算日期等涉及双方当事人的重要权利义务的条款应该谨慎。信托公司一般是信托文件的起草单位,对于自然人投资者来说,由于条款的专业性程度较高,其理解可能存在偏差,对条款的误解可能导致双方产生争议。一旦讼争,则无端增加信托公司的诉讼成本。细节上涉诉风险详见下编。

二、项目发行和销售阶段主要涉诉风险

(一)信托文件签署过程中的涉诉风险

信托公司应当采取书面形式设立信托,信托文件应当载明法律、行政法规、部门规章及其他规范性文件规定的必备事项,并就信托当事人在尽职调查,信托设立,信托财产管理、运用和处分中的权利义务及风险责任承担作出明确约定。信托公司与委托人正式签约时,应确保信托文件结构清晰、约定明确、内容准确、无重大遗漏,若信托文件的文本存在含混之处,信托计划的后续履行可能产生争议,委托人据此可追究信托公司的违约责任或据此诉信托公司受托履职行为存在瑕疵。根据检索,争议案件中委托人针对信托文件签署环节受托人履职责任的诉讼请求/理由有以下几点:

(1)信托公司进行信托推介时使用的信托合同,与正式签署的信托合同约定不一致,且信托公司并未就文件不一致的内容提醒委托人注意;

(2)一套信托文件中各文件之间的约定或表述存在不一致,以哪个文件及其约定为准存在争议;

(3)信托文件中含有免除受托人责任、加重委托人责任、排除委托人主要权利的格式条款,例如年化收益率的表述和计算方式、结构化信托中的利益分配条款;

(4)信托合同未完成签署,或信托公司未及时向受托人交付合同等。

相关案例：

（1）在（2018）最高法民终 173 号李某诉某信托公司营业信托纠纷案中，李某主张《信托计划说明书》与《资金信托合同》多处约定不一致，足以证明某信托公司内部控制制度执行不到位，工作不认真、不负责。法院认为，从《推广宣传材料》、《可行性研究报告》与《资金信托合同》的内容看，两份材料仅仅与《资金信托合同》在表述方式上存在不同，并不涉及虚假记载、误导性陈述或重大遗漏，不可据此认定某信托公司存在违约行为。

（2）在（2018）冀 01 民终 2538 号刘某诉某信托公司营业信托纠纷案中，刘某向法庭提交了《X 期合同》与《6 期合同》，法庭经调查确认《X 期合同》为某信托公司在产品推介期使用的合同文件，《6 期合同》为刘某与某信托公司正式签署的信托文件，两份合同除第 9. 1. 6 条内容不一致外（《6 期合同》第 9. 1. 6 条删减了关于落实抵押担保的增信措施），其他内容完全一致。刘某主张某信托公司在出现抵押物无法办理抵押登记时为了规避自身的法律风险，故意删减了《X 期合同》第 9. 1. 6 条关于抵押担保的条款内容，利用其优势地位诱骗刘某签署了经过删减的《6 期合同》，某信托公司的行为明显具有欺骗性，违背了诚实信用的基本原则。法院认为，推介期使用的《X 期合同》属于要约邀请，《X 期合同》系空白的合同文本，对双方均不具有约束力；而原、被告最终签订的《6 期合同》应认定有效，对双方具有约束力。刘某作为完全民事行为能力人，在签订合同前，对合同条款应尽到审慎注意义务，但刘某未尽到该义务，法院据此认定某信托公司并无过错。

（3）在（2021）陕 0113 民初 23040 号姜某新诉某信托公司营业信托纠纷案中，某信托公司工作人员向姜某新提供案涉信托合同文本，姜某新在该案涉合同文本上进行了签名，姜某新与某信托公司就订立信托合同达成了合意；姜某新于其在信托合同上签名当天即向某信托公司转账支付了合同约定的信托资金，履行了信托合同约定的主要义务，某信托公司亦接受了姜某新支付的信托资金。故法院认为，在某信托公司签字盖章之前，姜某新已经履行了信托合同约定的主要义务，某信托公司已经接受，信托合同从姜某新支付信托资金之日即成立并生效；某信托公司未及时向姜某新返还信托合同文本的行为存在瑕疵,但该瑕疵并不影响信托合同的成立及生效。

（二）产品销售与发行的涉诉风险分析

信托产品的销售与发行是信托公司受托履职涉诉较多的环节之一,尤其在信托产品出现亏损的情形下,大部分委托人首先将信托公司未履行风险告知义务作为信托公司不当履职的情形之一。信托公司营销信托产品,应当坚持“了解产品”和“了解客户”的经营理念,遵循风险匹配原则、审慎合规原则,加强信托产品风险等级评定,在有效评估投资者风险承受能力和投资需求的基础上,向投资者销售与其风险识别能力和风险承担能力相匹配的信托产品,不得误导投资者。委托人据此诉信托公司不当履职时,信托公司应举证证明自己已履行合格投资者审查义务及风险告知义务。从已有案件的裁判思路中可以看出,法院认可信托投资者较一般自然人,对于投资行为和金融产品具有更高的认知和理性,对于信托文件中的风险告知应予以足够的注意。根据检索,争议案件中委托人针对受托人产品销售发行环节履职责任的诉讼请求/理由主要有:

(1)信托公司委托不具有推介资质的主体推介信托产品或信托的推介地点与信托文件约定的推介地点不一致;

(2)信托公司未全面履行合格投资者审查义务,在认购信托产品前,信托公司未能有效评估投资者的风险承受能力和投资需求,向风险识别能力和风险承担能力低于产品风险等级的投资者销售信托产品;

(3)信托推介人员未能向投资人详尽介绍信托产品并充分揭示风险,以明示或暗示方式承诺投资人信托财产不受损失,或者以某种方式承诺最低收益、向投资人承诺保本保息,或者进行虚假宣传、夸大预期收益。

相关案例:

(1)在(2018)最高法民终173号李某伟诉某信托公司营业信托纠纷案中,李某伟主张不具有项目推介资质的自然人卞某为其推介产品,且《资金信托合同》第7条第1款载明“本信托计划推介地为重庆市”,但存在于重庆以外的北京、深圳、广东佛山等地进行推介的情形。法院认为,根据往来邮件无法看出卞某的身份是李某伟的代理人还是某信托公司的推介人。尽管卞某担任富高公司的法定代表人，但李某伟并未举示某信托公司与富高公司签订过委托推介协议，不能证明富高公司系某信托公司的项目推介人，亦不能证明某信托公司对涉案产品进行了异地推介；另外，《资金信托合同》第7条第1款载明“本信托计划推介地为重庆市”，但《资金信托合同》并未约定若某信托公司在重庆市以外进行推介应对李某伟承担违约责任，某信托公司即使存在异地推介行为，也应当接受银监会的处罚，李某伟据此要求某信托公司承担违约责任的请求不能成立。

另外，该案中，李某伟认为某信托公司在其《推广宣传材料》《可行性研究报告》中均承诺了投资收益，且某信托公司的工作人员曾某顺和李某也曾向李某伟承诺投资收益。因此该信托合同到期后，某信托公司应当按照合同约定的投资收益率向李某伟支付本金和投资收益。法院认为，李某伟和某信托公司签订的《资金信托合同》第22条中以黑体字特别提示：“本信托计划是一种高风险高收益的长期投资，具有较低的流动性，其所投资资产可能无法及时变现，因此，该等投资资产的清算或处置可能需要较长时间。受托人、投资管理人不对预期收益率作出任何承诺，亦不保证投资本金可被部分或全部收回，投资者应有充分的资金实力及意愿承担本金损失的风险。受托人及投资管理人过往业绩不代表未来表现。”另外，李某伟签署的《认购风险申明书》中对信托财产在管理、运用、处分过程中存在的各类风险进行了提示，并明确受托人、管理人、财务顾问不对预期收益率作出任何承诺，亦不保证投资本金可被部分或全部收回，投资者应有充分的资金实力及意愿承担本金损失的风险。在该份《认购风险申明书》上，李某伟书写了“本人已阅读上述风险提示，充分了解并清楚知晓本信托计划的运作，愿意承担相关风险”。上述某信托公司与李某伟签订的该信托合同上清楚明确地提示了投资风险。李某伟作为具有完全民事行为能力和相应资质的投资人应当能够了解上述关于风险提示的准确含义，李某伟认为某信托公司在其《推广宣传材料》《可行性研究报告》上载明的预期收益即为承诺的固定收益不符合信托行业通常的理解和合同明确的约定。

（2）在（2021）京0102民初24974号韩某与某信托公司营业信托纠纷案

中,韩某主张其签署的信托文件及某信托公司的回访录音中,均未明确提及新确科技股票的具体锁定期限,某信托公司虽在路演文件中载明了限售期9个月,但未有相关证据证明上述宣传文件向韩某进行了告知和说明,限售期限系影响信托计划风险的关键性信息,某信托公司未能举证证明其对韩某进行了明确告知和说明,应当承担与此相当的责任。法院认为,股票的锁定期是核心、关键信息,信托公司具有告知义务,但该案信托公司在信托募集文件中没有履行告知义务,在事后的电话回访中未能及时弥补,信托公司辩称其在路演文件中已经载明,但信托公司又不能证明其向投资者进行了明确的告知和说明,所以信托公司最终承担举证不能的法律后果。

(3)在(2020)京0102民初8393号某信托公司与武某山营业信托纠纷案中,第一,适当性义务的主体是金融机构。武某山及某核公司均述称案涉信托合同文本为某信托公司提供,某信托公司未举证证明信托合同条款系委托人提供,某信托公司作为格式文本的提供方,应当向委托人进行提示说明,某信托公司主张案涉信托属于通道业务,相关后果应由投资方自行承担缺乏依据。第二,适当性义务的客体是金融消费者。金融消费者是指购买、使用金融机构提供的金融产品和服务的自然人。武某山填写的《客户风险适应性调查问卷》中明确载明其没有投资过信托产品,而结构化信托业务具有一定的复杂性,案涉信托业务中劣后投资人承担巨大风险,某信托公司不能以消费者投资过股票、基金视为消费者了解结构化信托产品。第三,从义务内容上看,卖方机构需要了解产品、了解客户,并把适当的产品销售给适合的投资者。该案优先级与劣后级资金比例为4∶1,优先级的预期收益安排为11.8%,上述结构化的安排在股票价值严重下跌时将可能引发劣后级受益人追加4倍本金以上的保证金,在具有如此高的风险的情况下,合同中没有任何强制平仓及止损的安排,交易的主动权为优先级受益人控制,劣后级受益人承担的风险与风控措施严重不匹配,某信托公司应当就该投资风险对劣后投资人进行特别说明和提示并获得投资人的确认,但案涉信托文件中没有任何关于追加保证金的特别说明及提示,某信托公司提交的双录视频中亦无法体现工作人员对武某山进行过说明和提示。仅凭武某手抄的条款,不能认定某信托公司已经履行了适当性义务。某信托公司虽称案涉业务为通道业务,但某核公司与武某山均表示没有直接接触,武某称接到某信托公司电话,基本信托公司在确认其有购买九某集团原始股的意向后,即在某信托公司的办公场所与武某山进行了签约,某核公司亦称案涉信托条款由某信托公司提供。某信托公司未能提供证据证明案涉结构化安排及风控措施系全体受益人自行合意的结果,故其应当依法履行适当性义务。某信托公司在将高风险产品销售给武某山的过程中,没有将案涉信托产品的风险向武某山进行特别提示,没有尽到将适当的产品推介给适合的投资人的义务。某信托公司在没有就保证金约定尽到适当性义务的情况下,要求武某山交纳保证金,缺乏依据。

(4)在(2021)京 74 民终 478 号崔某与某信托公司营业信托纠纷案中,法院认为某信托公司在投资风险确认函中进行了特别提示:“尊敬的投资者,本项目风险程度可能已经超过您所在年龄段的一般风险承受能力,请您向理财经理充分了解本项目的投资风险。我们再次提醒您,我们不保证收益,也不保证本金不受损失。”崔某在该段特别提示项下抄录:“本人具有完全民事行为能力,本人已明确知晓并理解本项目风险,并已阅读特别提示,自愿承担项目投资风险和损失,确认认购本产品。”某信托公司针对崔某年龄较大的特殊情况,进行了特别风险提示。在信托合同的签订过程中,某信托公司的工作人员询问了崔某是否系本人填写风险调查问卷,是否了解案涉信托合同的含义及风险,告知了崔某案涉信托项目风险评级为高风险型,不保证本金和收益,询问崔某理财经理是否向其承诺收益等内容,崔某均进行了明确回答,并签署了信托合同,应当承担相应后果。信托合同中有明确的风险揭示条款,信托合同所附的《风险申明书》再次明确了投资该信托计划的相应风险,崔某在《风险申明书》中手写风险确认内容并签名,应当承担相应后果。某信托公司的宣传材料中第一部分“为何选择定增”页面写有“连续八年跑赢大盘”“2008 年至今,取得了 58.01%的平均收益”,从语义来看,是对定增总体表现的描述,并未专指案涉信托计划,某信托公司在庭审中提交了上述宣传的数据依据,崔某主张某信托公司诱导性宣传,缺乏依据。某信托公司在合同签订前及合同条款中多次提示案涉信托项目的相应风险,崔某均认可接受,崔某主张某信托公司违反适当性义务,无事实及法律依据,法院不予采纳。

三、项目投后管理阶段主要涉诉风险

信托项目的投后项目日常管理系涉诉风险较高的环节,在该环节,受托人需要持续落实信托文件中约定的资金用途、增信措施有效性及合同中约定的受托人应履行的义务等,系信托成立后跟踪监控、风险排查、风险缓释等一系列风险管理工作的总和。受托人的管理能力和风险控制能力系整个信托项目推进的重中之重,亦是违约行为高频发生的原因。根据检索,争议案件中委托人针对受托人投后项目日常管理履职责任的诉讼请求/理由主要有以下几个方面。

(一)未亲自管理争议风险

未亲自管理争议风险,即受托人未亲自管理信托项目、未能对投资顾问的投资建议进行审查,将相关账户交由委托人或投资顾问直接使用。

在(2019)川民申3852号郑某云、某信托公司营业信托纠纷案中,郑某云主张某信托公司违反合同约定,未亲自处理信托事务。法院认为,首先,该信托计划的委托人代表/委托人指令权人为一般委托人李某红。同时,李某红作为一般委托人亦与某信托公司就案涉盈丰1号信托计划签订了信托合同,并明确约定了各自的权利义务。结合二审法院另案审理某信托公司诉李某红的(2017)川01民终4451号民事判决认定李某君、刘某勉、邱某、唐某、王某荣、王某惠、郑某云等8位B类优先委托人合计认购信托金额为1000万元,李某红认购信托金额为2000万元的事实可见,李某红亦属于上述法律及银监会文件规定的合格投资者,其作为包括该案6位B类委托人在内的全体委托人的代表亦不违反法律的禁止性规定。其次,郑某云在认购风险申明书的尾部对于"推介人员已向本人详细介绍了信托计划要点和投资本信托计划所面临的风险;本人对李某红已有充分了解,充分认可李某红的投资能力,认可并指定李某红作为本信托计划的委托人代表,负责为本信托计划提供投资意见,并充分理解、完全接受委托人代表提供投资建议所可能产生的全部风险;本人已认真阅读并理解了所有的信托文件,已充分了解本信托计划可能发生的各种风险,愿意依法承担相应的信托投资风险”的声明内容全文手抄并签字确认。因此,郑某云作为信托合格投资者以及理性投资人,其主张李某红是由某信托公司指定亦不成立。郑某云主张某信托公司违反合同约定,将投资管理的权限全部直接交给李某红,即由李某红实际进行投资操作,实际上是为李某红配资炒股。首先,李某红在某信托公司于2016年4月6日起诉李某红信托纠纷一案中的主要抗辩理由为:某信托公司提供的信托合同违反了行业管理规定,实质是以信托的合法形式掩盖违规借贷资金的非法目的。但二审法院就该案在此案二审之前作出的(2017)川01民终4451号民事判决对此并未予认定。换言之,对于郑某云的此项主张,人民法院的生效判决已经作出了相反的认定。其次,银监会《关于印发〈信托公司证券投资信托业务操作指引〉的通知》第21条规定:证券投资信托设立后,信托公司应当亲自处理信托业务,自主决策,并亲自履行向证券交易经纪机构下达交易指令的义务,不得将投资管理职责委托他人行使。结合此案双方当事人在盈丰1号信托合同中明确约定信托资金采取委托人代表投资建议和受托人指令相结合的方式进行投资管理;由委托人代表作出投资建议,委托人代表的资质必须符合相关法律法规的规定;受托人根据委托人代表的投资建议进行信托资金的交易和运作,并具有投资决策权的投资交易模式。某信托公司对李某红的指令建议进行审查后再发出交易指令,始终对信托财产以及信托股票账户享有控制权,能够自主决定交易指令的发出以及执行风控措施。最后,证监会于2015年9月17日发布并实施的《关于继续做好清理整顿违法从事证券业务活动的通知》,只是要求清理、整顿相关的信托产品账户,并不是对信托计划本身是否违法作出认定。郑某云亦无证据证明,某信托公司因违规受到了证监会的处罚。同时,银监会四川监管局于2016年6月27日向案涉6位B类委托人之一唐某出具的《信访事项处理意见书》亦未认定该信托计划本身存在违法的情形。结合该意见书中载明某信托公司能够按照合同约定对产品进行风险控制的调查结论,某信托公司并未将投资管理的权限全部直接交给李某红。因此,法院对郑某云关于某信托公司将投资管理的权限全部直接交给李某红实际进行投资操作的主张不予支持。

(二)受托人未按合同等进行资金管理和投向的风险

若受托人未按照信托合同的约定审慎履行信托资金管理义务,未严格遵守约定情形下的资金运用限制,则存在受托人未按合同等进行资金管理和投向的风险。

在(2021)京 0102 民初 24974 号韩某与某信托公司营业信托纠纷案中,关于韩某主张的信托集中度不符合监管规定的问题,法院认为,根据《关于调整信托公司受托境外理财业务境外投资范围的通知》第 1 条规定:"《暂行办法》第十五条和第十六条中的最后一款'中国银监会规定的其他投资品种和工具'包括下列金融产品或工具:……1. 在任何时点上,单个受托境外理财信托计划或产品中的股票等投资产品的资金余额不得超过该信托计划或产品所募集资金余额的 50%;投资于单只股票等投资产品的资金余额不得超过该信托计划或产品所募集资金余额的 5%……"某信托公司投资新确科技的资金比例远远超过上述规定,某信托公司的违规行为放大了产品风险,应承担与此相当的责任。某信托公司辩称该通知中的集中度限制仅是原则指引缺乏依据,监管部门亦未对案涉信托计划的集中度限制问题作出可以放宽的意见。监管部门对信托计划进行备案登记仅进行形式审核,备案不等同于信托文件内容符合监管要求,某信托公司主张信托计划完成备案即获得监管认可的意见于法无据,法院不予采纳。

该案是违反资金投向规定的赔偿案件。该案裁判理由有以下两点:一是信托公司在信托文件、电话回访中未明确告知股票的锁定期限,这是产品的核心要素。信托文件中遗漏,电话回访中也未及时弥补。二是信托公司违反监管关于资金投向比例的限制,这是直接导致赔偿的原因,赔偿的原则是按超过监管规定的损失全赔,而不考虑市场因素。这里要提及的是,监管对信托计划的备案,仅仅是形式审查,备案不代表审批,也不代表信托计划符合监管部门的要求。

(三)投后管理无法证明履行的风险

投后管理无法证明履行的风险包括:受托人在投后管理环节未能严格按照交易合同的约定行使各项权利并充分留痕,如投资人对受托履职过程提出异议,受托人未能积极回应并充分留痕;受托人未经决议程序擅自决定被投资人声称超越信托文件授权范围管理信托资金、应经受益人大会决议的事项。

(1)在(2022)京 74 民终 502 号李某与某信托公司营业信托纠纷案中,法院认为根据该案查明的事实,案涉集合资金信托计划属于主动管理型信托产品,管理人实际使用信托财产从事投资,掌握信托财产的使用情况以及投资去向,除其按照合同约定披露的事项外,委托人无从得知具体投资情况。信托合同对于信托目的以及投资组合范围均有明确的约定,这就要求受托人严格按照上述约定的范围及投资方向进行投资组合,并遵守关于投资限制的相关约定,以实现信托目的。该案中,经北京银保监会核查,至信 828 号"绕道"非关联方公司,将信托资金违规用于某信托公司股东,某信托公司该行为违反了《集合资金办法》第 27 条"信托公司管理信托计划,应当遵守以下规定:……(三)不得将信托资金直接或间接运用于信托公司的股东及其关联人"的规定,某信托公司未向投资人揭示至信 828 号项目的实质资金用途,违反了上述规定第 34 条"信托公司应当……保证所披露信息的真实性、准确性和完整性"。关于信息披露问题,由于交易对手未能按期支付至信 828 号项目信托款项,该项目进行了两次延期,延期后,某信托公司均未向投资人披露至信 828 号底层资产风险情况及对其采取的应对措施。某信托公司上述违约行为,导致李某投资至信 828 号、将其资产投资于约定用途以期实现资产增值的合同目的无法实现,一审判决解除合同并赔偿损失并无不当,法院予以维持。

"自融"不仅属于违反合同约定、违规改变资金用途的行为,而且构成和受益人利益冲突的行为。《信托法》第 25 条关于受托人义务的一般规定,以及《集合资金办法》第 27 条第 3 项规定"不得将信托资金直接或间接运用于信托公司的股东及其关联人",明确认定受托人的自融行为构成违反忠实义务。

在穿透式审判的背景下，自融行为不仅指受托人将信托财产中的利益直接输送给自身，还包括用很隐蔽的方法“绕道”用于受托人的股东等主体。自融行为是一种隐蔽但危害巨大的违反忠实义务的行为。目前为止，经营出现严重问题的信托公司，大多涉及自融。司法审判中穿透到底，受关联交易规则限制的不限于受托人自身，也包括受托人的近亲属、股东、投资企业等关联人。该案“绕道”的方式就是“自融”行为，说明违反忠实义务的行为可以十分隐蔽，被发现的概率较低。一旦被发现，法院会认为该违反忠实义务的行为导致投资人“购买涉案信托产品的投资目的落空”（信托公司未将信托投资款用于信托项目，而是“绕道”用于股东），构成“根本违约”，投资者有权解除合同。

（2）在（2018）最高法民终173号李某伟诉某信托公司营业信托纠纷案中，某信托公司对项目主动管理不充分，具体表现为：其一，对项目建安成本未进行管控，未发现和披露实际签署的建设工程施工合同与备案的建设工程施工合同存在重大差异，未审查相关建设工程施工合同的内容，导致项目建设成本激增；其二，未对项目成本激增问题要求召开董事会，向项目现场派驻的人员缺乏相关经验，且非合同约定的项目执行管理团队中的人员；其三，怠于履行《合作框架协议》的约定，未要求项目公司按期提供年度审计财务报告、季度商业计划书等。对此，重庆银监局作出的答复意见书上也认定“在信托计划存续期间，某信托公司作为受托人存在对投资项目进展状况了解不充分的情况”。

法院认为，首先，建安成本是否增加是一个事实问题，该案中，现有证据无法证明涉案项目的建安成本增加。其次，由于项目成本是否激增不能确定，所以不存在就该问题要求召开董事会的必要性，且根据某信托公司披露的《某信托公司·鹏程工号房地产投资基金集合资金信托计划信托财产季度管理报告》（以下简称《季度管理报告》）和《重大事项告知函》记载的内容，在投资人就建安成本问题提出质疑后，某信托公司也将该问题及时向项目公司反映并要求澄清。另外项目现场的派驻人员并非合同约定的执行管理团队的人员并不能直接证明管理不善。最后，《合作框架协议》是某信托公司与某地集团公司签订的，某信托公司作为信托财产的受托人有独立处置信托财产的权利。根据《资金信托合同》的约定，某信托公司没有向李某伟提供上述年度审计财务报告、季度商业计划书、月度银行账户对账单、每笔超出1000万元的费用支出明细清单的约定义务。从该案的证据看，某信托公司向受益人公布了《季度管理报告》《重大事项告知函》，履行了《资金信托合同》中的相关义务。

（四）未有效审查投资风险、预防投资风险等风险

受托人未能及时为信托文件约定的放款后增信措施办理抵押、质押登记手续，未能对抵押物、质押物进行持续、有效监督，构成未有效审查投资风险、预防投资风险等风险。

在（2021）京74民终430号某万证券公司与某信托公司营业信托纠纷案中，2017年1月18日，原告某万证券公司（委托人、受益人）与被告某信托公司（受托人）签署《信托合同》。2017年1月19日，某万证券公司向信托财产专户支付认购资金1亿元，某信托公司在收到款项后6分钟就发放贷款，没有足够时间对放款条件进行审查。原告认为案涉信托计划是“先有项目，后有资金”，被告没有足够的时间对放款条件进行审查。法院认为，采取信托合同形式设立信托的，信托合同签订时，信托成立；案涉《信托合同》于2017年1月18日已经双方当事人签字并加盖公章，案涉信托计划也已符合法定成立要件。故法院认为信托合同已经于2017年1月18日成立并生效。同时，法院查明，某信托公司在与某万证券公司签订《信托合同》前半年内就开始对融资人宋某酒业进行调查并形成极为详细的《尽职调查报告》，某万证券公司对此也并无异议。案涉信托计划为主动管理类信托，《信托合同》对发放贷款的时间并无限制，某信托公司有权依据其专业知识和判断，自主决定贷款发放时间；某信托公司在对抵押物进行质量检验方面存在不当行为，但该行为不构成根本违约，且抵押物一直由华安保全公司提供保全服务，并已投保财产保险；另在《信托合同》《认购（申购）风险申明书》《信托计划说明书》中多次提示了抵押物风险，信托财产损失由信托财产和受益人承担。

四、项目清算阶段主要涉诉风险

受托人在信托终止后，有法定的清算义务。《信托法》第 58 条规定："信托终止的，受托人应当作出处理信托事务的清算报告。受益人或者信托财产的权利归属人对清算报告无异议的，受托人就清算报告所列事项解除责任。但受托人有不正当行为的除外。"清算是信托分配的前置程序，未经清算，不得分配信托财产。信托公司的清算义务属于监管内容。《信托公司受托责任尽职指引》第 4 条第 2 款明确"……信托公司制定的信托业务操作规程应当涵盖尽职调查与审批管理、产品营销与信托设立、运营管理、合同规范、终止清算、信息披露、业务创新等信托业务的各个环节"。根据检索，争议案件中委托人针对受托人投后项目日常管理履职责任的诉讼请求/理由主要有以下几个方面。

（一）未积极履行清算等义务

在信托计划终止后的清算分配阶段，受托人和委托人未积极履行清算义务和合同约定的财产分配义务。

在（2021）京 0102 民初 24249 号某信托公司与某资本投资中心营业信托纠纷一案中，法院认为，案涉信托财产为某资本投资中心股权，信托目的系股权代持，在信托到期终止后，某资本投资中心应当受领案涉股权。双方争议发生在信托财产分配阶段，而该案的信托财产分配并不以某信托公司出具清算报告为前提，双方对要分配的信托财产亦不存在争议，某资本投资中心主张的某信托公司未出具清算报告导致案涉股权不能分配的意见缺乏事实依据，法院不予采纳。该案信托财产为股权，某信托公司作为名义股东，股权持续登记在其名下，某信托公司需要对外承担股东责任，其并非单方受益方。故与信托财产为资金不同，案涉信托财产的分配并非某信托公司的单方义务，某信托公司有权转让案涉股权，某资本投资中心亦有义务领受股权。鉴于某资本投资中心在章程中已经明确约定"如未来某信托公司将其持有的本公司部分或全部股权转让给某资本投资中心或其指定人时，其他股东须同意并放弃优先购买权且应配合办理相关手续"，各股东对股权转让一事已经事先发表了同意并放弃优先购买权的意见,故某资本投资中心主张某信托公司未履行通知股东义务和分配义务导致股权分配无法实现的意见,无事实依据,法院不予采纳。从实践操作来看,该案的股权变更流程既可以由某信托公司推动完成,亦可以由某资本投资中心推动完成,该案中,由某资本投资中心推动完成更符合股权代持的内在逻辑和当事人的履约习惯。首先,某信托公司与某资本投资中心在信托成立之初即签订《信托项目授权管理协议》,将交易文件项下管理事项授权某资本投资中心,某信托公司仅作为名义股东配合履行盖章等程序性事项,并不实际参与公司经营管理,在代持到期后,由实际股东推动进行股权变更更符合客观情况。其次,从双方的往来邮件中可以看出,其他股东的沟通协调工作一直由某资本投资中心进行,而并非某信托公司。最后,合同履行过程中,某信托公司工作人员多次要求某资本投资中心进行股权变更,某资本投资中心回复“好,争取最长两个月之内完成”,可见,双方对股权转让一事应由某资本投资中心负责推动有相应共识。某资本投资中心认为股权转让属于某信托公司的单方义务或在先义务缺乏合同约定,亦与客观履行情况不符,法院不予采纳。

(二)清算时对财产、收益分配等未尽信义义务

若财产、收益分配等被委托人认为未尽到信义义务,导致其利益受损,信托公司则面临赔偿其损失之风险。

比如在(2022)京 74 民终 214 号程某新与某信托公司营业信托纠纷案中,法院就某信托公司是否应当对信托清算和收益分配时转让给程某新债权的差额及利息损失承担赔偿责任发表以下裁判观点:

第一,某信托公司应当对其转让债权声明数额的真实性负责。

某信托公司在《信托利益分配通知书》中载明,将其在《信托贷款合同》项下对卜某霞享有的全部债权转让给程某新,同时在附件一、附件二中明确载明剩余本金金额 25114.55 元,预期还款合计 26193.96 元。该债权转让并非概括性债权的或有转让,而是明确了具体金额的转让,某信托公司应当对其转让债权声明数额的真实性负责。

第二，某信托公司应当对其受托管理财产的真实状况负责。

案涉债权转让并非一般交易行为中的转让，而是基于信托受托人向受益人进行分配。《信托法》第 25 条第 2 款规定，受托人管理信托财产，必须恪尽职守，履行诚实、信用、谨慎、有效管理的义务。某信托公司作为信托受托人将原有信托财产分配给受益人，基于其对信托财产的管理职责及受托人义务，应当对信托财产的真实状况知情，并应对受托人诚实披露真实情况。

第三，关于原状分配的约定是否可以排除债权差额的追偿。

该案中，《信托合同补充协议二》约定双方同意按照原协议第 11 条及该补充协议第 1 条第 2 款约定的方式进行信托利益的清算和分配。非现金形式的信托财产按照《信托合同》第 11. 2 条的约定进行原状分配。《信托合同》第 11. 2 条约定，如信托单位的预计存续期限届满时，信托单位存在非现金形式的信托财产，则受托人有权宣布其他尚在存续的各期信托单位及该信托提前终止。该信托终止时（包括如期终止及提前终止），如存在非现金形式的信托财产，则受托人以维持信托终止时财产原状方式向受益人分配该等非现金形式信托利益（该种分配方式称为“原状分配”）。上述原状分配的约定系双方当事人的真实意思表示，合法有效。现某信托公司基于上述“原状分配”的约定主张程某新无权主张差额，对此法院认为，此问题的关键在于如何认定“原状”，根据上述某信托公司作为出让人应当对其《信托利益分配通知书》转让债权声明数额的真实性负责，以及某信托公司作为信托受托人应当对其受托管理财产的真实状况负责的论述，此处债权的声明数额的真实性应当由某信托公司负责，该“声明数额”即为“原状”，程某新基于信托财产分配受让该债权，有理由相信该债权数额即为声明数额，而于其后权利主张中发现债权数额的不真实，要求某信托公司按“原状”即声明数额补足亦符合上述“原状分配”的约定本意。

第四，关于追偿及诉讼风险自担的约定是否可以排除债权差额的追偿。

《信托合同》约定，受托人在按该合同第 11. 2 条约定向受益人分配信托财产之后，不承担将未偿还贷款本息全部追回并返还受益人的义务，由此而产生的受益人向借款人、服务商、第三方支付机构提起诉讼(或申请仲裁)、申请强制执行等追索责任由受益人自行承担。某信托公司主张，依据该追偿及诉讼风险自担的约定，程某新应当自行承担债权差额。对此，法院认为，合同约定的追偿及诉讼风险自担的本意是受托人“不承担将未偿还贷款本息全部追回并返还受益人的义务”，债权是否能够全部追回和返还取决于债务人的履行能力；而该案债权差额的形成并非基于债务人履行能力的不足或诉讼风险，而是因为声明债权数额的不真实，某信托公司以追偿及诉讼风险自担的约定抗辩排除债权差额的追偿，与合同约定本意不符，缺乏事实及法律依据，法院不予采信。

由上，某信托公司作为出让人及信托受托人，应当对其基于信托财产分配出具的《信托利益分配通知书》转让债权声明数额的真实性负责；《信托合同》关于“原状分配”及诉讼风险自担的约定，并非对声明数额真实性的免责，而是基于对于债务人实际履行能力的免责；某信托公司应当对信托清算和收益分配时转让给程某新债权的差额及利息损失承担赔偿责任。

该案中导致信托公司承担责任的原因主要有两个：一是法院认为某信托公司应当对其受托管理财产的真实状况负责；二是对于合同中约定的“原状分配”，法院认为问题关键在于如何认定“原状”，基于信托受托人应当对其受托管理财产的真实状况负责的论述，信托公司的“声明数额”即为“原状”，信托公司按“原状”即声明数额补足符合“原状分配”的约定本意。

(三)未按约定履行清算义务

这种情形包括投资人认为受托人怠于履行清算义务致使信托财产分配兑付迟延；在信托计划终止后，劣后级受益人主张信托公司按照现状进行分配；等等。

在(2021)赣0103民初5992号万某芬与某信托公司营业信托纠纷案中，法院认为，根据原、被告所签补充协议可知，某江国际. 锐增20号集合资金信托计划已于2020年12月30日期限届满，即信托终止。根据《信托法》第58条“信托终止的，受托人应当作出处理信托事务的清算报告。受益人或者信托财产的权利归属人对清算报告无异议的，受托人就清算报告所列事项解除责任。但受托人有不正当行为的除外”的规定及《某江国际.锐增20号集合资金信托计划资金信托合同》第15条第2项“受托人自本信托计划终止日起3个工作日内进行信托财产的清算。受托人在信托终止后20个工作日内编制信托财产清算报告……”的约定,清算不仅是受托人的合同约定义务,亦为法定义务。因信托财产在运营过程中势必与外界发生频繁交易,信托终止时,围绕信托财产必然会产生多种债权债务关系,需要通过清算程序对其进行合理分配,以保障相关利害关系人的合法权益,维护社会交易安全,故清算是信托财产分配前的必经程序。被告称案涉信托计划银行账户中现有资金为1551852.86元,扣除银行保管费21251.37元、信托报酬596888元,剩余部分根据投资比例可分配给原告。法院认为,被告所称账户现有余额,不能等同于清算后的信托财产。该案中,某江国际.锐增20号集合资金信托计划尚未进行清算,故不具备分配兑付条件。原、被告签订的信托合同合法有效,双方均应按照合同约定行使权利、履行义务。原告按照信托合同所认购的某江国际.锐增20号集合资金信托计划产品已到期终止,但被告未履行清算义务,致使信托财产无法进行分配兑付,因清算是信托分配的前置程序,未经清算,原告所主张的信托利益款项数额无法确定,故其诉讼请求不能成立,法院不予支持。被告怠于履行清算义务致使信托财产分配兑付迟延的,原告可另行主张。

需要强调的是,因该案原告的诉讼请求是分配信托财产,而未经清算,信托财产不得分配,故法院驳回了原告的诉讼请求。但是该案中法院对于信托公司未履行清算义务已经给出了明确的法律态度,并提出被告怠于履行清算义务致使信托财产分配兑付迟延的,原告可另行主张的建议。

五、贯穿项目全过程的信息披露义务涉诉风险

信托公司信息披露义务贯穿信托项目全过程,从项目发行和销售一直到项目清算、分配信托财产,信托公司应始终遵循监管要求依法披露,确保披露信息的真实性、完整性、及时性、可比性,信息披露是信托公司必须履行的义务。目前,我国信托业已出台一系列制度规范受托人的信息披露义务,

但总的来讲信托业信息披露的规定，相较于银行业等更为原则、没有细化要求，或者多为强制性相对较弱的行业指引，因此实务中信托公司信息披露质量参差不齐。根据案例检索，争议案件中委托人针对受托人在信息披露方面履职责任的诉讼请求/理由主要有以下几个方面。

（一）未依法依约完整披露

未依法依约完整披露是指：受托人未能依照《信托法》相关规定、信托文件约定进行及时、完整、准确的信息披露，在涉及须通知委托人的事项时，未能按照信托合同约定的通知方式及时予以通知并确认委托人已收到通知，包括：涉及信托项目及信托资金的重大事项发生变更的，未能及时向委托人披露；受托人未能对信托资金管理报告或处理信托事务作完整记录，委托人难以了解其信托财产的管理运用、处分及收支情况；对于信托文件约定需通知委托人的事项，受托人未及时通知。

在（2021）京民终 501 号王某亮与某信托公司营业信托纠纷案中，王某亮主张，在信托计划成立后，某信托公司未就信托计划成立情况向王某亮进行真实、准确、完整披露，隐瞒信托单位净值情况，使王某亮无法有效、准确获得相关信息；某信托公司未依约按时向其披露信托计划的投资情况及信托单位净值，导致其无法准确知悉信托计划的运行情况。某信托公司不予认可，主张其已依约披露信托单位净值，且王某亮作为本信托计划的投资顾问的投资经理并实际控制投资顾问，其对于信托计划成立、信托资金运用情况均知情，可通过数据计算信托单位净值，且通过王某亮自行追加资金的行为也可以推知其了解信托单位净值；主张其已完成合同约定的信息披露义务，并提供 25 号信托计划净值信息披露公告的网页截图，用以证明某信托公司根据《信托合同》按周披露单位净值情况。

法院认为：关于信托计划成立的披露义务。《信托合同》第 6 条“信托计划的成立与生效”中约定：“6.2 信托计划的成立 6.2.1 本信托计划满足以下条件，则信托计划成立。6.2.2 受托人可根据发行情况缩短或延长募集期，并宣布本信托计划成立。6.2.3 信托计划成立的日期由受托人在其网站上发布。”根据该合同约定，信托计划成立的日期应当由受托人在其网站上发布,且未约定发布具体时间,故某信托公司应当在合理期限内发布成立公告。某信托公司虽提交网页截图以证明案涉信托计划成立时间已公示,但其提供的网页截图没有发布时间,证据来源于某信托公司官网,某信托公司可以任意修改官网发布内容,证据本身的真实性存疑。王某亮主张某信托公司直至2015年5月11日才在官网公布成立公告,且需要账户密码才可以登录查看,王某亮未掌握账户密码,无法看到公告内容。某信托公司提交《成立公告》用以证明其按照《信托合同》约定发布了成立公告。《成立公告》中载明,案涉信托计划于2015年4月17日正式成立。王某亮认可该《成立公告》的真实性,但其主张某信托公司并未向其送达《成立公告》。某信托公司现未提交其他充分有效证据佐证其依照上述《信托合同》约定发布了成立公告及成立公告发布时间。因此,对于王某亮所主张的某信托公司存在信托计划成立披露瑕疵,一审法院予以采信。

关于投资情况、信托单位净值的披露义务。《信托合同》约定:"8.5.3 受托人应当妥善保存处理信托事务的完整记录。受托人每周在其网站上公布信托单位净值;每月向委托人和受益人寄送信托单位净值披露的书面材料;受托人将按季制作信托资金管理报告,信托资金管理报告将在受托人网站(www.ecitic.com)'网上信托'栏目进行披露。"某信托公司应当依法依约履行信息披露义务。现某信托公司提供的网页截图没有发布时间,证据来源于某信托公司官网,某信托公司可以任意修改官网发布内容,证据本身的真实性存疑。即使某信托公司确实如其主张完成了每周在其网站就信托单位净值进行公布的义务,其亦无证据证明按照合同约定完成了每月、每季度向委托人和受益人寄送单位净值披露的书面材料。故某信托公司存在未依约履行信息披露义务的行为。

关于某信托公司主张的实际通知方式。某信托公司提交微信聊天记录等用以证明其通过通知欧某的方式履行了通知义务,王某亮虽认可微信聊天记录真实性,但其主张该微信聊天记录系投资顾问安洲公司与受托人某信托公司之间的沟通,不能代表对王某亮的通知。

法院综合事实认为:第一,某信托公司作为受托人实际违反了风险提示义务,信托计划成立及信托单位净值的披露义务、通知义务,个股持仓比例限制义务,投资顾问权限控制义务,平仓义务。第二,王某亮为投资顾问实际控制人等相关职务使得其对案涉信托计划的投资操作知情且实际控制,构成某信托公司案涉部分具体违约责任的阻却事由。第三,根据违反受托人义务及免责事由的认定,某信托公司仍应因违反信托单位净值的披露义务,个股持仓比例限制的义务,触及预警线、跌破平仓线的通知义务,平仓义务承担违约责任。关于各项违约责任与王某亮损失之间的因果关系及数额认定,由上,违反个股持仓比例限制义务、平仓义务的行为并未对王某亮造成实际损失,无须承担责任。违反信托单位净值的披露义务及触及预警线、跌破平仓线的通知义务,但王某亮系投资顾问的实际控制人、案涉信托计划的投资经理,其对上述情况有一定的认知和主动了解能力,一审法院结合信托合同约定、王某亮对案涉产品的实际控制情况、某信托公司的履约行为、某信托公司的信托报酬、证券市场系统风险、系列信托计划交易习惯等,酌定某信托公司赔偿王某30万元。

需要说明的是,该案信托公司的违约的点比较多,投资人起诉要求赔偿165407914.60元,最终法院酌定赔偿30万元,不成比例,其原因在于委托人是信托投资顾问的投资经理。尽管因为王某亮的特殊身份,法院认定信托公司的部分违约责任产生阻却效力,但并非所有的违约责任都可以阻却,法院仍酌定了部分赔偿责任,并非所有的违约责任都可以豁免。

（二）未保障受托人知情权的风险

受托人有义务让委托人、受益人了解信托计划相关的信息;委托人要求查阅信托计划的相关材料,受托人无正当理由不得推诿或拒绝。

在(2019)京0105民初67638号某银行与某信托公司、某证券公司等信托纠纷案中,原告诉请法院判令某信托公司、某证券公司根据信托文件及相关法律法规、监管规定,就某银行认购、持有信托计划份额期间信托计划的设立、投资、管理、运营、处分、清算等向某银行履行披露义务并提交相关书面文件等。诉讼中,原告某银行表示,其一直与某证券公司工作人员联系,某信托公司从未提示过某银行在网站上注册并查阅相关资料,某银行也无从知晓。某信托公司则表示曾口头告知某银行登录网站注册后查阅相关信息。某银行要求某信托公司披露的文件与信息包括:(1)信托计划成立时受益人人数及信托单位的总份数;(2)每周单位净值情况及核算净值的依据;(3)全部信托资金的投资明细、投资形成文件、管理报告、信托资金运用及收益情况季度报告;(4)所有其他信托计划投资人退出、赎回信托计划的份额、净值情况以及净值的核算依据;(5)信托计划成立公告;(6)信托计划账目;(7)信托计划保管协议;(8)关于代理销售金融产品之框架协议及代理推介协议;(9)某银行加入信托计划的份额确认书;(10)2017 年 6 月 9 日至 2018 年 5 月 31 日信托计划加入与赎回业务明细;(11)2017 年 6 月 9 日至 2018 年 5 月 31 日信托计划为投资的资管计划作出的尽职调查报告以及所依据的相关材料;(12)信托计划投资的资管计划的投资明细或能证明资管计划投资符合合同约定条款的其他材料;(13)信托计划投资的资管计划的资产管理合同;(14)信托计划运营期间某证券公司发出的全部投资建议或指令;(15)信托计划财产投资、变现记录;(16)某信托公司管理、投资、运营、变现、清算计划财产及因信托计划开放、退出、赎回所签署或形成的合同或其他文件;(17)信托计划的清算报告;(18)某信托公司在管理信托计划期间形成的其他与某银行有关的文件和信息资料。

法院认为,某银行与某信托公司签订的《047 号信托合同》及某银行、某信托公司与某证券公司签订的《补充协议》,应属合法有效,各方均应按照约定履行各自的义务。《信托法》第 20 条规定,委托人有权了解其信托财产的管理运用、处分及收支情况,并有权要求受托人作出说明;委托人有权查阅、抄录或者复制与其信托财产有关的信托账目以及处理信托事务的其他文件。《集合资金办法》第 34 条规定,信托公司应当依照法律法规的规定和信托计划文件的约定按时披露信息,并保证所披露信息的真实性、准确性和完整性;第 35 条规定,受益人有权向信托公司查询与其信托财产相关的信息,信托公司应在不损害其他受益人合法权益的前提下,准确、及时、完整地提供相关信息,不得拒绝、推诿。上述规定均赋予了委托人、受益人知情权。

法律规定的委托人的查阅权的范围仅限于与其信托财产有关的信托账

目以及处理信托事务的其他文件,但对于信托账目及其他文件的具体指向并未作出明确解释。委托人知情权的目的在于了解其信托财产的管理运用、处分及收支情况,具体到信托项目上主要体现为信托资金管理报告或处理信托事务的完整记录。

具体来讲,关于某银行要求某信托公司披露的文件与信息中的第 1 项、第 2 项、第 3 项、第 5 项、第 9 项、第 15 项、第 17 项,根据某信托公司提交的公证书可以看出,委托人或受益人在某信托公司网站登录并注册以后可以查阅到相关管理报告、临时公告、基金净值等信息。虽然某银行表示在信托计划期间从未有人告知其通过该方式查阅,但是,某信托公司该披露方式符合《047 号信托合同》约定的披露方式,虽然没有证据证明某信托公司在整个信托计划期间曾提示某银行进行注册登录,但某银行作为合格投资者,其签署《047 号信托合同》时应清楚地知道信息披露的多种方式,某银行也没有提交证据证明其在 2018 年 5 月之前就如何查阅相关资料向某信托公司提出过疑问。此外,在本次诉讼过程中,某信托公司将所有该信息以公证书的形式作为证据提交,亦能满足某银行对此的知情权。故某银行要求某信托公司就此部分进行披露,法院不予支持。

关于某银行要求某信托公司披露的文件与信息中的第 10 项,某信托公司提交的邮件显示其已向某银行进行了披露,故对某银行要求某信托公司就此部分进行披露,法院不予支持。

关于某银行要求某信托公司披露的文件与信息中的第 4 项,《047 号信托合同》中明确约定了某信托公司作为受托人对委托人、受益人以及处理信托事务的情况和资料负有依法保密的义务,但法律法规另有规定或因处理信托事务必须披露的除外。法律法规并未规定受托人在向委托人披露信息时可以披露其他委托人的资金募集及收益分配情况,其他委托人的资金募集及收益分配情况也不属于合同约定因处理信托事务必须披露的事项。因此某银行要求某信托公司披露其他投资人退出、赎回份额、净值情况等资料没有依据,法院不予支持。

关于某银行要求某信托公司披露的文件与信息中的第 6 项,法院认为,

《047号信托合同》约定了信托计划投资于某时资本-金牛1号专项资产管理计划，后又签订《补充协议》，明确了信托计划投资于某时资本-金牛2号专项资产管理计划，此后的季度管理报告亦载明了持仓余额统计包括上述两个专项资产管理计划，并列明了成本和市值，由此，上述信息已能满足某银行对于投资明细的知情权，某银行要求某信托公司进一步披露投资明细等资料没有依据，法院不予支持。

关于某银行要求某信托公司披露的文件与信息中的第7项、第8项、第11项、第13项，法院认为，《北京信托·某实融信理财047号集合资金信托计划说明书》里对备查文件进行了明确，其中包括保管协议、法律意见书、资产管理计划合同、投资顾问协议、关于代理销售金融产品之框架协议以及代理推介协议、其他交易文件等，也明确了委托人可在受托人处查阅上述备查文件，但受托人有权拒绝其复印、拷贝的要求。故某银行有权要求某信托公司出示第7项、第8项、第11项、第13项文件。

关于某银行要求某信托公司披露的文件与信息中的第12项、第14项，法院认为，资产管理计划产品的投资明细、资产管理合同以及投资顾问发出的投资建议或指令并不在必须向投资人披露的范围内，因此某银行要求提供该部分资料没有依据，法院不予支持。

关于某银行要求某信托公司披露的文件与信息中的第16项、第18项，因指向并不明确，某信托公司亦否认有其他必须向投资人披露的文件与信息，故某银行该部分诉讼请求，法院不予支持。

在(2021)京74民终366号黄某诉某信托公司营业信托纠纷案中，黄某起诉要求行使知情权，请求法院判令某信托公司提供查阅并允许复印合同中以1.13、1.16、1.8、7.2条款约定的文件的原件等。法院查明，2015年，黄某(委托人)与某信托公司(受托人)签订《信托合同》，对双方的权利义务进行了约定，信托计划存续期间，信托公司定期发布管理报告，并召开受益人大会。黄某主张某信托公司违背信托合同目的，处理信托事务不当，违背诚实信用原则，未尽到有效管理的义务，前期对产品进行虚假宣传，后期对产品监管失控，造成其财产重大损失，为查明原因，要求信托公司提供《合伙协议》《增资协议》《股东协议》《保管合同》、信托账目的原件,向证监会投诉某公司和向法院起诉该公司的文件原件和复印件,适应性风险测评调查问卷原件、复印件及双录视频的时间和地址,相关委托书和某公司营业执照、该公司某员工的劳动关系证明及从业资格证明,同时要求信托公司按照原告提出的议题召开或协助召开受益人大会。某信托公司拒绝了黄某关于提供部分原件以及与信托计划不相关文件的要求。法院查明某信托公司已向黄某提供了信托计划的成立公告及季度管理报告,其中对于案涉信托计划的规模、收入、费用及收益情况,信托计划所持资产情况,投资标的的财务数据等情况,以及信托资金的管理、运用、处分、收益及收益分配情况等均进行了披露;二审法院认为,在无合同特别约定的情况下,一审法院认定黄某的知情权已获满足,并无不当;委托人只能行使与其信托财产有关的知情权,不能扩大成对全体投资人的所有信托财产的所有信息要求知情。

六、家族信托被击穿时信托公司的涉诉风险

信托公司违反受托义务导致受益人权益受损;因为信托公司,信托合同出现无效等情形;因为信托公司,信托合同目的不能实现等;无论哪种信托模式,信托公司都面临涉诉风险。故家族信托的一般涉诉风险无需另行讨论,与本部分涉诉风险点相通。但当家族信托被击穿时,信托公司的法律责任有哪些?这是家族信托业务中信托公司涉诉风险的着眼点。虽然家族信托在国内以及在国外均有被击破的现象,但因此导致信托公司直接涉诉即委托人或受益人追究信托公司责任的案例目前查询不到。

(一)家族信托可能被击穿的告知义务

从告知义务角度,信托公司对家族信托的委托人有充分告知的义务,包括但不限于何种情形下家族信托可能会被击穿。因为家族信托和资产管理业务不同,受托人主要依赖于委托人的意思,故在受托人告知委托人后委托人仍然坚持的情况下,受托人无需为家族信托被击穿承担责任。家族信托被击穿,说明家族信托是合法、有效的,但没有产生债务隔离的后果,信托财产被委托人的债权人追索到了而已。信托公司是受委托对家族信托财产进

行服务的,委托人有权在信托合同中保留权利。

在国内家族信托第一案中,从公开的信息判断,信托公司按照合同履行了受托人的义务,对击穿并无责任。2020年8月14日武汉市中级人民法院作出(2020)鄂01执保230-1号协助执行通知书,要求某信托有限公司协助执行以下事项:“因被申请人张某丽与你单位签订了《某信托·福字221号财富传承财产信托》,现请你单位停止向张某丽及其受益人或其他第三人支付合同项下的所有款项及其收益。”同日,该院向某信托有限公司邮寄送达(2019)鄂01民初9482号民事裁定书及(2020)鄂01执保230-1号协助执行通知书。某信托有限公司于2020年8月31日签收上述文书。根据法院查明的事实,2016年1月28日,张某丽(委托人)与某信托有限公司(受托人)签订《某信托·福字221号财富传承财产信托信托合同》(合同编号:8012015-X801001001),合同载明:1.1委托人基于对受托人的信任,自愿将其合法拥有的资金及/或金融理财产品信托给受托人,即将委托人相关财产的法律上的所有权完全转移给受托人,由受托人管理、运用。受托人通过按照信托文件的规定持有、管理和处分信托财产,并以此作为信托利益的来源,按信托文件的约定向受益人分配信托利益。1.3本信托设立后,委托人死亡,信托继续存续直至信托期限届满或信托终止,信托财产不作为其遗产或者清算财产。国家法律另有规定的除外。2.2.3.1本信托项下财富传承信托的信托利益受益对象,为委托人的儿子、父亲、母亲、舅舅和外婆,共计受益人5名。2.4.2本信托成立时,委托人信托给受托人的自愿用于财富传承信托目的的信托财产首期总金额预计为3080万元人民币,其中银行现金存款3080万元……2.4.4.3信托专户信息如下:信托专户的户名为“某信托有限公司”,开户行为“某银行武汉分行积玉桥支行”,账号为“95510XXXXXXXXXX”。17.2.1信托在下列任一情形发生之日终止:17.2.1.1本信托之信托目的已经无法实现。17.2.1.2本信托被法院或仲裁机构依法撤销、被认定无效或被判决终止。本信托期限届满或本信托项下全部信托财产分配完毕……17.2.1.6本信托运行满5年后的30日内,委托人可以提前终止信托;若本信托运行满5年后的30日内委托人无书面意思表示提前终止本信托，则信托持续运行至满 50 年止或全部信托财产分配完毕之日止。7.2.1.1 在信托生效当日或之前，委托人或受益人以受益人名称在资金保管机构或其他机构开立独立的人民币专用账户（受益人收款账户）。受益人收款账户用于接收信托利益……附件二-9 信托利益支付计划，载明自 2018 年 1 月（含）起，受托人每个自然月度日历日 10 日向受益人 1（张某）支付信托利益人民币 6 万元，直至本信托终止或受益人 1 死亡……2020 年 5 月 30 日，张某丽（委托人）与某信托有限公司（受托人）签订《信托受变更函》，将上述信托受益人由委托人张某丽的儿子（张某）、父亲、母亲、舅舅和外婆 5 人变更为张某。而且，案涉家族信托于 2016 年 2 月 5 日设立，初始规模 3080 万元，截至 2020 年 7 月 31 日信托财产净值为 11830320.73 元。从常理推断，该案应排除信托财产管理不善、大幅亏损的可能性，在四年多的时间里，受托人已经将信托财产中超过 60%的价值分配给了受益人。

因无法查到该信托合同原文，无法判断信托文件对信托的变更有什么样的具体约定，更无法判断委托人保留了什么样的权利。但根据《信托法》第 51 条，如果委托人经受益人同意，可以变更受益人；如果委托人在信托文件中保留了可以任意按照自己意愿修改信托条款（特别是关于变更受益人和受益权条款）的权利的话，这种约定有效的。

（二）需告知的事项

作为信托公司，需注意，在家族信托设立时，对以下事项需告知委托人，否则可能需要为此承担法律责任（包括监管责任，即可能被监管机关明确为违规或要求承担行政责任）：

（1）委托人如果在信托文件中为自己保留随时可以把自己变成唯一或者主要受益人的权利，这和约定了信托的解除权几乎没有太大区别，此时的信托类似可撤销信托，虽然不至于无效，但是其信托财产并未从委托人的个人责任财产中完全剥离出去，若被委托人的债权人要求强制执行，法院极有可能会支持。

（2）如果委托人利用家族信托规避债务，则信托可能会因为侵犯了委托人的债权人而被法院撤销。对于债权人而言，如果认为信托设立侵害了其债权的实现,有权根据《信托法》第 12 条主张撤销信托。此时,债权人也可以根据信托无效、可撤销等理由主张对信托财产采取保全措施。

(3)家族信托中若委托人是该家族信托的受益人,债权人还可以强制执行委托人作为受益人的受益权。

第三章 业务新分类下受托业务履职法律风险防范建议

根据对案例检索中信托投资公司营业信托涉诉案件的风险点梳理，以及对信托公司受托履职存在的问题分析，对未来营业信托业务开展提出法律风险提示和管理建议。

一、按照业务三分类监管要求开展资产管理信托业务和资产服务业务

《关于规范信托公司信托业务分类的通知》已经于2023年6月1日正式实施，2023年7月初国家金融监督管理总局下发了《指导口径》。《指导口径》主要回应了三分类新规下信托业务的分类问题，帮助信托公司更好地落实监管要求。

信托公司同时应根据《指导口径》注意以下监管重点：

（一）资产管理信托业务应审慎开展非标准化债权类资产业务

（1）信托公司不得以私募投行角色、通过资产管理信托业务形式，开展实质为满足单一融资方特定融资需求而发行信托产品募资的业务。受托人和私募投行二者在服务宗旨和服务内容上存在本质差异。

（2）信托公司开展资产管理信托业务时，要审慎开展非标准化债权类资产和未上市企业股权投资业务，要严格履行投资者适当性管理、尽职调查、风险管理、净值化管理、信息披露等资产管理受托职责，确保资产管理信托

产品符合投资者风险偏好，确保投资者清晰知晓且有能力承担投资风险。

(3)资产管理信托原则上应当以组合投资方式分散风险。

(4)关于回购业务，《指导口径》明确，信托公司开展基础资产为标品的资产管理信托业务，可以按照《资管新规》规定的比例，在公开市场上开展债券回购业务。信托公司为符合《资管新规》的、基础资产为标品的资产管理产品提供行政管理服务或专户受托服务，可以按照委托人指令，在公开市场上开展债券回购业务，但应确保相关比例符合《资管新规》要求。

(5)信托公司管理信托产品，不得以信托财产向他人提供担保，不得以卖出回购方式运用信托财产，不得融入或变相融入资金。

(6)关于资产管理信托投资衍生品的相关要求，《指导口径》提到，考虑到各类资产管理产品利用衍生品进行对冲的业务逐渐普遍，且《资管新规》已限制单只固定收益类、权益类资产管理产品参与衍生品交易的比例低于20%，允许信托公司以资产管理信托资金投资包含衍生品交易设计的固定收益类、权益类资产管理产品。对于商品及金融衍生品类资产管理产品，以及具有衍生品设计的其他类资产管理产品，仅限已获得衍生品交易资格的信托公司以其受托管理的信托资金投资相关产品。

(7)资产管理信托的投资者人数和资质暂按《资管新规》的规定执行。

(二)资产服务信托业务的几个重要关注点

(1)关于发放信托贷款，信托公司参照《商业银行委托贷款管理办法》审查时，原则上均需适用该办法相关规定，重点核查委托人资质、资金来源、权责划分、风险隔离等关键条款执行情况。

(2)按照《指导口径》明确的资产服务信托细分业务的归类、投资范围等开展业务。

(3)关于具有多重属性的个人财富管理信托业务归类问题，《指导口径》表示，单纯以遗嘱方式设立的信托归入遗嘱信托，单纯以保险金请求权作为信托财产设立的信托归入保险金信托。以遗嘱方式设立的保险金信托归入遗嘱信托。设立方式同时包含遗嘱和书面合同的家族信托，或者信托财产同时包含保险金请求权和其他财产的家族信托均归入家族信托。

(4)家庭服务信托的投资范围限于投资标的为标准化债权类资产和上市交易股票的信托计划、银行理财产品以及其他公募资产管理产品。包括信托计划在内的上述资产管理产品,资金投资标的都仅限于标准化债权类资产和上市交易股票,不能直接或间接投资其他资产。家庭服务信托受托管理财产可以有除投资外的其他运作安排,比如接受财产性权利的委托,对其进行保管;根据委托人意愿将资金用于受益人消费等生活支出。

(5)关于保险金信托的信托财产范围,保险金信托设立时的信托财产中,可以包括保单和后续用于缴纳保费的现金,但不得包括资产管理产品等其他财产或用于其他用途的现金。闲置资金使用应当与保险金信托的信托目的和风险特征相一致,不能变相开展其他业务。

(6)开展新型资产服务信托应严格遵守经监管部门认定方可开展的原则。超出《关于规范信托公司信托业务分类的通知》明确规定的 18 种资产服务信托之外的新型资产服务信托,必须书面提交监管部门并在获得监管部门明确的书面认可后才能开展。要注意完成产品登记不能视为获得监管部门认可。

二、各类业务所涉尽职调查义务均需全面、客观履行

项目尽职调查是信托项目操作的起点,信托结构的设计、信托合同的起草、信托项目的执行、发生争议后的处置等后续环节均在很大程度上依赖于尽职调查的细致与完备。投前项目尽职调查的审慎、合理与形成完备的项目尽职调查成果,是受托人证明其谨慎投资、为受益人利益最大化的重要依据。但正如北京金融法院丁宇翔法官所言:“司法实践中,不可能对所有品类资管产品的管理人尽职调查义务划出统一的内容和标准。”[①]信托公司只能根据具体的信托产品,保证严格按照法定的程序和内部流程进行现场调查,收集信息,完成资料分析,采取相应的风险防控措施。信托公司对信托项目进行尽职调查时,建议注重以下几点内容。

---

① 丁宇翔:《资管产品管理人违反尽职调查义务的司法认定规则》,载《人民法院报》2024 年 1 月 4 日,第 7 版。

(一)调查方法、范围和深度与调查事项相匹配规则

资产管理类业务的受托人应当围绕对投资者作出投资决策有重大影响的事项,勤勉尽责地通过查阅、访谈、列席会议、实地调查等方法对业务参与人以及相关资产进行调查,直至有充分理由确信相关业务参与人的信息披露真实、准确、完整。具体的尽职调查方法、对象、范围和深度应当与调查事项的重要性相匹配,结合资产管理产品的具体情况和具体案情确定。北京金融法院丁宇翔法官举例:"如果拟进行的资金投向是购买出租人的租金债权,唯一担保方式是承租人的应收账款质押,而该应收账款又是承租人交纳租金的主要来源,此种情形下,应收账款在基础资产中极其重要,应是管理人决定资金投向的主要考量因素,也是投资者作出是否购买资产管理产品的投资决策的主要考虑因素。应收账款的债务人即属于对投资决策有重大影响的交易相关方,是管理人必须直接调查、充分调查的业务参与人。如果管理人仅仅是作了例行的函证程序,而未对应收账款债务人进行直接的实地调查,未验证应收账款项目、金额与相关合同、供货(提供服务)记录的一致性,嗣后投资者因担保未能实现而受损,则不能认为管理人适当履行了尽职调查义务。"①

(二)调查信息从形式上全面和详细

尽职调查的范围应当全面,广泛收集和调查项目公司及用款项目的相关材料,尽可能覆盖信托产品运作和管理中的各种方面,充分揭示或规避各种潜在风险;尽职调查的重点应当根据信托财产运用的方式进行适当调整,以实物资产作为信托财产的尽职调查应注重资产价值和相关权益,而以股权为信托财产的尽职调查则应注重目标企业的经营状况和相关增信手段;对融资项目,通过多种措施对应收账款及其交易真实性进行尽职审核和专业判断。

(三)坚持审慎性和亲历性原则以确保信息真实性

信托公司无论是自行尽职调查还是委托第三方尽职调查,均应对项目

① 丁宇翔:《资管产品管理人违反尽职调查义务的司法认定规则》,载《人民法院报》2024年1月4日,第7版。

公司及用款项目提供的信息及材料持谨慎态度:第一,信息获得的方式应可信和多元,主要从官方文件、登记信息、公司章程以及信用中国等具有可信度的网站获取。第二,坚持亲历性原则。根据《信托法》第 30 条第 1 款的规定,受托人应当自己处理信托事务,除非信托文件另有规定或有其他不得已的事由。这里的信托事务,当然包括尽职调查事务。一般而言,资产管理产品管理人(信托公司)应当勤勉尽责地通过查阅、访谈、列席会议、实地调查等方法开展调查工作。仅从公开信息渠道获取间接信息,而没有进行核实验证的,不能认为履行了勤勉尽职的义务。尽职调查过程中如有其他专业机构出具的相关意见,信托公司应结合尽职调查过程中获取的信息对专业意见的内容进行审慎核查。对专业意见有异议的,应当要求专业机构进行解释或出具相关依据。发现专业意见与尽职调查过程中获取的信息存在重大差异的,应当对相关事项进行调查与复核。如有必要,信托公司可以自己聘请其他中介机构提供专业服务。此时,其他中介机构作出的意见,视同信托公司的意见。因此,信托公司原则上应当亲力亲为、实地开展尽职调查工作,并确保调查所得证据能够相互印证。对于被调查对象提供的信息,信托公司应做到形式性和实质性审查;严防虚假融资,做到形式上的交易合同、税务发票等资料齐全,并到现场核查。第三,对核查后仍难以确定真实性的信息,必要时应该要求提供方对材料真实性予以承诺。

(四)坚持时效性原则

坚持关于项目公司的报告为最新、最近的,并足以保证投资者根据报告作出合理判断。目前我国信托业相关监管规定并未对尽职调查的有效期进行明确,但从信托公司角度来说,尽职调查报告的出具时间与信托项目的发行时间不应相隔过久,因为过早的尽职调查报告不能反映信托发行时项目公司的真实状况。信托公司应结合信托计划具体的审批程序、发行程序等,确定尽职调查报告的有效期,信托计划发行时尽职调查报告已过有效期的,信托公司应当就该信托计划重新进行尽职调查。若是投资项目发行时,报告中所涉信息大部分未改变,仅部分信息有变化,则建议以补充报告形式仅针对变化部分作客观描述,便于投资者作出判断。

（五）调查过程和调查结果做到能自证勤勉规则

对信息和材料的真实性独立判断，妥善保存尽职调查过程中涉及的原始材料及工作底稿备查。尽职调查报告的出具应当审慎、客观、独立，报告中的每一个判断均应有客观的证据支持。尽职调查是非常严肃的工作，必须全程留痕，编写成详尽的工作底稿。所谓工作底稿，是资产管理业务中的管理人在尽职调查过程中获取和制作的与调查事项有关的各种工作记录和重要资料的总称。工作底稿应当真实、准确、完整地反映尽职调查工作全过程。同时，作为信托公司履行审慎义务的重要体现，尽职调查报告、制作尽职调查报告所依据的资料、文件应当予以长期保存。

《资管新规》第8条第2款第8项也要求，金融机构在履行管理人职责时，应保存受托财产管理业务活动的记录、账册、报表和其他相关资料。该规则看似只是在强调主观证明责任，实则关涉实体利益。如果管理人不能证明其保存了相关材料，则可能被认定为违反了尽职调查义务，从而直接影响其实体权利。

（六）通道方尽职调查义务有限豁免规则

司法裁判中，提供通道的事务管理类信托中，受托金融机构作为专业的管理人，也并不完全豁免尽职调查义务。作为通道方的管理人至少还应履行以下两方面的尽职调查义务：一方面是资金来源合规的基本调查义务。管理人需对资金是否来源于社会公众、是否存在集资诈骗风险进行基本调查，并提示风险，避免成为集资诈骗等刑事犯罪的利用工具；另一方面是资产管理方案风险较高时对投资安全的基本调查义务。通道方应当对整体的资产管理方案保持起码的审慎，发现存在较高风险时，应当对投资安全的相关保障措施进行基本的调查和评估。同时应当对委托人的尽职调查报告进行基本的审核，避免对明显的虚假记载、误导性陈述和重大遗漏予以放任甚至纵容。如果通道业务中的管理人违反以上两方面的义务，仍然可能被认定为违反尽职调查义务。

主要法律依据：

1.《集合资金办法》（2009年2月4日修订）

第七条　信托公司推介信托计划，应有规范和详尽的信息披露材料，明示信托计划的风险收益特征，充分揭示参与信托计划的风险及风险承担原则，如实披露专业团队的履历、专业培训及从业经历，不得使用任何可能影响投资者进行独立风险判断的误导性陈述。

信托公司异地推介信托计划的，应当在推介前向注册地、推介地的中国银行业监督管理委员会省级派出机构报告。

第九条　信托公司设立信托计划，事前应进行尽职调查，就可行性分析、合法性、风险评估、有无关联方交易等事项出具尽职调查报告。

2.《关于规范金融机构资产管理业务的指导意见》(2018 年 4 月 27 日)

八、金融机构运用受托资金进行投资，应当遵守审慎经营规则，制定科学合理的投资策略和风险管理制度，有效防范和控制风险。

金融机构应当履行的管理人职责：

(一)依法募集资金，办理产品份额的发售和登记事宜。

(二)办理产品登记备案或者注册手续。

(三)对所管理的不同产品受托财产分别管理、分别记账，进行投资。

(四)按照产品合同的约定确定收益分配方案，及时向投资者分配收益。

(五)进行产品会计核算并编制产品财务会计报告。

(六)依法计算并披露产品净值或者投资收益情况，确定申购、赎回价格。

(七)办理与受托财产管理业务活动有关的信息披露事项。

(八)保存受托财产管理业务活动的记录、账册、报表和其他相关资料。

(九)以管理人名义，代表投资者利益行使诉讼权利或者实施其他法律行为。

(十)在兑付受托资金及收益时，金融机构应当保证受托资金及收益返回委托人的原账户、同名账户或者合同约定的受益人账户。

(十一)金融监督管理部门规定的其他职责。

金融机构未按照诚实信用、勤勉尽责原则切实履行受托管理职责，造成投资者损失的，应当依法向投资者承担赔偿责任。

三、严格依法合规销售推介和了解投资者

根据《九民纪要》的规定，资产管理产品的委托人以受托人未履行勤勉尽责、公平对待客户等义务损害其合法权益为由，请求受托人承担损害赔偿责任的，应当由受托人举证证明其已经履行了义务；受托人不能举证证明，委托人请求其承担相应赔偿责任的，人民法院依法予以支持。基于上述举证责任倒置的司法裁判规则，对信托公司在产品销售与发行环节的涉诉情况进行分析，当信托公司被诉未尽到合格投资者审查义务及风险告知义务时，信托公司可通过提交委托人已签署的《信托计划说明书》《风险申明书》等文件，证明自己已履行合格投资者审查与风险告知义务。此外，信托公司在产品销售与发行环节应注意。

（一）严格规范推介主体

信托公司应规范推介信托产品，可以自行推介信托产品，也可以委托第三方机构推介信托产品，代理推介机构应当符合法律、行政法规、部门规章及其他规范性文件的规定，不得委托不具有推介资质的主体实施推介行为，信托公司应当对代理机构的代理推介行为进行监控，及时纠正不当代理推介行为，并对代理推介中的违规行为承担责任。

（二）严格规范异地推介

信托公司异地推介信托计划的，应当在推介前向注册地、推介地的银行业监督管理机构报告；同时，应注意信托文件中是否对信托产品的推介地及违约后果进行了约定，信托公司不得违反信托文件的约定，否则将承担违约责任。

（三）严格规范推介方式

除法律、行政法规、部门规章及其他规范性文件、银行业监督管理部门许可的公开发行的信托产品外，信托推介不得违反私募原则，不得通过报刊、电台、电视台、互联网等公众传播媒体或者讲座、报告会、分析会等方式向不特定对象进行公开宣传。

（四）严格履行投资者适当性义务

信托公司或代理推介机构推介信托产品，应当遵守法律、行政法规、部门规章及其他规范性文件的规定，根据信托产品的不同特点，对委托人资格和推介范围进行明确界定；信托公司应充分审核投资人的资格，对投资人进行投资者问卷调查及风险承担能力评估等，根据所了解的委托人情况推介适当的信托产品，并妥善保存相关审核材料及推介记录备查，发生争议时信托公司可据此证明其已尽到投资者审核义务；同时，信托公司向自然人委托人推介信托产品时，信托公司作出的委托人风险评估结论有效期不得超过两年，否则应重新进行评估。

需要提醒的是，信托公司应落实“客户尽职调查”材料核实要求。信托公司应当通过来源可靠、独立的证明材料、数据或者信息核实客户身份，而不能仅依赖于客户提交的身份材料，可以采取以下一种或者几种方式：(1)通过从公安、市场监督管理、民政、税务（通过税单核实客户资金来源）、移民管理等部门或者其他政府公开渠道获取的信息核实客户身份；(2)通过外国政府机构、国际组织等官方认证的信息核实客户身份；(3)客户补充其他身份资料或者证明材料；(4)中国人民银行认可的其他信息来源。无法完成规定的“客户尽职调查”措施的，信托公司应当拒绝建立业务关系，并采取必要的限制措施或者拒绝交易，或者终止已经建立的业务关系，并根据风险情形提交可疑交易报告。

（五）严格规范推介材料

信托公司或代理推介机构推介信托产品时，应向投资人详尽介绍信托产品并充分揭示风险，不得超越推介材料，进行虚假、夸大宣传，不得承诺或变相承诺保本保收益，不得以推介信托产品为名，误导投资人购买其他产品；与投资人签订信托文件时，应当对信托文件中的风险提示条款等逐一进行说明并要求投资者逐一签字，以证明信托公司已尽到风险提示义务。

（六）严格落实投资者穿透识别问题

尤其是针对信托公司被监管部门约谈事项，“加强跨行业、跨市场交叉产品风险防控，提高复杂信托产品透明度。按‘穿透’原则向上识别信托产品最终投资者，不得突破合格投资者各项规定，防止风险蔓延；同时按‘穿透’原则向下识别产品底层资产，资金最终投向应符合银、证、保各类监管规定和合同约定，并将相关信息向投资者充分披露”。

主要法律依据：

《集合资金办法》(2009年2月4日修订)

第七条　信托公司推介信托计划，应有规范和详尽的信息披露材料，明示信托计划的风险收益特征，充分揭示参与信托计划的风险及风险承担原则，如实披露专业团队的履历、专业培训及从业经历，不得使用任何可能影响投资者进行独立风险判断的误导性陈述。

信托公司异地推介信托计划的，应当在推介前向注册地、推介地的中国银行业监督管理委员会省级派出机构报告。

第八条　信托公司推介信托计划时，不得有以下行为：

(一)以任何方式承诺信托资金不受损失，或者以任何方式承诺信托资金的最低收益；

(二)进行公开营销宣传；

(三)委托非金融机构进行推介；

(四)推介材料含有与信托文件不符的内容，或者存在虚假记载、误导性陈述或重大遗漏等情况；

(五)对公司过去的经营业绩作夸大介绍，或者恶意贬低同行；

(六)中国银行业监督管理委员会禁止的其他行为。

第十一条　认购风险申明书至少应当包含以下内容：

(一)信托计划不承诺保本和最低收益，具有一定的投资风险，适合风险识别、评估、承受能力较强的合格投资者。

(二)委托人应当以自己合法所有的资金认购信托单位，不得非法汇集他人资金参与信托计划。

(三)信托公司依据信托计划文件管理信托财产所产生的风险，由信托财产承担。信托公司因违背信托计划文件、处理信托事务不当而造成信托财产损失的，由信托公司以固有财产赔偿；不足赔偿时，由投资者自担。

（四）委托人在认购风险申明书上签字，即表明已认真阅读并理解所有的信托计划文件，并愿意依法承担相应的信托投资风险。

认购风险申明书一式二份，注明委托人认购信托单位的数量，分别由信托公司和受益人持有。

第十二条　信托计划说明书至少应当包括以下内容：

（一）信托公司的基本情况；

（二）信托计划的名称及主要内容；

（三）信托合同的内容摘要；

（四）信托计划的推介日期、期限和信托单位价格；

（五）信托计划的推介机构名称；

（六）信托经理人员名单、履历；

（七）律师事务所出具的法律意见书；

（八）风险警示内容；

（九）中国银行业监督管理委员会规定的其他内容。

第十六条　信托公司推介信托计划时，可与商业银行签订信托资金代理收付协议。委托人以现金方式认购信托单位，可由商业银行代理收付。信托公司委托商业银行办理信托计划收付业务时，应明确界定双方的权利义务关系，商业银行只承担代理资金收付责任，不承担信托计划的投资风险。

信托公司可委托商业银行代为向合格投资者推介信托计划。

根据对项目签约环节涉诉案例的总体分析，可发现此环节容易在信托文件具体内容的解读上产生争议。实践中，信托公司使用的信托文件均由业务部门负责起草，原则上项目签约必须优先使用公司标准化合同范本。信托公司应当对标准化合同范本的完整性及合法合规性进行审查，保证全套信托文件的各部分内容保持一致。现场签约过程建议双录，保证所有文件由委托人亲自签字。

四、依法签约合规签约、拒绝刚性兑付

信托公司在项目签约环节还应当注意：

（一）统一出口原则，保持说辞、材料和合同文本的一致性

无论是信托公司自行推介还是信托公司委托代理推介机构推介信托产品，相关的推介材料均应由信托公司提供，且信托公司应保证推介材料的真实性、准确性；签约时，信托公司应询问委托人推介材料与正式信托文件中的约定是否一致（若为线上购买，建议委托前设置该确认文件一致环节），若委托人表示不一致，则建议信托公司在签订信托文件前向委托人释明。

（二）充分提示原则

信托文件中可能包含委托人自行承担风险、减轻受托人责任的条款，在委托人签署信托文件时信托公司应将此类条款重点告知委托人并向其充分提示风险，必要时可要求委托人对此类条款逐一签字确认；对于信托文件中的条款是否构成格式条款，是否免除受托人责任、加重委托人责任、排除委托人主要权利，应当从信托合同订立的目的及信托计划交易结构进行分析。

（三）委托人亲自签字原则

信托公司应拒绝委托人提出的由他人包括信托公司业务人员代为签字的请求，含所有需要委托人签字的文件。

（四）杜绝任何形式的刚性兑付

不得刚性兑付是信托业务的最基本原则，不仅表现在项目之初的信托文件中，也表现在项目实施过程中，即贯穿信托项目，任何阶段、任何形式的刚性兑付均将被认定为无效。关于刚性兑付的认定，法院审判中引入穿透式审判理念，最高人民法院鼓励处理审判与监管的关系。《九民纪要》明确指出“注意处理好民商事审判与行政监管的关系，通过穿透式审判思维，查明当事人的真实意思，探求真实法律关系”。

（1）杜绝任何形式、任何阶段的保底或刚性兑付的条款、合同。保底或刚性兑付条款通常不在资产管理产品合同中明确约定，而是以“抽屉协议”或者其他方式约定，不管形式如何，均应认定无效。

（2）禁止在合同签订后以补充协议或口头约定的方式保底或刚性兑付，包括以额外给予其他利益的方式变相地弥补投资者的损失。任何直接或间

接违反监管规定的行为,都可能会被认定为无效。在金融监管和金融审判协同治理的理念下,法院在审判中通过发函方式,要求监管部门回复案涉金融机构的行为是否违反监管规定是未来的趋势,法院直接根据回函判断行为的效力可能会成为常态。湖南省高级人民法院(2020)湘民终1598号民事判决书就是直接依据监管机构的书面意见,撤销了一审判决,认定《信托受益权转让协议》及《补充协议》是刚性兑付行为,且协议无效。

当然,资产管理业务中可以根据实际情况,以第三方差额补足等增信措施保证对投资者损失的补足。某银行与某资本公司其他合同纠纷案中,某银行要求某资本公司履行差额补足的义务,上海金融法院在(2019)沪74民初601号民事判决书中表明差额补足协议为具有独立性的增信协议且有效,故判决某资本公司向某银行补足投资损失等。某资本公司提起上诉。上海市高级人民法院于2021年6月4日作出(2020)沪民终567号民事判决书,判决驳回上诉,维持原判。该判决从司法审判的角度区分了刚性兑付和增信措施。

主要法律依据:

1.《信托法》(2001年10月1日)

第八条　设立信托,应当采取书面形式。

书面形式包括信托合同、遗嘱或者法律、行政法规规定的其他书面文件等。

采取信托合同形式设立信托的,信托合同签订时,信托成立。采取其他书面形式设立信托的,受托人承诺信托时,信托成立。

第九条　设立信托,其书面文件应当载明下列事项:

(一)信托目的;

(二)委托人、受托人的姓名或者名称、住所;

(三)受益人或者受益人范围;

(四)信托财产的范围、种类及状况;

(五)受益人取得信托利益的形式、方法。

除前款所列事项外,可以载明信托期限、信托财产的管理方法、受托人的报酬、新受托人的选任方式、信托终止事由等事项。

2.《民法典》(2020 年 5 月 28 日)

第四百六十九条　当事人订立合同,可以采用书面形式、口头形式或者其他形式。

书面形式是合同书、信件、电报、电传、传真等可以有形地表现所载内容的形式。

以电子数据交换、电子邮件等方式能够有形地表现所载内容,并可以随时调取查用的数据电文,视为书面形式。

第四百七十条　合同的内容由当事人约定,一般包括下列条款:

(一)当事人的姓名或者名称和住所;

(二)标的;

(三)数量;

(四)质量;

(五)价款或者报酬;

(六)履行期限、地点和方式;

(七)违约责任;

(八)解决争议的方法。

当事人可以参照各类合同的示范文本订立合同。

第四百七十一条　当事人订立合同,可以采取要约、承诺方式或者其他方式。

第四百九十六条　格式条款是当事人为了重复使用而预先拟定,并在订立合同时未与对方协商的条款。

采用格式条款订立合同的,提供格式条款的一方应当遵循公平原则确定当事人之间的权利和义务,并采取合理的方式提示对方注意免除或者减轻其责任等与对方有重大利害关系的条款,按照对方的要求,对该条款予以说明。提供格式条款的一方未履行提示或者说明义务,致使对方没有注意或者理解与其有重大利害关系的条款的,对方可以主张该条款不成为合同的内容。

第四百九十七条　有下列情形之一的，该格式条款无效：

（一）具有本法第一编第六章第三节和本法第五百零六条规定的无效情形；

（二）提供格式条款一方不合理地免除或者减轻其责任、加重对方责任、限制对方主要权利；

（三）提供格式条款一方排除对方主要权利。

第四百九十八条　对格式条款的理解发生争议的，应当按照通常理解予以解释。对格式条款有两种以上解释的，应当作出不利于提供格式条款一方的解释。格式条款和非格式条款不一致的，应当采用非格式条款。

3.《信托公司管理办法》（2007 年 3 月 1 日）

第三十四条　信托公司开展信托业务，不得有下列行为：……（三）承诺信托财产不受损失或者保证最低收益……

4.《九民纪要》（2019 年 11 月 8 日）

92.【保底或者刚兑条款无效】信托公司、商业银行等金融机构作为资产管理产品的受托人与受益人订立的含有保证本息固定回报、保证本金不受损失等保底或者刚兑条款的合同，人民法院应当认定该条款无效。受益人请求受托人对其损失承担与其过错相适应的赔偿责任的，人民法院依法予以支持。

五、资产管理类业务谨慎投资和善良管理人义务

像处理自己的事情一样处理受托事项，是很朴素的判断。如果受托人处理信托事务的行为产生争议，难以依照信托文件的明确规定进行衡量，则可依据这一原则，确定受托人的行为是否正当、合理，该合理性亦可依据商业惯例作出判断。这就要求所有业务人员均对信托业务和行业规则非常了解。作为大陆法系的代表，我国对信托受托人谨慎投资和投后管理义务的要求，并没有作出详细具体的规定，普遍适用民法上善良管理人的注意标准，即受托人在处理信托事务之际，必须以善良管理人的注意处理信托事务，但是如果信托合同中另有约定，以约定为准。当受托人被投资者质疑

时,受托人可以具体证明自己已经履行了善良管理人义务。根据上述案例分析,结合信托公司存在的不足,建议信托公司在资产管理类业务处理中注意以下几个方面。

(一)切实履行谨慎投资义务

对各类信托项目进行审查与决策时,可考虑以下依据:

(1)依据制度走完流程。信托公司目前关于流程制度的完善,只要根据信托项目业务类型及开展业务的实际需要,按照项目审批制度、审批流程、审批权限及时限开展即可。

(2)依据合同履行义务,但可依据情势变更原则经客户同意后改变合同约定。受托人在投资与管理信托财产时,应充分考虑信托目的、信托条款、分配要求以及信托的其他环境;若信托文件中已对信托计划募集资金的投资对象、投资比例、投资行为进行了约定及限制,则信托公司对信托财产的实际投向不得违反信托文件约定。当然,当情势变更时,受托人像对待自己的事情一样处理受托事务时谨慎忠实义务的基本标准,也可以改变合同约定并作出新的判断。但如有改变,应当先行取得投资者书面同意(应充分说明改变的原因以及不改变面临的风险,这些说明尽可能在书面同意书中载明,并保证投资者充分理解),并履行法律法规以及金融监督管理部门规定的登记备案等程序。

(3)依据专业从事受托业务。信托公司对信托资金投资于特定项目进行决策时,应根据《尽职调查报告》《法律意见书》等尽职调查文件的结论,判断信托资金的投向是否具有合理性并符合信托目的;信托公司基于其专业受托人的地位,需对信托计划的审查与决策负有更高的注意义务,应尽量避免投资于其明知或应知的高风险项目。

(4)根据投资主体的不同特性,信托公司的谨慎义务应全面考虑投资对象的整体,谨慎受托人应关注投资的多元化和多样性以分散风险,除非因特殊原因认为不进行多元化投资更有利于信托目的的实现。

(二)以受托人利益最大化进行投后管理和信息披露

受托人应当严格按照合同约定落实投后项目日常管理,从受托人最大利益出发主动掌握项目投后信息。信托公司可以灵活运用各种手段和方式获取投后项目的信息。在《关于规范信托公司信托业务分类的通知》中，资产管理信托这类信托业务以集合资金信托计划形式进行资金的募集和使用，作为兼具资产管理性质和信托性质的金融产品，资产管理信托信息披露内容应要求以《集合资金办法》的规范为主要内容。《集合资金办法》第 37 条要求信托公司在定期发布的信托计划管理报告中披露“信托资金管理、运用、处分和收益情况”“涉及诉讼或者损害信托计划财产、受益人利益的情形”等六方面内容；同时根据第 35 条的规定，投资者有权向信托公司要求“查询与其信托财产相关的信息”。但从实践纠纷来看，该规定存在几方面不明确：一是未明确应当披露的有关信息形成的时间节点，二是未明确应当披露的有关信息的来源性质，三是未明确应当披露有关情况的深度。

《资管新规》第 12 条对资管类产品信息披露作了进一步要求。相较于《集合资金办法》的抽象规定，《资管新规》对信托资金管理、处分、运用情况细化为具体名目，尤其是非标准化债权产品，应当披露投资每笔非标准化债权类资产的融资客户、项目名称、剩余融资期限、到期收益分配、交易结构、风险状况等。

针对信托资金使用方等项目信息披露义务人提供信息意愿不强的现实，建议：

（1）主动走访项目投后企业，核查其是否根据项目合同实际运作，及时发现问题；

（2）主动关注和查询中国信用、企查查等网站关于该企业信息的变化；

（3）以发函形式要求项目投后企业回复项目相关信息，该相关信息主要包括资金去向以及项目阶段性开展情况，公司发展规划、投资变化等；发函内容还应包括回复期限以及未回复的法律后果等；

（4）对项目投后企业提供的信息应进行从合法性、合理性角度分析、比对，若发现可疑点可以要求项目投后企业提供更进一步的信息，并要求其进行解释说明。

（三）投后管理信息应包括对尽职调查报告的持续调查

投后管理的信息内容不仅应包含合同约定的内容，还应该坚持对尽职调查报告涉及内容持续调查。资产管理业务实践中,为了吸引合格投资者的投资,管理人在履行尽职调查义务时有重视募集、投资阶段,而轻视投后管理和退出阶段的倾向。为了更好地保护投资者的权利,确保其投资的效率与安全,资管产品的募集、投资、管理、退出的全周期中,经常需要管理人进行持续的跟踪式尽职调查。因为该资产管理计划所投资的标的资产是不断发展变化的,所以法官认为"如果管理人对此不进行持续的尽职调查,则可能被认定违反了尽职调查义务"。

比如,对于投资于债券的资管产品,管理人在投资后,对债券发行人持续开展尽职调查,关注债券发行人的处罚及失信情况,包括发行人被列入失信被执行人名单,以及发行人资产被查封、扣押、冻结,债务重组,涉及的重大诉讼等情况进行全面及时的尽职调查,并及时向投资者进行信息披露与风险提示。最终,虽然该资管产品的投资者产生了损失,但法院审理后认为管理人尽到了勤勉义务,因而没有判决其承担责任。[①] 同时建议对融资项目的基础交易保持全过程监督,警惕出现虚假融资。一经发现,受托人应及时履行义务,采取合同约定的手段或法定的措施,维护投资人利益。

(四)对信托资金使用方的不当行为进行预防性提醒

根据信托合同受托人需及时、适当履职,否则需要承担因不当履职给受益人造成损失的责任;关于受托人的违约行为/不当行为是否与投资人损失之间存在因果关系,应综合考虑其违约行为/不当行为是否会直接影响投资人的投资决策和风险控制措施选择。受托人有义务在发现投后项目的公司行为不当或可能出现风险时,对该被投资的公司进行书面预防性提醒,并根据合同约定明确双方的权利义务,包括但不限于解除合同警示。

(五)对投资作出客观的阶段性预判

项目部专业人员根据获取的信息分析投资风险以及可能出现的情形,对投资结果作出阶段性预判。投后项目日常管理需要落实项目投资决策、

---

① 丁宇翔:《资管产品管理人违反尽职调查义务的司法认定规则》,载《人民法院报》2024 年 1 月 4 日,第 7 版。

信托合同确定的具体内容，如投资方向、增信措施等，更需要依靠专业金融机构的管理能力对风险进行把控，其所需要把控的不仅包括交易对手的经营风险，也涵盖已投项目、企业等在经营环境和市场大趋势不断变化的情形下，周遭各因素给其带来的不确定性。信托公司具体可从两方面着手：一方面，信托公司应建立合同台账、项目管理台账，加强中后期管理跟踪力度；另一方面，应不断加强对各类型信托项目的主动管理能力，更有效控制风险、化解风险。

主要法律依据：

1.《信托法》(2001 年 10 月 1 日)

第二十条　委托人有权了解其信托财产的管理运用、处分及收支情况，并有权要求受托人作出说明。

委托人有权查阅、抄录或者复制与其信托财产有关的信托账目以及处理信托事务的其他文件。

第二十二条　受托人违反信托目的处分信托财产或者因违背管理职责、处理信托事务不当致使信托财产受到损失的，委托人有权申请人民法院撤销该处分行为，并有权要求受托人恢复信托财产的原状或者予以赔偿；该信托财产的受让人明知是违反信托目的而接受该财产的，应当予以返还或者予以赔偿。

前款规定的申请权，自委托人知道或者应当知道撤销原因之日起一年内不行使的，归于消灭。

第三十条　受托人应当自己处理信托事务，但信托文件另有规定或者有不得已事由的，可以委托他人代为处理。

受托人依法将信托事务委托他人代理的，应当对他人处理信托事务的行为承担责任。

2.《民法典》(2020 年 5 月 28 日)

第五百七十七条　当事人一方不履行合同义务或者履行合同义务不符合约定的，应当承担继续履行、采取补救措施或者赔偿损失等违约责任。

第五百七十八条　当事人一方明确表示或者以自己的行为表明不履行

合同义务的,对方可以在履行期限届满前请求其承担违约责任。

第五百八十二条　履行不符合约定的,应当按照当事人的约定承担违约责任。对违约责任没有约定或者约定不明确,依据本法第五百一十条的规定仍不能确定的,受损害方根据标的的性质以及损失的大小,可以合理选择请求对方承担修理、重作、更换、退货、减少价款或者报酬等违约责任。

第五百八十三条　当事人一方不履行合同义务或者履行合同义务不符合约定的,在履行义务或者采取补救措施后,对方还有其他损失的,应当赔偿损失。

第五百八十四条　当事人一方不履行合同义务或者履行合同义务不符合约定,造成对方损失的,损失赔偿额应当相当于因违约所造成的损失,包括合同履行后可以获得的利益;但是,不得超过违约一方订立合同时预见到或者应当预见到的因违约可能造成的损失。

第五百八十五条　当事人可以约定一方违约时应当根据违约情况向对方支付一定数额的违约金,也可以约定因违约产生的损失赔偿额的计算方法。

约定的违约金低于造成的损失的,人民法院或者仲裁机构可以根据当事人的请求予以增加;约定的违约金过分高于造成的损失的,人民法院或者仲裁机构可以根据当事人的请求予以适当减少。

当事人就迟延履行约定违约金的,违约方支付违约金后,还应当履行债务。

3.《集合资金办法》(2009 年 2 月 4 日修订)

第四条　信托公司管理、运用信托计划财产,应当恪尽职守,履行诚实信用、谨慎勤勉的义务,为受益人的最大利益服务。

第二十五条　信托资金可以进行组合运用,组合运用应有明确的运用范围和投资比例。

信托公司运用信托资金进行证券投资,应当采用资产组合的方式,事先制定投资比例和投资策略,采取有效措施防范风险。

第二十六条　信托公司可以运用债权、股权、物权及其他可行方式运用信托资金。

信托公司运用信托资金,应当与信托计划文件约定的投资方向和投资策略相一致。

4.《九民纪要》(2019 年 11 月 8 日)

93.【通道业务的效力】当事人在信托文件中约定,委托人自主决定信托设立、信托财产运用对象、信托财产管理运用处分方式等事宜,自行承担信托资产的风险管理责任和相应风险损失,受托人仅提供必要的事务协助或者服务,不承担主动管理职责的,应当认定为通道业务。《中国人民银行、中国银行保险监督管理委员会、中国证券监督管理委员会、国家外汇管理局关于规范金融机构资产管理业务的指导意见》第 22 条在规定"金融机构不得为其他金融机构的资产管理产品提供规避投资范围、杠杆约束等监管要求的通道服务"的同时,也在第 29 条明确按照"新老划断"原则,将过渡期设置为截止 2020 年底,确保平稳过渡。在过渡期内,对通道业务中存在的利用信托通道掩盖风险,规避资金投向、资产分类、拨备计提和资本占用等监管规定,或者通过信托通道将表内资产虚假出表等信托业务,如果不存在其他无效事由,一方以信托目的违法违规为由请求确认无效的,人民法院不予支持。至于委托人和受托人之间的权利义务关系,应当依据信托文件的约定加以确定。

六、切实履行信息披露义务

根据相关法律法规的规定,信托公司有定期披露义务和临时披露义务,现阶段信托公司的信托文件大多已落实法定义务。从上述案例中能够看出,法院判断信托公司是否切实履行信息披露义务的标准更多是判断信托公司是否严格按照信托合同的约定履行义务,是否切实履行信息披露义务。故建议信托公司在各类业务中做到以下几个方面。

(一)调查结果向委托人(投资者)全面及时呈现规则

尽职调查的目的在于发现隐患、排除风险,为投资者的决策提供依据,并保护投资者资金的安全。因此,尽职调查的结果必须全面及时地反馈给投资者。一方面,尽职调查的结果必须及时呈现给投资者。如果投资者在作出投资决定时没有看到尽职调查报告,嗣后发生损失,即使管理人可以投资者自身的过失抗辩,但也不能免除管理人违反尽职调查义务的责任。另一方面,尽职调查报告必须全面呈现调查获得的所有情况。尽职调查报告的内容,既应包括有利于投资者作出投资决策的积极信息,也应包括不利于投资者作出投资决策的消极信息,不能“报喜不报忧”。

对于不利于投资决策的信息,既应包括次要的不利信息,也应包括重要的不利信息,不能避重就轻。管理人如果在尽职调查报告中有所隐瞒,未能全面呈现调查获得的所有信息,则可能被认定违反尽职调查义务。需要指出的是,将尽职调查报告或其他尽职调查结果呈现给投资者,既是尽职调查义务的要求,也是信息披露义务的要求。

因此,受托人如果未能及时全面地将尽职调查结果通知到投资者,则可能构成违反尽职调查义务和违反信息披露义务的竞合。实践中,法院也可能将违反尽职调查义务和信息披露义务的行为直接认定为未尽勤勉义务。

(二)按照合同约定时间披露信息和临时性披露

严格按照合同约定的时间节点披露信息,并根据项目实际需要对投资人或服务对象进行临时披露。信托公司应定时查询、了解融资人、担保人等交易对手的财务状况、涉诉信息等影响投资者利益的情况,对信托财产可能遭受重大损失、信托资金使用方的财务状况严重恶化、信托计划的担保方不能继续提供有效的担保等情况及时做临时性信息披露。

(三)维护委托人或受益人的查阅权

妥善应对委托人或受益人的知情需求,在不损害他人合法权益的情形下满足委托人或受益人的查阅权。对于信托项目成立后的全部资料,信托公司应当妥善保存,保存期自信托计划结束之日起不得少于 15 年。若受益人向信托公司查询与其信托财产相关的信息,信托公司应在不损害其他受益人合法权益的前提下,准确、及时、完整地提供相关信息,不应拒绝、推诿。

（四）委托人知情权限制在自己委托项目相关信息范围

信托公司应当妥善保存处理信托事务的完整记录，定期向委托人、受益人报告信托财产及其管理运用、处分、收支的情况。委托人、受益人有权向信托公司了解对其信托财产的管理运用、处分及收支情况，并要求信托公司作出说明。当然，委托人知情权行使的范围并非无限的，委托人只能行使与其信托财产有关的知情权，不能对全体投资人的所有信托财产的所有信息要求知情。对委托人知情权的范围，应当结合委托人本人的财产权益是否受到影响、信托公司已披露文件是否足以满足委托人的知情权、信托机构的经营管理成本、知情权是否影响他人合法权益等因素综合进行判断。在合同、季度报告、管理报告等材料中披露的信息已满足委托人知情权时，信托公司不提供下列材料的，通常不认定为侵犯委托人知情权：签订主体非信托公司的相关合同、涉及第三人利益的企业账户及银行流水、信托合同成立前尽职调查报告等并非信托公司对信托财产的管理运用及处分等文件、信托公司对信托计划底层项目公司的投诉及司法诉讼材料。

如已认定信托公司存在不当信息披露行为，信托公司是否需因不当信息披露行为对投资人损失承担责任，通常取决于未披露信息及不实披露是否足以影响投资人的投资意向，而是否足以影响需按照理性投资者的通常认知判断。信托公司信息披露不及时、投资者看到披露信息的时点晚于合同约定或信托公司披露频率未按合同约定，将可能导致信托公司对委托人的赔付责任。信托公司应认真梳理所有业务或项目的合同条款，严格按照合同约定时点进行信息披露，并严格按照合同约定的策略、品种、比例开展具体投资业务。

主要法律依据：

1.《信托法》（2001年10月1日）

第三十三条　受托人必须保存处理信托事务的完整记录。

受托人应当每年定期将信托财产的管理运用、处分及收支情况，报告委托人和受益人。

受托人对委托人、受益人以及处理信托事务的情况和资料负有依法保密的义务。

2.《民法典》(2020 年 5 月 28 日)

第五百六十六条　合同解除后,尚未履行的,终止履行;已经履行的,根据履行情况和合同性质,当事人可以请求恢复原状或者采取其他补救措施,并有权请求赔偿损失。

合同因违约解除的,解除权人可以请求违约方承担违约责任,但是当事人另有约定的除外。

主合同解除后,担保人对债务人应当承担的民事责任仍应当承担担保责任,但是担保合同另有约定的除外。

第五百七十八条　当事人一方明确表示或者以自己的行为表明不履行合同义务的,对方可以在履行期限届满前请求其承担违约责任。

第五百八十二条　履行不符合约定的,应当按照当事人的约定承担违约责任。对违约责任没有约定或者约定不明确,依据本法第五百一十条的规定仍不能确定的,受损害方根据标的的性质以及损失的大小,可以合理选择请求对方承担修理、重作、更换、退货、减少价款或者报酬等违约责任。

第五百八十三条　当事人一方不履行合同义务或者履行合同义务不符合约定的,在履行义务或者采取补救措施后,对方还有其他损失的,应当赔偿损失。

第五百八十四条　当事人一方不履行合同义务或者履行合同义务不符合约定,造成对方损失的,损失赔偿额应当相当于因违约所造成的损失,包括合同履行后可以获得的利益;但是,不得超过违约一方订立合同时预见到或者应当预见到的因违约可能造成的损失。

第五百八十五条　当事人可以约定一方违约时应当根据违约情况向对方支付一定数额的违约金,也可以约定因违约产生的损失赔偿额的计算方法。

约定的违约金低于造成的损失的,人民法院或者仲裁机构可以根据当事人的请求予以增加;约定的违约金过分高于造成的损失的,人民法院或者仲裁机构可以根据当事人的请求予以适当减少。

当事人就迟延履行约定违约金的，违约方支付违约金后，还应当履行债务。

3.《信托公司管理办法》（2007 年 3 月 1 日）

第二十八条　信托公司应当妥善保存处理信托事务的完整记录，定期向委托人、受益人报告信托财产及其管理运用、处分及收支的情况。

委托人、受益人有权向信托公司了解对其信托财产的管理运用、处分及收支情况，并要求信托公司作出说明。

七、重新定位财富管理服务信托业务中的信托公司角色

财富管理服务信托属于资产服务信托的一类，也是信托公司主要的资产服务信托业务，其中尤以家族信托、家庭服务信托等为主。资产服务信托是指信托公司依据信托法律关系，接受委托人委托，并根据委托人需求为其量身定制财富规划以及代际传承、托管、破产隔离和风险处置等专业信托服务。其与资产管理信托最大的区别是：前者以委托人的意愿为核心，信托公司的业务围绕委托人的信托目的展开；而后者的信托目的更为单纯，一般在业务开展中由信托公司设计项目，委托人根据项目情况确定是否投资。故在两类不同业务中，信托公司的角色定位是完全不同的。信托公司在从事家族信托等资产服务信托业务的过程中，需要对自身重新进行角色定位。

（一）确保家族信托等资产服务合同体现委托人意愿

非制式的定制合同原则上要确保家族信托等财富管理服务信托合同条款反映委托人意愿。

（1）不要直接以事先准备的制式合同面对资产服务信托委托人，否则难以体现“服务”的个性化。

（2）在倾听委托人的意愿时，可以设计好的委托意愿选项、事先编辑的成功案例等作为教材内容对委托人普及家族信托、家庭信托等服务类信托知识，满足金融消费者的受教育权。

（3）必须确保该合同内容是委托人自己的意思，而非受托人的格式条款。

(4)在理想状态下,可以明确告诉委托人聘请自己一方的专业团队帮助设计家族信托等,此时,受托人除了明显违法的设计,并无提醒的义务,毕竟如何安排是委托人的自由。理由在于受托人的利益和家族信托的利益之间天生是存在冲突的,所以,信托条款主要应由委托人设计,此时委托人若愿意请“自己一方”的专业团队帮助自己设计信托条款,则信托公司从事家族信托业务能更好立足受托人定位,遵循法律法规和监管要求,确保信托目的合法合规,为受益人的最大利益处理信托事务,履行诚实守信、勤勉尽责的受托义务。

(5)关于服务合同条款中受托人对信托的主动管理权务必对委托人说明解释,并从形式上保证是委托人的真实意思。

(二)坚持信托利益最大化和避免利益冲突原则

如果委托人严重依赖受托人,对受托人言听计从,受托人在设计信托条款的时候就要遵照受益人信托利益最大化的原则,尽量避免利益冲突,并确保信托的架构能够实现委托人意图实现的目的。如果委托人欲保留明显不合理的、未来会导致信托被击破的权利,受托人有提醒义务,如果有证据证明受托人尽到了提醒义务,受托人可以主张免责。

(三)拒绝委托人亲自行使权利

委托人无保留权限的情形下,受托人应拒绝委托人亲自行使权利的要求。虽家族信托为委托人主动,但信托一旦设立,受托人为受益人利益最大化管理信托财产,即如果家族信托文件没有为委托人保留某种权限,即使是委托人亲自要求行使,受托人也有权拒绝。若委托人此等行为导致信托被击破,没有拒绝委托人请求的受托人,即使不会被委托人追究责任,也可能会被受益人追究责任。

(四)合同中明确约定信息披露的规则、时间、方式和内容

“服务类信托”原则上不适用于《资管新规》对信息披露的要求,在资产服务类信托中,完全可以明确约定具体的披露义务,比如按年度制作报告和披露信息。实际操作中,如涉及新增资金投向、项目重大信息变更、资金用途调整等重大事项,信托公司项目组随时进行临时风险管理报告披露。

（五）在家族信托向家庭服务信托拓展时严守合规底线

家族信托在中国高净值人群中的先行应用，为家庭信托服务居民财富管理的升级需求积累了丰富的经验，同时也符合监管对信托公司创新的探索要求。2018年8月17日，银保监会下发的《信托监督管理部关于加强规范资产管理业务过渡期内信托监管工作的通知》（信托函〔2018〕37号）中，明确家族信托财产金额或价值不低于1000万元，家族信托是指信托公司接受单一个人或者家庭的委托，以家庭财富的保护、传承和管理为主要信托目的，提供财产规划、风险隔离、资产配置、子女教育、家族治理、公益（慈善）事业等定制化事务管理和金融服务的信托业务；并把具有专户理财性质和资产管理属性的信托业务排除出家族信托的范畴。该通知肯定了个人不低于1000万元资金委托设立的“家庭信托”实现财富规划和投资管理的功能的合理性。家庭信托其创新之处在于将家族信托的服务和架构惠及那些资产级别处于中间层的富裕人群，因而具有广阔的发展前景。2023年3月银保监会下发《关于规范信托公司信托业务分类的通知》（银保监规〔2023〕1号），对信托业务进行三分类，并将《信托公司信托业务具体分类要求》作为附件1，其中对家族信托业务进一步予以明确。

为了防范风险，信托公司应严守合规底线：首先，虽然家庭信托的设立门槛远低于家族信托，但对于委托人设立信托的真实目的、信托财产来源、家庭成员关系、财务状况等，受托人仍需勤勉尽责地展开尽职调查，对将信托财产置入家庭信托的程序进行把关，以确保信托“财产独立性”功能的发挥，真正实现风险的隔离作用。其次，在投资管理方面，在授权型、确认型模式中，总体是以受托人进行管理为主，受托人需尽诚实、信用、谨慎、有效管理的义务。但在委托人自主管理信托财产的指令型模式下，受托人必须对委托人的管理指令进行审查，并负有一定的审查义务，如委托人对信托财产管理运用方式的指令违反法律法规，该种情形下，受托人须拒绝执行委托人的投资指令。

（六）遵守数据安全、信息、隐私等法律规范

信托公司需关注数据安全、客户个人隐私保护、电子合同履行规则等新

问题,提高自身合规意识。因为家族信托、家庭信托等资产服务信托涉及委托人、受益人的个人信息、隐私等较多,且这些主体通常不愿意在服务信托中引人注意,所以信托公司有更高的注意义务。

八、依法合规完善内部治理

公司治理、内部控制制度(以下简称内控制度)的缺失和执行不力是信托行业内普遍存在且被监管部门所关注的问题。根据信托公司目前存在的问题,除了前文已经提到的,就内部整改提出以下几条建议。

(一)强化风控合规

在2023年2月召开的2023年度信托监管工作会议中,监管层传达了将机构经营管理作为2023年信托监管重点工作的要求,“风控合规”依旧是信托展业的关键词。据不完全统计,2018年至今,监管部门针对各家信托公司所发出的行政处罚中,直指公司治理和内控制度存在管理不当、制度缺失或其他相关问题的罚单较多。针对部分信托公司内控制度所进一步细化的具体业务合规管理不当的罚单更是远超前述规模,且整体数量、处罚力度呈现逐年递增趋势。

如产品销售环节制度执行不到位、关联方识别不当、信息披露不符合监管要求、内控制度建设不足、管理层履职尽责不到位等多个典型的公司治理和内控制度相关处罚情形。

(二)完善公司内部治理和内控制度

与行业经营治理风险逐渐暴露相对应的,是监管部门对银行业金融机构加强公司治理和内控制度建设的检查和相关要求越发严格、细化。从2017年监管部门陆续在现场检查后出具相关监管文件起,信托业开展了数年的市场乱象整治工作,其中公司治理、制度建设等层面是监管重点关注领域。2018年《资管新规》第7条明确“金融机构开展资产管理业务,应当具备与资产管理业务发展相适应的管理体系和管理制度,公司治理良好,风险管理、内部控制和问责机制健全”。信托公司经营治理是各家信托公司在合规展业的同时应不断反思和考虑的问题,将公司经营治理问题的重要程度增强到与公司实际经营情况相匹配。

公司内控制度关注以下几点：

(1)严格按照法律规定,信托业务部门应当独立于公司的其他部门,人员不与公司其他部门的人员相互兼职,业务信息不得与公司的其他部门共享;

(2)加强各部门之间的相互督促和牵制,建立工作闭环制度;

(3)建立台账制度,为便于投后管理以及向投资者披露,必须建立明确的台账;

(4)明确职责,谁主管谁负责,责任落实到人,并与绩效考核明确挂钩;

(5)加强与监管部门的沟通联系,尤其是在业务分类之后,部分业务面临过渡,指定专人与监管部门就业务是否合规等进行紧密的书面沟通,有利于合规开展业务。

(三)加强投后资金流向管理

各业务部门要认真落实"四盯"的要求,做好项目投后管理。一是盯项目,紧盯信托项目,特别是风险项目的动态;二是盯流向,要紧盯信托资金的流向,确保资金流向真正要投资实体经济项目,同时要注意资金向集团公司内部流动的动向,防止资金违规流入房地产、股市、"两高一剩"等重点风险领域;三是盯重点领域的风险,提高风险管控、处理能力;四是盯责任,要落实风险防控的一线业务人员的责任,跟踪资金投向是否与合同约定的资金用途一致等。

(四)建立完善的风险提示和工作提示反馈制度

风险管理部和法律合规部的风险提示和工作提示,针对性非常强,业务部门的反馈是落实风险提示的关键。

业务开展中,依法依规向监管部门报送真实信息,严禁信息虚假。

第四章 资产管理和资产服务投资者涉诉风险和建议

在梳理营业信托纠纷时，根据阅读的案例，法院已经尽可能保护投资者利益。但是对于投资者来说，一旦涉诉，存在重要一些重要风险。

一、资产管理和资产服务投资者涉诉风险

（一）投资者败诉的风险

投资者保护，无论在制度上还是司法实践中都得到论证，但是仍然难以避免投资者涉诉时的败诉风险。

从检索的案例看，大部分的纠纷是由投资者提起的。根据本书下篇中涉及的案例，可以看一组数据：下篇中作为信托公司受托履职法律风险共有36个参考案例，排除5个信托公司作为原告的案件，投资者作为原告的共计31个。在31个案件中，诉讼请求得到法院支持的5个；部分支持的7个，驳回全部诉讼请求的19个。

需要进一步了解的是：在5个支持的诉讼案件中，投资者分别为3家银行、1家管理公司、1家财务公司，没有一个自然人投资者。在诉讼请求部分支持的案件中，5个自然人，1家银行和1家研究院。不支持的诉讼案件中有14个自然人、1家证券公司、1家银行、1家小贷款公司和2家公司。

换言之，共19个自然人投资者对受托人提起诉讼，5个自然人的诉讼请求得到部分支持，14个自然人的诉讼请求全部被驳回；且被驳回的诉讼请求

中,11 个自然人投资者经历了二审,1 个自然人投资者经过再审。浪费了大量的时间、精力和财力,但最终仍然没有支持。部分案件中信托公司的违约被确定,但是法院认为和投资损失之间没有直接因果关系,故投资损失仍然由投资者自己承担。

(二)诉讼中清算义务与难以认定管理人责任的风险

因为信托产品的特殊性,涉及主体较多,造成投资损失是多方面的,也能以直接按照本金和剩余价值直接计算出因为管理人(受托人)或哪个主体违约造成的损失。故大部分情况下,就算确认了违约和损失的因果关系,也只能由法院酌定分配各个主体之间的责任。

比如在邓某诉某证券公司等委托理财合同纠纷案中①,法院认为,资管计划到期后投资者损失的确定一般应以清算为前提。但若一概以未经清算为由认定损失无法确定,一方面会助长管理人怠于清算的不当行为,另一方面也不利于投资者合法权益保护。因此,资管计划未经清算的,应当结合资管计划的具体情况、管理人的过错程度等因素综合认定投资者损失是否客观发生。虽然涉案资管计划未经清算,但邓某在资管计划提前终止后长时间未获清偿的事实客观存在。某证券公司对某公司及保证人提起诉讼后,相关执行款项并未到位,执行程序反映出资管计划可实际取得财产的分配

---

① 参见《【监管】全国投资者保护宣传日,上海法院发布 5 件典型案例》,载微信公众号“上海发布”2024 年 5 月 15 日,https://mp. weixin. qq. com/s/bvss6An03au45wuk0fs4aA。基本案情:2016 年 12 月,某证券公司设立资产管理计划,投资标的是某信托公司作为受托人设立的信托计划,该信托计划以信托资金受让某公司持有的某珠宝公司 100%股权的股权收益权。同时某公司与某信托公司签订《回购合同》,约定某公司向某信托公司转让并回购前述股权收益权,并约定该特定股权收益权不会发生抵押、质押、查封、扣押、冻结等任何形式的权利限制,并由保证人为某公司支付回购价款提供连带保证责任。后邓某以合格投资者身份与某证券公司签订《资管合同》,认购涉案资管计划,并支付认购款 100 万元,获得两期收益共计 68754. 93 元。2017 年 4 月至 2018 年 5 月期间,某公司将其持有的某珠宝公司 15%的股权进行质押融资;其持有的某珠宝公司 24%的股权被司法冻结;其 2017 年累计新增借款占 2016 年末净资产的 97. 02%;其持续为案外人提供担保;且某公司涉及众多诉讼及司法查封,同时《回购合同》项下保证人担保能力下降。2018 年 6 月 20 日,某公司未能按约支付第三期行权费,导致信托计划、资管计划于 2018 年 7 月 20 日提前终止。后某证券公司对某公司及保证人提起诉讼,但胜诉后未执行到位。监管部门对某证券公司及其相关工作人员出具过三份《行政监管措施决定书》,认定某证券公司对涉案资管产品存在尽职调查不充分,资管业务内部控制不到位等问题。邓某诉至法院,要求判令某证券公司赔偿其投资款 100 万元以及相应的投资收益、律师费、差旅费。某证券公司以该资管计划未经清算、投资者损失尚未确定等理由提出抗辩。

时间及金额均不确定，且管理人无证据证明资管计划尚存在可清算资产，故该案中可合理认定邓某在资管计划项下的损失已客观产生。法院也认为资管机构在管理阶段应勤勉尽责，为投资者最大利益处理受托事务，恪尽职守，履行诚实、信用、谨慎、有效管理的义务。该案中，某证券公司在其明知或应知融资人某公司及其保证人在信托计划项下多次违约的情况下，却未及时披露并控制相关风险，亦未采取积极有效的应对措施。监管部门出具的监管意见亦能印证某证券公司在涉案资管计划中存在资管业务内部控制不到位、尽职调查不充分的问题。综上考量，某证券公司作为管理人，未能严格遵守法定义务并履行合同义务，在管理资管计划过程中存在一定过错。

上述案例中法院明确邓某损失的直接原因系某公司的违约行为，但某证券公司的违规违约行为对邓某的损失亦存在影响，应根据其过错承担相应的赔偿责任，最后法院综合酌定某证券公司对邓某的赔偿范围为投资本金的30%。同时为避免投资者获得双重清偿的可能，法院明确了资管计划清算完成后仍有可分配资金的，管理人可按赔付比例扣除相应款项后再将剩余资金依约向投资者进行分配。

这个判决结果已经是投资者保护的典型。但是关于清算义务和管理人责任仅由法院酌定，难以精准计算。这也是信托投资的性质所致。

(三)诉讼中投资者损失难以确定的风险

尽管投资者最终的损失还需要通过对相关责任方的执行来补偿，而这也取决于责任方面临的宏观和微观市场环境和经营状况，但具体诉讼程序及其法律策略的考量仍然对投资者维权的效率和效果起到至关重要的作用。资管产品纠纷中，投资者通常以违约或侵权为由提起诉讼，要求管理人或受托人赔偿损失。无论以侵权还是违约为由，只有投资者已经实际产生损失的情况下才可能获得法院支持，因此判断投资者的实际损失是资管纠纷诉讼案件的重要环节。若案涉资管产品已经清算完毕，法院可以依据管理人出具的清算报告来确定投资者产生的损失。但司法实践中很多情况下资管产品并未清算，此时投资者的损失是否已经确定则存在较大争议。[①]

（1）资管产品未到投资合同约定的终止期限，投资者损失无法确定。在实践中，法院认为资管产品未到约定的届满期，投资人的损失为暂时而非终局的，整个资管合同存续期间的盈亏尚不确定，投资者是否受有损失及实际损失数额无法确定。比如在上海金融法院（2020）沪 74 民初 480 号，审理法院认为，案涉合同约定的资管产品尚未到期，合同关系仍在持续，即便目前存在损失，损失也是暂时而非终局的，在合同关系终止前并不是没有转亏为盈的可能。只有在委托合同终止时，才能确定结算的截止时间，确定整个合同持续期间的盈亏，因此，原告的诉请缺乏必要前提。

（2）资管产品合法延期，投资者损失无法确定。若资管合同明确约定，特定情形下管理人或受托人有权延长资管产品期限，管理人或受托人又于实际投资运作过程中依约延期，资管产品存续期内，投资者是否存在损失及损失范围不能确定。在山东省高级人民法院（2023）鲁民终 304 号和山东省济南市中级人民法院（2020）鲁 01 民再 223 号中都体现这个观点。

（3）资管产品已到期但未清算完毕。在资管产品已到期但尚未清算完毕的情况下，投资者的实际损失是否已经确定，在实践中存有较大争议。在 2018 年及之前，多数法院倾向于认定资管产品未清算完毕即投资损失不能确定，例如，在（2016）最高法民终 548 号、（2018）最高法民终 173 号中，最高人民法院均指出资管产品暂未经清算，投资者是否存在损失以及损失情况无法确定。而近几年来，伴随着《资管新规》与《九民纪要》的出台，面对资管产品的频频暴雷，司法裁判对金融消费者的保护力度增大，在投资者损失认定上出现了新的裁判趋势。

除此之外也有投资者损失可以确定的情形，根据现有案例主要有：投资标的处于诉讼仲裁程序中；投资标的的交易主体无财产可执行的；投资标的的交易主体处于破产程序中；资管产品无法清算或不能及时清算；管理人或

---

① 参见梁佳敏、乔诗雨：《财富管理法律研究 | 投资者保护系列之三：资管产品纠纷中，如何判断投资者损失是否已经确定》，载微信公众号“环洋法评”2023 年 9 月 13 日，https://mp.weixin.qq.com/s/sEQfv_C2EjYSs7W7ag7Zwg。

受托人怠于履行清算义务；管理人或受托人未依照合同约定时点分配收益；等等。

二、对资产管理和资产服务投资者的建议

随着我国金融市场资产管理领域进入大资管时代，市场规模不断扩大，各类资管业务蓬勃发展，资管产品及交易结构的专业性、复杂性日益增强，引发的资管纠纷也日渐增多，资产服务更体现投资者的自身意愿。为减少损失，建议投资者做到以下几个方面。

（一）充分了解产品并买者自负

投资者在购买各类资产产品时，应充分了解产品风险，根据自身风险承受能力慎重选择投资对象。

投资者应充分了解产品风险与自身能力是否匹配。以信托产品为代表的资管产品，它的各种投向、产品的管理运用方法，包括层层嵌套等，极具隐蔽性。投资者可以运用自身知识，必要的时候花必要的金钱，对投资项目做调研，核查金融机构提供的信息，吃透产品背后的真正风险。要充分理解在嵌套情况下资管机构责任是如何分配的。按照《资管新规》的规定，受托人、资管机构都有责任。

投资者在投资之后应该诚实守信承担风险。在检索的案例中，投资失败后，投资者常常以金融机构没有告知风险、风险确认书不是自己签字等各种理由提出自己不匹配产品风险，或者信托公司信息披露违约造成损失。在判决中，法院以不认可投资者的这种说法为多。

即使是特殊投资者，比如老年人，若不能证明存在行为能力欠缺的情形，法院也不会因为老年而予以保护，可以参考崔某与某信托公司营业信托纠纷案[①]。像林某某诉某证券公司委托理财合同纠纷案仍是少数，案件还存在其他因素，并非简单因为其是老年人。法院认为林某某在资管计划终止后未获清偿，综合相关事实，其损失已经客观发生。结合某证券公司的过错

① 参见北京市西城区人民法院民事判决书，(2021)京0102民初6081号；北京金融法院民事判决书，(2021)京74民终478号。

程度,法院判令某证券公司对林某某投资本金损失的70%承担赔偿责任。[①]故法官提示:部分老年人因为金融知识不足、风险意识不强,购买的金融产品可能超出其风险承受能力,后续遭受损失时经济上和心理上都难以承受。金融机构在向老年人等特殊群体推介、销售各类中高风险等级金融产品的过程中,必须高度关注投资者权益保护,建立完善金融产品的风险评估及相关管理制度,根据金融产品和服务的特性评估其对金融投资者的适合度,合理划分金融产品和服务风险等级以及金融投资者风险承受等级,将合适的金融产品和服务提供给适当的金融投资者。同时,老年人应谨记"投资有风险",看紧"钱袋子",科学理性投资,抵御诱惑不贪高利,远离投资风险。

(二)认真签订信托合同

合同是发生争议时信托公司是否违约的重要依据。信托合同一般为格式合同,投资者没有习惯对合同内容提出疑问,尤其是个人投资者不会通过签订补充协议等方式明确细节,维护自身权益。

特别关注信托目的、权利义务、违约责任等关系投资者切身利益的条款。在签字、手书相关文字之前,了解清楚文字的含义。

通过补充协议的方式对格式合同未尽事宜提出意见,与受托人进行充分沟通。对于赎回条件、清算时间、违约责任等尽量详细作出明确约定。对

① 参见《【监管】全国投资者保护宣传日,上海法院发布5件典型案例》,载微信公众号"上海发布"2024年5月15日,https://mp.weixin.qq.com/s/bvss6An03au45wuk0fs4aA。案情如下:2016年10月,某证券公司发布《资产管理计划说明书》,推广设立资管计划,资金主要用于向某科技公司发放信托贷款,属于中风险产品。林某某系一名年近70岁的退休老人,常住人口登记卡显示其文化程度为不识字。在该证券公司的推介下,林某某与某证券公司签订《资管计划资产管理合同》,林某某向某证券公司缴款120万元。销售过程中,某证券公司通过《问卷调查》对林某某进行了风险测评,《调查问卷》显示,林某某对于债券、股票、基金、金融衍生品的了解程度勾选了"全部都很了解",证券投资经验勾选了"10年以上",个人及家庭财务状况勾选了"有较为丰厚的积蓄并有一定的投资",对今后三年投资表现的态度勾选了"我不介意亏损",问卷结果将其分类为进取型投资者。后某证券公司多次发布资管计划风险提示公告及无法按时兑付公告。2020年5月19日,监管部门出具对某证券公司采取责令改正措施的决定,载明某证券公司在业务开展中存在向客户发送的资产管理计划宣传推介短信存在夸大宣传、未充分提示风险等问题。2020年8月11日,监管部门出具对某证券公司采取责令改正措施的决定,载明某证券公司营业部在向林某某销售资管计划过程中存在投资风险承受能力调查问卷填写的学历、投资经验等内容与实际不符,其开立账户的风险测评结果与同日购买资管计划的风险测评结果存在较大差异,证券公司营业部未及时予以关注和处理的情况。

于本金及收益之兑付条件作出明确约定。投资者可与管理人协商一致,在资管合同中明确约定资管产品本金收回及收益分配之时点,投资者届期未获兑付之损失即已产生,以此来尽量避免将清算完毕作为认定损失的前提。

(三)关注并督促受托人/管理人履职

关注受托人/管理人的履职情况。在资管产品的实际运行过程中,投资者应注意管理人是否存在违约或侵权行为并导致投资损失产生,特别关注其是否存在怠于履行清算义务、恶意阻止清算完成之行为,并注意证据留存,以此来主张管理人之违约、侵权行为直接导致损失已确定。

(四)关注产品动态并及时行动

购入投资产品后应及时关注产品动态,关注资管产品投资标的的经营状况,以便及时维护自身权益。在资管产品的实际运行过程中,投资者应注意资管产品投资标的是否存在无财产可供执行、破产重整等影响受偿之情形,并注意证据留存,以此来证明投资损失实际上已难以收回,损失确已固定。

必要的时候考虑提起解除合同之诉。比如若资管产品存在延期等无法清算的情况下,为防止法院基于清算未完成认定损失未产生,从而驳回诉讼请求,投资者可考虑基于法定解除事由或约定解除事由主张解除资管合同。

(五)充分了解投资者保护的基础

尽管法律和制度为投资者提供了重要的保障,但投资者自身的教育和自我保护意识同样重要。

投资者保护是在投资者教育的基础之上的,投资者应做好记自我教育:第一,尊重契约精神;第二,尊重市场机制;第三,明确责任范围,要在性质上明确资管机构的责任范围是什么、包括哪些类型、是否需要投资者进行配合;第四,严禁刚性兑付,资管产品的刚性兑付已经严重扰乱了市场的秩序。

投资者应该充分了解资产管理和资产服务的相关知识,提高自己的风险识别能力和投资决策能力。同时,投资者还应该保持警惕,注意识别和管理潜在的风险因素,以避免不必要的损失。

下　编

信托公司受托履职法律风险分述
——以资产管理业务和资产服务业务为核心

第五章

项目审查和决策阶段风险点

风险点一 通道业务中信托公司履行资金来源核查义务的风险

【基本法理】

案涉信托业务发生时间是2013年，但纵观2013年的法律法规，信托公司对委托人提供的信托资金来源并无核查的义务，但信托公司内部从审慎管理的角度出发，确有审查委托人资金为自有资金的规范要求。

【参考案例】

吴某诉某信托公司财产损害赔偿纠纷案①

诉讼请求：

吴某一审诉讼请求：(1)某信托公司赔偿吴某100万元，并支付2013年8月3日至款项实际付清之日止以100万元为本金，按人民银行同期贷款利率计收的利息；(2)诉讼费用由某信托公司承担。

吴某的上诉请求：(1)撤销原审判决，改判支持其原审中的诉讼请求；(2)一审、二审诉讼费由上诉人华澳信托承担。

某信托公司上诉请求：(1)撤销原审判决，依法改判驳回上诉人吴某的

① 参见上海金融法院民事判决书，(2020)沪74民终29号。

全部诉讼请求;(2)一审、二审诉讼费由上诉人吴某承担。

案件事实:

某投资中心(委托人)与某信托公司(受托人、管理人)签订的《单一资金信托合同》约定:受托人依据委托人的指令履行后续管理义务,不对借款人和信托资金运用的项目作实质性尽职调查和审核,只提供事务管理服务。委托人指定受托人将信托资金向浙江某建设公司发放信托贷款,若借款人逾期不能偿还贷款本息,受托人有权提前终止该信托并以信托财产原状形式向受益人进行分配,其损失均由委托人/受益人自行承担。投资人吴某提供的《浙江某建设公司承建杭州保障房投资基金项目募集文件》载明产品类型为"某信托公司联众单一资金信托贷款有限合伙基金",吴某在募集文件中的《某投资中心合伙协议书》上签名,该协议书载明普通合伙人是杭州某公司。吴某又在《某投资中心入伙协议书》上填写了"新有限合伙人(投资人)基本信息",该协议书载明"合伙企业确认投资人之出资款应在三个工作日内一次性缴纳至合伙企业以下募集账户"。2013 年 8 月 1 日,吴某向户名为某投资中心的账户汇款 100 万元,后该 100 万元被陈某某等人用于归还案外人辽阳某公司股东的对外债务。

据工商登记信息记载,某投资中心的成立日期是 2013 年 5 月 30 日,合伙类型是有限合伙企业,执行事务合伙人是杭州某公司(委派代表:陈某某)。吴某并未被登记为某投资中心的有限合伙人。

在涉案信托项目进行期间,某信托公司内部曾于 2013 年 12 月出具过《项目风险排查报告》,载明:"六、项目风险判断:某建设公司财务状况良好,由建设的多项目保障营收稳定;保证人辽阳某公司的现金流充足,项目去化速度令人满意,担保意愿正常,担保实力佳。该项目为单一被动管理类信托项目,项目风险可控,本次检查未发现重大风险事项。"

此后,陈某某、林某某被判处集资诈骗罪,被告人王某被判处非法吸收公众存款罪,刑事案件的基本犯罪事实为伪造浙江某建设公司承建"杭州保障房项目"的合同,成立并控制了某投资中心等七家有限合伙企业,与某信托公司签订《单一资金信托合同》及相关《贷款合同》、《保证合同》。约定上海寅浔作为委托人，将资金交付受托人某信托公司，某信托公司再作为贷款人将资金贷给借款人浙江某建设公司，辽阳某公司作为保证人为浙江某建设公司提供连带责任保证担保。

2017年11月8日，银监会出具银监行复决字〔2017〕183号《行政复议决定书》，内容包括："2. 被申请人（即上海银监局）已对某信托公司违规问题依法作出处理：被申请人于2015年收到过其他信访人关于'某信托公司·浙江某建设公司单一信托计划'的举报，并在当年对该公司的现场检查中对该信托计划进行了检查。经检查，被申请人已查实某信托公司在管理上述信托计划时存在对机构委托人未做充分调查，对其委托资金来源的调查流于形式，对该信托计划的委托资金来源未尽到合规审查义务，违反审慎经营规则。"此后，投资人吴某主张某信托公司因怠于履行《信托法》所规定的信托责任而应对其损失承担侵权损害赔偿责任。

判决结果：

一审判决：（1）被告某信托公司应于本判决生效之日起10日内对原告吴某根据（2017）沪01刑初50号刑事判决通过追赃程序追索不成的损失在20%的范围内承担补充赔偿责任；（2）驳回原告吴某的其余诉讼请求。

二审判决：驳回上诉，维持原判。

裁判观点：

关于某信托公司是否有义务核查信托资金来源，是否构成误导投资者的问题，法院认为，刑事判决认定的事实表明，虽然犯罪分子在募集资金时利用某信托公司产品进行宣传招揽，但某信托公司本身并未参与资金募集。同时，按照当时（2013年）的法律法规的规定，信托公司对委托人提供的信托资金来源并无核查的义务，但信托公司内部从审慎管理的角度出发，确有审查委托人资金为自有资金的规范要求。该案还存在如下特殊情况：首先，某信托公司参与系争单一信托项目的负责人员已了解到资金来源是向社会不特定人员募集的事实，公安机关对各方人员的询问笔录均证实曾有私募投资者向某信托公司致电征询。由于委托人本身为有限合伙企业，符合合伙型私募基金的法律特征，某信托公司作为专业的金融机构，对此资金募集形式应有充分认识。其次,某信托公司在掌握较多资金与项目信息、知晓自身与项目投资风险关联度的情况下,未对犯罪分子借用其金融机构背景进行资金募集的行为采取必要防控措施,也未对社会投资者作相应警示,客观上促成了犯罪分子的集资诈骗行为。况且,行政监管部门也曾认定某信托公司存在对机构委托人未作充分调查,对其委托资金来源的调查流于形式,对该信托计划的委托资金来源未尽到合规审查义务,违反了审慎经营规则。由此,法院认为,某信托公司在信托业务开展时对委托资金来源的审核未尽必要注意义务,对吴某等投资者投资被骗受损负有一定责任。

【风险提示】

该案入选2020年全国法院十大商事案例,也是首个判决通道业务中信托公司承担责任的案例,具有标杆意义。该案的说理对于信托公司如何履行审慎管理义务,具有较大的借鉴意义。

该案裁判的逻辑层次是:

(1)当时(2013年)法律规定没有要求审查资金来源。因为该案信托公司是被动管理业务,并且当时(2013年)的法律法规确实未明确规定信托公司对委托人的资金来源有审查义务。

(2)法律没有规定,并不代表信托公司就没有义务。信托公司内部从审慎管理的角度出发,具有查明资金来源的规范要求。

(3)信托公司知道或者应当知道资金来源是向社会募集。所谓知道,是已经有投资者曾向某信托公司来电征询,某信托公司已经知道了委托人资金来源是向社会募集。所谓应当知道,是从委托人的外观形式出发,委托人是有限合伙形式,符合合伙型私募基金的法律特征,而信托公司作为专业金融机构,应当知道委托资金来源于向社会募集。

(4)知道或者应当知道之后,信托公司未采取必要的防控措施,未向投资者必要警示,客观上促成了犯罪分子的集资诈骗行为。

上述裁判观点尽管评判的是资金来源,实际上是对审慎管理的要求。法律规定不可能包罗万象,也不可能涉及所有的方面,信托公司的审慎管理要求,不可能采用本本主义,局限于法律的具体规定。信托公司作为专业的金融机构,应该具有更高的注意意识和风险防范义务,在尽职调查、日常信托管理环节,无论是已经掌握的信息,还是从外观的角度应该知道的信息,只要与项目的投资风险具有关联度,就应该作出必要的风险防控措施,对投资者进行必要的警示、必要的公告。

综上,建议信托投资公司:

(1)对信托要素的基本合法性及有效性进行审查,具体审查要点包括信托目的、委托人及受益人、信托财产、信托行为的要式性等。

(2)对委托人资金来源的合法合规性进行审查,若通道业务中存在信托资金系向社会不特定人员募集等具有高风险的特殊情况,需重视对该信托业务的管理,采取必要的风险防控措施,提高注意义务。

(3)根据监管法规审查底层资产的合规性问题,避免信托通道被当作监管套利、利益输送的工具。

(4)针对已存在的通道业务,严格依据信托文件的约定履行事务管理义务,谨慎回应信托计划委托人提出的不合理要求,避免在未经调查、核实的情况下出具没有事实依据的文件,加剧自身风险。

【投资建言】

投资者应保证投资资金为自有资金。信托业务中委托资金来源合法不仅是信托公司的义务,同样是投资者的义务。因为项目投资失败,投资资金遭遇损失,投资者以信托公司未尽资金来源核查义务作为要求赔偿的理由之一,未必都能得到法院的支持。尤其在通道业务中,信托公司更多的是尽到形式审查义务,投资者是最了解资金来源的人,若投资者本人都无法保证资金来源合法,却要求信托公司承担责任,难以得到法院的支持。

风险点二 信托公司内部审批文件产生外部法律责任的风险

【基本法理】

受托人管理信托财产,必须恪尽职守,履行诚实、信用、谨慎、有效管理的义务。

信托公司在履职过程中将调查报告等向投资者披露，或者作为受托管理决策作出的依据，会成为判断信托公司是否恪尽职守的标准之一。信托公司的这些内容审批文件的法律效力问题也是内部行为外部化效力的问题。内部行为外化，常见于行政法中，内部行为是行政机关内部行政决策中履行的一定的法律程序，一般情况只有对内的效力，是内部决策的依据及参考，不发生对行政相对人的效力，但当内部行政行为直接通过行政机关的职权行为，为外部所知悉，对外部相对人产生实际影响，并最终产生法律效力，就发生了法律效力的外化。除了行政机关之外，具有公信力的机构，金融机构亦存在同样的问题，故信托机构的内部行为产生外化的法律效力。

【参考案例】

吴某诉某信托公司财产损害赔偿纠纷案①

裁判观点：

关于某信托公司是否有义务对信托产品所涉项目开展尽职调查，其出具《项目风险排查报告》的行为是否侵害到上诉人吴某的利益。根据该案信托合同约定，某信托公司依据委托人的指令履行后续管理义务，不对借款人和信托资金运用的项目做实质性尽职调查和审核，只提供事务管理服务。因此，某信托公司在系争信托产品运行过程中确实无义务对项目开展尽职调查。但是该案特殊之处在于信托存续期间，某信托公司在不负有尽职调查之合同义务的情况下，应委托人要求向犯罪分子王某等人出具了《项目风险排查报告》，该报告称“流动资金项目的资金用途经运营部确认无异常，用款符合合同约定……浙江联众公司经营状况良好，工程建设进展顺利，财务状况稳定……辽阳红美置业作为本项目担保方运营正常，还款能力也较强，也能较好地保障信托计划本息的安全”。从事后查实的结果看，《项目风险排查报告》的内容明显虚假。法院认为，被动管理型信托业务中，信托公司虽主要依据信托合同约定履行相应义务，但其在以自身名义独立从事信托

---

① 参见上海金融法院民事判决书，(2020)沪74民终29号。该案例与风险点一的参考案例相同，故案件事实等重复内容不赘述。

管理事务时，仍应尽到合理注意义务。该案中，虽然某信托公司系依据委托人指令履行后续管理义务，自身并无主动调查的义务，但并不代表其可以在未经调查的情况下出具没有任何事实依据的《项目风险排查报告》。某信托公司作为专业的金融机构，在明知委托资金系私募资金的情况下，更应当审慎回应委托人提出的明显不合理的要求。某信托公司出具的《项目风险排查报告》虽为内部资料，但被犯罪分子所利用。根据《信托法》的相关规定，在信托设立后，受托人对信托财产所投项目的尽职调查、信托存续期间的事务管理等负有全面管理的责任，因此吴某等投资者从上海寅浔处看到《项目风险排查报告》，有理由相信系争产品受到了信托公司的监管和核查。因此，某信托公司出具虚假调查报告的行为客观上起到了蒙骗投资者的作用，应对吴某等投资者投资被骗受损负有一定责任。

【风险提示】

（1）应防止内部行为外部化的风险发生。即无论是哪种管理型的信托产品，信托公司均应根据法律规定和合同约定尽到受托义务，并保证所有出具的报告（含内容报告）以客观事实为依据。上述案涉信托产品系被动管理型的信托产品，根据《单一资金信托合同》约定，某信托公司作为受托人，不对投资人及信托资金的来源和性质做实质性尽职调查和审核。但在该案中，某信托公司在未经调查的情况下出具没有任何事实依据的《项目风险排查报告》。虽然某信托公司系依据委托人指令履行后续管理义务，自身并无主动进行尽职调查的义务，但并不代表其可以在未经调查的情况下出具没有任何事实依据的《项目风险排查报告》。

《项目风险排查报告》从法律属性的角度来看，属于某信托公司的内部行为，但当《项目风险排查报告》通过某信托公司向委托人出具，并最终流向了投资者，对投资者的投资判断产生了影响，使投资者有理由相信系争产品受到了某信托公司的监管和核查，该《项目风险排查报告》的内部行为即产生了外部化效力。这也是某信托公司在该案一审、二审中以《项目风险排查报告》的作出属内部行为进行抗辩，而未被法院采纳的原因。

（2）信托公司无论是在尽职调查环节，还是在后续的管理环节，应该约束信托公司的内部行为，谨慎回应委托人的不合理要求，避免误导投资者。要特别提及的是，该案中，除了内部行为外部化效力的问题，还涉及信托公司的谨慎义务，即并非"法无禁止即可为"，也即判决书中所言，尽管某信托公司本身不具有主动调查的义务，但并不代表其可以在未经调查的情况下出具没有任何事实依据的《项目风险排查报告》，某信托公司应当谨慎回应委托人提出的明显不合理要求。

【投资建言】

(1)信托业务中的委托人、受益人可以根据法律赋予的权利主动要求了解信托公司的项目文件，包括项目调研等内部调研报告。信托项目投资之前，投资者作为信托项目的委托人可以尽可能多地了解相关信息；在项目开展阶段，作为受益人的投资者更应该主动行使知情权，要求信托公司披露尽可能多的项目信息。信托公司可能向投资者主动披露内部文件，但也存在信托公司不主动披露的情形。信托公司在公众号或者向委托人发放的传单、方案介绍书等一般是经过精心设计，并保证所有话术均合法合规。

(2)作为信托项目的合格投资者应该对投资项目有足够多的知识和经验，才能更好地享有权利，保护自身权益。投资者不应被动等待信托公司主动披露，更不应盲目相信信托公司一定会尽职尽责履行受托义务，并抱着万一亏损再诉信托公司的侥幸。

(3)投资者在诉讼阶段，若对信托公司的投资决策依据等有怀疑，可以请求法院按照职权要求信托公司自证已经尽到谨慎受托义务，包括信托公司在诉讼阶段提供内部文件等。

风险点三　未合理尽到尽职调查义务的风险

【基本法理】

尽职调查是信托公司受托信托项目的第一个重要义务，关系信托公司信息披露义务等重要义务的履行是否完整，成为判断信托公司是否履行信义义务的标准之一。《集合资金办法》第 9 条规定："信托公司设立信托计划,事前应进行尽职调查,就可行性分析、合法性、风险评估、有无关联方交易等事项出具尽职调查报告。”

《金融会议纪要(征求意见稿)》第80条强调了受托机构的尽职调查义务:“受托机构负有对基础资产进行尽职调查义务,是监管部门规范性文件的一致要求。从相关规范性文件的规定内容看,受托机构的尽职调查义务与承销保荐机构的义务内容类似。”

【参考案例】

华某银行与某信托公司营业信托纠纷案①

诉讼请求:

华某银行诉讼请求:(1)判令某信托公司赔偿华某银行本金损失228746444元;(2)判令某信托公司赔偿华某银行至实际支付之日的资金占用损失;(3)诉讼费用由某信托公司承担。

案件事实:

华某银行与某信托公司先后于2017年1月22日和2017年2月14日签订两份《信托合同》,认购涉案信托计划,双方之间成立信托法律关系。《信托合同》约定,某信托公司作为主动管理型营业信托的受托人,应当为委托人和受益人华某银行的最大利益处理信托事务。受托人管理信托财产,必须恪尽职守,履行诚实、信用、谨慎、有效管理的义务。

原告认为,某信托公司出具的《尽职调查报告》中,有意回避了重大投资风险:第一,《尽职调查报告》第32页被投企业“诉讼仲裁及其他事项”部分,仅有“(1)涉诉情况查询”的标题而没有内容,误导华某银行认为利源精制不存在涉诉情况。第二,该报告并未就作为唯一增信义务人的王某所涉诉讼情况、负面舆情信息进行调查。

① 参见北京市第二中级人民法院民事判决书,(2020)京02民初302号;北京市高级人民法院民事判决书,(2021)京民终710号。因为中国裁判文书网仅将一审判决书公开,人民法院案例库并未收入该案判决书,故仅围绕该案一审判决书进行分析。该案涉及在项目投后管理中违反信义义务的情形,该违约行为成为信托公司最终承担责任的主要原因,关于投后管理的风险点,将在风险点四十五中详述。

同时,北京银保监局的《北京银保监局信访答复意见书》(京银保监信复〔2020〕15号)认定,经查阅某信托公司至信272号项目的《尽职调查报告》,确认报告中涉诉情况查询部分为空,该局最终核查认为,某信托公司未在《尽职调查报告》中体现被投资企业及保证人涉诉情况,尽职调查工作存在不足,该局将要求某信托公司进行整改。

华某银行认为受托人未履行勤勉尽责义务而损害其合法权益,请求受托人承担损害赔偿责任,应当由受托人举证证明其已经履行义务。

原告还指出,某信托公司在向华某银行推介信托计划,及信托计划运作过程中,多次承诺刚性兑付。涉案信托计划设立于《关于规范金融机构资产管理业务的指导意见》颁布以前,信托公司承诺刚性兑付的现象较为普遍,某信托公司也多次承诺对涉案信托计划进行刚性兑付。2018年6月8日,华某银行经办人员向信托经理顾某表示利源精制的净值较低,希望直接与被投企业沟通,于此紧急场合,顾某直接回复"我负责刚兑",华某银行有理由信赖顾某所作刚性兑付承诺的真实性与严肃性。除此之外,某信托公司相关工作人员亦在多个场合口头承诺对信托计划进行刚性兑付,让投资者产生了该信托计划存在保证本金不受损失与固定收益的预期。

判决结果:

(1)某信托公司于本判决生效之日起10日内赔偿华某银行信托资金损失3000万元;(2)驳回华某银行的其他诉讼请求。

裁判观点:

法院认为,华某银行与某信托公司先后于2017年1月22日和2017年2月14日签订两份《信托合同》,认购涉案信托计划,双方之间成立信托法律关系。根据《信托合同》的约定,某信托公司作为主动管理型营业信托的受托人,应当为委托人和受益人华某银行的最大利益处理信托事务。受托人管理信托财产,必须恪尽职守,履行诚实、信用、谨慎、有效管理的义务。受托人违背《信托合同》、处理信托事务不当的,应赔偿因其违约而给委托人造成的全部实际损失。委托人以受托人未履行勤勉尽责义务损害其合法权益为由,请求受托人承担损害赔偿责任的,应当由受托人举证证明其已经履行义务。

该案争议焦点为某信托公司在尽职调查、信托财产处置、承诺“刚兑”等信托事务处理环节是否勤勉尽责，该信托事务处理行为与华某银行的财产损失之间是否存在因果关系，如何确定某信托公司对华某银行的赔偿责任。下面结合当事人之间的具体争议事项进行分析评判。

1. 关于尽职调查

某信托公司向华某银行发送《尽职调查报告》，用于推介信托计划。该报告的“定增标的上市公司分析”项下记载的“涉诉情况查询”内容为空白，“实际控制人持有本公司股权及质押情况”项下载明截至 2016 年 6 月 30 日“公司实际控制人股权质押数为 0 股”。

关于上市公司利源精制的涉诉情况，某信托公司未说明调查结果，亦无证据证明其对此事项进行了调查，属尽职调查工作存在不足，《北京银保监局信访答复意见书》亦对此予以认定。鉴于华某银行未能证明利源精制当时涉诉案件对利源精制构成不利影响，亦未能证明其投资决策受此影响，故某信托公司上述行为与华某银行投资损失之间没有因果关系。

关于实际控制人王某的股权质押调查问题。由于王某系信托计划的差额补足义务人，王某的财产状况对于弥补信托投资损失至关重要，而王某所持有的利源精制股票是王某财产的重要组成部分，故该股票是否被质押给他人对于某信托公司和华某银行的投资决策均具有重要影响。对此重要事项，某信托公司的调查方法应当达到使其有充分理由确信目标公司信息披露真实、准确、完整的程度。某信托公司仅依据《吉林利源精制股份有限公司 2016 年半年度报告》记载王某和张某侠持有的股票质押或冻结情况为空白，即在《尽职调查报告》中记载“公司实际控制人股权质押数为 0 股”，依据不足。利源精制披露的股票质押事项为空白，属信息披露不完整。此外，根据利源精制上述报告载明的有限售条件股份总数及其中王某的持股数量，结合深圳证券交易所官网可查到的利源精制“待购回有限售条件证券余量”，可以推知王某存在股票质押情况，但某信托公司并未对此事项作进一步调查。实际上，王某自 2016 年 2 月 2 日至 2018 年 4 月 25 日，对其持有的利源精制股票进行了质押或质押到期后再质押。综上，某信托公司对王某的股权质押情况调查方法不当，调查结果错误，直接影响华某银行的投资决策和风险控制措施选择，与华某银行的投资损失存在一定的因果关系。

华某银行主张某信托公司在信托计划设立前未能准确揭示产品风险并造成其财产损失，法院予以采信。某信托公司以其无义务提供《尽职调查报告》《信托合同》中已列明投资风险为由辩称其已揭示产品风险，法院不予采信。

2. 关于承诺“刚兑”

《信托合同》明确约定某信托公司不承诺华某银行的信托资金不受损失，亦不承诺信托资金的最低收益。《信托合同》还明确约定：“《信托合同》是规定信托当事人之间权利义务关系的基本法律文件，其他与本信托计划相关的涉及信托当事人之间权利义务关系的任何文件或表述与《信托合同》不一致的，均以《信托合同》为准，信托当事人协商一致签订《补充协议》变更《信托合同》的除外。”

2018 年 6 月，华某银行刘某寒向某信托公司顾某提出华某银行曾试图找利源精制直接沟通时，顾某答复称“没必要吧”“我负责刚兑啊”“这个项目主动管理责任人是我”。顾某作为涉案信托计划经理，其答复华某银行的行为属职务行为。但是，《信托合同》明确约定双方以签订《补充协议》方式才能变更合同，信托计划经理代表某信托公司向华某银行作出的承诺不属于双方签订《补充协议》，不能发生变更合同的效力，不能使某信托公司承担“刚兑”或“保本保收益”的义务。此外，华某银行作为金融机构，应当明知和严守《集合资金办法》和《资管新规》等监管规定中关于禁止“刚兑”的要求，不应轻信信托计划经理代表某信托公司作出的“刚兑”承诺。因此，华某银行主张某信托公司承诺“刚兑”是其认购、延期信托计划的理由，并要求赔偿由此遭受的相应损失部分，法院不予采纳。某信托公司辩称其不应承担“刚兑”义务，法院予以采纳。

信托计划经理代表某信托公司作出的“刚兑”承诺虽不能变更《信托合同》，但该行为属于某信托公司未能诚实、信用管理信托事务的行为。某信托公司在2018年4月得知项目预算投资大幅增加和项目进度延期后,未能作出减持股票的决策,又通过承诺“刚兑”的方式阻止华某银行与利源精制直接沟通,该行为不利于促进信托财产处置和减少华某银行财产损失。

3. 关于赔偿责任

华某银行认购信托单位共计支付信托资金2.5亿元,某信托公司共向其分配信托款项71266925.86元,信托资金损失金额为178733074.14元。某信托公司对王某股权质押情况的调查方法不当,调查结果错误,直接影响华某银行的投资决策和风险控制措施选择。某信托公司在信托财产变现处置过程中亦未能做到诚实、信用、谨慎、有效管理。某信托公司上述行为违反《信托合同》约定,未能勤勉尽责地处理信托事务,与华某银行信托资金损失之间存在一定的因果关系,某信托公司应向华某银行承担相应的违约损害赔偿责任。同时,该案信托计划通过资管计划参与上市公司股票定向增发投资,股票市场的投资风险高,减持时点选择难度大且受制于《减持新规》。该案定向增发股票在上市特别是限售股份上市流通后的股价一直持续下跌,定向增发股票发行价格为每股11.38元,2018年以来,每股各月收盘价平均值分别为1月10.12元、2月9.12元、3月8.99元、4月8.40元、5月7.98元、6月6.57元、7月5.98元、8月3.87元、9月3.80元、10月3.23元、11月3.44元、12月3.12元。因此,股票市场风险与华某银行信托资金损失之间存在直接因果关系。法院综合考虑某信托公司未能勤勉尽责管理信托事务的整体情况和股票市场风险等因素,酌定某信托公司赔偿华某银行信托资金损失3000万元。此外,《信托合同》约定的预期收益并非某信托公司应当支付的固定收益,华某银行的预期收益损失不属于某信托公司应予赔偿的可得利益损失。

某信托公司辩称其要求王某继承人张某侠承担差额补足义务的诉讼正在审理中,信托计划尚未终止和清算,华某银行是否存在损失以及具体损失金额尚不能确定,并据此主张该案应驳回华某银行的起诉。该案中,华某银行起诉要求某信托公司承担违约损害赔偿责任,某信托公司存在违约行为,而以王某及其继承人张某侠为被执行人的多起案件中,法院均以“经过财产调查未发现可供执行的财产”为由裁定终结执行程序。某信托公司亦未能举证证明王某尚有其他遗产可用于履行差额补足义务。因此，法院可以在该案中直接判令某信托公司赔偿华某银行的信托资金损失。虽然某信托公司行使差额补足权利所追回的财产应归入信托财产，但根据前述执行案件的执行情况，该案中酌定某信托公司赔偿华某银行信托资金损失 3000 万元，并不会导致华某银行最终获得的信托分配款项与赔偿款项之和超过全部信托本金。综上，法院对某信托公司上述答辩意见不予采信。

华某银行将分配的信托款项按照先收益、后本金的顺序抵充后，要求某信托公司赔偿剩余的全部信托本金损失，法院对华某银行主张的信托资金损失中的合理部分予以支持，对其余部分予以驳回。华某银行请求某信托公司赔偿信托资金占用损失，因法院判令某信托公司直接向华某银行承担信托资金损失赔偿责任，而非承担补充赔偿责任，亦非承担信托资金返还责任，故法院对华某银行关于资金占用损失的诉讼请求予以驳回。

【风险提示】

从该案可以看出，信托公司应注意未合理尽到尽职调查的法律风险：

(1)信托公司对股权质押等情况的调查方法应得当，若调查结果错误，将直接影响投资人的投资决策和风险控制措施选择；一旦发生讼争，信托公司将承担赔偿责任。

(2)信托公司即使认为项目不会亏损，仍不应过于自信，更不能违反不得刚性兑付的原则。该案对于华某银行主张的刚兑未予支持。未予支持的原因有二：一是信托合同明确约定签订补充协议方能变更信托合同，信托经理关于刚兑的承诺不能变更信托合同；二是华某银行作为专业金融机构，明知监管政策不允许刚兑，不应轻信信托经理的刚兑的承诺。尽管法院未采信华某银行刚兑的主张，但法院同时又从诚实信用的出发，认定信托计划经理代表某信托公司作出的“刚兑”承诺虽不能变更《信托合同》，但该行为属于某信托公司未能诚实、信用管理信托事务的行为。

【投资建言】

(1)投资者若有能力对投资的项目进行调查，建议在委托信托公司资产管理和资产服务之前,对具体项目进行调查。信托业务三分类之后,对信托业务的委托人更是分别提出了较高的要求。《指导口径》中更是对财富管理信托的业务模式中的委托人提出了特别的要求:资产服务信托项下的“财富管理信托的业务模式是信托公司接受符合条件的委托人的委托。根据委托人合法需求为其量身定制专户服务,并据此约定信托合同条款及信托期限,按合同约定履行受托人职责接受单一委托人的委托,……”由此可以看出,资产服务信托项下的财富管理信托需要有委托人明确的委托意愿,代表了委托人有足够的能力对委托事项进行充分全面的了解,并能判断受托人是否谨慎专业履职。

(2)建议委托人对于信托公司提供的尽职调查报告等披露的信息进行核实。资产管理信托的业务模式是信托公司发起设立资产管理产品并拟定制式合同,向合格投资者发行募资并签订制式合同,按照产品设计,通过集合运作、组合投资方式对受托资金进行投资管理,并按照产品期限到期清算。信托公司向委托人提供的关于资产管理产品的所有信息存在作假的可能,发生讼争之时虽法院对信托公司未尽职责会让其承受不利后果,但对于委托人来说投资大笔资金本应谨慎,若发生诉讼更是劳心费力,提前核实是必要的注意义务。

(3)投资者对信托公司的承诺应保持合理的怀疑。该案中华某银行认为:诸多事实表明,某信托公司在信托计划设立与投资运作的很长一段时间,均认可信托计划应当刚兑。信托计划的承诺收益封顶为年化7.2%,超过承诺收益的部分全部归某信托公司与投资顾问所有。显然,股票投资可能远超7.2%的年化收益率,投资者接受信托公司提供的预期固定收益,让渡超额后端收益,目的是降低投资风险。如果没有刚兑承诺,投资本金可能全部亏损,收益却封顶在较低水平,收益与风险极不匹配,不符合投资常识,华某银行最初也绝不会进行本次投资。法院终没有采纳华某银行的意见,说明委托人对刚性兑付这种承诺本不该信任,更不应将违规的约定作为投资决策的理由。反过来可能说明本应有基本投资常识的投资者是有意违规。

风险点四　通道业务中受托人未尽职调查的风险

【基本法理】

监管部门对信托公司的通道业务有明确的定义，与主动管理业务相比，信义义务轻一些，一般不承担尽职调查的义务。《中国银监会关于规范银信类业务的通知》（银监发〔2017〕55号）第1条规定："本通知所指银信通道业务，是指在银信类业务中，商业银行作为委托人设立资金信托或财产权信托，信托公司仅作为通道，信托资金或信托资产的管理、运用和处分均由委托人决定，风险管理责任和因管理不当导致的风险损失全部由委托人承担的行为。"《九民纪要》第93条指出：当事人在信托文件中约定，委托人自主决定信托设立、信托财产运用对象、信托财产管理运用处分方式等事宜，自行承担信托资产的风险管理责任和相应风险损失，受托人仅提供必要的事务协助或者服务，不承担主动管理职责的，应当认定为通道业务。实践中，法院一旦认为信托业务属于通道业务，往往会驳回原告对信托公司违反尽职调查义务的诉求，这是通道业务的性质使然。

法院认定信托是否属于通道业务存在两种路径。第一种路径是根据金融监管部门的认定来判定业务性质。实践中，一旦监管部门认定该业务属于通道业务，法院往往会以监管部门认定的事实作为案件事实，肯定监管部门文书的效力，这是金融监管与金融司法协同治理的必然要求。

第二种路径是根据信托合同的约定判定该业务是否属于通道业务。当前，人民法院在处理信托纠纷时，基本是以合同法或合同思维作为裁判依据或说理出发点的，即法院在信托合同中寻找约定的委托人与受托人的权利义务条款，进而判定该交易业务的实质。

会被法院认定为通道业务的信托结构中，通常会出现以下内容的约定：（1）案涉信托的设立、信托财产的运用和处分等事项，均由信托合同事先明确约定，受托人不具有运用、处分信托财产的裁量权。（2）信托终止时，以信托财产实际存续状态转移给信托受益人等。一旦法院将涉案信托结构认定为通道业务，则受托人承担尽职调查义务的违反可能性将趋近于零。但这绝不意味着通道业务中受托人没有违反其他种类信义义务的风险。因此，受托人在通道业务中，亦应以信义义务的标准拟定信托合同，同时注意其他风险的防范。

【参考案例】

神某农商行等与某信托公司营业信托纠纷案①

诉讼请求：

神某农商行一审诉讼请求：(1)判令青某集团与某信托公司共同向神某农商行偿还信托贷款本金 1 亿元及合同约定借期内利息 828.67 万元；(2)判令青某集团与某信托公司共同向神某农商行支付应付未付利息的复利 51.46 万元；(3)判令青某集团与某信托公司共同向神某农商行支付自 2014 年 12 月 10 日起至贷款实际清偿之日止的罚息；(4)判令梁某某、周某某对上述三项诉讼请求承担连带清偿责任；(5)判令青某集团、梁某某、周某某、某信托公司承担律师费 158 万元；(6)判令青某集团、梁某某、周某某、某信托公司承担诉讼费用。

神某农商行上诉请求：(1)撤销北京市第二中级人民法院(2019)京 02 民初 566 号民事判决，将该案发回重审或依法改判支持神某农商行的诉讼请求，即判决某信托公司就一审判决第一项、第二项、第三项确定的青某集团的债务向神某农商行承担连带返还责任。(2)上诉费用由某信托公司承担。

案件事实：

梁某某与周某某系夫妻关系，青某集团的股东为梁某某和周某某，梁某某系青某集团的法定代表人。2013 年 11 月 27 日，神某农村商业银行股份有限公司(以下简称某农商行)作为委托人和受益人、某信托公司作为受托人签订《资金信托合同》，约定的主要内容为受托人应按照如下方式管理运用和处分信托资金：(1)受托人将全部信托资金按照信托贷款合同的条款和

① 参见北京市高级人民法院民事判决书，(2020)京民终 155 号。

条件用于向青某集团(融资方)发放贷款,具体事项由受托人与融资方签署的信托贷款合同进行约定。(2)梁某某为融资方向受托人履行信托贷款合同项下的偿还贷款本息的义务提供不可撤销的连带责任保证担保,具体事项由受托人与保证人签署的保证合同进行约定……受托人还应履行下列义务:(1)受托人在管理、处分信托财产时,不得违反信托目的或者违背信托合同约定的管理职责。(2)应当遵守信托合同的约定,本着忠实于受益人最大利益的原则处理信托事务;受托人管理信托财产,必须恪尽职守,履行诚实、信用、谨慎、有效管理的义务。2013 年 11 月 27 日,神某农商行向某信托公司交付 1 亿元信托资金。神某农商行认可收到了自 2013 年 11 月 27 日起至 2014 年 3 月 20 日止的信托收益。……2013 年 11 月 27 日,某信托公司根据 2013 年 11 月 26 日签订的信托贷款合同向青某集团发放贷款 1 亿元(某信托公司作为贷款人、青某集团作为借款人。另外,信托贷款合同签订同日某信托公司作为债权人、梁某某作为保证人签订保证合同,约定:……保证人同意就债务人在主合同项下的全部义务提供不可撤销的连带责任保证。保证合同附件一为保证人配偶同意函,周某某作为梁某某的配偶向某信托公司出具了同意函)。2014 年 12 月 3 日,某信托公司与青某集团签订信托贷款合同补充协议,约定将原合同中贷款到期日调整为 2014 年 12 月 10 日。

自 2014 年 6 月至 2017 年 6 月,某信托公司每季度向青某集团发出《还本付息通知书》。2019 年 1 月 24 日,青某集团向某信托公司出具确认函,主要内容为:自青某集团欠付本金、利息以来,青某集团已多次收到某信托公司的《还本付息通知书》;同时,青某集团一直积极筹措资金还款。2019 年 1 月 24 日,梁某某向某信托公司出具确认函,主要内容为:自青某集团欠付本金、利息以来,梁某某已多次收到某信托公司的《还本付息通知书》;同时,梁某某在青某集团逾期还款后,一直积极筹措资金还款。2014 年 6 月 19 日,神某农商行向某信托公司发出延期收取贷款利息的函。2014 年 11 月 18 日,某信托公司向神某农商行发出到期原状分配的提示函。2014 年 11 月 26 日,神某农商行向某信托公司发出延期收取贷款利息的函。2015 年 1 月 20

日,神某农商行向某信托公司发出延后确认分配事宜的函。2015 年 2 月 25 日,神某农商行向某信托公司发出延后确认分配事宜的函。

2019 年 5 月 23 日,神某农商行作为受益人向某信托公司发出承诺函,主要内容为:鉴于本信托期限届满或者信托终止时,如融资方尚有全部或部分款项未偿还,受益人自愿接受信托财产原状分配,同意受让以债权形式存在的信托财产(下称标的债权),即信托终止之日,标的债权转让至受益人;同时,信托财产项下从权利(包括但不限于抵质押、保证等)随标的债权一并转移至受益人;为有效行使标的债权,受益人承诺标的债权及相应从权利转让至受益人后,受益人就标的债权自行进行催收、提起诉讼、申请保全等债权实现程序等。

2019 年 5 月 23 日,神某农商行和某信托公司联合向青某集团、梁某某发出《权利转移通知书》,主要内容为:某信托公司现已将信托贷款合同、保证合同项下对青某集团、梁某某享有的一切权利和权益转移给某农商行。青某集团、梁某某在《签收回执》落款处盖章签名。

2016 年 4 月 13 日,中国银监会榆林监管分局作出榆银监罚决字〔2016〕3 号行政处罚决定书,《中国银监会榆林监管分局行政处罚信息公开表》载明:被处罚当事人为神某农商行,法定代表人余某才,主要违法违规事实包括"(严重违反审慎经营规则)该行在山西××集团有限公司飞机制造项目没有取得相关土地审批手续的情况下,借信托通道跨省对生产通用航空器材的民营企业山西××集团有限公司进行大额授信,该笔授信业务没有进行详尽的调查、审查、审批等程序,前台交易、中台风控、后台结算相互分离与制约不到位。风险部门未对此业务进行风险监控和管理,相关经办、参与部门职责模糊,流程不清晰,制度不健全,造成信贷资金损失",因此决定罚款 22 万元。上述"山西××集团有限公司"为青某集团。

判决结果:

一审判决:(1)青某集团于判决生效之日起 10 日内向神某农商行偿还贷款本金 1 亿元;(2)青某集团于判决生效之日起 10 日内向神某农商行支付利息、复利及罚息(以贷款本金 1 亿元为基数,自 2014 年 3 月 21 日起至

2014年12月10日止，按照年利率11.3%支付利息，并按年利率11.3%的150%计收复利；以贷款本金1亿元未清偿部分为基数，自2014年12月11日起至实际给付之日止，按照年利率11.3%的150%支付罚息）；（3）青某集团于判决生效之日起10日内向神某农商行支付律师费158万元；（4）梁某某和周某某就判决第一项、第二项、第三项确定的青某集团的债务向神某农商行承担连带保证责任，且周某某以其与梁某某的夫妻共同财产范围为限承担连带保证责任，梁某某和周某某承担清偿责任后，有权向青某集团追偿；（5）驳回神某农商行的其他诉讼请求。

二审判决：驳回上诉，维持原判。

裁判观点：

1. 关于某信托公司是否负有尽职调查的义务

从案涉《资金信托合同》相关条款约定的内容看，案涉《资金信托合同》为被动管理类信托。首先，《资金信托合同》第2条约定，委托人为有效运用其资金，基于对受托人的信任，将自己合法拥有的资产委托给受托人，由受托人按照该合同的约定为受益人的利益管理运用和处分信托财产，即案涉信托的设立、信托财产的运用和处分等事项，均由《资金信托合同》事先明确约定，某信托公司不具有运用、处分信托财产的裁量权。其次，该合同第15.2.1条约定，信托终止时，融资方已经偿还全部或部分款项的，则受托人将现金形态的信托财产按照该合同第8条，扣除相关税、费和受托人报酬后，划至届时在受托人处登记的受益人的信托利益划付账户；第15.2.2条约定，信托终止时，融资方尚有全部或部分款项未偿还的，则受托人以债权形态向受益人交付信托财产，如有保证的，一并转让给受益人，即信托终止时，以信托财产实际存续状态转移给信托受益人。因此，案涉《资金信托合同》是信托机构根据委托人的指示，对信托财产进行管理、运用和处分，不承担积极管理职责的被动管理类信托。对于被动管理类信托，信托设立之前的尽职调查应由委托人或其指定的第三方自行负责。中国银监会榆林监管分局作出的行政处罚决定书将某农商行主要违法违规事实描述为“借信托通道跨省对生产通用航空器材的民营企业山西××集团有限公司进行大额授信”。《中国银监会关于规范银信类业务的通知》(银监发〔2017〕55 号)中对于通道业务的风险管理责任也有明确规定:“本通知所指银信通道业务,是指在银信类业务中,商业银行作为委托人设立资金信托或财产权信托,信托公司仅作为通道,信托资金或信托资产的管理、运用和处分均由委托人决定,风险管理责任和因管理不当导致的风险损失全部由委托人承担的行为。”因此,在案涉《资金信托合同》对于信托设立之前的尽职调查义务没有明确约定的情况下,某信托公司并不承担尽职调查的职责。某农商行关于某信托公司没有履行尽职调查义务的上诉意见,无证据支持,法院不予采信。

2. 关于某信托公司是否履行了风险告知义务

神某农商行上诉称,一审判决没有查清风险申明书的签订日期,没有认定某信托公司是否履行了风险告知义务。

法院认为,对于风险申明书的签订时间,某农商行与某信托公司各执一词,并分别提交了内容相同但落款日期不同的风险申明书。两份风险申明书上的签章均为真实的,证明力相同,故不能依据神某农商行提交的风险申明书上的日期确定风险申明书是某信托公司在 2014 年 11 月向某农商行邮寄的。一审法院对风险申明书的签订时间不予认定并无不当。同时,《资金信托合同》第 21. 1 条约定,风险申明书是该合同不可分割的部分,与该合同具有同等法律效力。神某农商行在协议后签章,且未提出未收到风险申明书,应视为其在签署《资金信托合同》的同时已经收到风险申明书。同时,《资金信托合同》第 16 条也已经概括性地提及法律政策风险、经营投资风险、信用风险、市场风险、管理风险等委托人可能面临的风险,并明确约定了某信托公司对信托财产的盈亏不提供任何承诺。故神某农商行关于某信托公司没有履行风险告知义务的上诉意见,与在案证据相悖,法院不予采信。

3. 关于某信托公司是否履行了受托人义务

某信托公司提供的放款凭证、催收凭证、逾期提示函等证据,神某农商行提供的信托财产管理报告,均证明了某信托公司在信托管理过程中,履行了其作为信托受托人应履行的合同义务。神某农商行虽主张某信托公司违反“恪尽职守,履行诚实、信用、谨慎、有效管理义务”,但未能提供证据予以证明。故一审法院驳回神某农商行要求某信托公司还本付息并支付律师费的诉讼请求正确,应予维持。

【风险提示】

(1)拟定信托合同时,若该信托为通常意义上的通道业务,则应紧扣《九民纪要》第93条,突出“委托人自主决定信托设立、信托财产运用对象、信托财产管理运用处分方式等事宜,自行承担信托资产的风险管理责任和相应风险损失,受托人仅提供必要的事务协助或者服务”的通道业务本质特征而拟定合同条款。

(2)通道业务中的受托人需承担信义义务。通道业务的性质属信托抑或委托,学理上仍有争议。因此,不可贸然认为通道业务中的受托人无须承担信义义务。更为恰当的理解应当是委托人自主管理信托事务时,受托人本应承担的信义义务会相应趋缓(而不是消灭)。该案属于被动管理类信托,信托的设立、信托财产的运用和处分等事项,均由《资金信托合同》事先明确约定,受托人不具有运用、处分信托财产的裁量权,即不承担积极管理职责。因此,信托设立之前的尽职调查应由委托人或其指定的第三方自行负责。但是法院最终未支持原告的诉讼请求,并非因为其认为通道业务信托公司无信义义务,而是法院认为风险申明书是信托合同不可分割的部分,故委托人在签订合同后未提出其未收到风险申明书的,应当视为其已经收到风险申明书。且合同中也存在概括性的风险提示条款,应当认定受托人尽到了风险提示义务。

在湖北省高级人民法院(2017)鄂民终2301号民事判决书中,湖北省高级人民法院在判决中认为,湖北银行作为委托人与作为受托人的某信托公司签订的信托合同中约定,若某信托公司按照湖北银行的指示向第三人发放了贷款,即视为某信托公司已履行了恪尽职守,诚实、信用、谨慎、有效管理的义务。因此,信托公司可以根据交易特点在信托合同中对信义义务的分配进行“剪裁”。但如前文所述,能够被“剪裁”的信义义务边界究竟在何处,仍待观察。

【投资建言】

(1)作为信托委托人的投资者在通道业务应充分了解信托公司并不具有运用、处分信托财产的裁量权,故委托人对信托的安排比信托公司更有权利,也处在信托资产管理风险防范最有利的位置。若发生讼争,法院让信托公司承担责任更加谨慎。

(2)通道业务中投资者应比信托公司尽到更多尽职调查义务。该案中,法院认为在案涉资金信托合同对于信托设立之前的尽职调查义务没有明确约定的情况下,某信托公司并不承担尽职调查的职责。神某农商行关于某信托公司没有履行尽职调查义务的上诉意见,无证据支持。

风险点五　通道业务中隐瞒项目重大风险的风险

【基本法理】

《九民纪要》第 7 部分指出在事务管理信托纠纷案件中,对信托公司开展和参与的多层嵌套、通道业务、回购承诺等融资活动,要以其实际构成的法律关系确定其效力,并在此基础上依法确定各方的权利义务。第 93 条对通道业务作了明确界定,并提出"对通道业务中存在的利用信托通道掩盖风险,规避资金投向、资产分类、拨备计提和资本占用等监管规定,或者通过信托通道将表内资产虚假出表等信托业务,如果不存在其他无效事由,一方以信托目的违法违规为由请求确认无效的,人民法院不予支持"。

当前,学术界关于通道业务属于何种法律关系仍存争议。目前有两类学说,分别将通道业务的基础法律关系视为委托关系与信托关系。实践中,在涉案信托存在通道信托的特征,但信托合同并未明确该信托属于通道业务型信托还是主动管理型信托时,法院倾向认定该交易结构属于信托法律关系,受到《信托法》的调整。我国《信托法》第 25 条规定:"受托人应当遵守信托文件的规定,为受益人的最大利益处理信托事务。受托人管理信托财产,必须恪尽职守,履行诚实、信用、谨慎、有效管理的义务。"据此,受托人将可能需要承担如实披露信托项目相关风险信息的义务。一旦相关风险被法院认定为“足以影响投资者投资意向”时，受托人将因此承担违约责任。

【参考案例】

丁某、某信托股份有限公司营业信托纠纷案①

诉讼请求：

丁某上诉请求：(1)撤销一审判决；(2)解除丁某与某信托公司签订的《资金信托合同》；(3)某信托公司返还丁某本金3000万元，赔偿收益损失(自2014年4月14日起至给付之日止按年利率18%计算，扣减已经支付的90万元和235950元)；(4)某信托公司赔偿丁某执行案件中支付的评估费247800元；(5)某信托公司赔偿丁某律师代理费200万元；(6)一、二审诉讼费用由某信托公司负担。

案件事实：

2014年4月11日，委托人丁某与受托人某信托股份有限公司(以下简称某信托公司)签订《资金信托合同》，约定丁某为有效运用其自有资金，基于对某信托公司的信任，将其合法拥有的自有资金委托给某信托公司，由某信托公司以自己的名义将信托资金加以运用，某信托公司将其用于向天富人防发放信托贷款。某信托公司将信托财产所形成的收入作为信托利益的来源，按照该合同的规定将信托利益分配给丁某。

2014年7月14日，天富人防向某信托公司提交《申请函》，申请不办理信托计划项下在建工程抵押转持证抵押手续，申请修改付息方式，本次利息暂不支付，将在2014年8月14日支付本次利息，贷款到期时，利随本清。而后丁某分别签署《确认函》《同意函》《指令函》等，对本次展期导致的权利义务关系变动进行了约定。2015年12月10日，丁某向某信托公司出具《指令函》，表示知晓(2015)济商初字第137号民事判决书内容，并对强制执行申请书内容进行确认且要求某信托公司按照附件内容向济南市中级人民法院递交强制执行申请书。2016年8月19日，丁某向某信托公司出具《指令

① 参见山东省高级人民法院民事判决书，(2020)鲁民终2633号。

函》，指令某信托公司由信托专户中信托财产向评估机构支付评估费。2016年11月10日，某信托公司向丁某提交《受益人确认函》，向受益人丁某请示是否支付剩余评估费。2016年11月11日，丁某向某信托公司出具《确认函》，同意支付剩余评估费。2016年11月16日，山东弘裕土地房地产评估有限公司出具《房地产估价报告》，将抵押物价值评估为4971.6226万元。

2015年5月25日，某信托公司以天富人防及房某恩为被告向一审法院提起诉讼，一审法院于2015年11月10日作出（2015）济商初字第137号民事判决，判决天富人防偿还某信托公司借款本金3000万元及自2014年4月14日起至履行期限届满之日止，以3000万元为基数，按中国人民银行同期借款利率4倍计算的利息（扣除已支付利息），房某恩对判决确定的债务承担连带清偿责任，某信托公司对天富人防抵押的160套房屋享有受偿权。判决生效后，某信托公司申请执行，一审法院作出执行裁定，裁定拍卖天富人防名下抵押的160套房屋及相应土地使用权。因三次拍卖均流拍，某信托公司拒绝以第三次流拍价接受拍卖财产，也不能提供天富人防和房某恩的其他可供执行的财产线索，一审法院于2018年9月30日裁定终本。

丁某于2018年8月27日向监管机构举报某信托公司与其订立和履行案涉《资金信托合同》过程中存在诸多违法、违规行为。银保监会山东监管局（以下简称山东银保监局）于2019年12月30日对某信托公司多起违法违规行为作出鲁银保监罚决字〔2019〕26号行政处罚决定书，该决定书载明某信托公司存在以下违法违规行为：（1）未依法依规履行信息披露义务问题。①项目成立时未充分向委托人披露风险信息。②信托存续中未及时向受益人披露风险信息和重大事项（涉及的是其他信托计划，与本案无关）……（2）向房地产企业发放流动资金贷款……

判决结果：

驳回上诉，维持原判。

裁判观点：

法院认为，该案争议的焦点问题是某信托公司是否构成违约，丁某主张解除合同、赔偿损失的诉讼请求是否成立。

该案中,根据山东银保监局作出的鲁银保监罚决字〔2019〕26号行政处罚决定书可知,某信托公司在涉案信托项目设立时未充分向丁某披露风险信息,主要包括:弘毅蓝色经济V号单一资金信托借款人天富人防同时也是某信托公司前期信托的借款人,弘毅蓝色经济V号单一资金信托成立时,天富人防在某信托公司前期信托项下的2330万元借款已逾期欠息;借款人开发的天富人防商城工程延期、多名客户退房、拖欠建筑商款项,法院判决建筑商对天富人防工程具有优先受偿权。某信托公司未将上述事项在信托合同以及可行性研究报告中如实、明确地向委托人进行披露,而是将其笼统表述为行业风险、市场风险、抵押物登记及变现风险、财务风险等。同时,某信托公司还存在"信托成立时天富人防工程竣工验收尚在办理之中,地下商铺尚未开盘销售和招商营运;公司目前无重大涉诉情况,不会影响本次信托贷款资金的偿还"等不实披露。法院认为,涉案信托并未明确是通道业务型信托还是主动管理型信托,根据《信托法》第25条的规定以及信托合同内容,某信托公司负有向丁某如实披露信托项目相关风险信息的义务。而该案中,按照理性投资者的通常认知,上述未披露信息及不实披露,足以影响丁某的投资意向,某信托公司未依法依约履行信息披露义务,构成违约,按照《资金信托合同》约定,其应当赔偿因违约给丁某造成的相应损失。

因涉案弘毅蓝色经济V号信托系有抵押物之信托且抵押物价值较高,丁某作为第一顺位抵押权人,抵押物变现后完全有可能偿付其信托本金及收益,故涉案信托目的并非不能实现。且双方在《资金信托合同》中亦约定,信托期限届满,如果信托财产未全部变现,则信托期限自动延长至信托财产全部变现之日。故即便某信托公司存在上述违约行为,亦不必然导致信托合同目的无法实现,对于丁某解除合同的主张,法院不予支持。涉案信托可继续履行,但如果其最终导致丁某遭受损失,则某信托公司应予赔偿。

【风险提示】

(1)通道业务中,受托人规避法律风险的最好方式是在合同中明确约定该信托属于通道业务类信托;否则,现行裁判思路存在使受托人承担法律责任的巨大空间。

(2)受托人可以在信托合同中约定排除受托人尽职调查、事先投资审核义务的信托合同条款,但这些条款可能只能在部分法院处得到支持。

(3)当事人可以通过合同约定排除信义义务的适用。实践中存在这种法律规避方式。但是需要注意的是,法院对此类约定的效力认定不一。有些法院倾向于认可排除受托人尽职调查、事先投资审核义务的信托合同条款效力,表明了其不过度干预信托合同安排的裁判立场,如最高人民法院(2020)最高法民终488号判决书、湖北省高级人民法院(2017)鄂民终2301号判决书、最高人民法院(2017)最高法民终880号判决书。与此相反,有的法院认为受托人的信托资金来源审查义务、投资项目尽职调查义务、信托财产监管义务不可被当事人协议排除,表现出了其对受托人信义义务排除限制甚至是否定的立场。

【投资建言】

(1)在通道业务中委托人(投资者)应充分查明资金投资项目的信息,评估法律风险;并在《信托合同》中明确约定信托公司的义务,一旦发生讼争方能得到法院的支持。

(2)投资者应理性对待信托业务是否为通道业务,若是对载有委托人有主动管理相关权利表述的文件中签字,则应该理解为投资者为主动管理,相应的信托公司在该确认范围内被免责。该案中一审法院依据丁某在相关《指令函》《指示函》《同意函》的签名,认定丁某为主动管理,二审法院予以认可。

风险点六　投资项目不符合信托目的风险

【基本法理】

《信托法》第6条规定:"设立信托,必须有合法的信托目的。"因此,项目审查和决策阶段,信托公司应选择适当的资产进行投资,这符合信托目的的要求。实践中法院判断信托目的的标准是多元的,既涉及对信托文件的考察,也涉及对投资者具体身份的考察。比如下面案例中的投资者具有自然人身份,加之信托文件中将投资组合范围限定于“货币市场金融工具、标准化固定收益产品、法律法规允许投资以及监管部门许可的其他投资品种”,法院经由解释,认定此处的“其他投资品种”也要满足信托目的的要求。虽法院说理部分仍然存在断裂,但案情反映出的法院裁判倾向可表明业务中的法律风险。

【参考案例】

某投资管理公司与某信托公司信托纠纷案①

诉讼请求:

某投资管理公司诉讼请求:(1)确认原被告于2021年1月26日签订的《信托合同》于2022年5月13日解除;(2)判令被告赔偿原告信托本金损失3000万元及信托计划期间收益损失966986.3元(以3000万元为基数,按业绩比较基准6.5%/年,自2021年1月28日至2021年7月28日,共计181天);(3)判令被告赔偿原告资金占用期间的利息损失(自2021年7月28日起至实际给付之日止,以30966986.3元为基数,按年利率7%计算);(4)保全保险费由被告负担。

案件事实:

1.信托合同订立及出资情况

2021年1月28日原告向某信托公司账户汇款3000万元,用途为认购中民永泰1号。原告与某信托公司于当月签订《中民永泰1号集合资金信托计划信托合同》,合同包括产品要素与客户信息表、信托计划说明书、风险申明书、信托合同、附件一委托人声明、附件二委托风险能力调查问卷、附件三受益所有人信息表。合同约定了信托目的为:“委托人基于对受托人的信任,认购(申购)信托单位并加入信托计划,由受托人按照委托人的意愿,以受托人自己的名义,根据信托文件的规定集合运用信托资金。信托计划期限内,受托人将信托资金采取组合投资的方式投资于货币市场金融工具、标

① 参见北京市东城区人民法院民事判决书,(2022)京0101民初3399号。

准化固定收益产品、法律法规允许投资以及监管部门许可的其他投资品种。同时,受托人还将根据相关法律法规的规定,将委托人交付的部分信托资金专项用于认购保障基金,作为本信托项下信托财产投资组合的一部分。受托人将取得的投资收益按《信托合同》约定分配给受益人。”合同还约定了封闭期,赎回,信托单位的封闭期、赎回和赎回转换,受托人可以暂停接受受益人的赎回申请/赎回转换申请并有权对已确认的赎回申请/赎回转换申请迟延支付赎回款项的情形,投资组合范围,信托财产投资限制,投资运作方式,受托人义务,信息披露,披露方式以及违约责任等内容;信托合同同时约定并载明信托财产在投资管理运用过程中存在市场风险、信用风险、流动性风险、管理风险、本金损失风险、提前终止或延期终止风险、技术风险、投资保障基金的风险、信息传递风险、税收风险、其他风险。

某信托公司向原告出具的认购/申购确认函显示,某信托公司已将原告的认购资金 3000 万元依约转化为信托单位,确认信托份额 3000 万份,信托单位生效日期 2021 年 1 月 28 日,预计信托单位终止日/封闭期届满日 2021 年 7 月 28 日,业绩比较基准 6.5%,期间利益分配安排为到期分配。

2. 委托人申请赎回情况

2021 年 8 月 2 日原告向某信托公司提交《关于中民永泰 1 号集合资金信托计划赎回的联络函》,内容为:我司于封闭期届满日向贵司提交赎回申请书,然而时至今日我司未受到任何信托利益分配,也未收到贵司任何有关信托利益分配的信息反馈。故此,悉请贵司告知我司以下情况:(1)请贵司对未能将信托单位份额赎回的原因进行说明;(2)请贵司把信托单位份额对应的资产明细告知我司;(3)请贵司把后续将采取的措施及打算告知我司。

3. 某信托公司推介材料情况

原告提交的《某信托产品一览表》显示某信托公司现金管理类信托产品(2021.1.18—2021.1.22)包括汇鑫 5 号、汇天 1 号、永泰 1 号。上述产品均载明了期限、收益率,其中永泰 1 号期限为 181 天的第 1497 期收益率为 6.5%。

4. 某信托公司信息披露情况

2020 年第 4 季度集合资金信托计划季度管理报告,该报告在重大事项披露部分显示无重大事项披露。某信托公司提交2021年第1至4季度中民永泰1号集合资金信托计划季度管理报告,主要披露了资金运用情况、重大事项等内容。

5. 银保监会北京监管局出具《银行保险违法行为举报调查意见书》情况

该意见书(编号为京银保监举复YJ2021303-21号),内容为:关于反映中民永泰1号集合资金信托计划(以下简称永泰1号)为非标资金池产品问题,经核查,永泰1号符合非标资金池业务特征,某信托公司违反了《中国银监会办公厅关于信托公司风险监管的指导意见》(银监办发〔2014〕99号)中"信托公司不得开展非标准化理财资金池等具有影子银行特征的业务"的规定。我局已责令某信托公司限期清理非标资金池业务,后续将依法采取进一步监管措施。关于反映某信托公司涉嫌自融的问题,经核查,根据你提供的质押登记材料,某信托公司存在违规通过信托计划受让股东发行的债券以及绕道非关联方将信托资金用于公司股东问题,核查认为,某信托公司违反了《集合资金办法》(银监会令2009年第1号)第27条"信托公司管理信托计划,应当遵守以下规定:……(三)不得将信托资金直接或间接运用于信托公司的股东及其关联人"的规定。我局已责令民生信托整改问责,后续将依法采取进一步监管措施。

6. 某信托公司回复法院咨询的相关内容

(1)关于资金流向,原告的款项进入信托账户后的具体流向因集合资金运作模式而无法一一对应,中民永泰1号目前没有清算,没有发布过延期兑付公告。(2)关于底层资产,某信托公司主张以季度报告披露的内容为准,认可法院在另案中调取的交易流水及历史投资标的表,某信托公司提交的第四季度管理报告已经对底层资产的第一层进行了披露,目前瑞信3号产品是正常的,其他四个产品已出现风险。(3)关于底层资产变现情况,目前资产不够分配,没有现金回流,风险及出资情况已在季度报告中披露,正常项目尚未到回款期限,无法分配。(4)关于处置计划,某信托公司目前没有处置计划,原因是某信托公司作为投资人,在其他金融产品的管理人没有过错的情况下没有针对中民永泰1号采取措施的理由,目前正在等待其他产品的处置。(5)关于停止兑付时间,中民永泰 1 号产品的具体停止兑付时间不清楚,大概是 2021 年第一度的末月停止对付的,出现风险后没有再向投资人兑付过。……

判决结果:

(1)确认原告某投资管理公司与被告某信托公司于 2021 年 1 月签订的《中民永泰 1 号集合资金信托计划信托合同》于 2022 年 5 月 13 日解除;(2)被告某信托公司于本判决生效后 10 日内赔偿原告某投资管理公司 30000000 元,并赔偿资金占用期间的利息损失(以 30000000 元为基数,自 2021 年 1 月 28 日起至实际给付之日止,按照全国银行间同业拆借中心公布的同期贷款市场报价利率计算),自本判决作出之日起,被告某信托公司对原告某投资管理公司新的给付,按照本判决确定的方式和顺序进行冲抵;(3)被告某信托公司于本判决生效后 10 日内赔偿原告某投资管理公司为办理财产保全责任保险而支付的保险费 38472 元;(4)驳回原告某投资管理公司的其他诉讼请求。

裁判观点:

法院认为,案涉信托合同签订于民法典施行后,应当适用《民法典》的相关规定。该案中,原告以某信托公司在履行信托合同过程中的违约行为导致信托合同目的无法实现为由要求解除其与某信托公司签订的信托合同并要求某信托公司赔偿信托本金、收益及资金占用期间的利息损失等,故该案的争议焦点为原告是否有权因民生信托在履行信托合同过程中存在导致合同目的不能实现的违约行为主张解除合同以及原告是否有权请求某信托公司赔偿损失。

1. 原告是否有权因某信托公司在履行信托合同过程中存在导致合同目的不能实现的违约行为主张解除合同

(1)信托合同对于投资范围约定可投资于法律法规及监管机构许可的其他投资品种,包括但不限于:基金公司、基金管理公司子公司、证券公司、信托公司等金融机构发行的,以货币市场工具和标准化固定收益产品为主要投资方向的公募基金、资产管理计划、信托计划等金融产品。根据监管机关意见,某信托公司存在违规通过信托计划受让股东发行的债券以及绕道非关联方将信托资金用于公司股东问题。《民事诉讼法解释》(2022 年修正)第 114 条规定“国家机关或者其他依法具有社会管理职能的组织,在其职权范围内制作的文书所记载的事项推定为真实,但有相反证据足以推翻的除外”。某信托公司虽不认可监管部门的意见,但未能向法院提交充足反证推翻监管机关的意见,法院对监管机关的调查意见予以采信。结合中民永泰 1 号历史投资标的表,其投资的均为信托计划,投资标的多层嵌套,某信托公司未能进一步举证证明投资的信托计划实际投向了货币市场工具和标准化固定收益产品,不能认定某信托公司对于信托财产的管理、运用符合信托目的的要求。某信托公司的上述行为不仅违反了《集合资金办法》的规定,其违约运用信托资金,也违反了信托合同中约定的投资范围,未尽受托人的诚实、信用管理之责。该违约行为是造成底层资产处置困难,无法按期向投资人进行兑付的根本原因。

(2)法院依职权调取的信托专户的交易流水显示,某信托公司存在向其自行设立并管理的永丰 2 号信托计划进行多次投资的行为,而永丰 2 号信托计划再次投向了某信托公司自行设立并管理的汇丰 3 号、汇丰 2 号、汇丰 4 号、汇丰 5 号、添丰 3 号、添丰 8 号信托计划,并且存在中民永泰 1 号与汇天 1 号信托计划进行互投的情形。虽然以设立信托计划的方式向其他信托计划投资的行为并不违反监管规定,但某信托公司投资的信托计划再次投向了其他信托计划。此种以信托购买信托为主要投资形式,通过设立开放式集合资金信托计划,滚动发行信托单元,采用多层嵌套投资方式,使由其设立并管理的不同信托计划进行循环互相交易的资产管理产品,具有典型的资金池业务特征。监管机关的调查意见书亦对此进行了认定。某信托公司虽不认可监管部门的意见但未提交反证。中民永泰 1 号信托计划虽成立于《资管新规》发布之前,但某信托公司与原告之间的信托合同订立于 2021 年,某信托公司作为金融机构更应严格按照上述规定调整投资策略。且按照 2014 年《中国银行业监督管理委员会办公厅关于信托公司风险监管的指导意见》相关规定:“信托公司不得开展非标准化理财资金池等具有影子银行特征的业务。”某信托公司未按上述要求清理资金池业务，反而扩大资金池业务规模，不仅违背监管部门的上述刚性要求，更增加信托财产的投资风险，使委托人基于对受托人的信任认购信托单位，运用信托资金的目的无法实现，违反了受托人谨慎、有效管理的原则。

综上所述，某信托公司作为受托人未能向法院举证其已按照信托合同约定进行投资，未能提供反证推翻北京银保监局的调查结论。某信托公司违反合同约定投资导致产品流动性出现风险，作为信托管理人违反了合同约定及法定的义务，造成无法按期向投资人兑付的后果，导致原告所投资的永泰 1 号产品出现底层资产处置困难无法兑付，合同目的无法实现，构成根本违约。按照《民法典》第 563 条规定，当事人一方迟延履行债务或者有其他违约行为致使不能实现合同目的，当事人可以解除合同。对于原告解除合同的诉讼请求，法院予以支持。《民法典》第 565 条第 2 款规定：“当事人一方未通知对方，直接以提起诉讼或者申请仲裁的方式依法主张解除合同，人民法院或者仲裁机构确认该主张的，合同自起诉状副本或者仲裁申请书副本送达对方时解除。”在该案诉讼中，某信托公司于 2022 年 5 月 13 日当庭收到原告主张解除合同的诉讼请求，法院据此确认该案争议所涉及的《信托合同》于当日解除。

2. 原告是否有权请求某信托公司赔偿损失

某信托公司在《认购风险申明书》中申明，该公司依据信托文件管理信托财产所产生的风险由信托财产承担，因违背信托文件、处理信托事务不当而造成信托财产损失的，由该公司以固有财产赔偿。原告要求解除信托合同、返还申购款项并支付利息损失的诉讼请求，具有事实和法律依据。原告主张按照《信托合同》约定的最高参考年化收益率 6. 5%计算损失收益及按照年利率 7%计算利息损失违反相关规定，法院予以调整，某信托公司应当按照全国银行间同业拆借中心公布的同期贷款市场报价利率向原告赔偿损失，赔偿利息的起始日为 2021 年 1 月 28 日，即原告将信托本金汇入某信托公司账户之日起。

【风险提示】

(1)项目的审查与决策过程中,不能仅凭信托文件中的兜底条款(如该案中的“法律法规允许投资以及监管部门许可的其他投资品种”)就放松了对资金投向的考查。一般而言,倘若投资者系自然人,法院基于保护投资者的价值诉求,很有可能限定信托文件中兜底条款的范围。此时信托公司一旦将资金投向较高风险的投资品种,将可能被法院认定为违反受托人善良管理义务。

(2)多元考察和判定信托目的。如何判定“信托目的”?须知判定信托目的的标准是多元的,实践中这不仅依赖于法院对信托文件的考察,还需留意信托中各个当事人市场地位的高低。在项目的审查与决策过程中,目光不应仅局限于信托文件所明文规定的内容,还应留意信托文件之外的委托人合理预期。

(3)留意“金融消费者”的恰当定位。“金融消费者”并非严谨的实定法概念,如何区分投资者与“金融消费者”的界限,未有公论。实践中出现了以“金融消费者”语词强化法院说理论论证的倾向。为防范风险,宜将自然人投资者以“金融消费者”的身份进行处理,避免出现该案中某信托公司遭遇的损害赔偿情况。

(4)严格遵守法律法规和监管规定,按照合同约定的目的履行义务。信托合同作为委托人与受托人缔约的重要内容,各方均应全面行使权利、履行义务。信托公司作为受托人根据相关法律规定及信托合同约定,应恪尽职守,本着诚实、信用、谨慎、有效管理的原则为受益人的最大利益处理信托事务,履行受托义务。投资方向应遵守《集合资金办法》规定,并根据《资管新规》第15条规定做到每只资产管理产品的资金单独管理、单独建账、单独核算,不得开展或者参与具有滚动发行、集合运作、分离定价特征的资金池业务;根据第22条规定,做到资产管理产品可以再投资一层资产管理产品,但所投资的资产管理产品不得再投资公募证券投资基金以外的资产管理产品。

【投资建言】

(1)明确表达委托目的,并保证体现在信托合同条款中。信托公司的信托合同多采用格式合同,委托人尤其需要斟酌自己真实的委托意图和财产信托目的是否与格式合同相符,若有不符,可以要求通过补充协议等方式另行约定。

(2)关于损失赔偿中利息部分,作为受益人的投资者应明确法院很难按照信托合同中预计的最高收益率计算。该案中法院认为:“原告主张按照《信托合同》约定的最高参考年化收益率6.5%计算损失收益及按照年利率7%计算利息损失违反相关规定,本院予以调整,某信托公司应当按照全国银行间同业拆借中心公布的同期贷款市场报价利率向原告赔偿损失。”

风险点七　刚性兑付条款无效的风险

【基本法理】

信托公司作为受托人按照信托合同约定,为了委托人的利益,对信托财产的管理、处分、运用恪尽职守,则委托人的投资风险应当由其自担,受托人仅以信托财产为限向受益人承担支付信托利益的义务。

信托公司不得承诺刚性兑付。《资管新规》第2条第2款明确指出“……金融机构开展资产管理业务时不得承诺保本保收益。出现兑付困难时,金融机构不得以任何形式垫资兑付……”;《关于规范信托公司信托业务分类的通知》(银保监规〔2023〕1号)再次强调银保监局应“引导金融消费者正确认识信托关系实质和信托业务风险特征,树立信托产品打破刚性兑付的风险意识”。最高人民法院对刚性兑付效力的态度表现在《九民纪要》中,明确刚性兑付的条款无效。

【参考案例】

某旗公司与某信托公司营业信托纠纷案①

诉讼请求:

某旗公司一审法院诉讼请求:(1)某信托公司向某旗公司支付赎回资金

① 参见北京金融法院民事判决书,(2022)京74民终415号。

1000000元;(2)某信托公司向某旗公司支付信托资金收益(以本金1000000元为基数,按年利率6.9%计算,自2021年2月22日起至实际给付之日止,暂计算至2021年8月16日为33082元);(3)某信托公司向某旗公司支付律师费6000元;(4)某信托公司承担案件受理费。

某旗公司上诉请求:(1)依法撤销一审判决,依法改判支持某旗公司一审诉讼请求或发回重审;(2)某信托公司承担一审、二审诉讼费用。

案件事实:

2021年2月22日,某旗公司向某信托公司汇鑫5号集合资金信托计划信托专户转账1000000元,认购汇鑫5号集合资金信托计划(第878期)。认购信托单位的封闭期为94天,封闭期届满日为2021年5月27日。认购/申购单位的信托单位对应的最高参考收益率6.9%。

同日,某旗公司与某信托公司签订了《汇鑫5号集合资金信托计划信托合同》。该合同关于信托单位的赎回作出如下约定:受托人根据信托计划运营情况,有权决定设置开放日,接受受益人的赎回申请。有关赎回的相关事宜,包括但不限于开放日的设置,赎回成功的条件、规模等由受托人决定,具体以受托人网站公告或由受托人以网站公告之外的其他非公开方式通知为准。第8.2条规定受益人申请赎回:原则上,本信托计划项下赎回的开放日为各期信托单位对应的封闭期满之日,如遇开放日为非工作日,则赎回操作将顺延至该开放日的下一个工作日,受益人于该开放日拟赎回的信托单位对应的信托利益计算至该开放日。信托计划存续期间,受托人有权根据信托计划投资运作情况增加开放日,但应至少1个工作日,在受托人网站上公告或由受托人以网站公告之外的其他非公开方式通知。第i期信托单位对应的封闭期届满后,受益人可以申请全部或部分赎回其持有的第i期信托单位,但申请部分赎回的,每次赎回金额需为100万份的整数倍(经受托人同意的也可以不受该等金额限制),且赎回后受益人持有的第i期信托单位份额须不少于100万份,否则受益人应赎回其所持有的全部第i期信托单位。第8.3条规定赎回方式:(1)受益人赎回信托单位的,应于赎回申请期间按受托人指定的方式提交赎回文件。(2)赎回方式及文件:受益人赎回信托单位的申请方式及应提交的申请文件按照届时受托人的要求执行。第 8.4 条规定赎回的计算和支付:(1)赎回资金按照如下公式计算:赎回资金-受益人赎回的信托单位份数×1 元,受益人赎回的信托单位份数以受托人确认受益人实际成功赎回并办理注销登记的份数为准。受益人赎回信托单位的,受托人向受益人支付赎回资金的同时,应一并向受益人分配其赎回信托单位对应的信托收益:每份赎回信托单位对应的信托收益-1 元×该份信托单位适用的最高参考年化收益率×截至该开放日该份信托单位实际存续天数/365-该份信托单位存续期间已实际获得分配的信托收益(如有)。其中,“截至该开放日该份信托单位实际存续天数”是指自信托计划成立日(适用于第 1 期信托单位,含)或该份信托单位申购成功日(适用于第 2 期及后续各期信托单位,含)起至赎回成功日(不含)止的期间天数。本信托计划项下信托单位所适用的最高参考年化收益率以委托人和受托人共同签署的产品要素与客户信息表的约定为准。(2)受托人于赎回开放日后 10 个工作日内将赎回资金划付至赎回信托单位受益人的信托利益账户。若相应的赎回开放日现金形式的信托财产不足以支付全部赎回资金,则受托人应变现部分或者全部信托财产直至能够满足当期赎回要求。成功赎回的信托单位于本开放日注销,从信托单位总份数中扣除。第 8.10 条规定转换资金的计算和支付:(1)受托人根据信托文件约定接受受益人的转换申请的,受益人有权要求受托人以现金形式向其分配按如下公式计算的信托收益,并指定受托人将其所申请转换的信托单位对应的全部信托资金以 1 元/份的价格转换为一定份数的、受托人届时所发行的相应信托单位。每份转换信托单位对应的信托收益-1 元×该份信托单位适用的最高参考年化收益率×截至该开放日该份信托单位实际存续天数/365-该份信托单位存续期间已实际获得分配的信托收益(如有)。其中,“截至该开放日该份信托单位实际存续天数”是指自信托计划成立日(适用于第 1 期信托单位,含)或该份信托单位申购成功日(适用于第 2 期及后续各期信托单位,含)起至赎回转换成功日(不含)止的期间天数。本信托计划项下信托单位所适用的最高参考年化收益率以委托人和受托人共同签署的产品要素与客户信息表的约定为准。(2)受托人于开放日后10个工作日内将转换时的信托收益对应的资金划付至转换信托单位受益人的信托利益账户,并将申请转换的信托单位对应的全部信托资金支付至受托人指定的信托账户。

发生下列情况,受托人可暂停接受受益人的赎回申请:(1)不可抗力导致信托计划无法正常运作;(2)信托计划所投资的资产/产品/项目无法及时变现,导致可供赎回的现金资产不足;(3)市场剧烈波动或其他原因出现巨额赎回,导致赎回资金支付出现困难;(4)法律法规的规定、信托文件的规定或监管机构认定的其他情形。发生上述情形之一的,受托人至少应于相应的开放日前3个工作日内披露有关信息。上述任一情形发生日距相应开放日3个工作日以内的,受托人应当在获知该情形的当日在受托人网站披露有关信息。

2021年2月22日,某信托公司向某旗公司出具汇鑫5号集合资金信托计划(第878期)认购/申购确认函,确认信托份额为1000000份,信托单位生效日期为2021年2月22日,预计信托单位终止日/封闭期届满日为2021年5月27日,业绩比较基准为6.9%,其间利息分配安排为到期分配。

2021年5月6日,某旗公司向某信托公司提交赎回申请书,拟申请赎回信托合同项下第878期信托单位1000000份,拟赎回日期为2021年5月27日。某信托公司未按期向某旗公司分配收益,也未返还信托本金。

某信托公司就案涉基金进行了分配,具体情况为2022年2月11日9854.85元、2022年2月18日40107.23元。

判决结果:

一审判决为驳回某旗公司的全部诉讼请求。

二审判决为驳回上诉,维持原判。

裁判观点:

一审法院认为,该案中,某旗公司作为委托人与受益人,某信托公司作为受托人,签订的《汇鑫5号集合资金信托计划信托合同》系各方真实意思表示。《汇鑫5号集合资金信托计划信托合同》第8.4条约定,赎回资金-受益人赎回的信托单位份数×1元,每份赎回信托单位对应的信托收益-1元×

该份信托单位适用的最高参考年化收益率×截至该开放日该份信托单位实际存续天数/365-该份信托单位存续期间已实际获得分配的信托收益（如有）。上述约定，系保证本金及固定收益的约定。根据相关规定，信托公司作为资管产品的受托人与受益人订立的含有保证本息固定回报、保证本金不受损失等保底或者刚性兑付条款的合同无效。该案中，信托财产处置情况尚未确定，某旗公司亦明确表示仅要求某信托公司依据合同条款履行刚性兑付义务，不主张违约损害赔偿责任。因其诉讼请求缺乏事实及法律依据，法院不予支持。某旗公司若认为某信托公司作为信托管理人违反受托人义务造成其财产损失，可另行主张。当事人提交的其他证据材料或发表的其他意见不影响法院依据查明的事实依法进行裁判，法院未予一一评述。综上所述，某旗公司的诉讼请求缺乏事实及法律依据，法院不予支持。

二审法院认为，该案中，《汇鑫 5 号集合资金信托计划信托合同》第 8.4 条约定系保证本金及固定收益的约定；信托公司作为资管产品的受托人与受益人订立的含有保证本息固定回报、保证本金不受损失等保底或者刚性兑付条款的合同无效。根据一审期间的谈话、开庭情况，某旗公司均明确要求依据《汇鑫 5 号集合资金信托计划信托合同》第 8.2 条、第 8.3 条、第 8.4 条进行赎回，并未要求某信托公司承担违约损害赔偿责任，故一审法院依据当事人的主张进行裁判并无不当。该案中，鉴于某信托公司与某旗公司订立的含有保证本息固定回报、保证本金不受损失等保底或者刚兑条款的合同条款无效，且该信托财产处置情况暂未确定，故某旗公司的赎回主张缺乏法律和事实依据，一审法院认定并无不当。

【风险提示】

信托公司应保证在合同中不出现刚性兑付的条款，包括根据表述推断具有刚性兑付的约定，否则不仅该条款无效，可能还将承担不利后果。该案中信托合同由于约定的赎回条款属于刚性兑付条款而无效，因而法院未支持委托人（受益人）要求某信托公司依据合同赎回的请求。从判决结果，表面上比较有利于信托公司。但是，刚性兑付条款的无效，从缔约过失责任的角度，若原告（上诉人）的诉讼请求发生变化，则信托公司未必不需要承担责任,这一点从法院判决原文即可看出。

该案还有一个重点,信托公司存在未按期向某旗公司分配收益,未返还信托本金的违约责任,但一审庭审中,某旗公司依据合同第 8.2 条、第 8.3 条、第 8.4 条的约定要求某信托公司兑付本金及收益;经询问,某旗公司不主张某信托公司的违约行为造成某旗公司损失的违约损害赔偿责任,仅主张某信托公司履行合同约定的兑付义务。因而法院未就违约责任作出判决,但对于某信托公司的违约行为已经明确表示,某旗公司若认为某信托公司作为信托管理人违反受托人义务造成其财产损失,可另行主张。同时,从行政责任上,信托公司违规刚性兑付,属于违反监管规定的行为,信托公司需承担监管责任。

【投资建言】

(1)不得轻信任何刚性兑付的承诺。刚性兑付无效同样及于投资者。无论是销售机构的推介,还是合同约定条款,投资者均应明白刚性兑付不受法律保护。

(2)诉争发生时,放弃利用刚性兑付条款达到返还本金目的幻想。上述案例中原告(上诉人)未充分理解刚性兑付的法律效力,仍然按照此提出诉讼请求,却忽略了过程中信托公司违约责任,因其未予请求违约责任,法院虽确定信托公司有违约行为且应承担违约责任,仍因民事诉讼的被动性使信托公司免于违约责任。

风险点八　在项目中后期签订刚性兑付合同(条款)或补充协议的风险

【基本法理】

不得刚性兑付是信托业务的最基本原则,不仅表现在项目之初的信托文件中,也表现在项目实施过程中,即贯穿信托项目,任何阶段、任何形式的刚性兑付均将被认定为无效。根据《信托公司管理办法》第 34 条:“信托公司开展信托业务,不得有下列行为:……(三)承诺信托财产不受损失或者保证最低收益……”因此,在各种信托文件中若存在信托公司将履行远期回购义务等类似意思表示,都属于违规行为。无论是发生在信托主合同签订之时的协议,还是项目设立后经双方意思表示一致的补充协议,只要有刚性兑付的意思表示,均为无效。

换言之,虽然没有在信托合同中直接约定保本保收益的条款,但通过签订《信托受益权转让协议》《补充协议》等方式变相约定保本保收益的,属于刚性兑付的约定。

关于刚性兑付的认定,法院审判中引入穿透式审判理念,最高人民法院鼓励处理审判与监管的关系。《九民纪要》明确指出“注意处理好民商事审判与行政监管的关系,通过穿透式审判思维,查明当事人的真实意思,探求真实法律关系”。

【参考案例】

高速财务公司与某信托公司营业信托纠纷案①

诉讼请求:

高速财务公司诉讼请求:(1)判令某信托公司向高速财务公司支付《补充协议》项下的信托受益权转让价款本金4亿元及信托资金收益1775.342466万元(信托资金收益以4亿元本金为基础,按年利率7.5%计算,现暂从2019年5月5日起计算至2019年12月7日止,之后的信托资金收益计算至实际清偿完毕之日止);(2)判令某信托公司支付违约金1.253260274亿元;(3)判令某信托公司承担高速财务公司为实现该案债权所支付的律师代理费90万元、律师咨询费5万元及差旅费5.5570万元等各项费用;(4)判令某信托公司承担全部诉讼费用。

案件事实:

2016年,高速财务公司与某信托公司签订编号为AXXT(2016)JHXT49-E001、AXXT(2016)JHXT49-E002、AXXT(2016)JHXT49-E003、AXXT

① 参见湖南省高级人民法院民事判决书,(2020)湘民终1598号。

(2016)JHXT49-E004 的《信托合同》4 份,高速财务公司向某信托公司认购"安信安赢 42 号.上海董家渡金融城项目集合资金信托计划",认购信托资金金额总计 4 亿元。2019 年 5 月 4 日,高速财务公司与某信托公司签订编号为 AXXT(2016)JHXT49-HNGS-CZR01 的《信托受益权转让协议》,主要载明转让方(原受益人)为高速财务公司,受让人(现受益人)为某信托公司;转让标的为转让方根据《信托合同》所享有的 4 亿元信托资金,折合 4 亿份信托单位所对应之信托受益权及相关一切衍生权利,转让日为 2019 年 5 月 4 日,转让价款=标的信托收益权对应的信托资金×(1+6.5%/年×转让方实际持有信托受益权的天数/365)-转让方持有标的信托受益权期间已获得分配的信托利益;自信托受益权转让日起,转让方作为受益人依据《信托合同》所享有的全部标的信托受益权及相应的权利和义务均由受让方承继。2019 年 7 月 9 日,高速财务公司与某信托公司签订《补充协议》,具体载明双方于 2019 年 5 月 4 日所签订的编号为 AXXT(2016)JHXT49-HNGS-CZR01 的《信托受益权转让协议》项下受益权转让日变更为 2020 年 5 月 4 日;自 2019 年 5 月 5 日起,信托资金收益率按 7.5%/年(365 天)执行,受让方不迟于每季最后一月的 4 日前付清当季收益以及不低于 1 亿元的信托资金本金,全部转让价款支付完成之日为 2020 年 5 月 4 日;受让方未按该协议支付信托资金本金和收益的,按未付金额的 5‰每日支付违约金,逾期达 20 日,经转让方催告后 3 日内仍未依约付款的,转让方有权解除该协议,受让方应按转让方要求一次性付清全部转让款并按未付总金额的 30%向转让方支付违约金。协议还约定,违约金数额是由双方自愿协商确定的,旨在促进双方合作的健康发展,具有补偿及惩罚的双重性质,双方皆同意违约方不得以任何理由要求调低违约金数额。

2019 年 7 月 15 日、2019 年 8 月 6 日,高速财务公司分别向某信托公司出具《关于某信托公司产品到期收款的函》《公司催告函》,要求某信托公司支付本金及收益。2019 年 10 月 16 日,高速财务公司向某信托公司出具《律师催促函》,要求某信托公司支付其本应于 2019 年 8 月 3 日支付的信托计划本金 1 亿元及其收益。

判决结果：

一审法院判决：(1)某信托公司自判决书生效之日起10日内向高速财务公司支付信托受益权转让价款，转让价款本金4亿元及信托资金收益(以4亿元为基数，按年利率7.5%从2019年5月5日起计算至2020年5月4日止)；(2)某信托公司自判决书生效之日起10日内向高速财务公司支付违约金(以转让价款本金4亿元为基数，按年利率10%从2020年5月5日起计算违约金至转让价款本金清偿之日止，但总额不得超过1.253260274亿元)；(3)某信托公司自判决书生效之日起10日内向高速财务公司支付律师代理费98万元、律师咨询费6万元及差旅费9.023万元；(4)驳回高速财务公司的其他诉讼请求。

二审法院判决：(1)撤销湖南省长沙市中级人民法院(2019)湘01民初3659号民事判决；(2)某信托公司自判决书送达之日起10日内向高速财务公司支付律师代理费49万元、律师咨询费3万元及差旅费45115元；(3)驳回高速财务公司的其他诉讼请求。

裁判观点：

一审法院在该案审理过程中，就《信托受益权转让协议》及《补充协议》的签订是否为刚性兑付行为向上海银保监局发出《征询函》，上海银保监局回复称若《信托受益权转让协议》及《补充协议》与《信托合同》非同时间签订，则不符合刚性兑付的情形。

一审法院认为，该案《信托受益权转让协议》及《补充协议》是双方当事人在《信托合同》生效两年后自愿签订的，法律、行政法规也并未禁止信托受益权的转让，且两协议系高速财务公司与某信托公司的真实意思表示，其内容也未违反法律、行政法规的效力性强制性规定，因此两协议合法有效。双方当事人应如实履行各自的合同义务。某信托公司辩称前述两协议无效，法律依据不足，法院不予支持。某信托公司未按月支付信托受益权转让款，逾期时间已远远超过20日，且在高速财务公司起诉催告某信托公司支付转让款后仍未支付。根据合同约定，高速财务公司有权解除《补充协议》，故对于高速财务公司要求解除《补充协议》的诉讼请求，法院予以支持。合同解除后，尚未履行的，终止履行；已经履行的，根据履行情况和合同性质，当事人可以要求恢复原状、采取其他补救措施，并有权要求赔偿损失。高速财务公司有权要求某信托公司赔偿损失，故法院对于某信托公司支付转让价款的诉讼请求，参照合同约定的转让价款的计算方法，支持转让价款本金4亿元及信托资金收益（以4亿元为基数，按年利率7.5%从2019年5月5日起计算至2020年5月4日止）。因某信托公司未按期支付转让价款，高速财务公司确存在资金占用损失，且合同约定了违约金，但考虑到合同约定按未付总金额的30%计算违约金，该违约金过分高于高速财务公司的损失，故酌情调整为以转让价款本金4亿元为基数，按年利率10%从2020年5月5日起计算违约金至转让价款本金清偿之日止，但总额不得超过高速财务公司诉请的1.253260274亿元。此外，合同约定了某信托公司应承担高速财务公司主张权利发生的各项费用，现高速财务公司提交的证据足以证明其发生律师代理费98万元、律师咨询费6万元及差旅费9.023万元。

综上，一审法院支持了高速财务公司的部分诉讼请求。

在得知一审法院判决结果后，上海银保监局又向一审法院出具《上海银保监局关于回复长沙中级人民法院征询函的函》。在二审法院审理过程中，一审法院向二审法院转交了该函。

对于上海银保监局出具的《上海银保监局关于回复长沙中级人民法院征询函的函》，二审法院认为，该函件系专业的金融监管行政机关出具，而该行政机关具有对金融机构相关违法违规行为予以认定并加以处罚的职能。在一审法院就该案争议的信托受益权转让行为的性质向上海银保监局发出《征询函》后，上海银保监局对此作出的书面回复，是行政机关对于该行为定性的权威结论。

上海银保监局于2020年8月28日出具的《上海银保监局关于回复长沙中级人民法院征询函的函》上记载："贵院来函（《征询函》）收悉，因事情较复杂，我局与贵院通过电话进行了相关情况的沟通。据悉，在贵院作出的一审判决中引用了我局回复，其中可能存在将沟通内容理解为回复的误解。经我局研究，现就来函事宜回复如下：根据《信托公司管理办法》第三十四条:‘信托公司开展信托业务,不得有下列行为:……(三)承诺信托财产不受损失或者保证最低收益……’因此,在各种信托文件中若存在信托公司将履行远期回购义务等类似意思表示,都属于违规行为。我局收到来函后,对某信托公司进行了相关调查,同时也向湖南银保监局进行了协查问询。根据目前调查情况,某信托公司与高速财务公司在2017年5月签署的《信托受益权转让协议》等一系列操作是保证本金收益不受损失的行为,属于违规刚性兑付行为。”

涉案4份《信托合同》均约定,该信托计划的总期限为60个月,自信托计划成立之日起算。同时约定,于信托计划首期优先依托受益权推介期间,如以下条件均获得满足,受托人在3个工作日内决定该信托计划成立。其中一条件即首期优先信托受益权募集规模不低于1亿元及受益人已认购不低于首期优先信托受益权募集规模的1/3的受益权对应的份额,且相应的信托资金已交付至信托财产专户。

综上,二审法院认为,该案双方争议的涉案《信托受益权转让协议》及《补充协议》应认定无效。理由如下:

第一,人民法院认定民事合同的性质,应根据合同条款所反映的当事人的真实意思,并结合其签订合同的真实目的以及合同的实际履行情况等因素进行综合判断。该案中,高速财务公司与某信托公司于2016年签订4份《信托合同》,高速财务公司向某信托公司认购信托资金4亿元,由某信托公司对高速财务公司所交付的信托资金进行集合管理、运用和处分。某信托公司根据约定向高速财务公司分配信托利益并收取一定的信托费用,高速财务公司则根据约定享有信托利益并自行承担信托计划可能存在的投资风险。2019年,高速财务公司与某信托公司签订《信托受益权转让协议》及《补充协议》,将原受益人高速财务公司依据前述《信托合同》所享有的4亿元信托资金所对应的信托受益权及相关一切衍生权利转让给某信托公司。从上述两份协议的内容来看,其均约定某信托公司保证按期返还涉案信托资金本金和一定比率的固定收益。《信托受益权转让协议》中约定转让价款=标的信托受益权对应的信托资金×(1+6.5%/年×转让方实际持有信托受益权的天数/365)-转让方持有标的信托受益权期间已获得分配的信托利益。《补充协议》进一步约定,2019 年 5 月 4 日之前的转让价款按原协议的标准执行,2019 年 5 月 4 日之后的转让价款为标的信托受益权对应的信托资金本金和信托收益之和。自 2019 年 5 月 5 日起,信托资金收益率按 7.5%/年(365 天)执行,收益款按季支付。从上述转让价款的计算方式可以看出,高速财务公司获得的收益为其原投入的信托资金本金和固定比例的溢价款,其所获得的是固定的收益回报,其收益情况不受涉案信托计划的实际盈亏情况影响。同时,《信托受益权转让协议》第 6 条亦明确,高速财务公司作为受益人依据《信托合同》所享有的全部标的信托受益权及相应的权利和义务均由某信托公司承继,高速财务公司不再承担《信托合同》项下任何权利义务和风险。可见,高速财务公司并无参与涉案信托计划并承担相应风险的真实意思,也无须承担信托受益权的任何风险,即使收益为零,其亦可以通过受益权转让款取得固定收益。某信托公司和高速财务公司依据《信托合同》建立信托法律关系,而其后签订的《信托受益权转让协议》及《补充协议》,改变了《信托合同》确立的权利义务关系。原受托人某信托公司受让了原由高速财务公司享有的信托利益并承担了因信托计划所产生的全部投资风险。而高速财务公司则从《信托合同》中脱离出来,通过收取固定的信托受益权的转让价款来获取利益。如果《信托受益权转让协议》及《补充协议》实际履行,会达到委托人从受托人处得到本息固定回报、保证本金不受损失的结果。其法律关系名为信托受益权转让,实为保本保收益的承诺安排。该两协议违反了《信托法》第 34 条"受托人以信托财产为限向受益人承担支付信托利益的义务"的规定,应属无效。

第二,一审法院在该案审理过程中,就《信托受益权转让协议》及《补充协议》的签订是否为刚性兑付行为向上海银保监局发出《征询函》,上海银保监局于 2020 年 8 月 28 日作出《上海银保监局关于回复长沙中级人民法院征询函的函》,该函载明上海银保监局对某信托公司进行了相关调查,并向银保监会湖南监管局(以下简称湖南银保监局)进行了协查问询。上海银保监局认为某信托公司与高速财务公司签订《信托受益权转让协议》等一系列操作是保证本金收益不受损失的行为，属于违规刚性兑付行为。上海银保监局系进行金融规范、监督管理的专业行政机构，亦是信托公司的主管部门，其具有对金融机构相关违法违规行为予以认定并加以处罚的职能，其对此作出的书面回复，是行政机关对于该行为定性的权威结论。故亦应认定双方签订涉案转让协议系违规刚性兑付行为。

第三，《九民纪要》第92条规定，对于信托公司、商业银行等金融机构作为资产管理产品的受托人与受益人订立的含有保证本息固定回报、保证本金不受损失等保底或者刚性兑付条款的合同，人民法院应当认定该条款无效。受益人请求受托人对其损失承担与其过错相适应的赔偿责任的，人民法院依法予以支持。实践中，保底或者刚性兑付条款通常不在资产管理产品合同中明确约定，而是以"抽屉协议"或者其他方式约定，不管形式如何，均应认定无效。该案中，虽然没有在《信托合同》中直接约定保本保收益的条款，但《信托受益权转让协议》及《补充协议》中的约定显然是关于保本保收益的约定，如前所述，其属于刚性兑付约定，故该两协议应认定无效。

【风险提示】

（1）杜绝任何形式、任何阶段的保底或刚性兑付的条款、合同。保底或者刚性兑付条款通常不在资产管理产品合同中明确约定，而是以"抽屉协议"或者其他方式约定，不管形式如何，均应认定无效。

（2）任何违反监管规定的行为，都可能会被认定为无效。在金融监管和金融审判协同治理的理念下，法院在审判中通过发函方式，要求监管部门回复案涉金融机构行为是否违反监管规定是未来的趋势，法院直接根据回函判断行为的效力可能会成为常态。该案是二审改判案例，撤销了一审判决，除了一审、二审的裁判不同，法院还就协议的性质征询监管机构的意见，由监管机构就该两协议内容是否属于刚性兑付条款发表意见，监管机构的意见成为裁判的重要依据之一。监管机构的两次回复也不同，监管机构在一审审理过程中与法院电话沟通，一审审结后，监管机构在得知一审判决引用电话沟通内容后，又对一审法院作出新回复，认为沟通内容并非回复内容，其最终回复内容是《信托受益权转让协议》及《补充协议》约定行为属于刚性兑付行为。

(3)信托公司应实事求是确定合同性质,拒绝阴阳合同,否则可能存在穿透式审判中按照合同本质分配双方权利义务的法律风险。上述案例中,《信托受益权转让协议》《补充协议》产生于《信托合同》签订后两年多,转让的是信托受益权。二审法院是通过穿透性审查,将法律关系穿透为名为信托受益权转让,实为保本保收益的承诺安排,根据该裁判思路,无论关于该协议发生在信托主合同签订之时,还是项目设立后经双方意思表示一致的补充协议,只要表达有刚性兑付的表示,均为无效。

【投资建言】

建议投资者委托信托公司的信托业务按照法律和监管规定,拒绝刚性兑付,成为诚实的投资者——真诚的委托人和自负后果的受益人。穿透式审判的结果可能比较有利于投资者。资产管理和资产服务业务中发生诉讼,一般是投资者遭遇损失或者未达预期的收益,投资者要求刚性兑付。通过补充协议等方式约定的刚性兑付是绝对无效的,但是若存在阴阳合同,则穿透后按照合同本质定性,免去了投资者的损失。比如可能出现"名为信托实为借贷"的判决,按照借贷分配权利义务,不但保证了本金,还可要求资金占用的利息,相比按照信托自承投资损失,借贷性质认定更为有利。但反过来,若是投资的信托产品已经盈利,信托公司也可利用穿透式审判要求按照借贷处理。

从理论上,关于穿透式审判仍存争议。"虽然法院对金融风险治理的介入体现了法院的多重面相,但不容否认的是,法院已然超越了裁判者的角色,承担大量的非司法社会治理的事务。"①从金融司法实践中的法官决策来看,穿透式审判体现出了双重面孔。一方面,穿透式审判成为法院治理金融市场形式层面的"合法性依据",为法院在金融审判中的相关决策提供了合法性外衣;另一方面,穿透式审判思维在《九民纪要》中"查明当事人的真实意思,探求真实法律关系"的表述也在很大程度上为法院行使自由裁量权提

① 鲁篱:《论金融司法与金融监管协同治理机制》,载《中国法学》2021年第2期。

供了广阔的空间，使法院能够依据案件的具体情况和相关场景行使“剩余立法权”。因此，将穿透式审判思维引入金融司法领域，反映出我国法院在金融领域的司法智慧，是法院治理金融市场的客观需要。但在“通谋虚伪表示”条款实现穿透式审判的场合，其裁判路径是否真正实现了金融治理功效，有待理论界的进一步探索。①

风险点九　关于投资回报违规承诺的风险

【基本法理】

“卖者尽责、买者自负”是投资的基本原则。作为受托机构，必须明确将投资风险告知投资者，并从投资者实际情况评估投资者的风险承受能力。投资者则对于投资风险承担法律责任。

实务中投资者总是抱着侥幸心理，并会一再要求业务人员作出承诺、保证等类似表述。业务人员可能为了业绩，或直接违规承诺，或模棱两可。这些表述均属于违规承诺投资回报，在法律上无效。但对于受托机构，最大的风险是该种承诺还可能影响投资合同的效力，主要是因为投资者会认为自己未被告知投资风险，这可能成为其认为卖者未尽责的理由。

【参考案例】

陈某与某信托公司营业信托纠纷案②

诉讼请求：

陈某一审诉讼请求：(1)某信托公司赔偿陈某经济损失，截至2019年4月3日的损失为448284.86元(其中本金为128284.86元，利息以投资本金100万元，按年利率8%计算，自2015年4月3日起计算至2019年4月3日

① 鲁篱、庄鸿钦：《穿透式金融审判的理论基石与制度进路》，载《四川师范大学学报(社会科学版)》2025年第1期。

② 参见杭州市西湖区人民法院民事判决书，(2019)浙0106民初8580号；浙江省杭州市中级人民法院民事判决书，(2020)浙01民终10296号。

为32万元);(2)某信托公司退还已收取的信托报酬20054.80元;(3)某信托公司承担该案诉讼费用。

陈某上诉请求:(1)撤销杭州市西湖区人民法院(2019)浙0106民初8580号民事判决书,并依法改判支持陈某一审诉讼请求;(2)该案一、二审诉讼费由某信托公司承担。

案件事实:

2015年3月,某信托公司与某投资公司签订《基金4号信托计划投资顾问合同》,约定:某信托公司作为本信托的受托人,根据信托合同的约定,聘请某投资公司作为本信托的投资顾问,某投资公司接受某信托公司的聘请,对信托计划资金的投资提供投资顾问服务。2015年3月12日,某律师事务所接受某信托公司的委托,出具了关于基金4号信托计划项目的法律分析意见。2015年3月,某信托公司就基金4号信托计划向当地银监局上报了《信托公司固有业务、信托项目事前报告表》,在该报告表中对投资顾问某投资公司的详细情况进行了说明。

2015年3月23日,陈某在微信聊天中对其在某信托公司公司的客户经理张某说“出来没有?产品是怎样的?”,张某说“账号还没出来、银监报备刚送上去、批复以后账号会出来,我资料先发一点到你邮箱你看一下”“我发给你的是这次合作的投资顾问的具体资料,你先看看”“这次的项目资料要银监通过了才能对外发行”。同日,张某以电子邮件的方式将《某某新健康产业基金融资计划书》发送给陈某。该份计划书对某投资公司的投资机会、投资策略、投资团队、项目储备等情况进行了介绍。2015年3月30日,陈某在微信聊天中对张某说“今天开了没”,张某说“今天还没有、一出来我肯定第一时间告诉你”。2015年3月31日,陈某将100万元打入某信托公司账户。同日,陈某在微信聊天中对张某说“帮我查了吗?有没有买中”,张某说“到账了”“你是第一个知道账号的人”,陈某说“有号没有”,张某说“合同还要两天后出来”,陈某说“好的,你电子版先发我一个”“合同条款”,张某说“我查了一下邮箱里还没有收到项目的合同条款”“总部发过来我会马上发给你的”。

2015年4月3日，某信托公司发布《基金4号信托计划成立公告》，载明：本信托计划推介期已于2015年4月3日募集完毕，并于2015年4月3日正式成立；本信托计划推介期内实际募集规模为人民币5000万元，加入信托计划的委托人42名，全部为自然人委托人，其中，300万元及以上客户1名，认购信托金额300万元，300万元以下客户41名，认购信托金额4700万元；本信托计划预计存续期限自2015年4月3日起至2018年4月3日止。

2015年4月7日，陈某在微信聊天中对张某说"合同什么时候出来"，张某说"合同到了，是那个星期天的时候他寄过来的，我今天给你寄过来好不好？"陈某说"南京洪武路198号城开大厦316"，张某说"好的，我待会儿顺丰寄出，你明天能收到。我在，其他的我都给你填好，然后你要签名的地方，我用铅笔给你画出来，然后你签好了以后自己留一份，给我寄回来一份啊。"陈某说"你帮我签了吧""别来回折腾，烦""相信你"，张某说"这个不合规的啊，大哥。肯定按照规矩来。我给你寄过来，你签好了你再给我寄回来啊"……同日，张某在微信聊天中将快递面单拍照发给陈某，并对陈某说"需要签字的地方我用铅笔给你划过了、折起来的页面都是需要签字的"，陈某说"OK"。

同日，张某向陈某寄送了合同编号为某信托公司信(2015)上投集005-01号的《基金4号信托计划信托合同》，在该份合同的受托人一栏已加盖某信托公司公章。该份合同包含三部分，分别是认购风险申明书、信托合同、客户风险偏好及风险承受力测试。其中第一部分认购风险申明书载有以下内容："信托计划不承诺保本和最低收益，具有一定的投资风险，适合风险识别、评估、承受能力较强的合格投资者；本信托计划主要为股权投资类信托计划，尽管受托人承诺管理、运用和处分信托计划财产将恪尽职守，履行诚实、信用、谨慎、有效管理的义务，但在信托计划财产的管理、运用和处分过程中，仍可能面临各种风险，包括但不限于以下：1、社会经济政策风险……2、信用风险……4、投资顾问风险……11、提前终止或延期风险……12、其他风险……受托人对管理、运用和处分信托计划财产产生的盈亏不提供任何承诺。……委托人必须是合格投资者,……受托人聘请某投资公司作为本信托计划的投资顾问,对信托财产的投资提供投资顾问服务,投资顾问为本信托计划出具投资方案、提供投资建议,投资顾问的聘用期限为从本信托计划成立日始,至本信托终止日为止,《投资顾问合同》另有约定的除外,有关投资顾问提供投资顾问服务具体事宜,由受托人与投资顾问另行签署《投资顾问合同》进行约定;对单一被投资的新三板挂牌企业的投资额比例不超过信托计划资金的20%,根据投资顾问建议,受托人投资决策委员会有权决定对特别优质的拟投资企业追加投资,但投资金额比例不得超过信托计划资金的40%(信托计划参与二级市场交易的除外),受托人被动投资的(指受托人投资某新三板挂牌企业后,非因受托人原因导致受托人无法退出投资的情形)除外;本信托计划的投资期为24个月,自信托计划成立日起满24个月;本信托计划的投资退出期为12个月,自信托计划成立满24个月之日起至自前述日期起满12个月之日;受托人信托报酬分为资金募集费和信托管理费……”2015年5月7日,某投资公司在中国证券投资基金业协会完成了基金4号信托计划的备案,相应的《私募投资基金备案证明》中载明管理人为某投资公司。

2015年5月13日,某信托公司发布《基金4号信托计划期间管理报告》,载明:“基于目前新三板市场的实际情况,为受益人利益最大化,根据信托合同约定,并经信托计划投资委员会决议,对信托计划投资范围调整为受托人将本信托的信托计划资金通过直接投资或嵌套有限合伙企业的形式,投资于拟在或已在新三板挂牌的健康行业企业,具体投资方式包括私募股权投资、定向增发、协议转让、并购机会、期权、二级市场投资(做市)、优先股及可转债,参与新三板挂牌企业的二级市场交易以及信托业保障基金等,信托计划资金闲置时,可投资于银行存款(包括同业存款等)、银行理财产品、货币市场产品(包括央行票据、国债、货币基金等)及其他高流动性、低风险的资产。”

2015年6月12日,某投资公司出具《基金4号信托计划投资原子高科股份有限公司投资建议书》,载明:“鉴于某高科公司所处行业的广阔市场空间……建议以不超过每股30元的价格以协议转让的方式从现有股东分批少量购买，以及通过交易所采用协议买入的方式分批买入，总投资额度不超过2000万元。”2015年6月16日，某信托公司投资决策小组成员经会签同意了投资顾问的上述对外投资建议。

2018年4月3日，某信托公司发布《基金4号信托计划清算公告》，载明：“依据《基金4号信托计划信托合同》第十八条第2.(3)项约定，信托期限届满，信托计划终止；信托计划于2018年4月3日终止，并进入清算期；根据《信托合同》第十八条第4项的约定，本信托终止时，信托计划财产以现金、非现金(包括债权、股权、股份等)或二者混合形态存在的，现金部分由受托人直接进行分配，非现金部分由受托人变现后，再对受益人进行信托利益的二次分配；根据目前的市场情况，清算期设置为6+6个月，清算期满，非现金资产未能实现全部变现的，清算期可以延长。”

2018年5月7日，某整形公司董事会发布《某整形公司股票发行认购结果公告》，载明：“公司于2018年4月27日在全国中小企业股份转让系统指定的信息披露平台披露了《某整形公司股份发行方案(修订稿)》(公告编号：2019-19)，根据本次股票发行方案，公司拟定发行总数量不超过522.4660万股(含522.4660万股)人民币普通股，拟发行价格为每股人民币19.14元，募集资金总额不超过人民币10000万元(含人民币10000万元)。2018年7月6日，某高科公司的控股股东某辐公司在港交所H股上市，证券代码为01763。”

2018年6月1日，某信托公司发布《基金4号信托计划重大事项披露报告》，载明：“经公司审批同意，为了更好地维护本信托计划受益人利益，调整信托财产的分配顺序，具体事项为调整《信托合同》中第十二条第一款信托财产的分配顺序，由原来分配顺序：……(4)受托人期间管理费；(5)受益人应获分配的基础信托利益(包括基础信托收益和信托本金)……，调整为……(4)受益人应获分配的基础信托利益(包括基础信托收益和信托本金)；(5)受托人期间管理费……”

2019年4月3日，某信托公司发布《基金4号信托计划收益分配公告》。

2019 年 4 月 8 日,某信托公司发布《基金 4 号信托计划清算事项披露报告》,载明:“……3、信托计划投资情况为本信托计划存续期内累计投资49556315.86 元,分别投资了 7 个标的。”2019 年 4 月 11 日,某信托公司发布《基金 4 号信托计划清算报告》,载明:“……三、信托计划收益情况为收入-5036331.98 元,支出 1379349.46 元,其中信托报酬 1002739.73 元,保管费207198.19 元,其他费用 41013.61 元,净利润-6415681.44 元;四、信托利益分配情况为按信托合同约定,累计向受益人分配信托利益 43584318.56 元,其中信托收益 0 元,本金 43584318.56 元。2019 年 4 月,陈某收到投资本金871715.14 元,亏损 128284.86 元。”

陈某与张某之间的微信聊天记录还包含以下内容:2015 年 5 月 23 日,陈某对张某说“我买的新三板某医疗基金你帮我公司里打听一下投资了哪里? 是赚是亏?”2016 年 8 月 18 日,陈某对张某说“那你们保底的每年 8%什么时候给? 2 年总要先兑付掉吧”。张某说“那这个 8%是这样的,就是说你要保证你 8%投资者的收益了,以后年化 8%的收益,然后就是说投顾和管理方才能参与分成吗,就是说 8%以上部分是二八开吗,然后中间头是 10%,然后券商是 10%。所以他都是要到期分配的到期账上的总盈余,然后按照这个分配的比例来区分”。陈某对张某说“当时不是说软保底 8%吗? 我跟你反复确认过,刚刚你这么一讲,如果产品亏了,是不是 8%就没了,甚至我们还要承担亏损?”张某说“放心,我已经反复问过了他这个人保底是绝对到时候是有的啊,不用担心,因为如果说做不到这一点的话投顾跟管理方都没有一分钱可以拿的。现在这支产品是赚的”。2017 年 5 月 22 日,陈某对张某说“我自己投资的新三板现在都 4 倍多的收益”“我的大洋线缆成本价 1.5 元,现在 6.88 元”……“我的新三板就是跟我朋友买的,当时股价打了对折进的,现在收益 4 倍多。”……“三板没有普通客户进入,都是做市对敲”……“新三板不对敲就没有交易量。”

庭审中,陈某确认当时收到了张某于 2015 年 4 月 7 日寄送的案涉《基金 4 号信托计划信托合同》,但其陈述称并未在认购风险申明书、信托合同、客户风险偏好及风险承受力测试中签字,也未进行客户风险偏好及风险承受力测试。至于未签字的原因，陈某陈述是因为其看到《基金 4 号信托计划信托合同》第三页载明“受益人基础信托收益 = Σ（信托存续期间每日信托计划资金余额×8%/365），上述受益人基础信托收益仅是受托人为计算并分配信托计划信托利益而设，并不代表受托人保证受益人取得相应数额的信托收益，受托人不保证信托财产的运用无风险，不承诺保本和最低收益”，故没有签字。庭审中，陈某陈述其学历为大学本科，专业为国际贸易，职业为保险经纪，主要做分红保险。

判决结果：

一审判决：驳回陈某的诉讼请求。

二审判决：驳回上诉，维持原判。

裁判观点：

二审法院认为，陈某虽否认在《基金 4 号信托计划信托合同》中签字，但对于其与某信托公司之间的信托合同关系成立并实际履行并无异议，并在一审中明确其诉请系基于某信托公司在履行信托合同过程中存在违约行为而要求某信托公司承担违约责任，故该案二审期间的争议焦点在于某信托公司是否存在陈某上诉主张的违约行为。

关于适当性义务。陈某主张某信托公司未按规定在投资前期履行适当性义务，法院认为，适当性义务是指卖方机构在向金融消费者推介、销售信托理财产品等高风险等级金融产品，以及为金融消费者参与高风险等级投资活动提供服务的过程中，必须履行的了解客户、了解产品、将适当的产品（或者服务）销售（或者提供）给适合的金融消费者等义务。具体到该案中，根据在案证据显示，陈某系主动要求购买案涉基金 4 号信托计划，并在签订合同前即主动支付投资款项，在收到某信托公司邮寄的信托合同后亦注意到合同有关于受托人不承诺保本和最低收益的约定，之后并未要求退出信托计划而是对信托计划的投资方向和盈亏情况持续关注，即陈某购买案涉信托计划并非基于“保底 8%”的错误认知，而是对该信托计划的性质和风险有了充分了解后愿意购买并继续履行信托合同。陈某上诉主张未在风险测评报告中签字，故某信托公司未对其进行风险承受测试，但结合陈某的受教育程度、工作经历以及在微信中陈述的自己的投资经验，即使某信托公司确未对其进行风险评估亦并不影响陈某对购买案涉信托产品作出自主决定，故法院对于陈某要求对案涉信托项目中的认购风险申明书、风险测评报告题目上陈某的签名进行笔迹鉴定的申请不予准许。另外本院认为，在推介、销售高风险等级金融产品和提供高风险等级金融服务领域，适当性义务的履行是“卖者尽责”的主要内容，也是“买者自负”的前提和基础，上述适当性义务系卖方机构在订立合同过程中应尽义务，若未履行上述义务所需承担的民事责任属于缔约过失责任，故陈某以某信托公司未履行投资前期订立合同过程中应尽之适当性义务，来要求某信托公司承担合同订立后因合同履行而产生的违约责任，缺乏法律依据，法院对此不予采纳。

【风险提示】

(1)建议加强对业务人员的风险培训，提高业务人员风险防范能力，使业务人员谨记在与客户进行沟通时，注意措辞，谨慎回答投资者的问题，不得违规承诺投资回报。杜绝任何形式的承诺包括口头承诺、宣传词、合同条款等。该案中业务人员存在为了业绩进行违规承诺或在客户的引导下进行违规承诺的情况，虽因信托合同中存在“受托人不保证信托财产的运用无风险，不承诺保本和最低收益”的约定而未构成欺诈，但仍存在进行违规承诺的风险。部分投资者在商谈过程中会有录音的情况，因此，除了书面承诺，口头承诺亦需要重点防范。

(2)为防止因无证据发生争议，建议业务开展采用双录，业务人员与投资者之间的沟通交流主要采用书面等留痕方式。比如微信沟通，涉及双方权利义务的，尽量采用留言(文字和语音)等方式，尽量少用电话、语音电话等难以复盘具体内容的方式。

【投资建言】

(1)投资者谨记买者自负，从项目本身的投资价值作出决策。应明确信托公司超越“买者自负”的承诺在法律上的效力存在较大的风险。

(2)充分理解法院关于合格投资者对信托项目中风险的认识会结合投资者本人的受教育程度、投资经验进行具体分析。比如在该案中法院认为：

结合陈某的受教育程度、工作经历以及在微信中陈述的自己的投资经验，即使某信托公司确未对其进行风险评估亦并不影响陈某对购买案涉信托产品作出自主决定。

风险点十　合同解除条款未谨慎拟定的风险

【基本法理】

信托合同当事人是否享有《民法典》合同编的法定或约定的合同解除权，实务中存在争议。但是信托不是合同，根据《信托法》，其是一种财产安排，我国学术界对此存有争议，有认为其为财产安排制度。我国《信托法》第38条规定“设立信托后，经委托人和受益人同意，受托人可以辞任”。本条明确表述了受托人不可以轻易辞任包括通过解除信托合同的方式。同时，《信托法》第50条规定了“委托人是唯一受益人的，委托人或者其继承人可以解除信托。信托文件另有规定的，从其规定”。第51条第2款规定了在有第51条第1款第1项、第3项、第4项所列情形之一的，委托人可以解除信托。换言之，享有信托解除权的是作为唯一受益人的委托人或其继承人，或者是在符合法定条件的情形下，委托人享有解除权，而受托人并无法定的信托合同解除权。对受托人而言，信托一旦设立，非经委托人和受益人同意不得解除。

但当信托目的不能实现时，信托合同有理由解除。信托大多基于信托合同设立，故信托设立过程中本质上形成当事人之间的合同关系。因此，民法上的合同相关规则一般可以适用于信托合同。信托合同也是信托得以运作的直接依据，信托合同对信托的设立与存续具有重要意义。此外，信托合同是信托制度的重要内容，也是《民法典》规范的对象。信托合同的订立、解除、解释、效力、违约责任等，都应当在民事合同法律制度的体系之下进行理解与适用。

目前法律也没有明确规定在信托目的不能实现时禁止信托合同解除。当解除条款符合合同有效要件时，无论是否存在争议，一般会被认定有效。

【参考案例】

某信托公司与青岛舒某公司等营业信托纠纷案①

诉讼请求：

某信托公司一审诉讼请求：(1)判决确认某信托公司与山东舒某公司签署的《信托合同》《股权转让合同》自某信托公司起诉之日起解除；(2)请求判令山东舒某公司受领某信托公司向其返还的青岛舒某房地产开发有限公司(以下称为项目公司)股权，协助项目公司办理股权工商变更登记手续；(3)请求判令项目公司立即办理将某信托公司持有的项目公司股权变更为山东舒某公司持有的股权工商变更登记手续。

某信托公司上诉请求：(1)撤销一审判决，改判支持某信托公司全部的诉讼请求；(2)山东舒某公司、项目公司承担一审、二审诉讼费用。

案件事实：

2010年7月15日，某信托公司与山东舒某公司等签订《投资协议》，约定：某信托公司拟设立信托计划，信托计划中，优先级受益权预计规模为人民币5亿元，次级受益权预计规模为人民币2.1亿元，山东舒某公司是次级投资者之一，该公司拟以项目公司50%股权认购信托计划次级受益权份额人民币1.1亿元；山东舒某公司在认购信托项目公司股权后，仍然负有资本补足义务。某信托公司将信托计划所募集资金投资于项目公司拟开发建设的黄岛凤凰湾项目，包括黄岛凤凰湾(住宅)、黄岛凤凰湾(商业)。

2010年7月19日，某信托公司与山东舒某公司签订《中信—舒某特定资产受益权投资集合信托计划信托合同》(以下简称《信托合同》)，约定：委托人基于对受托人的信任，同意将其合法拥有的财产或权利委托给受托人设立信托计划，由受托人依据本合同的约定以自己的名义，为受益人的利益管理、运用和处分信托财产。信托计划的规模预计为人民币7.1亿元，其中

① 参见北京市高级人民法院民事判决书，(2020)京民终33号。

次级信托委托人将其所持有的标的股权、标的债权委托给受托人认购次级受益权，标的股权的财产价值为人民币 1.3 亿元，标的债权的财产价值为人民币 8000 万元，总计人民币 2.1 亿元。

某信托公司认为，山东舒某公司长期不履行出资义务，多次伪造某信托公司派驻董事签字，且标的股权存在出资不实的严重瑕疵，导致某信托公司无法真正受托管理，运用标的股权开展信托活动，也无法真正行使其股东权利参与公司治理，以致始终存在被项目公司的债权人追究瑕疵出资责任的法律风险，某信托公司的合法权益面临严重损失且《信托合同》约定的信托目的无法实现。故向法院提起诉讼。

判决结果：

一审判决：驳回某信托公司的全部诉讼请求。

二审判决：(1)撤销北京市第三中级人民法院(2018)京 03 民初 481 号民事判决；(2)确认某信托公司与山东舒某公司签署的《信托合同》《股权转让合同》于 2018 年 7 月 5 日解除；(3)山东舒某公司受领某信托公司返还的项目公司股权，协助项目公司办理股权工商变更登记手续(于本判决生效之日起 10 日内持本判决办理)；(4)项目公司立即办理将某信托公司持有的项目公司股权变更为山东舒某公司持有的股权工商变更登记手续(于本判决生效之日起 10 日内持本判决办理)；(5)驳回某信托公司的其他诉讼请求。

裁判观点：

二审法院认为，某信托公司请求解除的案涉《信托合同》《股权转让合同》虽然没有约定解除合同事项，但是不妨碍某信托公司依据《合同法》第 94 条第 3 项规定行使法定解除权。山东舒某公司、项目公司关于该案信托关系不能适用《合同法》第 94 条规定的辩词不能成立。第一，案涉《信托合同》只是集合信托计划下的信托合同之一，其解除不影响信托计划中优先委托人(优先级受益人)即公众投资者利益；一审法院基于信托计划完整性考虑不宜解除合同的结论不能成立。案涉《信托合同》的解除不影响其他相关方的利益。其一，案涉《信托合同》只是信托计划项下的一个合同，案涉合同解除不影响亦无需信托计划其他受益人同意；案涉合同解除后能够避免某信托公司因受托持有严重瑕疵股权而面临的诉讼风险,减少管理信托财产的无谓损耗,有利于保护优先级受益人即公众投资者的利益。其二,案涉合同解除不影响项目公司另一股东舒某集团公司的优先购买权。第二,某信托公司作为专业人士已知股权认缴情况并对风险防范和解决路径作出安排,但不应影响某信托公司依据法律规定行使法定解除权。其一,某信托公司在信托文件里披露信托计划可能存在的各种风险并就此做出相应的风险防范,不妨碍其作为守约方针对相对方山东舒某公司的严重违约行为,依据《合同法》第94条规定行使法定解除权。其二,鉴于如下因素:(1)该案投资计划因山东舒某公司等次级委托人的违约行为而提前到期,信托计划已进入处置程序中;(2)山东舒某公司作为次级委托人(劣后级受益人)信托的股权财产存有严重瑕疵且项目公司经法院强制执行程序已无财产可供执行、项目公司处于营业执照被吊销的情况;(3)项目公司股东山东舒某公司从订立案涉合同的认缴股本期2010年11月30日经多次延期至2013年5月30日,至今仍未缴纳其应缴纳的出资;(4)信托计划期限为2.5年,自信托计划成立之日起算(2010年8月),现信托计划无法按约定清算、分配,已严重超出约定的存续期限。若此,信托计划的处置完成取决于山东舒某公司的履约行为,信托计划陷入有始无终的僵局状态,存在巨大的风险隐患,有损全体优先级受益人的合法权益。《信托法》第53条第2项规定,信托的存续违反信托目的,信托终止。案涉信托的瑕疵股权致使《信托合同》《股权转让合同》提供增信措施的目的无法实现,信托应当终止。在诉争的信托股权已近无价值、依约定的处置程序事实上无法开展的情况下,受托人某信托公司有权行使法定的解除权。

【风险提示】

(1)为了受益人的利益合理行使合同解除权。该案中劣后级受益人的股权瑕疵将影响优先级受益人的利益,信托公司行使解除权亦是履行了受托义务。

(2)信托合同无论是否被纳入合同规则,均应该有合同解除条款。对于信托合同是否适用合同法律规则在司法中存在争议。信托公司在信托合同中若未设置合同解除条款,则可能被法院确认不享有合同解除权而蒙受损失。

该案中由于未在合同中设定合同解除条款,一审法院否定了某信托公司享有合同解除权;虽二审法院对合同解除权予以认定,但该案仍暴露了合同解除权条款缺失的法律风险。该案是二审改判,其核心是信托公司是否可以依据合同法的约定解除信托合同,一审法院以信托计划完整性考虑认定不能解除合同,二审法院从解决信托公司处置程序陷入僵局无法继续履行的角度,对合同解除权予以认定,二审法院的判决思路为解决同类问题提供了解题思路。当然该案不履行主要债务的主体是劣后级受益人,这一点非常关键,劣后级受益人因为特殊的身份地位,其存在具有提供类似担保功能的增信措施、保障全体优先级受益人即公众投资者利益的目的。只有劣后级受益人不履行主要债务,才能够直接认定合同目的不能实现,如果是优先级受益人不履行主要债务,则难以认定合同目的不能实现。

(3)信托合同中可以约定劣后级受益人不履行主要债务的,信托公司有权解决合同。

【投资建言】

(1)作为优先级受益人的投资者在信托合同期间,在出现问题时,可以督促信托公司及时履行合同解除权以维护自身权益。

(2)委托人应履行按照信托合同约定将信托财产实际交付给受托人的义务。所谓"实际",不仅是形式上的转让,而是应保证交付的信托财产价值与约定的相符。该案中委托人山东舒某公司将目标公司50%的股权作为信托财产交付给信托公司,却不履行依约出资的义务,导致50%的股权价值空有名义,从而侵犯了优先级受益人的权益。

(3)委托人有权根据《信托法》第51条享有信托解除权,下列情形之一的委托人可以解除信托:受益人对委托人有重大侵权行为、经受益人同意或信托文件规定的其他情形。

(4)投资者有权根据《信托法》第53条规定情形之一的请求信托终止:信托文件规定的终止事由发生;信托的存续违反信托目的;信托目的已经实现或者不能实现;信托当事人协商同意;信托被撤销;信托被解除。

风险点十一　合同解除未通知的风险

【基本法理】

当受托人想要行使合同解除权时，无论信托合同是否设定合同解除权条款，其均应履行通知义务。当事人一方依照《民法典》第 562 条、第 563 条的规定行使解除权，应当通知对方，即《民法典》第 565 条规定，当事人一方依法主张解除合同的，应当通知对方。合同自通知到达对方时解除；通知载明债务人在一定期限内不履行债务则合同自动解除，债务人在该期限内未履行债务的，合同自通知载明的期限届满时解除。对方对解除合同有异议的，任何一方当事人均可以请求人民法院或者仲裁机构确认解除行为的效力。当事人一方未通知对方，直接以提起诉讼或者申请仲裁的方式依法主张解除合同，人民法院或者仲裁机构确认该主张的，合同自起诉状副本或者仲裁申请书副本送达对方时解除。

【参考案例】

某信托公司与青岛舒某房地产开发有限公司等营业信托纠纷案①

裁判观点：

《合同法》第 96 条第 1 款规定，“当事人一方依照本法第九十三条第二款、第九十四条的规定主张解除合同的，应当通知对方。合同自通知到达对方时解除。对方有异议的，可以请求人民法院或者仲裁机构确认解除合同的效力”。某信托公司的第一项诉讼请求为确认《信托合同》《股权转让合同》于起诉之日起解除；但某信托公司并未提交证据显示其在提起该案诉讼之前已将解除案涉合同的意思通知案涉合同相对方，经查，一审法院于 2018 年 7 月 5 日向山东舒某公司送达包括起诉状在内的诉讼材料，可以视为某信托公司将解除合同的通知于 2018 年 7 月 5 日送达山东舒某公司。某信托公司关于解除《信托合同》《股权转让合同》是起诉之日的时点不能支持，应于

---

① 参见北京市高级人民法院民事判决书，(2020)京民终 33 号。该案例与风险点十的参考案例相同，案件事实等重复内容不赘述。

2018 年 7 月 5 日解除。

【风险提示】

劣后级受益人违反信托合同约定,不支付信托计划募集资金的对价,属于迟延履行主要债务,致使合同目的不能实现,受托人有权行使法定解除权,解除信托合同。且解除该合同不影响其他公共投资者(优先级受益人)的利益。

受托人应按照法律规定和合同约定的时间履行通知义务,否则解除时间的确定会被法院重新确定。该案中二审法院认为某信托公司享有合同解除权,后根据诉讼材料等其他相关证据认定某信托公司已经履行了通知义务。某信托公司的第一项诉讼请求为确认《信托合同》《股权转让合同》自起诉之日起解除;但某信托公司并未提交证据显示其在提起该案诉讼之前已将解除案涉合同的意思通知案涉合同相对方,经查,一审法院于 2018 年 7 月 5 日向山东舒某公司送达包括起诉状在内的诉讼材料,可以视为某信托公司将解除合同的通知于 2018 年 7 月 5 日送达山东舒某公司。某信托公司关于《信托合同》《股权转让合同》于起诉之日解除的诉讼请求法院不能支持,应于 2018 年 7 月 5 日解除。

【投资建言】

(1)与信托公司签订合同时,投资者应关注合同中关于通知方式、通知送达地点、通知送达地址变更等条款。《民法典》第 141 条规定,行为人可以撤回意思表示。撤回意思表示的通知应当在意思表示到达相对人前或者与意思表示同时到达相对人。

(2)对影响信托合同的信息,投资者应履行法定的通知义务。根据《民法典》第 509 条第 2 款规定,“当事人应当遵循诚信原则,根据合同的性质、目的和交易习惯履行通知、协助、保密等义务”。

风险点十二　信托类型不明时未在信托合同中向委托人详细披露信息的风险

【基本法理】

信托类型的不同,决定了信托公司所承担的义务和责任的不同。主动型信托业务对信息披露的要求极高。当不能明确是主动型还是通道型信托业务时,法院极有可能依据较高注意义务判断信托公司是否尽到信息披露义务。

作为格式条款的拟定方,必须把合同相关的信息充分披露,方能使得相对方在掌握全部信息的情形下作出真实意思表示,否则合同可能因缺乏意思表示真实之要件而被认定为无效。根据《民法典》第496条第2款“采用格式条款订立合同的,提供格式条款的一方应当遵循公平原则确定当事人之间的权利和义务,并采取合理的方式提示对方注意免除或者减轻其责任等与对方有重大利害关系的条款,按照对方的要求,对该条款予以说明。提供格式条款的一方未履行提示或者说明义务,致使对方没有注意或者理解与其有重大利害关系的条款的,对方可以主张该条款不成为合同的内容”。换言之,关于格式合同的规定,对于格式条款的解释作出了不利于拟定方的解释。信托合同需要披露的信息包括但不限于足以影响当事人作出是否签订合同的判断的信息。在信托贷款中,受托人有义务向委托人披露借款人的信息,包括借款人在同一信托公司有其他信托贷款项目等情形。

【参考案例】

丁某与某信托公司营业信托纠纷案①

诉讼请求:

丁某一审诉讼请求:(1)判令解除丁某、某信托公司签订的《资金信托合同》;(2)判令某信托公司返还丁某本金3000万元,赔偿收益损失(自2014年4月14日起至给付之日止,按年利率18%计算,扣减已经支付的90万元和235950元);(3)判令某信托公司赔偿丁某执行案件中支付的评估费247800元;(4)判令某信托公司赔偿丁某律师代理费200万元;(5)案件受理费由某信托公司负担。

丁某上诉请求:(1)撤销一审判决;(2)解除丁某与某信托公司签订的

① 参见山东省高级人民法院民事判决书,(2020)鲁民终2633号。

《资金信托合同》;(3)某信托公司返还丁某本金3000万元,赔偿收益损失(自2014年4月14日起至给付之日止按年利率18%计算,扣减已经支付的90万元和235950元);(4)某信托公司赔偿丁某执行案件中支付的评估费247800元;(5)某信托公司赔偿丁某律师代理费200万元;(6)一、二审诉讼费用由某信托公司负担。

案件事实:

2014年4月11日,委托人丁某与受托人某信托公司签订编号为2014某信托基信字—HYLS05的《资金信托合同》,该合同第二条约定:丁某为有效运用其自有资金,基于对某信托公司的信任,将其合法拥有的自有资金委托给某信托公司,由某信托公司以自己的名义将信托资金加以运用,某信托公司将其用于向天富人防发放信托贷款。某信托公司将信托财产所形成的收入作为信托利益的来源,按照该合同的规定将信托利益分配给丁某。

判决结果:

一审法院判决驳回丁某的诉讼请求。

二审法院判决驳回丁某上诉,维持原判。

裁判观点:

一审法院认定,该案信托系事务管理信托中的通道业务,丁某作为成熟的商事投资主体,在签订合同过程中应当对信托文件进行认真阅读,对信托计划所固有的市场风险进行理性预判。该案中,丁某对包括《信托财产管理、运用风险申明书》等一系列文件进行了阅读并签字,应当认定丁某已经充分认识到案涉信托计划和风险,故其主张某信托违反信息披露义务,欺诈签订《资金信托合同》,无事实依据,不予支持。

二审法院认为,该案中,根据山东银保监局作出的鲁银保监罚决字〔2019〕26号行政处罚决定书可知,某信托公司在涉案信托项目设立时未充分向丁某披露风险信息,主要包括:弘毅蓝色经济V号单一资金信托借款人天富人防同时也是某信托公司前期信托的借款人,弘毅蓝色经济V号单一资金信托成立时,天富人防在某信托公司前期信托项下的2330万元借款已逾期欠息;借款人开发的天富人防商城工程延期、多名客户退房、拖欠建筑商款项,法院判决建筑商对天富人防工程具有优先受偿权。某信托公司未将上述事项在信托合同以及可行性研究报告中如实、明确地向委托人进行披露,而是笼统表述为行业风险、市场风险、抵押物登记及变现风险、财务风险等。同时,某信托公司还存在“信托成立时天富人防工程竣工验收尚在办理之中,地下商铺尚未开盘销售和招商营运,公司目前无重大涉诉情况,不会影响本次信托贷款资金的偿还”等不实披露。法院认为,涉案信托并未明确是通道业务型信托还是主动管理型信托,根据《信托法》第 25 条的规定以及信托合同内容,某信托公司负有向丁某如实披露信托项目相关风险信息的义务。而该案中,按照理性投资者的通常认知,上述未披露信息及不实披露,足以影响丁某的投资意向,某信托公司未依法依约履行信息披露义务,构成违约,按照《资金信托合同》约定,其应当赔偿因违约给丁某造成的相应损失。

一审法院认定某信托公司在实施信托计划期间信息披露并不存在明显违反法律法规及合同约定的行为不当,二审法院予以纠正。因上述未披露信息及不实披露行为已足以认定某信托公司构成违约并应承担相应违约责任,故法院对丁某主张的某信托公司在资金监管、资料提供等其他方面的违约行为不再予以评述。

因涉案蓝色经济 V 号信托系有抵押物之信托且抵押物价值较高,丁某作为第一顺位抵押权人,抵押物变现后完全有可能偿付其信托本金及收益,故涉案信托目的并非不能实现。且双方在《资金信托合同》中亦约定,信托期限届满,如果信托财产未全部变现,则信托期限自动延长至信托财产全部变现之日。故即便某信托公司存在上述违约行为,亦不必然导致信托合同目的无法实现,对于丁某解除合同的主张,本院不予支持。涉案信托可继续履行,但如最终导致丁某遭受损失,则某信托公司应予赔偿。

【风险提示】

该案二审尽管维持原判,但实质改判。法院认定未如实披露信息构成违约,但不构成根本违约,信托计划应继续履行,如最终导致损失,再另行赔偿,实际判决的是一种类似于补偿赔偿责任,类似于吴某诉某信托公司财产损害赔偿纠纷的补充赔偿责任。故建议:

（1）信托公司应在信托文件中明确信托类型。信托类型的不同，决定了信托公司所承担的义务和责任的不同，为厘清信托责任，应该明确信托类型。若不明确，法院可能作出不利于信托公司的判决。该案是二审改判案例，改判的原因是一审法院认定该案信托系事务管理信托中的通道业务，投资者具有风险识别能力，其已签署了《信托财产管理、运用风险申明书》，表明投资者已认识到案涉信托计划和风险，一审法院从通道业务的类型出发进行认定。二审法院没有就信托类型进行认定，而是认为在信托业务类型不明的情况下，信托公司负有如实披露信息的义务。

（2）信息披露过程中，信托公司如果已经掌握了详细、具体的风险类型，应该尽可能对之前的风险类型进行描述，笼统、抽象地从行业风险的角度去描述，告知了行业风险，不等同于告知企业风险，两者有着本质的不同。该案中某信托公司在已经掌握了信托借款人众多风险的情况下，未详细披露，而是笼统表述为行业风险、市场风险、抵押物登记及变现风险、财务风险等，同时还存在不实披露。

【投资建言】

（1）诉讼前清晰评估信托业务到底是通道业务还是主动管理型业务，仅从诉讼技巧上将通道业务定义为主动管理型业务，很难得到法院的认可，反而徒增诉讼成本。该案中丁某认为一审法院对通道业务的认定是错误的，二审法院认为该案信托产品为信托类型不明。

（2）投资者应根据信托产品的具体情形实现自身权益，在存在抵押物的情况下，首先行使抵押权实现信托目的。该案中法院认定信托公司违约，但是却认为作为抵押权第一顺位的丁某可以通过在抵押物实现自己的权利。

风险点十三　信托合同当事人未当面签名带来的签名人和名义人不一致的风险

【基本法理】

签章者承担合同责任。合同中出现非由本人签字的情形，若无相反理由证明签字者获得了名义人的授权,则该签字就构成伪造。而名义人无须承担合同责任。

当对合同、确认函、指示函等任何信件、函件、合同签字时,若当事人未能当面签字,而信托公司又无法提供双录,可能面临当事人否认合同签字是其本人所为的风险。

【参考案例】

丁某与某信托公司营业信托纠纷案①

裁判观点:

一审庭审中,丁某申请对落款时间为2014年4月18日的《指示函》中丁某的签名、手印是否为丁某本人所签、所捺进行司法鉴定。该《指示函》内容为:"某信托公司:本人于2014年4月14日将合法拥有的自有资金委托给贵公司,由贵公司以自己的名义将信托资金加以运用,用于向天富人防发放信托贷款。本人同意贵司认定弘毅蓝色经济V号单一资金信托项目下抵押物的价值为5097.88万元。"一审法院经审查认为,经丁某签字的案涉《资金信托合同》第9条,已载明案涉抵押物的评估价值为5097.88万元,丁某已签字予以认可。2014年4月18日《指示函》中的签名、捺印,无论是否丁某本人所为,均不能否认丁某已对抵押物评估价值予以认可。二审法院予以认可。

【风险提示】

(1)建议信托公司尽量对合同签订过程双录,因为信托公司作为受托金融机构,常负有举证责任,证明自己尽到了适当性义务。该案判决最终驳回了丁某的诉讼请求,二审维持了一审判决。对信托公司表面上较为有利。丁某对《指示函》中丁某的签名、手印是否为其本人所签、所捺请求司法鉴定,最终未得法院准许,其原因是《资金信托合同》已对《指示函》的相关内容载明。但是,若签字、捺印的确非委托人亲为,且在《资金信托合同》中未对异议指示函中内容有规定,则该函的真实性可能被否定,从而致使信托公司受损。

① 参见山东省高级人民法院民事判决书,(2020)鲁民终2633号。该案例与风险点十二的参考案例相同,案件事实等重复内容不赘述。

(2)当委托人无法当面签字时,建议信托公司在收到函件后,通过微信、短信、邮件等方式确认签字为委托人本人签字,并固定证据。

【投资建言】

投资者应充分知晓有无签字、由谁签字可能不影响合同效力,核心看是否为投资者的真实意思表示。该案中即出现了投资者因为自己怠于前往亲自签字,多次要求业务员帮忙签字,事后又以不是自己亲笔签字为由提出抗辩。但法院最终未予采纳。根据我国《民法典》第 490 条第 2 款规定:“法律、行政法规规定或者当事人约定合同应当采用书面形式订立,当事人未采用书面形式但是一方已经履行主要义务,对方接受时,该合同成立。”信托中投资者若已实际出资,一般情形之下合同已经成立。

风险点十四 委托人委托信托公司业务经理代为签字的风险

【基本法理】

包括信托合同在内的信托文件上的签字,理应由当事人亲笔签写,方能证明该合同为当事人的真实意思。一方面,双方在合同上的签字表达了对合同中特别注意条款的同意。尤其是涉及受托人的信息披露义务、投资者适当性义务等,若合同文本已经对相关条款用突出字体等方式标注出来,作为格式合同拟定相对人的受托人签字表明其同意条款的内容。另一方面,对合格投资者来说,其签字更代表了其对合同条款的理解。作为合格投资者,比一般投资者更有能力判断条款的利弊,以及投资的整体风险,并确定自己是否有充分的能力和财力承受投资失败带来的财产损失。

但实务中委托人在合同签订时常因为怕麻烦而要求受托人的员工——主要是业务经理代为签字,部分业务经理“碍于面子”,签了字。一旦投资失败,投资者就可能以“合同非本人亲自签字”为由,否认自己被信息披露、否认受托人已经尽到了适当性义务。若受托人无相反证据,则法院很可能会作出不利于受托人的判决。

【参考案例】

陈某与信托公司营业信托纠纷案[①]

案件事实：

2015年4月7日，原告在微信聊天中对张某说“合同什么时候出来”，张某说“合同到了，是那个星期天他寄过来的，我今天给你寄过来好不好？”原告说“南京某某路198号某某大厦316”，张某说“好的，我待会儿顺丰寄出，你明天能收到。我在，其他的我都给你填好，然后你要签名的地方，我用铅笔给你画出来，然后你签好了以后自己留一份，给我寄回来一份啊”。原告说“你帮我签了吧”“别来回折腾，烦”“相信你”，张某说“这个不合规的啊，大哥。肯定按照规矩来。我给你寄过来，你签好了你再给我寄回来啊”……同日，张某在微信聊天中将快递面单拍照发给原告，并对原告说“需要签字的地方我用铅笔给你划过了、折起来的页面都是需要签字的”，原告说“OK”。同日，张某向原告寄送了合同编号为中某投信(2015)上投集005-01号的《基金4号信托计划信托合同》，该份合同的受托人一栏已加盖被告公章。该份合同包含三部分，分别是认购风险申明书、信托合同、客户风险偏好及风险承受力测试。

【风险提示】

(1)对信托合同以及其他相关信托文件的签署，应该做到双录，并做到长期保存。双录时，应由委托人自己点击、操作，在实践中经常会碰到一些年龄比较大的委托人，往往在双录时由信托推介人员点击、操作，这样的模式，难以体现信托公司尽到适当性义务。信托公司在相关的材料传递等过程中，应尽量通过微信、邮件、快递等方式留痕。

(2)任何形式的委托信托推介人员代签都不应允许。因为信托合同以及其他信托文件，事关委托人的重大实体权利，且要依赖委托人的风险承受

---

① 参见杭州市西湖区人民法院民事判决书，(2019)浙0106民初8580号；浙江省杭州市中级人民法院民事判决书，(2020)浙01民终10296号。本案例与风险点九的参考案例相同，案件事实等重复内容不赘述。

能力、认知能力作出的判断，所以以任何形式委托信托推介人员代签都是不被允许的，即便委托人出具了委托书，信托公司也极有可能被认定为违反适当性义务。

(3)实践中，还要特别重点关注的是家庭成员内部的代签，比如父母与子女的代签，这种情况，在司法实践中，往往难以查明代签人员是否具有授权，而且投资行为的代签，可能超出了家事代理权的范围，容易对信托公司产生不利的法律后果。

(4)遇到需要代理的情形，则根据法律规定要求对方提供委托授权书，并向委托人核实真假(为防止作假，建议提供的委托授权书是经公证的)，代理签字时要求代理人签字(签代理人自己的名字而不是委托人的名字)、并表明代理何人的代理文句，比如"甲代乙签字"，最后甲落款签字，方才是真正的代理签字。

【投资建言】

(1)建议亲自签署所有信托文件。

(2)若需要他人代理签字，则按照法律规定签订委托授权书，在授权书中明确代理权限。信托项目涉及资金较大，委托授权书以公证方式出具最为合理。

(3)应充分理解法律对无权代理追认的法律后果。《民法典》第 503 条规定："无权代理人以被代理人的名义订立合同，被代理人已经开始履行合同义务或者接受相对人履行的，视为对合同的追认。"

(4)充分理解法律对表见代理的法律后果。《民法典》第 172 条规定："行为人没有代理权、超越代理权或者代理权终止后，仍然实施代理行为，相对人有理由相信行为人有代理权的，代理行为有效。"

(5)充分理解法律对法人的法定代表人或非法人组织负责人签字的法律效果。《民法典》第 504 条规定："法人的法定代表人或者非法人组织的负责人超越权限订立的合同，除相对人知道或者应当知道其超越权限外，该代表行为有效，订立的合同对法人或者非法人组织发生效力。"

风险点十五　项目开展中部分信托文件委托人未签字的风险

【基本法理】

卖方机构承担适当性义务的目的是确保金融消费者能够在充分了解相关金融产品、投资活动的性质及风险的基础上作出自主决定，并承受由此产生的收益和风险。卖方机构的适当性义务属于先合同义务范畴，违反先合同义务的民事责任为缔约过失责任。合同文件的内容是证明卖方机构承担了适当性义务的主要证据，而签字代表当事人对合同条款形成了一致的意思表示。

实务中会出现部分文件未签字的情形，尤其在项目过程中，关于项目进展、相关信息变更、投资风险的告知等的文件。作为受托人更应该谨慎关注过程，确保每一个信托文件由委托人签字确认，否则容易被法院认定为未得到委托人同意而需要承担法律责任。

【参考案例】

陈某与信托公司营业信托纠纷案①

裁判观点：

原告确认当时收到了张某（被告单位的业务经理）于 2015 年 4 月 7 日寄送的案涉《基金 4 号信托计划信托合同》，但其陈述称并未在认购风险申明书、信托合同、客户风险偏好及风险承受力测试中签字，也未进行客户风险偏好及风险承受力测试。至于未签字的原因，原告陈述称是其看到《基金 4 号信托计划信托合同》第 3 页载明"受益人基础信托收益=Σ（信托存续期间每日信托计划资金余额×8%/365），上述受益人基础信托收益仅是受托人为计算并分配信托计划信托利益而设，并不代表受托人保证受益人取得相应数额的信托收益，受托人不保证信托财产的运用无风险，不承诺保本和最

---

① 参见杭州市西湖区人民法院民事判决书，（2019）浙 0106 民初 8580 号；浙江省杭州市中级人民法院民事判决书，（2020）浙 01 民终 10296 号。该案与风险点九的参考案例相同，案件事实等重复内容不赘述。

低收益”,故没有签字。庭审中,原告陈述称其学历为大学本科,专业为国际贸易,职业为保险经纪,主要从事分红保险。

法院认为:关于案涉《基金4号信托计划信托合同》,被告称原告、被告之间已签订了上述合同,原告虽称其并未在上述合同上签字,但原告对原告、被告之间信托合同关系成立且信托合同生效并已实际履行并无异议,故应认定案涉《基金4号信托计划信托合同》在原告、被告之间成立并生效。依法成立的合同,对当事人具有法律约束力。当事人应当按照约定全面履行自己的义务。

法院认为原告要求被告承担违约责任于法无据。该案认定了以下事实:首先,在购买案涉基金4号信托计划时,原告主动要求购买,且主动提前打款,并非基于被告的错误描述购入信托产品。其次,被告客户经理张某将《基金4号信托计划信托合同》通过邮寄方式寄送给被告,虽该行为确有不妥,但原告在收到该信托合同后,查看并发现了该信托合同中存在“受托人不保证信托财产的运用无风险,不承诺保本和最低收益”等内容,即此时原告对于该信托合同的风险是清楚且明知的,并未陷入原告所谓“保底8%”的错误认识中。虽然原告陈述其此后未在认购风险申明书、信托合同、客户风险偏好及风险承受力测试中签字,但从未有证据显示原告要求被告返还购买信托产品的100万元,相反原告此后在微信中向张某询问案涉基金投向了哪里,是赚是亏,即原告在通过《基金4号信托计划信托合同》已充分了解案涉信托产品的性质、风险的基础上,依然继续履行双方之间的信托合同,应视为其已作出了自主决定,并承受由此产生的收益和风险。最后,原告虽主张被告未按规定对其进行风险评估,但结合原告的学历、工作经历以及原告在与张某微信聊天记录中陈述其自行投资新三板的经验,即便被告未按规定对原告进行风险评估,也并不影响原告作出自主决定。故原告的该项主张不能成立。

【风险提示】

建议信托公司严格内部管理,保证信托所有文件均保证有委托人的签字。虽然法律规定履行了主要义务可以看作对合同内容达成了一致的意思,代表了合同的设立,但是仍然存在各种风险,毕竟信托公司的信托义务和一般主体的合同义务有着本质区别。该案中,受托人非常幸运,因为业务人员张某保留了所有聊天记录,证明受托人已经履行所有义务。最终原告的诉请未被法院支持。虽诉讼中法院根据实际情况最终作出判决,但这增加了诉讼成本,显然不利于受托人。尽管该案判决信托公司胜诉,但在司法实践中,委托人未在认购风险申明书、信托合同、客户风险偏好及风险承受力测试中签字,而判决信托公司未尽到适当性义务,承担赔偿责任的案例,并不鲜见。

【投资建言】

(1)像一个成熟的投资者一样接受信托投资失败的后果。

(2)建议诉讼中对投资者自身行为的法律效力进行充分评估。投资者在遭遇损失之后,常常会想方设法寻找信托公司的问题,期待从中找到信托公司未尽受托义务的证据,从而论证投资失败是因为信托公司未依法合规受托履职导致的。但是合格投资者的行为都可能产生法律效果,行为之间可能具有整体的逻辑关系,很难因单个行为否定一系列行为形成的法律关系的效力。

风险点十六　差额补足协议无效的风险

【基本法理】

差额补足协议很容易被认定为刚性兑付的隐形方式。在合同签订过程中,很多当事人为了顺利达成合意,或者由于对项目本身盲目自信,对风险估计不足,非常爽快地签订了差额补足协议。但是投资失败,补足义务人被要求履行补足义务时,常出现其以合同无效为由进行抗辩,甚至诉诸法院的情形。

差额补足等增信措施的法律性质是案件审理中的焦点和难点,学理上存在保证担保、债务加入以及独立合同等不同学说,实践中也存在不同的认识。法律定性的不同,将导致法律效果的不同。差额补足协议如果被定性为担保合同和债务加入,则可能因未依照法律和公司章程规定履行内部决议程序而无效；差额补足协议如果被定性为独立合同，则无须受制于《公司法》第 15 条的规定，差额补足义务人需按照承诺文件履行义务。《九民纪要》第 91 条规定，信托合同之外的当事人提供第三方差额补足、代为履行到期回购义务、流动性支持等类似承诺文件作为增信措施，其内容符合法律关于保证的规定的，人民法院应当认定当事人之间成立保证合同关系。其内容不符合法律关于保证的规定的，依据承诺文件的具体内容确定相应的权利义务关系，并根据案件事实情况确定相应的民事责任。故对于差额补足等增信措施是何种性质，不能一概而论。如果确定差额补足协议内容符合法律关于保证的规定，理应按照保证担保处理。如果差额补足协议属于其他法律性质，则应当按照差额补足的实际性质认定法律关系、确定法律责任。

最高人民法院推出的 2021 年全国法院十大商事案件之六：私募资管业务中差额补足等增信措施的法律性质认定——某银行与某资本公司其他合同纠纷案①，涉及差额补足协议的效力。该案金融投资业务中受托人、融资人之外的第三人对投资人差额补足，在不违反合同有效性要件的情况下，差额补足协议有效。且差额补足协议作为增信措施被视作独立合同，不同于担保合同。

① 参见上海市高级人民法院民事判决书，(2020)沪民终 567 号，该案是 2021 年全国法院十大商事案件，参见最高人民法院官网，https://www.court.gov.cn/zixun/xiangqing/344441.html；该案同时被列为人民法院高质量服务保障长三角一体化发展典型案例，参见最高人民法院官网，https://www.court.gov.cn/zixun/xiangqing/400542.html。基本案情为：2016 年 2 月，某财富公司与某资本公司等共同发起设立上海浸某基金，其中，某财富公司认缴优先级有限合伙份额 28 亿元，某资本公司认缴劣后级有限合伙份额 6000 万元。2016 年 4 月，某资本公司向某银行出具《差额补足函》，载有“某银行通过某财富公司设立的专项资产管理计划，认购基金的优先级有限合伙份额 28 亿元；……我司同意在基金成立 36 个月之内，由某风科技或我司指定的其他第三方以不少于【28 亿元×(1+8.2%×资管计划存续天数/365)】的目标价格，受让基金持有的某辉(香港)投资管理有限公司 100%股权。若最终该等股权转让价格少于目标价格，我司将对目标价格与股权实际转让价格之间的差额无条件承担全额补足义务。届时，资管计划终止日，如果 MPS 公司股权没有完全处置，我司同意承担全额差额补足义务”。某证券股份有限公司系某资本公司唯一股东，其向某资本公司出具《关于某某跨境并购基金的回复》，载明“我司已知悉并认可某资本公司对某银行的补足安排”。后因收购的 MPS 公司濒临破产，上海浸某基金无法顺利退出，某银行遂诉请某资本公司履行差额补足义务。

【参考案例】

某信托公司与裴某营业信托纠纷案①

诉讼请求：

某信托公司诉讼请求：(1)支付原告差额补足款信托本金以及信托收益43725000元；(2)向原告支付违约金(以应支付的差额补足款为基数，自2018年7月4日起至实际给付之日止，按日0.05%计算)；(3)向原告赔偿因迟延履行差额补足义务给原告造成的损失，包括律师费损失50000元、保全保险费损失42311.11元、保全费损失5000元；(4)承担诉讼费。

案件事实：

2017年9月，原告某信托公司、被告裴某分别与某鑫公司签订华昇83号信托合同，发起设立华昇83号信托计划。原告投资4000万元认购该信托计划项下B1类信托单位，被告投资6000万元认购该信托计划项下B2类信托单位。

同月，原告(甲方)与被告(乙方)签订差额付款合同，约定：鉴于甲方为华昇83号信托计划的B1类委托人及B1类受益人，乙方同意为该信托计划项下甲方的信托利益的实现履行差额付款义务。甲方在信托计划终止时，在信托计划项下实际获得分配的现金信托利益不足信托合同约定的甲方作为B1类受益人最高可获分配的信托利益(按照8%的最高预期年化收益率计算并按照信托合同的约定确定)的，乙方有履行差额补足义务。

乙方作为差额付款人，其所承担的付款义务至信托计划清算完毕且甲方最高可获得分配的信托利益全部实现为止。

裴某于2017年10月10日向某鑫公司转账共计6000万元；原告于2017年10月12日向某鑫公司转账4000万元。华昇83号信托计划于2017年10月13日成立，信托期限为12个月。

2018年6月19日，某鑫公司向原、被告发送邮件，告知双方2018年6月

---

① 参见北京市东城区人民法院民事判决书，(2020)京0101民初9474号。

4日,华昇83号信托计划产品跌破平仓线,要求被告按照合同约定时间补仓。

2018年6月29日,原告向被告发送《立即履行差补义务通知函》,称截至2018年6月28日,最新产品净值为0.7332元,已无法覆盖原告作为B1类委托人全部本金以及对应收益。原告通知被告,其行为已构成合同项下违约情形,并要求被告在收到付款通知之日后3个工作日内,将差额补足资金一次性足额支付至原告指定账户。该通知函的附件《付款通知》中要求裴某于2018年7月4日前向原告支付42311111.40元差额补足款。被告接到通知后,未支付上述款项。

2018年11月28日,某鑫公司发出华昇83号信托计划清算报告,称信托财产已全部变现,该计划于2018年11月27日终止清算。关于信托计划终止日财务及收益情况,截至2018年11月27日,信托资产净值为69747706.75元,信托单位净值0.3244元/份额。关于终止日分配情况,截至2018年11月27日,B1类信托本金40000000元,B1类信托收益-40000000元;B2类信托本金60000000元,B2类信托收益-60000000元。

判决结果:

(1)被告裴某于判决生效后10日内,向原告某信托公司支付差额补足款43725000元;(2)被告裴某于判决生效后10日内,向原告某信托公司支付迟延履行违约金(以42311111.40元为基数,自2018年7月4日起至2018年11月27日止,以43725000元为基数,自2018年11月28日起至实际给付之日止,按日0.05%标准计算);(3)被告裴某于判决生效后10日内,向原告某信托公司支付律师费损失50000元、保全保险费损失42311.11元。

裁判观点:

法院认为,依法成立的合同,对当事人具有法律约束力。当事人应当按照约定履行自己的义务。该案中,原告与被告签订的差额付款合同,系双方当事人真实意思表示,其内容不违反我国法律、行政法规的强制性规定,应为有效。双方当事人均应当依约履行各自的权利义务。现因发生合同约定的差额补足情形,原告通知被告裴某并要求其在2018年7月4日前履行差额补足义务。裴某未履行差额补足义务,其行为已构成违约。现信托计划已经终止,原告因未获清偿,依据合同中确定的计算标准提出要求被告支付差额补足款并要求被告支付自其接到补足通知之日起,按每日 0.05%标准违约金的诉讼请求,于法有据,法院应予支持。逾期付款违约金的计算,在 2018 年 11 月 27 日前,应以 42311111.40 元为基数,在 2018 年 11 月 27 日之后,应以 43725000 元为基数,法院对此予以调整。

【风险提示】

(1)明确差额补足不等同于刚性兑付。差额补足义务的主体不是所涉投资资金的管理人或者销售机构的,不属于法律法规所规制的刚性兑付情形。协议双方自愿利用基金的结构化安排以及差额补足的方式对投资风险及投资收益进行分配的,该行为合法有效。差额补足义务与被补足的债务本身不具有同一性、从属性等保证责任构成要件的,可认定构成独立合同关系,差额补足的条件及范围依据合同约定确定。

关于差额补足作为独立的合同被普遍认可,应该为前述提到的私募资管业务中差额补足等增信措施的法律性质认定——某银行与某资本公司其他合同纠纷案被确定为 2021 年全国法院十大商事案件之后。

该案主要争议焦点在于某资本公司提供的《差额补足函》的性质和效力的认定。生效裁判在对《差额补足函》是否真实并合法有效、某银行是否系《差额补足函》的权利主体、《差额补足函》的法律性质如何界定、差额补足义务的支付条件是否成就、差额补足义务范围如何确定等方面进行全面严谨分析的基础上,认定某资本公司出具《差额补足函》的目的确系为某银行投资资金的退出提供增信服务,但不能认为凡是增信性质的文件均属于保证。增信文件是否构成保证,仍需根据保证法律关系的构成要件进行具体判断。因案涉《差额补足函》中并无明确的连带责任保证担保的意思表示,也没有担保对象,故《差额补足函》并非担保,而是某银行和某资本公司之间独立的合同关系。《差额补足函》系当事人的真实意思表示,且不违反法律法规的强制性规定,应为合法有效。

该案系某资本公司"踩雷"英国 MPS 公司项目引发的"第一案",涉案标的额高达30多亿元，在全国范围内有较大影响。该案判决为私募资产管理业务中差额补足等增信措施在实践中的认定原则提供了指引，也为信托业务中如何保证增信措施合法有效提供了参考价值。

（2）在拟定差额补足协议时，务必关注影响差额补足协议效力的要素，保证协议效力有效。差额补足协议的性质应根据协议主体、权利义务约定等综合进行认定。

【投资建言】

（1）可以根据信托类型和项目的特点，要求信托公司之外的其他主体与投资者签订差额补足协议，由他人共同担保投资风险。亦可通过此种方式督促信托公司尽职履责，谨慎受托，为投资者利益服务。

（2）签订差额补足协议的主体往往与信托项目管理资金或财产存有关系，作为差额补足义务人必然要求与义务相当的权利，故投资者需要准确评估信托合同和差额补足协议之间的关联性。

（3）需拒绝名为差额补足协议实为刚性兑付的情形发生。关于刚性兑付无效，前面已经分析过了，所谓差额补足协议定性为独立保证，信托投资不是债务，故差额补足协议本质是民事主体自愿为投资者分担投资风险，因其自愿性以及私人合法财产的自由处分权，法律承认其效力。但若是突破该本质，或是穿透之后差额补足义务仍然由信托公司承担，则其效力很难得到法院的支持。

风险点十七　通道业务中委托事项发生变化但未解除原合同或签订原合同的补充协议的风险

【基本法理】

通道业务中信托公司主要按照委托人的指令确定投资方向、融资人等事项，但所签合同为有效合同，合同中关于双方权利义务的约定仍然有效，尤其是涉及委托资金的收回、诉讼等的约定。当委托人的委托事项发生变化，则原委托合同的相关条款应该不再适用。

【参考案例】

临某农商行与恒某银行、某信证券营业信托纠纷案①

诉讼请求：

临某农商行诉讼请求：(1)判令恒某银行、某信证券向临某农商行承担连带责任，赔偿损失270940500元，以及损失资金占用期间的利息4755005.775元(以270940500元为基数，按照同期全国银行间同业拆解中心公布的贷款市场报价利率计算，从2019年11月1日起至赔偿款项付清之日止，暂计至2020年3月31日为4755005.775元)；(2)判令恒某银行、某信证券向临某农商行返还收取的相关报酬，其中某信证券返还管理费810000元，恒某银行返还委托投资手续费和托管费共计4131000元；(3)判令由恒某银行、某信证券承担诉讼费。

案件事实：

委托人临某农商行与受托人恒某银行签订《资金业务合作协议》，进行同业存款业务。双方又签订了《委托定向投资业务合作总协议》，委托人将《资金业务合作协议》项下同业存款账户内的2.7亿元资金，委托给恒某银行以其名义投资于临某农商行指定的投资范围。前述协议签订后，临某农商行向恒某银行发出《投资指令》，恒某银行与某信证券签订《某信证券金瓯定向资产管理计划定向资产管理合同》(以下简称《资管合同》)，由恒某银行作为资产管理计划的委托方，以2.7亿元资金作为委托财产，由某信证券通过与奥某公司、河某电缆签订《委托融资租赁合同(售后回租)》，向河某电缆提供融资租赁服务。据此，某信证券与奥某公司及河某电缆签订了《融资租赁合同》。此时经过一系列操作，原同业存款业务的委托已经发生变化，转为通道业务。而《资金业务合作协议》未被解除，委托人与受托人也未针对相关条款变化签订补充协议。

后奥某公司违约，委托人资金没有收回。委托人认为，依据《资管合同》

① 参见济南铁路运输中级人民法院民事判决书，(2020)鲁71民初53号。

第5条第6款第4项“在资产委托到期完成清算且按照本合同足额收取管理费及托管费后3个工作日内，管理人应将清算后的委托资产全部返还给委托人”和《委托定向投资业务合作总协议》第8.1条“具体委托定向投资项目终止，乙方于收到委托定向投资项目分配的财产后，以委托定向投资项目分配的财产扣除乙方应收取的手续费及其他费用后的剩余财产为限向甲方返还该具体委托定向投资项目财产”的约定，受托人应该剩余财产，但受托人未依据合同约定以自己名义向奥某公司追回剩余财产，属于受托人未尽受托职责。

临某农信社同意及确认，临某农信社根据《资金业务合作协议》交付的资金为委托投资资金。无论《资金业务合作协议》作何具体约定，均不影响恒某银行以该委托资金按照该协议及临某农信社《投资指令》的内容对外进行委托定向投资业务。双方签署《委托定向投资业务合作总协议》后，临某农信社向委托投资账户交付的委托资金不适用甲乙双方签署的《资金业务合作协议》，临某农信社不得再依据《资金业务合作协议》要求恒某银行支付任何存款本金及利息或主张恒某银行违反《资金业务合作协议》项下的约定，恒某银行亦不承担因此产生的《资金业务合作协议》项下的任何违约责任或其他经济赔偿责任。临某农信社确认，委托投资期间，因投资交易对手违约需要通过诉讼、仲裁等司法途径实现投资收益的，由临某农信社或其指定的第三方负责执行。如临某农信社指令恒某银行处理任何涉及诉讼、仲裁或争议解决的事项，恒某银行有权拒绝执行，并有权宣布相关项目项下的委托投资业务提前终止，委托财产以终止时的现状转交临某农信社，恒某银行不负有任何追偿或变现义务；恒某银行亦可按临某农信社的书面指令执行，但恒某银行因执行该指令而产生的任何费用、款项（包括但不限于人员费用、第三方费用等），均由临某农信社支付。

判决结果：

驳回原告临某农商行的全部诉讼请求。

裁判观点：

法院认为该案系临某农商行作为资产委托人，以受托人恒某银行、管理人某信证券违反合同约定,未充分履行定向投资资产管理义务为由,要求恒某银行、某信证券向其赔偿损失并返还报酬而引起的营业信托合同纠纷。

从该案现有证据来看,恒某银行、某信证券在案涉通道业务中,均按照委托人的指令进行协助性、事务性的投资管理,其已履行了相应的合同义务。恒某银行、某信证券不存在“受托人违反信托目的处分信托财产或者因违背管理职责、处理信托事务不当致使信托财产受到损失”,应当返还委托投资手续费、管理费和托管费的情形。且临某农商行向恒某银行发出的《投资指令》明确载明“任何情况下,恒某银行已经收取的委托投资手续费无须退还”。故临某农商行关于要求恒某银行、某信证券向其返还相关报酬的主张,没有事实和合同依据,法院不予支持。

【风险提示】

当信托事项的内容发生变化,作为受托人的信托公司应该及时解除原合同,或针对原合同的相关条款变化签订补充协议。若合同未修改,则委托人可能依据原合同的条款要求受托人承担责任。以该案为例,若后续能够签订补充协议,则受托人可以减少被诉的法律风险。虽在审理中,法院最终认定双方不再依据原合同履行义务,使得受托人无须承担责任,这却暴露了受托人对合同文本未予充分重视的现象。

【投资建言】

(1)投资者需明白诉讼不是一种技巧,而是维权的方式。而维权的前提是有法律保护的权利依据。该案中虽然受托人没有及时解除原合同,但是在变更新合同后,原合同是否需要继续履行不仅通过是否解除判断,最重要是从双方的行为判断。我国《民法典》承认商业习惯对合同的影响,若变更之后的合同内容与原合同存在冲突的情形,会根据商业习惯判断双方真实意思。

(2)以变更协议取代原合同的,任何一方已经就原合同履行约定之对价并请求补充协议约定之权利,相对方理应支付该对价。这也是民法诚实守信原则的体现。

风险点十八　《资管新规》过渡结束后违规规避投资范围等监管规定的通道服务无效的风险

【基本法理】

《资管新规》在第22条规定“金融机构不得为其他金融机构的资产管理产品提供规避投资范围、杠杆约束等监管要求的通道服务”的同时，也在第29条明确规定按照“新老划断”原则，将过渡期设置为《资管新规》发布之日起至2020年年底。2020年7月31日，经国务院同意，中国人民银行会同国家发展和改革委员会、财政部、银保监会、证监会、国家外汇管理局等部门审慎研究决定，将《资管新规》过渡期延长至2021年年底。2022年，《资管新规》开始正式全面落地，即在2022年以后，所有金融机构开展资产管理业务，必须遵守第22条的规定，通道服务不得规避投资范围、杠杆约束等监管要求。

【参考案例】

临某农商行与恒某银行、某信证券营业信托纠纷案①

裁判观点：

关于三方当事人之间业务关系的性质及其效力问题。一审法院认为，根据案涉合同的约定，临某农商行自主决定委托资金的投资方向、运用对手等事宜，自行或指定第三方负责委托资金投资项目的前期尽职调查及后期投资管理，负责审核投资各环节交易方案的合法合规性以及为完成委托定向投资业务而需恒某银行与交易对手签署的全部交易文件/向交易对手发出的投资指令及底层资产相关交易文件，负责甄别各交易对手的资信状况、履约能力等事项，承担委托资金投资的全部风险。该委托定向投资的所有风险完全由临某农商行承担，恒某银行和某信证券不承担任何损失或损失赔偿，不承担任何保证或其他担保责任。恒某银行和某信证券仅根据约定提供必要的事务协助或者服务，不承担主动管理职责，并收取相关通道费用

① 参见济南铁路运输中级人民法院民事判决书，(2020)鲁71民初53号。该案例与风险点十七的参考案例相同，案件事实等重复内容不赘述。

或管理费用。因此,案涉信托资产管理应认定为通道业务。《资管新规》在第22条规定“金融机构不得为其他金融机构的资产管理产品提供规避投资范围、杠杆约束等监管要求的通道服务”的同时,也在第29条明确规定按照“新老划断”原则,将过渡期设置为《资管新规》发布之日起至2020年年底。而该案所涉通道业务发生于2016年10月至2019年10月,三方之间签订的相关协议不存在其他因违反法律法规强制性规定而无效的情形,故对临某农商行与恒某银行、某信证券之间的权利义务关系,仍应当依据案涉信托文件的约定加以确定。

【风险提示】

该案所涉通道业务结束于2019年10月,在《资管新规》设定的过渡期截止之前。在当前严峻的监管背景下,为防止各类金融机构借助信托通道开展套利、规避政策限制的融资类业务,信托公司去通道化的目标不变,建议信托公司严格按照监管规定开展业务。

【投资建言】

(1)仅投资符合监管规定的信托产品。投资者应充分理解信托业务新分类的具体类别,主要了解不同分类产品的监管要求。合格投资者是具有经验的投资者,该经验不仅包括对投资风险的了解,还包括对投资政策和法律法规的了解。

(2)避免和金融机构共同谋划规避监管规定的“投资”。信托公司对信托业务三分类之外的产品,均属于不符合监管规定。前面综述部分已经分析违反监管规定对合同效力的影响,此处不赘述。

风险点十九　通道业务合同中对投资项目的前期尽职调查、后期投资管理、清算等未予明确规定或错误规定带来的风险

【基本法理】

通道业务中,信托公司作为受托人,不负主动管理的义务。关于委托投资项目,受托人对投资过程不具有主动管理义务。实务中为了规避监管,或

者信托合同套用了合同模板时,作为通道的信托公司以自己的名义与投资对象签订合同,合同中会明确权利义务。虽然实际上,合同主动管理责任由委托人承担,但是信托公司若未予注意,则很容易让通道业务的委托人利用该合同条款对其提起诉讼。

庭审中,虽法院可能根据实际情况查明信托公司是否负有主动管理业务,并确认合同条款与真实事实是否符合,但若无明确证据,对信托公司而言,可能仍然存在风险。

【参考案例】

临某农商行与恒某银行、某信证券营业信托纠纷案[①]

裁判观点:

该案中,法院归纳的第二个焦点问题是关于恒某银行、某信证券是否应向临某农商行承担违约赔偿责任的问题。对此,法院分析如下:

该案临某农商行自主决定委托资金的投资方向、运用对手等事宜,自行或指定第三方负责委托资金投资项目的前期尽职调查及后期投资管理,负责审核投资各环节交易方案的合法合规性以及为完成委托定向投资业务而需恒某银行与交易对手签署的全部交易文件/向交易对手发出的投资指令及底层资产相关交易文件,负责甄别各交易对手的资信状况、履约能力等事项。恒某银行、某信证券对实际融资人的履行能力、资产状况并不负有审查义务,对投资过程不具有主动管理义务。恒某银行与某信证券依据与委托人订立的协议及委托人发出的投资指令,履行了托管账户的开立、信托资金的划转、信托资产的交付等职责和义务。

《融资租赁合同》第3条虽然有"委托人付款前,承租人需向委托人提供委托人认为必要的权属证明、各种批准或许可证明,包括但不限于第三方评估报告等""委托人应在本次租赁合同项下的所有手续完成后按各方事先约定的付款方式支付购买价款"等约定,但依据临某农商行向恒某银行发出的

① 参见济南铁路运输中级人民法院民事判决书,(2020)鲁71民初53号。该案例与风险点十七的参考案例相同,案件事实等重复内容不赘述。

编号为LXHFTZZL20161020的《投资指令》,可以认定临某农商行对指令恒某银行签署的编号为ZXZQDT[2016]909的《资管合同》《委托资产起始运作通知书》、编号为ZXZQDT[2016]909-01的《委托人投资指令(第1期委托资产)》等法律文件均已认可无异议。恒某银行根据临某农信社指令代为投资该笔项目的任何风险均由临某农信社自行承担,与恒某银行无关。

案涉《融资租赁合同》项下附件一《租赁物清单》所列的部分在建工程、设备材料等资产,系案外人富某地产于2016年10月28日以实物出资形式入股河某电缆。在富某地产与河某电缆签订增资入股协议的当日,临某农商行即向恒某银行发出投资指令,要求恒某银行通过某信证券与河某电缆订立《融资租赁合同》并提供融资和租赁服务。案涉相关协议并未约定上述《租赁物清单》所列的资产需转移至恒某银行或某信证券名下,而是约定以现状进行所有权和占有、使用权的交接,恒某银行、某信证券仅具有协助义务。资产是否实际登记至河某电缆名下的后果,不应由恒某银行和某信证券承担。

在合同约定的融资租赁期限届满后,实际融资人河某电缆未按约履行支付全部租金及利息的义务。临某农商行与恒某银行、某信证券就信托财产的返还问题进行了协商。恒某银行、某信证券分别向委托人、受托人和实际融资人发送了关于委托资产现状返还的通知函件。依据《委托定向投资业务合作总协议》关于委托投资期间因投资交易对手违约需要通过诉讼、仲裁等司法途径实现投资收益的,由临某农商行或其指定的第三方负责执行;若具体委托定向投资项目终止(包括委托投资期限届满终止、提前终止和延期终止),则恒某银行有权以终止时委托资金当时状况转交给临某农商行;对于委托定向投资项目向恒某银行分配的非货币形式财产,基于恒某银行有权以非货币财产原状形式转交给临某农商行的约定,以及《融资租赁合同》关于"合同期限届满、提前终止或合作银行(委托人)提取委托资产,管理人有权以委托资产现状方式向委托人返还"的约定,恒某银行、某信证券已经履行了合同约定的通知、协助等义务。

临某农商行作为信托资金的实际出资人和委托资产的所有权人,依据案涉合同及关于委托资产现状返还的通知函等信托法律文件，有权向实际融资人河某电缆主张权利。但临某农商行既未自行通过法律途径向河某电缆主张权利，也未要求恒某银行、某信证券代其通过法律途径向河某电缆进行追索。在信托资产损失并不确定，恒某银行、某信证券举证证明已经履行了合同义务的情况下，临某农商行提出要求恒某银行、某信证券连带赔偿其损失 270940500 元以及资金占用利息的诉讼主张，该诉讼主张无事实依据及合同依据，法院不予支持。

【风险提示】

通道业务中，委托人和受权人的权利义务，应该依据信托合同约定加以确定，信托合同文本中，应根据实际情况拟定合同条款，明确信托类型，保证所有条款是真实的权利和实际需要履行的义务。业务类型虽为通道业务，但信托公司仍应本着审慎经营的原则履行义务。在（2020）沪 74 民终 29 号案件中，该案信托为通道信托业务，监管机构认定某信托公司存在对机构委托人未做充分调查，对其委托资金来源未尽到合规审查义务，违反了审慎经营规则的情形，上海金融法院认为某信托公司在信托业务开展时对委托资金的来源地审核未尽到必要注意义务，对投资者被骗受损负有一定责任。

【投资建言】

通道业务中保证信托合同对信托公司义务的明确约定，并督促信托公司履约，以维护自身权益。万一发生讼争，是否符合约定判断信托公司是否违约的重要依据。

风险点二十　合同文件包括补充协议、附件日期与主合同不一致，或日期不明确等带来的风险

【基本法理】

合同日期是确定合同成立和生效的关键性标志，可以用来判断合同当事人的权利义务开始时间。合同文件除主合同外，还可能包括一系列附件。

补充协议是独立的合同,一般是对主合同相关内容的变更或补充,其日期更是决定了合同权利义务的变更与增加时间。

实务中出现合同日期被忽略标注的情形,或是几份文件同时签订却日期不一致,或者部分文件的落款部分未落款。虽通过其他证据可能可以证明当事人的真实意思,还原事实真相,但是无论在诉讼中还是在其他争议中,这样做都会为自己徒增障碍。

【参考案例】

神某农商行等与某信托公司营业信托纠纷案①

裁判观点:

关于某信托公司是否履行了风险告知义务。神某农商行上诉称,一审判决没有查清风险申明书的签订日期,没有认定某信托公司是否履行了风险告知义务。

二审法院认为,对于风险申明书的签订时间,神某农商行与某信托公司各执一词,并分别提交了内容相同但落款日期不同的风险申明书。两份风险申明书上的签章均为真实的,证明力相同,故不能依据神某农商行提交的风险申明书上的日期确定风险申明书是某信托公司在2014年11月向神某农商行邮寄的。一审法院对风险申明书的签订时间不予认定并无不当。同时,《资金信托合同》第21.1条约定,风险申明书是该合同不可分割的部分,与该合同具有同等法律效力。神某农商行在协议后签章,且未提出未收到风险申明书,应视为其在签署《资金信托合同》的同时已经收到风险申明书。同时,《资金信托合同》第16条也已经概括性地提及法律政策风险、经营投资风险、信用风险、市场风险、管理风险等委托人可能面临的风险,并明确约定了某信托公司对信托财产的盈亏不提供任何承诺。故神某农商行关于某信托公司没有履行风险告知义务的上诉意见,与在案证据相悖,法院不予采信。

---

① 参见北京市高级人民法院民事判决书,(2020)京民终155号。该案例与风险点四的参考案例相同,案件事实等重复内容不赘述。

【风险提示】

建议对于合同以及其他信托文件,无论是信托公司提供给委托人的文件还是信托公司自己留底的文件,都应该保持日期的完整、准确。该案中原被告对风险申明书的落款日期各执一词,争议产生的根源在于信托公司未与当事人当面签订合同。信托公司先邮寄了《资金信托合同》和风险申明书,但不能确定放款时间,双方各自在《资金信托合同》和风险申明书上填写日期。从司法实践来看,当事人在合同上签字但不签署落款时间的并不少见,尤其是自然人投资者。此外,存在多份材料的情况下,落款时间往往比较随意,或者落款时间都是空白的。落款时间从表面看是细节问题,但实际上是核心问题,关系到合同效力的优劣以及受托人是否履行了适当性义务,与案件的处理结果直接挂钩。

【投资建言】

应确保合同签字盖章同时明确写上年月日,并督促信托公司以及其他相对方签署详细的时间。时间不仅是合同成立的起点,也是民事权利、民事诉讼中各项权利义务起算的重要依据。

风险点二十一 合同中尤其是系列合同未约定合同目的带来的法定解除权行使风险

【基本法理】

合同的当事人享有法定解除权,法定解除的理由,规定在《民法典》第563条第1款,包括:(1)因不可抗力致使不能实现合同目的;(2)在履行期限届满前,当事人一方明确表示或者以自己的行为表明不履行主要债务;(3)当事人一方迟延履行主要债务,经催告后在合理期限内仍未履行;(4)当事人一方迟延履行债务或者有其他违约行为致使不能实现合同目的;(5)法律规定的其他情形。其中第1项和第4项均以合同目的不能实现为判断标准。

营业信托业务中常出现一系列合同构成一个项目的情形,虽然合同目的不能实现为法定解除权的理由，但何为合同目的，一个合同违约是否导致另一个合同目的不能实现难以判断，即若无约定，容易导致分散合同之间的合同目的是否一致或者具有关联性难以判断。

【参考案例】

某信托公司与山东舒某公司等营业信托纠纷案[①]

裁判观点：

二审法院认为，在案涉《信托合同》中，次级委托人(劣后级受益人)山东舒某公司将其对项目公司的股权委托给某信托公司进行管理、处分，其目的在于通过信托计划募集社会投资者(优先级受益人)的资金，投资其控股的项目公司，发挥资金杠杆作用、实现融资功能；受托人某信托公司受让股权的目的是在信托计划中为提供人民币 5 亿元的优先级受益人即公众投资者提供类似担保的增信措施，在《信托法》第 10 条对信托财产的登记及其法律效力作出了规定，但配套的信托财产登记制度并未建立的情况下，某信托公司采用股权权属过户的方式实现信托财产的控制与隔离，其目的在于控制并管理信托财产，派驻董事的目的也是保证信托财产的价值安全。

案涉信托计划成立且执行，山东舒某公司在《信托合同》中的目的已全部实现；某信托公司在目前约定的处置程序陷入僵局无法继续进行的情况下，有权行使法定解除权，保护信托计划中优先级受益人即公众投资者的利益。

【风险提示】

建议在结构化信托中，尽可能对合同目的有所体现，以避免劣后级受益人不提供增信措施，致使信托项目陷入僵局。对于什么是合同目的，单一合同比较好判断，比如房屋买卖合同，其合同目的就是买受人取得房屋完整的权利，包括占有权、使用权、收益权、处分权，出让人取得房屋的对价。但在复杂的合同中，尤其是存在多个合同主体的情况下，从不同的视角就存在不

---

① 参见北京市高级人民法院民事判决书，(2020)京民终 33 号。该案例与风险点十的参考案例相同，案件事实等重复内容不赘述。

同的合同目的。在北京金融法院某信托公司系列案件中,法院认定某信托公司违反信托合同约定的资金投向,致使投资者通过信托方式资产保值增值的目的不能实现。该案中,法院认定山东舒某公司欠缴出资比例高达95.9%,其委托给某信托公司管理的股权存有严重瑕疵,致使案涉合同提供类似担保功能的增信措施、保障全体优先级受益人即公众投资者的目的落空。法院从设立劣后级受益人的目的是保障优先级受益人的角度认定合同目的,是从优先级受益人的角度出发。该案为结构化信托陷入僵局的情况提供了解题思路。

保证信托合同的订立、解除、解释、效力、违约责任等条款在《民法典》关于合同的体系之下进行理解与适用,保证合同内容都以合同目的为核心展开。

【投资建言】

同风险点六中投资建言1,不赘述。

风险点二十二　相对方违约后信托投资公司追索权范围、违约金请求范围约定不明确的风险

【基本法理】

合同权利是当事人最重要的权利,直接影响合同目的的实现。当一方违约时,守约方对哪些权利享有追索权,需要双方当事人根据合同的具体内容详细拟定。信托合同不同于一般合同,关于投资损失、差额补足等的内容,都是基于信托合同、投融资合同的特殊性设定的。信托公司常常已经从项目投资人处筹到资金,融资方的目的已经实现。为了投资人(信托受益人)的利益,信托公司必然穷尽努力,对违约方追索,直到受益人利益最大化。

故信托合同中一旦融资者或者增信措施人违约,违约方不仅应该承担赔偿责任、违约责任,还应承担被追索的风险,即可能被要求继续履行合同、并实现守约方利益。

违约金条款为合同文本的重要组成部分，合同若对违约金的范围、利率没有明确约定，则可能对守约方造成极大的风险，即违约金请求没有明确的合同依据，难以得到法院支持。

《民法典》第 585 条第 1 款规定："当事人可以约定一方违约时应当根据违约情况向对方支付一定数额的违约金，也可以约定因违约产生的损失赔偿额的计算方法。"而该条第 2 款对违约金是否适当的问题作出解释："约定的违约金低于造成的损失的，人民法院或者仲裁机构可以根据当事人的请求予以增加；约定的违约金过分高于造成的损失的，人民法院或者仲裁机构可以根据当事人的请求予以适当减少。"

【参考案例】

孙某某与某信托公司营业信托纠纷案①

诉讼请求：

某信托公司一审法院诉讼请求：(1)孙某某向某信托公司支付差额补足款共计人民币 80968689.18 元(以下币种均为人民币)；(2)孙某某向某信托公司支付自 2018 年 7 月 27 日(含)至孙某某足额支付上述差额补足之日(含)期间的每日违约金(每日违约金金额=差额补足款总额 80968689.18 元×1‰)(暂计至 2018 年 8 月 28 日，违约金金额为 2671966.74 元)；(3)孙某某承担某信托公司为实现该案债权所发生的费用，包括诉讼费 463003 元、财产保全费 5000 元、律师费 60 万元，以及其他费用(包括但不限于财产保全担保费等)。

孙某某上诉请求：(1)依法撤销原审判决第三项，改判驳回某信托公司的该项诉讼请求或将该案发回重审；(2)诉讼费由某信托公司承担。

案件事实：

某信托公司作为受托人管理"辉煌 194 号单一资金信托"，信托持有相应证券账户与证券资金账户，可以投资于证券交易所上市交易品种等。信托的投资运作以信托与 B 类权益人之间进行 B 类权益转让交易的形式进

① 参见上海市高级人民法院民事判决书，(2020)沪民终 162 号。

行。某信托公司代表信托持有具有固定收益特征的特定资产 A 类权益。

2017 年 11 月 9 日,孙某某作为 B 类权益人与某信托公司签署了《B 类权益转让合同》。根据《B 类权益转让合同》约定,孙某某以向某信托公司支付 100000000 元 B 类权益转让价款(亦为 B 类权益初始资金)并根据约定条件履行向某信托公司追加 A 类权益保障金、对正常 A 类权益进行差额补足等约定义务为对价获得特定资产 B 类权益。其中,正常 A 类权益额=A 类权益初始资金额(200000000 元)×(1+A 类权益年化收益率(9%)×N/12)(正常情况下 N 为 12 个月);正常 B 类权益额=特定资产准净值-正常 A 类权益额。

根据《B 类权益转让合同》约定,特定资产由某信托公司投资于标的股票,特定资产单位准净值设置了预警线、第一处置线、第二处置线,若特定资产单位准净值低于第一处置线或第二处置线,则孙某某有义务追加 A 类权益保障金使特定资产单位准净值不低于预警线。若孙某某未在特定资产单位准净值低于第一处置线及/或第二处置线时按约定足额追加 A 类权益保障金的,则某信托公司有权按合同约定对特定资产项下的部分或全部非现金资产进行连续变现。标的股票全部变现后,孙某某有义务对特定资产准净值低于正常 A 类权益的差额部分向某信托公司进行补足;如孙某某未按约定履行差额补足义务,孙某某应以应付未付金额为基数按照每日千分之一的标准向某信托公司支付违约金。

2017 年 11 月 15 日,信托委托人已向某信托公司足额缴付信托单位认购资金 200000000 元。

2017 年 11 月 14 日,孙某某向某信托公司支付了 B 类权益转让价款(亦为 B 类权益初始资金)100000000 元。

2017 年 11 月 15 日,某信托公司将特定资产 300000000 元划付至某信托公司在证券公司开设的证券资金账户。

某信托公司在约定投资期限内将特定资产进行标的股票[300182、002219、300266、002085、002324]等投资。

2018 年 2 月 2 日,《B 类权益转让合同》项下特定资产单位准净值跌破第一处置线,B 类权益人未按约定履行追加 A 类权益保障金的义务。2018 年 7 月 2 日,《B 类权益转让合同》项下特定资产单位准净值触及第二处置线后,截至《B 类权益转让合同》约定的时点前,孙某某仍未按约定履行追加 A 类权益保障金的义务。截至 2018 年 7 月 12 日,某信托公司按照合同约定变现全部标的股票。全部特定资产项下标的股票变现后的特定资产准净值低于正常 A 类权益额(差额为 80,968,689.18 元)。

2018 年 2 月 6 日,7 月 16 日,8 月 27 日,某信托公司向孙某某发送《关于〈辉煌 194 号单一资金信托之 B 类权益转让合同〉之追索函》(以下简称《追索函》),要求孙某某应于 2018 年 7 月 26 日前将 80968689.18 元差额补足款划入指定银行账户内。

2018 年 9 月 4 日,孙某某签署《债务确认函》,载明:孙某某确认,根据与债权人(某信托公司)签署的《B 类权益转让合同》的约定及履行情况,孙某某应于 2018 年 7 月 26 日前向某信托公司支付 A 类权益差额补足款 80968689.18 元,但至今未支付。孙某某承诺,将尽快向某信托公司支付前述 A 类权益差额补足款 80968689.18 元。对于孙某某逾期支付的违约行为,孙某某愿意按照《B 类权益转让合同》的约定承担各项违约责任。

《B 类权益转让合同》第 6 条第 4 项"B 类权益的支付"约定:"3. 信托未能足额取得 A 类权益的,除甲方(某信托公司)另有书面要求的情况下,乙方(孙某某)有义务在约定信托投资期限届满后合同终止的十个工作日内向甲方支付 A 类权益补足资金,逾期一个自然日,按照应付未付金额的千分之一计算乙方的违约金。4. 乙方未能足额支付 A 类权益补足资金或未能按前款时间规定履行的,甲方有权追索,追索范围包括但不限于应付未付 A 类权益补足资金、手续费、A 类权益保障金等,及可能产生的利息、违约金、损害赔偿金和诉讼费、律师费等费用。"

截至某信托公司起诉之日,某信托公司为该案支付律师费 20 万元。

某信托公司作为"辉煌"194 号单一资金信托的受托人与上海某资产管理有限公司签订《"辉煌"194 号单一资金信托之投资顾问合同》,第 2 条约定,"1. B 类权益人指定某信托公司作为信托的受托人,聘请乙方(上海邦阁资产管理有限公司)作为《B类权益转让合同》项下投资顾问,乙方接受B类权益人(孙某某)的指定和某信托公司的聘请。2. 聘用期限:从信托证券账户运作起始日始,至信托投资期限届满之日止。根据B类权益人(孙某某)的指令,某信托公司有权解除聘用”。第5条特定资产的投资管理,“(四)某信托公司对信托证券账户的交易权限,某信托公司有权主动发送交易指令,该交易指令执行结果归入特定资产”。

判决结果:

一审判决:(1)孙某某应于判决生效之日起10日内向某信托公司支付差额补足款80,968,689.18元;(2)孙某某应于判决生效之日起10日内向某信托公司支付以80,968,689.18元为基数,按照年利率24%计算,从2018年7月27日(含)起至实际清偿之日(含)止的违约金;(3)孙某某应于判决生效之日起10日内向某信托公司支付律师费200,000元。

二审判决:孙某某的上诉请求不能成立,应予驳回;一审判决认定事实清楚,适用法律正确,应予维持。

裁判观点:

二审法院认为《B类权益转让合同》明确约定:乙方(孙某某)未能足额支付A类权益补足资金或未能按前款时间规定履行的,甲方(某信托公司)有权追索,追索范围包括但不限于应付未付A类权益补足资金、手续费、A类权益保障金等,及其可能产生的利息、违约金、损害赔偿金和诉讼费、律师费等费用,故某信托公司有权要求孙某某赔偿因该案诉讼发生的律师费。某信托公司提交的证据可以证明其已经支付的律师费200000元合法合理,一审法院予以支持并无不当。

【风险提示】

建议合同约定的违约金范围、数额、利率等内容应该尽量详细具体,能够实际计算,方易得到法院的支持。在没有增加或减少的情况下,当事人之间的违约金支付按照约定。违约金本质上具有惩罚性质,不是对合同违约造成损失的赔偿。

【投资建言】

同于对信托公司的风险提示。因为无论哪一方,发生讼争时都希望合同有明确约定,减少诉讼成本。

风险点二十三　签署的难以实际履行的相关信托文件可能成为受益人等声称信托合同无效理由的风险

【基本法理】

信托合同的签订,涉及一系列信托文件,包括《风险告知书》《差额补足函》《承诺函》等。这些文件以保障信托合同当事人的权利义务为目的,尤其是对投资者(受益人)的投资权益的保障。

当信托投资失败,投资者利益受损时,受益人可能利用一切来声称合同无效,主要包括:第一,投资者意思表示不真实,理由在于信托公司提供的格式合同条款有歧义,或者信息披露不完整等;第二,信托合同成立的某部分条件未成立,比如《承诺函》中的承诺没有实现,甚至无法实现。

【参考案例】

董某红与光某银行、某信托公司营业信托纠纷案[①]

诉讼请求:

董某红一审诉讼请求:(1)判令某信托公司向董某红支付如下款项:①某信托公司向董某红支付2015年3月20日应分配的投资本金500万元及投资收益475000元,并自2015年3月21日起至某信托公司实际付款之日止按照同期银行贷款利率的标准赔偿董某红损失(暂计至2016年10月19日的对应损失为431654.61元,自2016年10月20日至某信托公司实际付款日的损失另行计算);②某信托公司向董某红支付自2015年3月21日起至某信托公司实际付款之日止以500万元为基数计算的投资收益(自2015年

① 参见陕西省西安市中级人民法院民事判决书,(2019)陕01民终9998号。

3 月 21 日起暂计至 2016 年 10 月 19 日的投资收益为 641120.22 元,自 2016 年 10 月 20 日至某信托公司实际付款日的损失另行计算)。(2)某信托公司向董某红赔偿律师费、交通费、通讯费等损失 5 万元。(3)某信托公司承担全部诉讼费用。

董某红上诉请求:(1)撤销一审判决,并改判支持董某红的全部诉讼请求或发回重审;(2)判令一审、二审诉讼费用全部由某信托公司、光某银行承担。

案件事实:

2012 年 9 月 29 日,某信托公司(受让方)与楼某集团的自然人股东郭某某(转让方及回购方)签署《股权收益权转让及回购协议》,协议主要内容为:某信托公司拟设立煤炭资源产业投资基金 3 号集合资金信托计划,并以该信托计划项下资金受让郭某某所持有的楼某集团 30%股权的收益权。转让总价款暂定为信托计划总募集资金(不超过 120000 万元)的 30%/65%,约为 55385 万元,实际转让价款以信托计划实际募集的资金数额为准。若信托计划不成立,则合同自动解除,合同各方互不承担赔偿责任。该协议第 4.1 条约定:某信托公司在满足如下条件时,方才向郭某某支付转让价款:(1)信托计划已经成立,且信托计划募集的资金总额不少于人民币 4 亿元;(2)该合同已经有效签署并已经办理完毕强制执行公证手续;(3)楼某集团及下属三家煤矿已向某信托公司出具了某信托公司认可的承诺函;(4)某信托公司与郭某某、泰某某投资的《股权质押合同》均已经有效签署并已根据《股权质押合同》的规定办理完毕质押登记和强制执行公证手续;(5)某信托公司与山西汇某兴业焦煤集团有限公司、山西离某焦煤集团有限公司、山西某阳钢铁有限公司及邢某斌、李某某夫妇的《保证合同》均已有效签署,并办理完毕强制执行公证手续;(6)泰某某投资向某信托公司出具承诺函,承诺其另外持有的楼某集团 35%已出质股权,在解除质押后质押给某信托公司;(7)联某能源向某信托公司出具承诺函,承诺在郭某某未能及时完全履行回购义务时,其代为履行回购义务。协议还约定了其他内容。同日,某信托公司(受让方)与楼某集团法人股东泰某某投资(转让方)、联某能源(回购方)签订了同类型的《股权收益权转让及回购协议》。某信托公司以信托计划募集的资金约64615万元受让泰某某投资持有的楼某集团35%股权的收益权，回购义务方为联某能源。其余主要内容与前述某信托公司同郭某某签署的《股权收益权转让及回购协议》相同。同日，郭某某（出质人）、泰某某投资（出质人）分别与某信托公司（质权人）签署《股权质押合同》，将前述《股权收益权转让及回购协议》中楼某集团65%的股权出质给某信托公司，后办理了股权质押登记。山西汇某兴业焦煤集团有限公司、山西离某焦煤集团有限公司、山西某阳钢铁有限公司、邢某斌和李某某夫妇，分别与某信托公司签署《保证合同》，就前述两份《股权收益权转让及回购协议》为债务人提供不可撤销连带责任保证。

2012年10月8日，上述合同当事人向西安市公证处申请赋予前述《股权收益权转让及回购协议》（两份）、《股权质押合同》（两份）、《保证合同》（四份）强制执行效力。西安市公证处出具了（2012）西证经字第9694号《公证书》，赋予上述合同强制执行效力。同日，楼某集团向某信托公司出具了《承诺函》，承诺同意将下属三矿采矿权抵押给某信托公司；泰某某投资向某信托公司出具《承诺函》，承诺在其持有的楼某集团35%已出质股权解除质押后，将其质押给某信托公司；联某能源向某信托公司出具《承诺函》，承诺其在郭某某未履行回购义务时，代为履行回购义务；楼某集团担炭沟煤业有限公司向某信托公司出具《承诺函》，承诺在其名下采矿权达到抵押条件时立即将该采矿权抵押给某信托公司，为某信托公司设定第一顺位抵押权；楼某集团赵家庄煤业有限公司向某信托公司出具《承诺函》，承诺在其名下采矿权达到抵押条件时立即将该采矿权抵押给某信托公司，为某信托公司设定第一顺位抵押权；楼某集团泰业煤业有限公司向某信托公司出具《承诺函》，承诺在其名下采矿权达到抵押条件时立即将该采矿权抵押给某信托公司，为某信托公司设定第一顺位抵押权。2012年10月12日，西安市公证处公证证明上述共计6份《承诺函》上的相应印鉴属实，并分别出具了6份《公证书》。

2012年11月9日，某信托公司与光某银行太原分行签署了《某信托公司·煤炭资源产业投资基金3号集合资金信托计划保管协议》,委托光某银行太原分行作为信托计划的账户保管人,保管信托资金。同日,某信托公司与楼某集团、光某银行太原分行南内环街支行、郭某某、联某能源签署了《监管合同》,约定在光某银行太原分行南内环街支行开设以"楼某集团"为户名的资金监管账户,委托银行监督楼某集团按照约定使用资金,对于不符合条件的资金支付申请银行应当拒付。

此后,光某银行和某信托公司签署了系列文件,包括《信托计划说明书》《认购风险申明书》《信托合同》。

2013年2月,某信托公司(甲方)与光某银行(乙方)签订《某信托公司·煤炭资源产业投资基金3号集合资金信托计划资金代收代付协议》,约定甲方委托乙方在信托计划发行期间代理甲方向信托计划委托人收取委托资金。甲方委托乙方按照甲方提供的分配清单负责信托计划项下委托人的信托收益、信托资产现金分配的划转,按照甲方提供的信托文件的内容,向甲方推荐合格投资者。

2013年3月1日,光某银行向某信托公司银行账号汇款500万元。此后,某信托公司也向光某银行支付了部分信托收益分配款。

另,某信托公司在其网站分别公告称三期信托计划宣告成立。在2013年1月25日信托计划宣告成立后第一次发布的《2012年第4季度公告》中称:尊敬的委托人、受益人,信托计划已于2012年11月16日正式成立,已运行2个月,现将第4季度信托资金管理、运用及收益情况报告如下。(1)信托项目基本信息。(2)信托资金的保管。(3)信托资金管理、运用、处分、收益及收益分配情况。信托资金使用情况。受托人于信托成立日将信托资金全部用于受让泰某某投资持有的楼某集团35%股权收益权及自然人郭某某持有的楼某集团30%股权收益权。信托资金用途为补充楼某集团下属煤矿技改资金、缴纳资源价款及补充流动资金;在担保措施中,除郭某某持有的30%、泰某某投资持有的35%已质押之外,泰某某投资承诺,其另外持有的35%楼某集团已出质股权将在解除质押后立即质押给某信托公司;楼某集团下属三煤矿(担炭沟煤业、赵家庄煤业、泰业煤业)承诺在满足采矿权抵押条件后,将采矿权抵押给某信托公司等信托执行情况内容。此后,某信托公司按季度发布信息披露公告。

判决结果:

一审判决:驳回原告董某红的全部诉讼请求。

二审判决:驳回上诉,维持原判。

裁判观点:

二审法院认为:第一,判断案涉信托计划是否成立,应当结合营业信托即商事信托的特点及合格投资人的条件进行判断。案涉《信托合同》中对于合格投资者的条件进行了约定,符合《集合资金办法》第5条和第6条等关于合格投资者的规定。投资人董某红能够选择营业信托这样的大额、高风险投资,说明其具有识别、判断和承担风险的能力,故应遵循商事行为的原则、判断标准对该案予以认定。第二,判断案涉信托计划是否成立,应当考虑《承诺函》未能办理赋予强制执行效力的债权文书公证的实际情况以及未办理完毕赋予强制执行效力的债权文书公证是否影响《承诺函》中承诺事项的实现。案涉第5、6、7目中的《承诺函》承诺的是将来满足某种条件时通过承诺人的行为达到某种状态,内容存在不确定性,当条件无法满足或者承诺人不履行承诺的行为时,无法实现预期的结果。故《承诺函》并无明确具体的可供执行的给付内容,不符合办理赋予强制执行效力的债权文书公证的条件,且并无证据显示某信托公司在办理公证时就案涉《承诺函》存在故意不申请办理赋予强制执行效力的债权文书公证的情形。对于《承诺函》最终未办理赋予强制执行效力的债权文书公证,某信托公司主观上无恶意。第三,判断案涉信托计划是否成立,应当对合同条文本意进行分析,并结合合同全文系统完整地解释。董某红认为落实楼某集团100%股权质押与三个煤矿采矿权抵押措施是信托计划成立的条件。从合同条文的字面意思能够看出采矿权抵押登记以及另外35%股权质押登记尚不具备办理条件。若信托计划的成立以办理完毕采矿权抵押登记及另外35%股权质押登记为前提,则合同内容相互矛盾,就是因为成立条件中约定的是出具《承诺函》,而《承诺函》的落实具有一定不确定性,合同的风险揭示部分才就《承诺函》的承诺事项所可能存在的风险向投资者进行揭示。因此,信托计划成立的条件并非董某红所主张的需落实楼某集团100%股权质押及三个煤矿采矿权抵押措施。第四,判断案涉信托计划是否成立,应当考虑投资人对于《承诺函》的内容具有不确定性是否具有判断能力,投资者有无尽到审查义务。第五,判断案涉信托计划是否成立,应考虑未满足的成立条件是否影响投资者对于投资风险的判断。依据《信托合同》关于风险揭示的内容,董某红在签订合同时,已知晓楼某集团及其下属三家煤业有限公司出具的《承诺函》所承诺的采矿权抵押暂不能实现或者存在不能及时办理、办理不成的操作风险。依据《信托合同》关于信托计划成立条件中泰某某投资出具《承诺函》的内容,该公司质押给某信托公司的另外35%股权当时已质押给他人,尚不具备办理质押的条件。甚至董某红自己提交的案涉信托项目简介的风控措施中亦有上述内容。据此,董某红在签订《信托合同》时已知晓本次信托投资担保措施中的采矿权抵押和股权质押在当时是不具备办理条件的,但仍与某信托公司签订《信托合同》等一系列信托文件。说明《承诺函》能否办理赋予强制执行效力的债权文书公证并非影响董某红判断案涉信托投资风险的主要因素。第六,判断案涉信托计划是否成立,应当充分考虑当事人通过履行行为表现出的真实意思表示。

【风险提示】

对信托文件的审查要合法合规。虽然信托合同成立的判断标准主要是法律规定的合同有效要件,在投资者充分了解项目背景的情况下,即使非核心的信托文件违规、违约或无法实现,亦不影响信托合同的效力,但是当投资者以此为由提起诉讼,给信托公司带来讼累时,这对于信托公司而言本身就是一个极大的损失。

【投资建言】

投资者应充分了解项目背景和信息,应对信托项目的主合同内容充分理解。在一系列信托文件中,主合同无疑是对项目信息、信托目的等规定最为全面的。而且主合同一般是被严格监管的。而非核心的信托文件(可能还是在主合同之后补充签订的)可能在监管中难以被发现,也可能因违规、违约、而效力被否定,但难以影响主合同效力。

风险点二十四　信托贷款项目中关于违约金约定过高的风险

【基本法理】

信托贷款项目是信托投资公司中比较普通、较为容易的信托业务。常见的信托贷款主要可分为流动性资金贷款(俗称流贷)、固定资产贷款(项目贷)等,其中流贷是信托公司直接给融资人发放流动资金贷款,以满足其运营资金需求,偿还金融机构借款等用途;项目贷可以理解为给融资人或融资人子公司名下的某个固定资产项目发放信托贷款,用以满足该项目的开发建设等用途。

信托贷款项目中常有银行参与,或者是利用银行的资金,以信托名义安排一系列文件,文件相互之间以收益权转让等方式构建完整的法律关系链条,最终使银行的信贷资金获得收益。为了实现利益,信托贷款项目的利息可能游离在监管之外。合同中设计了违约条款,因为信托贷款项目的特殊性,其违约常常是融资方未按规定期限偿还信托贷款,那么违约条款更多是关于违约利息、罚息等内容的。在司法审判实务中,法院穿透信托业务实质,还原违约金设置的法律目的,过高的违约金在信托贷款项目中有不被法院支持的风险。

【参考案例】

九某银行与精某公司等营业信托纠纷案①

诉讼请求:

九某银行诉讼请求:(1)被告深圳精某公司立即偿还原告九某银行借款本金3亿元、利息26097500元[自2018年11月29日(含)起至2019年11月29日(不含)止,以借款本金为基数,年利率8.58%]、逾期利息[以所欠借

① 参见陕西省西安市中级人民法院民事判决书,(2020)陕01民初156号。

款本金及利息之和326097500元为基数，自2019年11月29日（含）起，按照借款年利率9.23%上浮50%至13.85%计算至偿付之日止，暂计算至2020年1月8日（含）的逾期利息为5141878.21元］、违约金［以所欠借款本金及利息之和326097500元为基数，自2019年11月29日（含）起，按照0.08%/日计算至偿付之日止，暂计算至2020年1月8日（含）为10695998元］，上述四项共计341935376.21元；（2）依法确认原告九某银行对被告乾德精某合伙企业持有并出质的5226万股亚某公司股票享有质押权，并有权在本金3亿元、利息26097500元、实现债权费用（律师代理费）98000元以及自2019年11月29日起至偿还之日止以未偿还本息数326097500元为基数按照年利率13.85%计算的逾期利息、自2019年11月29日起至偿还之日止以未偿还本息数326097500元为基数按照日利率0.08%计算的违约金限额内，对折价或者拍卖、变卖上述质押财产所得的价款享有优先受偿权；（3）被告深圳精某公司、乾德精某合伙企业偿付原告九某银行已付律师代理费98000元；（4）被告深圳精某公司、乾德精某合伙企业承担该案诉讼费用。

案件事实：

关于信托贷款的相关事实。2016年11月27日，某信托公司与深圳精某公司签订编号为宁单精某16270777的《信托贷款合同》，该信托贷款合同第4条约定信托贷款金额为3亿元；第5.1条约定贷款期限为24个月，自放款日起算；第6.1条约定贷款年利率为8.5%；第15.2条约定逾期付息利率上浮50%，并按以下方式额外收取违约金：逾期利息金额×0.08%/日×实际逾期天数；第15.3条约定逾期偿付本金利率上浮50%，并按以下方式额外收取违约金：逾期贷款本金金额×0.08%/日×实际逾期天数；第16.2条约定贷款人可以将该合同项下贷款债权全部或部分转让给第三方。2016年11月29日，某信托公司向深圳精某公司以转账方式发放贷款3亿元，按双方约定履行了出借义务。2018年11月29日该笔贷款到期，同日，某信托公司与深圳精某公司签订编号为宁单精某16270777—补2的《贷款合同补充协议》，约定借款期限延长12个月至2019年11月29日（不含），自2018年11月29日起借款年利率提高为9.23%。截至2018年11月29日，深圳精某公司支付了全部利息共九笔，合计53660416.7元，该利息包含2016年11月29日（含）—2018年11月29日（不含）按照年利率8.5%计算的利息及展期一年2018年11月29日（含）—2019年11月29日（不含）按照年利率0.65%计算的利息，但未偿付本金3亿元。

关于担保的相关事实。某信托公司与乾德精某合伙企业签订编号为宁单精某16270777的《股票质押合同》《贷款合同补充协议》。

关于信托及信托受益权转让的相关事实。2016年8月9日，九某银行与九州公司签署《九州证券瑞鑫12定向资产管理计划资产管理合同》（以下简称资产管理合同），委托人是九某银行，管理人是九州公司。2016年11月28日，九州公司与某信托公司签订编号为宁单精某16270777号的《信托合同》，委托人是九州公司（代表"九州证券瑞鑫12定向资产管理计划"），受托人是某信托公司。2016年11月29日，九某银行向九州公司出具《追加委托资产确认书》和《投资指令》，依据资产管理合同向案涉《信托合同》投资3亿元。2019年10月24日，九某银行受让九州公司（代表"九州证券瑞鑫12号定向资产管理计划"）持有的信托受益权。2019年11月28日，某信托公司向深圳精某公司和乾德精某合伙企业送达《非现金形式信托财产现状分配通知书》，将对深圳精某公司享有的《信托贷款合同》项下的债权和对乾德精某合伙企业享有的《股票质押合同》项下的质押权全部转让给九某银行向深圳精某公司和乾德精某合伙企业进行了送达告知。

判决结果：

（1）被告深圳精某公司于判决生效后10日内偿还原告九某银行借款本金3亿元、利息26097500元、逾期利息［以所欠借款本金及利息之和326097500元为基数，自2019年11月29日（含）起，按照借款年利率9.23%上浮50%至13.845%计算至偿付之日止］；（2）被告深圳精某公司于判决生效之日后10日内偿还九某银行支付的律师代理费98000元；（3）原告九某银行对被告乾德精某合伙企业持有并出质的5226万股亚某公司股票享有质押权，并对判决第1项、第2项所确定的债权折价或者以拍卖、变卖该质押股权的价款优先受偿;(4)被告乾德精某合伙企业承担担保责任后,有权向被告深圳精某公司追偿;(5)驳回原告九某银行的其他诉讼请求。

裁判观点:

法院认为该案争议的主要焦点问题是九某银行要求的逾期利息和违约金是否符合法律规定。

法院认为,某信托公司作为金融机构具有发放贷款的资质,其与深圳精某公司、乾德精某合伙企业分别签订的《信托贷款合同》及补充协议、《股票质押合同》及补充协议,系当事人之间的真实意思表示,内容符合法律法规的规定,均为有效合同。某信托公司依照约定向深圳精某公司发放了贷款,履行了合同义务。在《信托贷款合同》履行过程中,深圳精某公司未按约定偿还借款利息,构成违约,应当承担由此产生的违约责任。九某银行作为信托计划的委托方,依据《资产管理合同》《信托合同》从九州公司受让取得该信托受益权,故九某银行有权按照约定要求深圳精某公司偿还借款本金、利息、逾期利息和违约金。因深圳精某公司对于未还款事实及合同约定的利息、逾期利息和违约金约定的真实性无异议,仅认为逾期利息和违约金的约定过高,故对九某银行要求深圳精某公司偿还借款本金3亿元、利息、逾期利息的诉讼请求,法院依法予以支持。《合同法司法解释(二)》第29条规定"当事人主张约定的违约金过高请求予以适当减少的,人民法院应当以实际损失为基础,兼顾合同的履行情况、当事人的过错程度以及预期利益等综合因素,根据公平原则和诚实信用原则予以衡量,并作出裁决。当事人约定的违约金超过造成损失的百分之三十的,一般可以认定为合同法第一百一十四条第二款规定的'过分高于造成的损失'",违约金应当以实际损失为衡量基础,现九某银行除利息外无证据证明还存在其他损失。而且,合同约定的逾期利息本身具有违约赔偿的性质,足以弥补其利息损失。另,2018年11月29日,案涉贷款展期时,深圳精某公司已经预先按照年利率0.65%支付了一年的利息,该笔资金应从借款本金中扣除,综合实际还款情况和双方诉请及答辩意见,对于九某银行要求深圳精某公司支付违约金的诉讼请求,法院不予支持。

【风险提示】

应明确信托合同中约定的预期利息、违约金的多少以及二者之间的关系。逾期利息是利息之上的利息，具有违约赔偿的性质，足以弥补其利息损失。若再约定违约金有双重惩罚的意思。该案既约定了利息、逾期利息，又约定了违约金，法院认为违约金应当以实际损失为衡量基础，现九某银行除利息外无证据证明还存在其他损失。法院最终仅支持了利息、逾期利息，未支持违约金。

【投资建言】

在信托贷款中希望通过违约金和预期利息双保险保证贷款资金，在发生讼争时难以得到法院的支持。故建议可以合理约定逾期利息，甚至可以约定罚息，反而更能得到法院的支持。

当然需要明确的是，法院审判时会根据投资者具体情况计算损失，并判断违约金的合理性，以及过高或过低。对于投资者来说，不必过多关注违约金条款。

风险点二十五　后《九民纪要》时代违反部门规章导致合同无效的风险

【基本法理】

《九民纪要》第 30 条第 1 款指出，针对一些人民法院动辄以违反法律、行政法规的强制性规定为由认定合同无效，不当扩大无效合同范围的情形，《合同法司法解释（二）》第 14 条将《合同法》第 52 条第 5 项规定的“强制性规定”明确限于“效力性强制性规定”。此后，《最高人民法院关于当前形势下审理民商事合同纠纷案件若干问题的指导意见》第 15 条进一步提出了“管理性强制性规定”的概念，指出违反管理性强制性规定的，人民法院应当根据具体情形认定合同效力。随着这一概念的提出，审判实践中又出现了另一种倾向，有的人民法院认为凡是行政管理性质的强制性规定都属于“管理性强制性规定”，不影响合同效力。这种望文生义的认定方法，应予纠正。

针对这种情形，《九民纪要》第 30 条第 2 款提出人民法院在审理合同纠纷案件时，要依据《民法总则》第 153 条第 1 款和《合同法司法解释（二）》第 14 条的规定慎重判断“强制性规定”的性质，特别是要在考量强制性规定所保护的法益类型、违法行为的法律后果以及交易安全保护等因素的基础上认定其性质，并在裁判文书中充分说明理由。下列强制性规定，应当认定为“效力性强制性规定”：强制性规定涉及金融安全、市场秩序、国家宏观政策等公序良俗的；交易标的禁止买卖的，如禁止人体器官、毒品、枪支等买卖；违反特许经营规定的，如场外配资合同；交易方式严重违法的，如违反招投标等竞争性缔约方式订立的合同；交易场所违法的，如在批准的交易场所之外进行期货交易。关于经营范围、交易时间、交易数量等行政管理性质的强制性规定，一般应当认定为“管理性强制性规定”。

《金融会议纪要（征求意见稿）》提出金融监管规定不仅可纳入合同效力的判断标准，而且将被法院作为认定民事权利义务及相应民事责任的抓手。金融监管规章是金融交易的行为规范，交易主体应当遵守，法院依据金融监管规章认定民事权利义务及相应民事责任符合金融市场交易主体的预期。如售后返租在具备什么条件下构成融资租赁关系，信托通道业务如何定性，上市公司、金融机构关联交易及披露义务的认定，证券欺诈、中介机构责任、金融借贷利率、罚息、高风险理财产品卖方适当性义务的认定等，都需要借助监管规章，甚至规范性意见、业务规则判断。

【参考案例】

某什公司与某陇信托公司营业信托纠纷案①

诉讼请求：

某什公司诉讼请求：（1）判令某陇信托公司向某什公司返还委托认购的信托业保障基金本金 350 万元及收益（以 350 万元为基数，按照合同约定的

① 参见北京金融法院民事判决书，（2022）京 74 民终 401 号。

信托计划终止日2020年3月9日国家一年期存款基准利率的标准,自2017年8月8日起计算至信托业保障基金本金实际付清之日止);(2)判令某陇信托公司承担该案的受理费、保全费、保全担保费等费用。

某什公司上诉请求:(1)撤销北京市西城区人民法院作出的(2021)京0102民初33525号民事判决书;(2)在查明案件事实的基础上依法判决支持某什公司的全部诉讼请求;(3)判决某陇信托公司承担全部诉讼费用、保全费用及保全担保费。

案件事实:

2017年7月28日,乙方某什公司、甲方某陇信托公司签订了案涉《委托认购协议》,该协议约定,甲方作为案涉信托计划的受托人,拟以案涉信托计划项下信托资金认购前海基金公司管理的某晨二号基金非A类份额,预计认购金额为3.5亿元。乙方拟以自有资金认购某晨二号基金A类份额,认购金额为2000万元。相关方已就上述投资及其相关事宜签署了某晨二号基金合同、某晨二号基金份额认购说明书等合同、文件。《信托业保障基金管理办法》第14条要求,融资人应当委托信托公司代为缴纳信托业保障基金。根据以上规定和约定,乙方同意委托甲方就案涉信托计划向保障基金公司认购信托业保障基金。

该协议第1条约定,乙方应在不迟于案涉信托计划成立之日后的5个工作日内按照案涉信托计划实际募集金额1%的标准,将保障基金本金缴付至甲方开立的保障基金专用账户,用于委托甲方认购案涉信托计划所应认缴的保障基金。乙方同意委托甲方处理以下事务:乙方交付的保障基金本金用于向保障基金公司认购保障基金,并由甲方代乙方持有相应保障基金份额;甲方代表乙方与保障基金公司及相关主体办理保障基金结算、分配等有关事项;甲方代表乙方从保障基金公司处领取保障基金利益……根据相关规定,乙方认缴的各期保障基金自缴付至甲方基金专用账户之日(含)起至案涉信托计划终止日(不含)止的期间,由甲方按照终止日对应的国家一年期定期存款基准利率计算保障基金收益。保障基金收益不因当期保障基金收益核算期内一年期定期存款基准利率的调整而分段计算。协议第4条是关于保障基金利益计算与分配的约定，即同时符合以下条件时，甲方与乙方结算信托业保障基金利益：(1)案涉信托计划/某期信托资金已终止；(2)乙方在案涉信托计划项下不存在任何违约。协议第6条特别约定，如乙方及其关联方或案涉信托计划项下其他交易主体违反了交易文件约定的任何义务，则甲方有权拒绝按照该协议第3条、第4条的约定向乙方分配保障基金收益、返还保障基金本金。甲方有权以其应向乙方分配的保障基金利益直接抵扣融资人应向甲方支付的贷款本息、违约金等应付未付款。

判决结果：

一审判决：驳回某什公司的全部诉讼请求。

二审判决：驳回上诉，维持原判。

裁判观点：

该案争议焦点为某什公司能否依据《信托业保障基金管理办法》主张案涉《委托认购协议》无效，该案是否符合保障基金利益的结算条件，某陇信托公司是否应当返还信托业保障基金本金及相应收益。

法院认为，关于合同无效的情形，《合同法》第52条规定了合同无效的五种法定情形，其中包括违反法律、行政法规的强制性规定。该案中，某什公司提出《委托认购协议》对于保障基金认购义务主体的安排与《信托业保障基金管理办法》相冲突，而上述文件由银监会、财政部联合下发，在性质上属于部门规章，系国家行政监管部门对信托业保障基金的筹集、管理和使用制定的管理办法。在当事人对于保障基金认购义务进行特别约定的情况下，应当遵循当事人之间的意思自治。故某什公司以《委托认购协议》违反《信托业保障基金管理办法》为由主张协议无效，缺乏法律依据，法院不予支持。

关于案涉保障基金利益是否符合结算及分配的条件，根据《委托认购协议》第4条的约定，结算保障基金利益需要同时满足两个条件，即本信托计划/某期信托资金已终止以及某什公司在本信托计划项下不存在任何违约。该协议第6条进一步约定若某什公司及其关联方或案涉信托计划项下其他交易主体违反了交易文件约定的任何义务，则某陇信托公司有权拒绝按照该协议第4条的约定向某什公司分配保障基金收益、返还保障基金本金。本案中,某什公司未能提供充分证据证明案涉信托计划已经清算完毕并终止,某什公司在信托计划项下是否存在违约亦未能确定。因此,一审判决认定某什公司提出的结算保障基金利益的要求尚未满足合同约定的条件,并无不当。某什公司可在满足结算及分配条件的情况下,另行主张。

【风险提示】

在违反部门规章、监管文件等是否影响合同效力的问题上,法院在该案判决中仍然采用合同依意思表示自由而不受影响的观点。但是自《九民纪要》之后,违反部门规章的行为同样被认定为导致合同无效的理由。

信托业务部门必须明确金融审判会议前后的变化:金融审判会议前,违反作为部门规章的金融监管规定一般不会导致合同无效,法院对于将金融规章引入作为判断是否违背公序良俗的理由颇为审慎。而《金融会议纪要(征求意见稿)》正式公布后,法院对金融交易有效性的司法自由裁量权加大,违反金融监管规定导致合同无效的可能性将数倍增加。根据金融审判会议精神,金融规章可作为判断是否违背公序良俗的重要依据或裁判理由,2023年12月颁布的《民法典合同编通则司法解释》第17条明确"合同虽然不违反法律、行政法规的强制性规定,但是有下列情形之一,人民法院应当依据民法典第一百五十三条第二款的规定认定合同无效……"即在金融监管规章有关条款构成公序良俗的情况下,法院可以适用《民法典》的规定认定合同无效,该规定意味着金融市场进入"强监管"阶段。

【投资建言】

同对信托公司的风险提示。合同无效对于信托合同的双方均无好处。当然,合同无效后需恢复原状,表面上看起来信托资金或财产应该返还给投资者。但是导致合同无效双方都有责任,缔约过失责任不是全由一方承担。另外,违反部门规章无效的,可能不是整个信托合同,而是合同中的具体条款,不影响信托合同主要权利义务的约定。那么,投资者同样需要承担投资失败的后果。故,投资者不应抱有侥幸心理,认为违反部门规章的约定会得到法院的支持,或者由信托公司或金融机构主动按照约定行动。

风险点二十六　信托合同的成立、生效未清晰的风险

【基本法理】

成立和生效不是同一个概念,《民法典》对合同成立、生效有明确区分,实务中常被混淆。一般情况下合同成立时便生效。但当事人可以另行约定生效时间。《民法典》第490条第1款规定,“当事人采用合同书形式订立合同的,自当事人均签名、盖章或者按指印时合同成立。在签名、盖章或者按指印之前,当事人一方已经履行主要义务,对方接受时,该合同成立”;第502条第1款规定,“依法成立的合同,自成立时生效,但是法律另有规定或者当事人另有约定的除外”。

关于信托成立和生效,因为《信托法》相对于《民法典》来说是特殊法,故需要首先适用《信托法》。《信托法》第8条第3款规定:“采取信托合同形式设立信托的,信托合同签订时,信托成立。采取其他书面形式设立信托的,受托人承诺信托时,信托成立。”同样信托成立不代表信托生效,《信托法》第10条第1款规定,“设立信托,对于信托财产,有关法律、行政法规规定应当办理登记手续的,应当依法办理信托登记”,即需要办理登记的,其生效根据为第10条第2款“未依照前款规定办理信托登记的,应当补办登记手续;不补办的,该信托不产生效力”。

信托公司开展的信托业务,除法律、行政法规或者国务院银行业监督管理机构另有规定外,需要登记。《信托登记管理办法》第3条规定:“信托机构开展信托业务,应当办理信托登记,但法律、行政法规或者国务院银行业监督管理机构另有规定的除外。”

【参考案例】

姜某新与某信托公司营业信托纠纷案①

诉讼请求:

姜某新诉讼请求:(1)确认原告与被告签署的《长安信托日新单一资金

① 参见西安市雁塔区人民法院民事判决书,(2021)陕0113民初23040号。

信托合同》未成立并未生效;(2)确认原告与被告之间的 800 万元资金的信托项目未成立且未生效;(3)判令被告向原告返还本金 800 万元并支付利息;(4)诉讼费由被告承担。

案件事实:

2015 年 8 月 12 日,被告(某信托公司)员工将名为《日新单一信托合同》(以下简称信托合同)的两份合同交给原告(姜某新)。原告在合同文本上逐页签名,但未书写签名日期。同日,原告向被告账户汇款人民币 800 万元。被告员工将合同文本带走,用于办理被告公司签章。2015 年 12 月 7 日,原告通过北京中闻律师事务所刘某华律师分别向高某程、胡某邮寄了《律师函》。邮件查询结果分别为:“2015 年 12 月 9 日邮件妥投,他人收黄某万”“2015 年 12 月 8 日邮件妥投本人收”。后被告将加盖章其公司印章及其法定代表人高某程印章的信托合同及加盖被告公章的《“某信托公司 · 日新单一资金信托”成立公告》,邮寄给原告。2016 年 1 月中旬,原告收到被告邮寄的信托合同以及《“某信托公司 · 日新单一资金信托”成立公告》。信托合同中载明:“签署日期为 2015 年 8 月 21 日。满足 1. 委托人与受托人签订本合同且本合同已生效;2. 委托人根据合同第五条规定交付信托资金;3. 委托人与债务人的《信托贷款合同》已经有效签署并生效;三个条件之后,信托成立并生效;信托成立日(生效日)最终以受托人确定的日期为准。受托人按照委托人的指定,将信托资金用于向上海市建设机电安装有限公司发放流动资金贷款,信托资金应在债务人经营范围内使用,不得用于房地产开发、股本性投资等用途。”《“某信托公司 · 日新单一资金信托”成立公告》中载明:“信托项目的信托规模 800 万元……于 2015 年 12 月 28 日宣告成立。”2015 年 12 月 21 日,被告与上海市建设机电安装有限公司签订《某信托公司 · 日新单一资金信托信托贷款合同》,双方约定:上海市建设机电安装有限公司向被告借款 800 万元。2015 年 12 月 28 日被告向上海市建设机电安装有限公司分两笔共转账 800 万元(其中 8 万元为认购保障基金,792 万元为贷款)。

另查,2018 年 4 月 13 日,北京市中信公证处作出(2018)京中信内民证字 04974 号公证书,对原告的“HUAWEI”手机上的短信内容进行了保全证据公证。短信内容为原告与唐某某(手机号 1391621××××)、谢某某(手机号 1362103××××)就有关信托事项进行了短信沟通。

判决结果:

驳回原告姜某新的所有诉讼请求。

裁判观点:

法院认为,《合同法》第 37 条规定,“采用书面形式订立合同,在签字或者盖章之前,当事人一方已经履行主要义务,对方接受的,该合同成立”;第 44 条规定,“依法成立的合同,自成立时生效。法律、行政法规规定应当办理批准、登记等手续生效的,依照其规定”。该案中,被告工作人员向原告提供案涉信托合同文本,原告在该合同文本上进行了签名。原告、被告就订立信托合同达成了合意。原告于其在信托合同上签名当天即向被告转账支付了合同约定的 800 万元信托资金,履行了信托合同约定的主要义务,被告亦接受了原告支付的 800 万元信托资金。故在被告签字盖章之前,原告已经履行了信托合同约定的主要义务,被告已经接受,信托合同从原告支付 800 万元信托资金之日即 2015 年 8 月 12 日成立并生效。被告在信托合同成立并生效后,按信托合同约定,于 2015 年 12 月 21 日与上海市建设机电安装有限公司签订《某信托公司·日新单一资金信托贷款合同》,并于 2015 年 12 月 28 日向上海市建设机电安装有限公司发放了流动资金贷款 800 万元。信托合同约定的案涉信托成立的三个条件[(1)委托人与受托人签订该合同且该合同已生效;(2)委托人根据合同第 5 条规定交付信托资金;(3)委托人与债务人的《某信托公司·日新单一资金信托贷款合同》已经有效签署并生效]已经成就。故案涉信托已经成立。

被告未说明其工作人员在拿走原告签名的信托合同文本后,其向原告返还加盖签章的信托合同文本的具体情况。故被告未及时向原告返还信托合同文本的行为存在瑕疵,但该瑕疵并不影响信托合同的成立及生效。原告认为其在信托合同文本上签名的行为系发出要约的意思表示,其与唐某某、谢某某就有关信托事项进行了短信沟通,并向被告发出《律师函》的行为,系其向被告作出撤销要约的意思表示。因案涉信托合同系书面合同,原告在信托合同文本上签字当天已经向被告履行了信托合同的主要义务,按照《合同法》第37条的规定,信托合同实际已经依法成立并生效。庭审中,原告未提供《律师函》的原件,被告对原告提交的《律师函》复印件不予认可,原告依法应承担相应举证责任的不利后果。故对原告的诉讼请求,法院依法应予驳回。

【风险提示】

建议合理区分信托合同的成立、生效等,可在信托文件中明确约定。信托成立指信托行为体现了当事人意志,在法律上是一种客观存在。而信托生效指信托行为具有法律上的效力,表明代表国家意志的法律对信托行为的肯定评价。若未合理区分信托合同的成立和生效,对于信托合同的效力,以及权利义务的理解不仅可能发生误解,也会严重地影响业务本身。该案中信托公司工作人员在拿走委托人签名的信托合同文本后,未及时向委托人返还信托合同文本,法院认定该行为存在瑕疵,但不影响信托合同的成立与生效,同时认定委托人签订合同当天已经支付款项,信托合同成立并生效。通常情况下,格式版本的信托合同中,有信托合同的成立、生效及期限的条款。但从该案的裁判思路来看,在信托公司不能证明其何时向委托人返还盖章文本的情况下,信托合同自委托人签字并履行付款义务之日起成立并生效。

【投资建言】

应充分理解在信托合同中签字就代表对合同内容的确定并同意订立合同的意思表示,在法律上代表合同成立,若未约定生效的其他条件,则成立之时即合同生效。该案中原告认为在信托合同中签字是发出要约,不仅是对法律的误解,也是对自己真实意思的无效掩盖。投资失败,却又不愿意承担后果,寻找各种理由期待通过诉讼达成目的,是对法律的不尊重和滥用权利的表现,也是不诚信的表现。

第六章 项目销售和发行阶段风险点

风险点二十七　推介中夸大收益的法律风险

【基本法理】

金融机构应如实推介产品,夸大收益等行为属于不当行为,需承担法律后果。诚实推介是金融机构履行适当性义务的主要内容之一。

《资管新规》将资产管理产品的“销售”界定为向投资者宣传推介资产管理产品,办理产品申购、赎回的活动。《信托公司受托责任尽职指引》第 15 条第 1 款指出:“信托公司向自然人委托人首次推介信托产品或与其签署信托文件之前,应当告知投资者如实提供身份证明文件,要求其填写包括调查问卷、风险揭示书等形式的书面文件或在身份认证后通过法律认可的电子形式等方式,评估其风险承担能力,并要求其在信托文件中或者以其他书面形式承诺信托财产来源的合法性。”

适当性义务,是指卖方机构在向金融消费者推介、销售银行理财产品、保险投资产品、信托理财产品等高风险等级金融产品或提供服务的过程中,必须履行了解客户、了解产品、将适当的产品(或者服务)销售(或者提供)给适合的金融消费者等义务。卖方机构承担适当性义务的目的是确保金融消费者能够在充分了解相关金融产品、投资活动的性质及风险的基础上作出自主决定,并承受由此产生的收益和风险。适当性义务的主体是金融机构。

信托机构对外销售信托产品,无论是主动管理类信托还是事务管理类信托,均应当承担适当性义务。

【参考案例】

李某伟与某信托公司营业信托纠纷案①

诉讼请求:

李某伟一审诉讼请求:(1)判令某信托公司赔偿李某伟因违约产生的损失,截至2017年3月2日的损失为11432.65万元,从2017年3月2日起至付清时止,以6850万元为基数,按照年利率22.3%计算;(2)判令某信托公司向李某伟支付因处理该案纠纷产生的差旅费、误工费等费用共计4万元;(3)判令某信托公司不得收取信托报酬;(4)判令某信托公司承担全部诉讼费用。

李某伟二审上诉请求:(1)撤销(2017)渝民初20号民事判决;(2)改判支持李某伟一审全部诉讼请求;(3)判令某信托公司承担一审、二审全部诉讼费用。

李某伟再审请求:(1)撤销一审、二审判决;(2)改判支持李某伟一审诉讼请求;(3)全部诉讼费用由某信托公司承担。

案件事实:

2013年10月13日,某信托公司(甲方)与某地集团公司(乙方)签订《合作框架协议》,约定甲、乙双方期望共同进行房地产投资,拟最终投资于乙方持有股权的下属子公司(项目公司)负责开发的佛山珑悦项目。甲、乙双方同意按照该协议约定的条件,对佛山珑悦项目进行投资,并按照约定分配开发经营收益。

2013年12月18日,李某伟与某信托公司签订《资金信托合同》,对信托类别、信托规模及期限、信托财产的管理和运用、信托投资的退出安排、信托收益的计算和分配等事项进行了约定。

---

① 参见最高人民法院民事判决书,(2018)最高法民终173号;最高人民法院民事裁定书,(2019)最高法民申2689号。

同日，李某伟填写了《客户风险等级评估表》和《某信托公司・鹏程Ⅰ号房地产投资基金集合资金信托计划认购风险申明书》（以下简称《认购风险申明书》）。在该《认购风险申明书》上，李某伟手写以下内容：本人已阅读上述风险提示，充分了解并清楚知晓本信托计划的运作，愿意承担相关风险，并签名。

李某伟于2013年12月18日和24日，分别向某信托公司支付信托资金3600万元和3250万元，总计6850万元。

2014年1月22日，某信托公司发出《某信托公司・鹏程Ⅰ号房地产投资基金集合资金信托计划（第一期）成立生效通知书》，该通知书载明本信托计划第一期实际募集资金为10250万元，该期规模全部为次级受益人，符合信托计划书及《资金信托合同》规定的第一期成立条件，于2013年12月31日成立生效。

某信托公司向各个受益人发出的《某信托公司・鹏程Ⅰ号房地产投资基金集合资金信托计划项目受益人大会表决确认书》（落款日期为2016年6月21日）载明：尊敬的受益人，我公司已于2016年6月14日上午10点在某信托公司重庆总部召开受益人大会。本次受益人大会由受托人某信托公司召集召开，受托人已于2016年5月27日（提前10个工作日）向全体受益人公告受益人大会召开的时间、会议形式、审议事项、议事程序和表决方式等。出席本次受益人大会的次级受益人所代表的次级信托单位份额超过本信托计划次级信托单位份额的50%，出席本次受益人大会的优先级受益人所代表的优先级信托单位份额超过本信托计划优先级份额的50%，上述条件符合本信托计划受益人大会召开的条件。因此，本次受益人大会召集、召开程序符合相关法律法规的规定和信托合同的约定，表决结果依法有效。受托人通过本次受益人大会已充分披露了信托财产现状、信托财产的处置情况及可能采取的处置方案。现请就信托计划是否延期进行表决，表决方式为在下列两个选项后的方括号中画勾，并签字确认：（1）同意延期；且延期期限至信托财产全部变现时止。若受益人同意信托计划延期，受托人将在信托计划存续期内积极寻求各种方式处置信托财产，基于受托人前期与某地集团公司的沟通情况、项目目前的建设与销售情况,受托人可能采取谈判、审计、诉讼、投诉等一种或多种手段促使信托财产尽快变现。鉴于信托财产变现的方式多样,谈判、审计、诉讼、投诉等手段之间亦互相衔接,故信托财产变现的周期因受制于各种客观因素而存在不确定性,受托人建议信托计划延期至信托财产全部变现为止。(2)不同意延期。若受益人不同意信托计划延期,我司将根据《资金信托合同》约定,积极保障《合作框架协议》中退出方式的实现;若预先设定的退出机制无法实现,我司将按照《资金信托合同》的约定拟定退出模式修改方案,提交投资决策委员会审议批准后执行。

优先级受益人深圳市金安盛世投资有限公司委托北京大成(重庆)律师事务所律师田振兴对该确认书上的选项进行了表决,同意延期,且延期至信托财产全部变现时止。某信托公司陈述,表决时深圳市金安盛世投资有限公司是该信托计划的唯一优先级受益人,李某伟对该事实予以认可。

受益人李某伟对该确认书上的两个选项未作出选择,且在该确认书的尾部手写以下回复意见:(1)针对第一选项认为,内容不清,无兑现时间,无保障、无结果;(2)针对第二选项认为,内容不清,退出模式修改方案是什么,投资收益多少,保证在哪里。本人意见:要求某信托公司按照你公司2013年12月初由曾某顺承诺及某信托公司鹏程Ⅰ号信托计划的收益率24.94%兑付;要求某信托公司按照你公司2013年12月初由曾某顺承诺的鹏程Ⅰ号基金推广材料的收益率22.3%兑付。

信访回复中确认,未发现某信托公司在信托计划前期存在明显的尽调不充分等问题。但在信托计划存续期间,某信托公司作为受托人存在对投资项目进展状况了解不充分的情况,导致其在信息披露中未能及时反映项目风险。目前,该信托计划尚未清算。未发现某信托公司对次级受益人作出过任何有关回报率的承诺。在该信托计划《资金信托合同》明确列明次级受益人预期收益为浮动收益,受托人不对该部分收益额度及实际回报进行任何保证,且不作任何预期判断,该部分投资收益将完全根据信托计划整体所投项目回报及实际投资运营状况而定,该信托计划是一种高风险高收益的长期投资,具有较低的流动性,其所投资资产可能无法及时变现,因此,该等投资资产的清算或处置可能需要较长时间。受托人、投资管理人不对预期收益率作出任何承诺,亦不保证投资本金可被部分或全部收回,投资者应有充分的资金实力及意愿承担本金损失的风险。受托人及投资管理人过往业绩不代表未来表现。经核查,没有证据显示某信托公司在该信托计划产品的设计、营销、信息披露等方面存在虚假承诺高回报、骗取公众投资的行为。某信托公司在该信托计划中,未严格落实《信托业务监管意见书》的风险提示意见,存在对投资项目了解不充分等情况,已责成某信托公司进行自查,厘清相关人员的责任并严肃问责。材料中所列制假合同、逃避政府监管、制作虚假销售代理合同、公示假工程投资、严重贪腐、未售物业余值作假、虚假评估等问题,以及某信托公司违反公司法和招标投标法等问题,涉嫌刑事犯罪和民事纠纷,不属于银监局受理范围。建议通过司法途径解决,维护自身合法权益。

2014 年 5 月 9 日、2014 年 8 月 30 日、2014 年 11 月 3 日、2015 年 1 月 28 日、2015 年 4 月 22 日、2015 年 7 月 22 日、2015 年 10 月 28 日、2016 年 2 月 5 日、2016 年 4 月 14 日、2016 年 7 月 8 日、2016 年 10 月 13 日、2017 年 1 月 9 日,某信托公司向受益人分别作出《季度管理报告》。

另查明,证人卞某当庭陈述,卞某与某信托公司的工作人员曾某顺是朋友关系,卞某将李某伟介绍给曾某顺,卞某本人不清楚富高公司是否与某信托公司签订了委托销售信托产品的协议。

判决结果:

一审法院判决驳回李某伟的诉讼请求。

二审法院判决驳回上诉,维持原判。

再审法院驳回再审申请。

裁判观点(再审法院):

法院经审查认为,李某伟和某信托公司就信托事宜签订《资金信托合同》及《资金信托合同补充协议》等一系列协议,系双方当事人真实意思表示,不违反法律、行政法规的强制性规定,合法有效,对双方当事人具有拘束力。某信托公司为受托人,李某伟既是委托人也是受益人。现李某伟主张某信托公司违反《资金信托合同》及监管部门的规定，给李某伟造成损失，应承担赔偿责任。

关于某信托公司在合同履行过程中是否存在违约行为的问题。(1)某信托公司未及时进行项目清算构成违约。(2)李某伟主张案涉项目为债权投资，无事实和法律依据，法院不予支持。(3)李某伟主张某信托公司委托不具备项目推介资质的自然人卞某进行推介，明显违约。经原审查明，根据某信托公司职工、案外人邱某某及佛山某项目公司人员与卞某之间的往来邮件，无法认定卞某的身份是李某伟的代理人还是某信托公司的推介人，且某信托公司与卞某之间并无委托合同关系。故原审法院认定李某伟的该项主张不能成立，并无不当。(4)李某伟主张《投资者到期收益将按如下测算方式进行实际计算及分配承诺书》不是敏感性分析表，是《资金信托合同》的补充合同，无事实和法律依据，法院不予支持。(5)李某伟主张某信托公司向未取得“四证”的项目进行投资，违反中国银行业监督管理委员会银监办发〔2008〕265号文件。经查，某信托公司与金地集团公司设立合资公司并不等同于向未取得国有建设用地使用权证的房地产项目发放贷款的行为，且双方明确对未按期取得该证的后果进行约定。原审法院释明，若李某伟认为某信托公司的行为违反银监办发〔2008〕265号文件，其可向监管部门反映情况，由其进行查处，并无不当。(6)某信托公司按照合同约定于2014年5月至2017年1月，定期向受益人作出《季度管理报告》及《重大事项告知函》，履行了相关义务。(7)二审法院认定某信托公司将信托资金投资于金地集团公司佛山珑悦项目，符合《资金信托合同》对投资项目的约定。(8)李某伟主张某信托公司未区分信托财产和固有财产，对项目管理不充分。法院认为，李某伟针对该项主张未提供相应的证据证明，法院不予支持。

关于某信托公司应否赔偿李某伟损失的问题。李某伟主张案涉项目虽未清算，但根据合同约定，某信托公司有效管理信托财产的情况下，李某伟应获取可得利益，原审法院未判令某信托公司将本金及可得利益归还李某伟，确有错误。经原审查明，《资金信托合同》和《认购风险申明书》均以黑体字特别提示受托人，投资管理人不对预期收益率作出任何承诺，不保证投资本金可被部分或全部收回。李某伟亦在《认购风险申明书》上书写“本人已阅读上述风险提示,充分了解并清楚知晓本信托计划的运作,愿意承担相关风险”,明确了信托计划不承诺保本和最低收益,具有一定的投资风险。李某伟主张某信托公司在未清算的情况下,返还本金及可得利益,无事实和法律依据,原审法院未予支持,并无不当。

【风险提示】

(1)在信托推介文件中,应避免出现夸大收益的情形。否则信托公司会因此涉诉,徒增成本。以该案为例,该案发生的关键原因在于投资者认为某信托公司在其《推广宣传材料》《可行性研究报告》中均承诺了投资收益,且某信托公司的工作人员曾某顺和李某也曾向李某伟承诺了投资收益。投资者主张信托合同到期后,某信托公司应当按照合同约定的投资收益率向其支付本金和投资收益。案件的关键在于《敏感性分析》对某信托公司是否具有约束力,法院从内容和形式两方面进行分析,认为《敏感性分析》内容上不能证明某信托公司承诺预期收益率为每年 22.3%,形式上某信托公司没有盖章,即使其上有某信托公司的工作人员曾某顺和李某的签名,但信托公司没有追认,不发生法律效力。尽管最终某信托公司胜诉,但推介相关资料的内容引起了投资者的不同理解。司法实践中存在认定信托推介人员比如信托经理刚性兑付的承诺属于信托公司的行为的案例。所以在信托推介文件中,应避免出现夸大收益的内容。

(2)建议信托资产管理和资产服务,每一具体的产品有统一的收益预期,保证推介人员、推介机构在向投资者介绍信托产品时标准统一,防止夸大情形出现。同时要求推介人员等承诺承担夸大推介的法律后果。虽夸大推介的法律责任,对外由信托公司向投资者承担,但是对内信托公司可以追究具体推介人员的责任;或者根据与推介机构的合同,向夸大的推介机构追偿。

【投资建言】

(1)作为投资者,应明确对于风险提示签字的含义。该案中原告在《认购风险申明书》手书对风险的认知并签名,在诉讼中否认对该风险告知充分理解的否认,不仅不符合基本常识,且有违诚实守信。

(2)投资者应该接受教育,包括对风险充分预估的教育。不仅应该关注推介人员介绍的预期最高收益率和最低收益率,同时需要了解、正视并评估本金损失率,从而作出客观理性的投资决策。

(3)对介绍人员的身份要有充分的了解,是无关人员的介绍还是推介人员的推介,应在信托公司或推介机构的工作地点介绍,并对推介过程在对方的允许下录音录像,为自己保留证据。虽然金融机构有双录的内部要求,但在不利于金融机构的时候,其未必会出示录音录像资料。

风险点二十八 投资者与项目风险测评不匹配导致损失赔偿的风险

【基本法理】

信托公司以及代理销售的公司在项目发行和销售或推介过程中,有了解客户的义务,应努力使客户投资的产品与其风险承受能力相匹配,做到卖者尽责。《资管新规》第 6 条第 1 款指出:金融机构发行和销售资产管理产品,应当坚持"了解产品"和"了解客户"的经营理念,加强投资者适当性管理,向投资者销售与其风险识别能力和风险承担能力相适应的资产管理产品。

【参考案例】

王某与工商银行某支行财产损害赔偿纠纷案①

诉讼请求:

王某一审诉讼请求:(1)判令工商银行某支行赔偿王某本金损失 227515.32 元及利息损失 155000 元(自 2015 年 5 月 5 日至 2017 年 12 月 7 日,以 100 万元为基数,按年利率 6%计算);(2)判令工商银行某支行三倍赔

① 参见北京市第二中级人民法院民事判决书,(2019)京 02 民终 15312 号。

偿王某 682545.32 元。

王某上诉请求：(1)撤销一审判决，将该案发回重审或依法改判工商银行某支行赔偿本金损失 227515.32 元及利息损失 155000 元，共计 382515.32 元。(2)一审、二审案件受理费由工商银行某支行承担。

案件事实：

2015 年 5 月 5 日，王某在工商银行某支行签订了《中国工商银行代理推广证券公司集合资产管理计划业务申请书》(以下简称《案涉产品申请书》)和《个人基金业务申请书》，分别申请并购买名为“海通海蓝宝银”的集合资产管理计划产品(代码 850010，金额为 100 万元，以下称为案涉产品)和名为“华安媒体互联网混合基金”的基金产品(代码 001071，金额为 70 万元)。《案涉产品申请书》上载明：“您投资的集合资产管理计划不是银行存款，也不是我行发行的理财产品。您投资的集合资产管理计划可能产生风险，无法实现预期的投资收益，甚至投资本金也可能产生损失。产品的投资风险由您自行承担……工商银行作为代理推广机构，不以任何方式对投资者资产本金不受损失或取得最低收益作出承诺……”同日，工商银行某支行为王某出具的代理业务购买凭证显示，根据工商银行某支行的测评标准，王某的风险承受能力为平衡型，王某购买的案涉产品风险级别为低风险，购买的华安媒体互联网混合基金为高风险，华安媒体互联网混合基金风险级别高于王某的风险承受能力，工商银行某支行根据王某的要求购买了上述基金产品，王某签署了电子风险揭示书。2015 年 6 月 13 日，王某收取案涉产品分红收益共计 49340.71 元。2017 年 12 月 4 日，王某申请将案涉产品赎回，赎回份额为 956754.69 份，金额为 772483.74 元。王某主张工商银行某支行通过虚假陈述等方式欺诈其购买案涉产品，导致其遭受损失，故将其诉至一审法院要求赔偿。

判决结果：

一审判决：驳回王某的诉讼请求。

二审判决：(1)撤销北京市东城区人民法院(2019)京 0101 民初 11188 号民事判决；(2)工商银行某支行于本判决生效后 15 日内赔偿王某 70000

元;(3)驳回王某的其他诉讼请求。

裁判观点:

二审法院认为:虽然在当事人提交的《案涉产品申请书》上载明了工商银行某支行作为代理推广机构的一定提示内容,但该案中的银协发〔2009〕134号通知、工商银行客户风险承受能力评估问卷、中国工商银行基金产品风险等级和基金投资人风险承受能力匹配方法、工商银行基金风险等级评价办法、案涉产品和华安媒体互联网混合基金的《资产管理合同》及《风险揭示书》等均系工商银行某支行所依循的规范性文件或自身制订的格式合同,且单方在交易文件中提供的内容,不足以作为其与王某双方就案涉产品相关情况充分沟通的凭证。虽工商银行某支行将王某的风险承受能力评估为平衡型,但案涉产品相关合同中显示的风险等级并非均为低风险,且工商银行某支行亦未证实该产品的购买与王某的自身情况及自身意愿达到充分适当匹配的程度。工商银行某支行未能向一审、二审法院提供其客服人员向王某推荐案涉产品时的监控录像或其他充分有效证据证实该行已充分了解投资者的基本情况、财产状况、金融资产状况、投资知识和经验、专业能力等相关信息并以言辞或书面以及其他信息化的方式详尽合理地向王某如实说明了金融产品和服务的重要内容,特别是对投资风险进行充分揭示并得到王某本人对上述认知的确认,即工商银行某支行尚不能充分举证证明其已经对金融消费者本人的风险认知、风险偏好和风险承担能力进行了当面测试并向金融消费者告知产品(或者服务)的收益和主要风险因素等,其应当承担举证不能的法律后果。故对其提出的应完全由该案金融消费者自负投资风险之抗辩意见,二审法院难以采纳。

鉴于双方均认可王某购买该产品系经工商银行某支行客服人员推荐,现王某上诉认为工商银行某支行客服经理介绍的产品与其要求推介购买的理财产品性质及风险等级与其风险承受能力不匹配,且工商银行某支行未能提供证据证明其已通过显著、必要的方式向王某作出特别说明,据此王某主张法院应当认定工商银行某支行存在侵权及虚假宣传的过错,请求判令工商银行某支行赔偿王某相应本金及利息损失。法院认为,除厘清双方之间的事实争议外，对损失数额之认定亦应考虑双方情况和过错。根据该案已查明的事实，王某在购买案涉产品前已经亲自签署了《代理业务申请书》《风险揭示书》等相关文件，其应当对文件中载明的内容予以充分审视。现王某主张因工商银行某支行相关工作人员存在欺诈和虚假宣传，其并不知晓购买案涉产品所包含的投资风险，但未能就此提交充分有效证据予以证明。鉴于其此前亦有过投资理财经验，作为有一定投资认知水平的完全民事行为能力人，王某更应当知晓签字确认行为之效力。而结合上述因素，考虑到投资发生亏损的直接原因是金融市场的正常变化和波动，并非工商银行某支行的代理行为，故法院认定王某亦应对自己投资之损失承担一定的责任。综合考虑双方当事人陈述及该案现有证据，法院认为工商银行某支行在销售案涉产品过程中存在侵害王某财产权益之行为，故酌情确定其对王某所主张的本金之损失承担约30%的赔偿责任，即工商银行某支行应赔偿王某主张的财产损失中的本金7万元。王某的该项上诉主张部分成立。其主张过高的部分，法院不予支持。需要指出的是，适当性义务的履行既是“卖者尽责”的主要内容，也是“买者自负”的前提和基础。契约自由、平等保护、诚实信用等均是人民法院进行民商事案件审判的重要基本原则。该案裁判并非要求金融机构销售金融产品或代理相关业务过程中忽视投资主体的自由处分之权利，而是希望在市场经济快速发展过程中，金融机构作为更有能力提示金融消费者防范相应风险的主体，能够更加完善相关机制举措；同时，金融消费者亦应更具风险意识，双方共同促进金融秩序的良好发展和社会经济法治的进步。

【风险提示】

（1）根据法律规定，金融机构应仔细了解客户，使其财力和才力（投资经验等）与销售的金融产品的风险能力完全相符。

该案是二审改判案件，一审法院驳回了投资者的诉讼请求，二审法院酌情判决金融机构赔偿投资者30%的损失。二审法院工作很细致，为使法官裁判的专业性和社会公众价值理念、社会服务资源更好结合，邀请来自社会各界的7名公众代表组成“百姓评理团”参与庭审观摩，并且“百姓评理团”

独立作出评议意见作为法庭的重要参考。

(2)投资者本人突破风险评估标准购买高风险产品的意愿,仍禁止信托公司将超越其风险承受能力的信托产品卖给投资者。

该案的核心与关键在于根据工商银行某支行的测评标准,王某的风险承受能力为平衡型,所谓平衡型,即R3级,是指该级别理财产品不保证本金的偿付,有一定的本金风险,收益浮动且有一定波动。在信用风险维度上,主要承担中等以上信用主体的风险。在市场风险维度上,产品除可投资于债券、同业存放等低波动性金融产品外,投资于股票、商品、外汇等高波动性金融产品的比例原则上不超过30%,结构性产品的本金保障比例在90%以上,但最终王某购买的案涉产品风险级别为低风险,购买的华安媒体互联网混合基金为高风险,并非均为低风险,且工商银行某支行亦未证实该产品的购买与王某的自身情况及自身意愿达到充分适当匹配的程度。最终法院认定工商银行某支行未能尽到适当性义务。

【投资建言】

(1)实事求是回答金融机构关于投资者风险能力测评问卷,不故意影响测评结果。实务中有投资者为达到购买超过自身风险承受能力的产品,故意错误回答评估问题,对收入、资产等客观情况不如实反映,最终将承担不利后果。金融机构必须根据测评结果销售金融产品,但是对测评中问题回答的真实性不作实质审查。

(2)拒绝购买与自身风险承受能力不匹配的产品,更不能主动要求购买高风险产品。该案中虽法院认为银行未能尽到适当性义务,但是对于赔偿责任,法院并未全部支持投资者的请求。何况对于投资者来说,经历一审,至二审改判,投入大量精力和财力,结果在经济上是否理性已经非常明确。

风险点二十九　无法证明尽到卖者尽责的风险

【基本法理】

《资管新规》第6条指出:禁止欺诈或者误导投资者购买与其风险承担

能力不匹配的资产管理产品。金融机构不得通过拆分资产管理产品的方式,向风险识别能力和风险承担能力低于产品风险等级的投资者销售资产管理产品。金融机构应当加强投资者教育,不断提高投资者的金融知识水平和风险意识,向投资者传递"卖者尽责、买者自负"的理念,打破刚性兑付。

金融机构是否合规推介和销售,是否已经尽到法律上的义务,由金融机构举证。举证证明其已经对金融消费者本人的风险认知、风险偏好和风险承担能力进行了当面测试并向金融消费者告知产品(或者服务)的收益和主要风险因素等,其应当承担举证不能的法律后果。

【参考案例】

王某与工商银行某支行财产损害赔偿纠纷案①

裁判观点:

二审法院认为,该案二审双方争议的焦点即工商银行某支行是否应当赔偿王某因投资案涉理财产品亏损造成的相应财产损失。

从基础法律关系来看,该案双方诉讼的基础法律关系系财产损害赔偿,即一般侵权纠纷。根据《侵权责任法》第 6 条之规定,行为人因过错侵害他人民事权益,应当承担民事责任。鉴于对一般侵权纠纷予以评判的归责原则应为过错原则,故在对该问题的裁判中仍应依侵权责任构成要件予以考量。根据我国法律规定及对侵权责任认识的理论与实践通说认为,判断侵权是否成立,应主要从被诉行为是否存在过错、是否违法、是否有损害事实的发生以及行为与损害后果之间是否存在因果关系等方面予以考量。

根据该案双方之间合同性质类别,结合双方作为金融消费者与金融产品托管人的金融机构在投资金融产品中的地位,法院认为,要判断工商银行某支行在销售案涉产品过程中是否存在侵害王某财产权益之行为,关键应辨析工商银行某支行在王某购买案涉金融产品的过程中是否尽到了适当性义务。该案法律适用之考量中,在确定卖方机构适当性义务的内容时,应以

---

① 参见北京市第二中级人民法院民事判决书,(2019)京 02 民终 15312 号。该案例与风险点二十八的参考案例相同,案件事实等重复内容不赘述。

《合同法》《证券法》《证券投资基金法》《信托法》等法律规定的基本原则和国务院发布的规范性文件作为主要依据。与法律和国务院发布的规范性文件的规定不相抵触的相关部门在部门规章、规范性文件中对高风险等级金融产品的推介、销售,以及为金融消费者参与高风险等级投资活动提供服务作出的监管规定,亦可作为该案裁判之参照。

……

该案中,双方诉争的案涉理财产品系名为"海通海蓝宝银"的集合资产管理计划产品,包括名为"海通海蓝宝银"的集合资产管理计划产品(代码850010,金额为100万元,以下简称案涉产品)和名为"华安媒体互联网混合基金"的基金产品(代码001071,金额为70万元)。前者为该案双方诉争的金融产品。虽然在当事人提交的《案涉产品申请书》上载明了工商银行某支行作为代理推广机构的一定提示内容,但该案中的银协发〔2009〕134号通知、工商银行客户风险承受能力评估问卷、中国工商银行基金产品风险等级和基金投资人风险承受能力匹配方法、工商银行基金风险等级评价办法、案涉产品和华安媒体互联网混合基金的《资产管理合同》及《风险揭示书》等均系工商银行某支行所依循的规范性文件或自身制定的格式合同,以及单方在交易文件中提供的内容,不足以作为其与王某双方就案涉金融产品相关情况充分沟通的凭证。结合该案中的案涉产品合同及说明书、理财产品单、基金交易明细表、录音光盘(2018年1月11日王某在工商银行某支行处与工作人员的谈话)、银元宝、证人齐某12证言等现有证据材料和双方之陈述,法院认为,工商银行某支行对王某作出的风险承受能力的评估虽为平衡型,但案涉金融产品相关合同中显示的风险等级并非均为低风险,且工商银行某支行亦未证实该产品的购买与王某的自身情况及自身意愿达到充分适当匹配的程度。而工商银行某支行未能向一审、二审法院提供在其客服人员向王某推荐案涉金融产品时的监控录像或其他充分有效证据证实该行已充分了解投资者的基本情况、财产状况、金融资产状况、投资知识和经验、专业能力等相关信息并以言辞或书面以及其他信息化的方式详尽合理地向王某如实说明了金融产品和服务的重要内容,特别是对投资风险进行充分揭示并得到王某本人对上述认知的确认。而工商银行某支行二审中提交的打印件材料并无原件或其他证据加以印证,且其内容中所反映的评估时间亦非案涉金融产品购买时间。该材料中亦未显示出评估柜员是否初次购买当时的客服人员。即工商银行某支行尚不能充分举证证明其已经对金融消费者本人的风险认知、风险偏好和风险承受能力进行了当面测试并向金融消费者告知产品(或者服务)的收益和主要风险因素等,其应当承担举证不能的法律后果。同时,工商银行某支行在抗辩中亦未举证证明金融消费者王某故意提供虚假信息,或拒绝听取其作为卖方机构的建议等自身原因导致购买产品或接受服务不适当,亦未能证明适当性义务的违反并未影响金融消费者王某做出自主决定,故对其提出的应完全由该案金融消费者自负投资风险之抗辩意见,该院难以采纳。

【风险提示】

(1)保证实际尽到了适当性义务。正如该案法院认为,根据法律及司法解释规定之要义,以及人民法院在司法实践中形成的统一认识,适当性义务是指卖方机构在向金融消费者推介、销售银行理财产品、保险投资产品、信托理财产品、券商集合理财计划、杠杆基金份额、期权及其他场外衍生品等高风险等级的金融产品,以及为金融消费者参与融资融券、新三板、创业板、科创板、期货等高风险等级投资活动提供服务的过程中,必须履行的了解客户、了解产品、将适当的产品(或者服务)销售(或者提供)给适合的金融消费者等义务。卖方机构承担适当性义务的目的是确保金融消费者能够在充分了解相关金融产品、投资活动的性质及风险的基础上作出自主决定,并承受由此产生的收益和风险。在推介、销售高风险等级金融产品和提供高风险等级金融服务领域,适当性义务的履行是"卖者尽责"的主要内容,也是"买者自负"的前提和基础。

(2)保证对义务实际履行进行留痕,并能复盘,成为证据。金融机构应保留对投资者风险匹配的书面、文字等证据,并尽量做到"双录"。实务中投资者有故意隐瞒自身经济情况或投资经历的可能,一旦投资发生损失,则称自己与所投产品的风险不匹配。但是是否匹配、投资者是否故意隐瞒重要信息导致金融机构作出错误判断的举证责任由金融机构承担。若举证不能,就要承担不利后果。该案中正是因为金融机构无法提供推介、销售的当时情况,法院推定该金融机构没有尽到义务。

【投资建言】

对信托公司的风险提示亦是投资建言。其一,若投资者认为信托公司未卖者尽责,则必须是事实;其二,该事实有可以证明的证据。

风险点三十　路演文件中载明却在正式文件中未履行告知义务的风险

【基本法理】

信托公司应该如实推荐境外理财产品。《信托公司受托境外理财业务管理暂行办法》(2007 年)第 7 章第 2 款规定:“信托公司在对受托境外理财信托计划进行风险揭示时,应提供必要的说明。说明应以充分、清晰、准确、醒目、易于理解的文字至少向投资者告知信托计划的特征及相关风险,确保投资者正确理解风险揭示的内容。”

若推介包括的路演文件的内容与正式信托文件不一致,则可能构成欺诈。《集合资金办法》(2007 年)第 8 条指出:“信托公司推介信托计划时,不得有以下行为:……(四)推介材料含有与信托文件不符的内容,或者存在虚假记载、误导性陈述或重大遗漏等情况;……”

【参考案例】

韩某与某信托公司营业信托纠纷案①

诉讼请求:

韩某诉讼请求:某信托公司赔偿因违反信托合同约定的义务给韩某造

① 参见北京市西城区人民法院民事判决书,(2021)京 0102 民初 24974 号。该案可以从天眼查关于该信托公司的司法案件中获取;可参见《300 万血本无归! 法院判信托公司赔偿投资人 75%本金!》,载搜狐网 2024 年 3 月 5 日,https://www.sohu.com/a/762041701_121123913;参见《中融信托败诉,投资者反转获赔案分析》,载微信公众号“北京汉盛律师事务所”2023 年 12 月 29 日,https://mp.weixin.qq.com/s/0t015h4o3VUHprdyKZzytw。

成的损失 300 万元及利息(自 2015 年 3 月 27 日起至 2019 年 8 月 19 日止,按中国人民银行同期贷款利率的标准计算;自 2019 年 8 月 20 日起至实际付清之日止,按照全国银行间同业拆借中心公布的贷款市场报价利率计算)。

案件事实:

2015 年 3 月 23 日,某信托公司在其网站上登载“中融—港融通 2 号集合资金信托计划新品推荐”信息,上载:信托规模为 20500 万元,信托计划期限为 18 个月,信托单位类别为 A 类信托单位、B 类信托单位、T 类信托单位,募集规模为 16400 万元。本次募集信托单位类别为 A 类信托单位。资金运用方式为通过合格境内机构投资者(QDII)通道认购标的公司股票。某信托公司主张通过上述内容可以推算出 A 类和 B 类信托份额的比例。

某信托公司提交案涉信托计划宣传资料,上载:项目规模约 20000 万元,其中 A 类 16000 万元对外募集,B 类 4000 万元由投资顾问和管理团队跟投。信托期限 18 个月(限售期 9 个月),关于预期年化收益率 A 类委托人,信托计划整体收益超过 10%,则 A 类委托人可享有 9%的基础和超额收益,均到期一次性分配。关于 B 类委托人,不享有基础收益,信托计划整体收益低于 10%收益为 0。以及风控措施、业务模式、资金用途及使用等情况。宣传材料中另有标的公司概况、行业分析、投资收益预测、投资顾问介绍、投资亮点等内容。韩某主张某信托公司未向其发放该宣传材料。

2015 年 3 月 28 日,委托人韩某与受托人某信托公司签订案涉《信托合同(B 类)》。约定如下内容:信托受益权、B 类信托单位、信托财产的运用、投资顾问建议与受托人指令、信托利益的计算、信托财产分配顺序、信托计划的信息披露等内容。

合同签订后,某信托公司对韩某进行电话回访,韩某认可亲自填写了《认购风险申明书》《信托合同》《投资者风险适应性调查问卷》,客服人员向其介绍了案涉信托计划的各项风险,港股二级市场有较大投资风险,产品属于完全浮动收益型产品并介绍了信托计划需要承担的费用。韩某表示了解。

2015 年 3 月 26 日,韩某向某信托公司转账支付 300 万元,认购案涉信托计划B类份额300万份。信托单位不可赎回,不可获基础收益分配。

2016年8月16日,某信托公司召开第一次信托计划受益人大会,决定将信托计划延期至全部信托财产变现之时,同时开放信托单位,即A类受益人可以选择赎回全部信托单位,而B类受益人不得申请赎回所持有的信托单位。韩某不同意上述表决内容。

2019年3月13日,某信托公司发布《清算报告》,信托财产分配:截至2019年3月11日,本信托计划累计实现信托收益-81021567.25元,其中已分配-81021567.25元;未分配0元;应支付信托本金0元。韩某投资的300万元全部损失。

判决结果:

某信托公司赔偿韩某2238510.2元;驳回其他诉讼请求。

裁判观点:

关于韩某主张的投资标的锁定期风险问题。韩某签署的信托文件及某信托公司的回访录音均未明确提及新确科技股票的具体锁定期限,某信托公司虽在路演文件中载明了限售期9个月,但未有相关证据证明上述宣传文件向韩某进行了告知和说明,限售期系影响信托计划风险的关键性信息,某信托公司未能举证证明对韩某进行了明确告知和说明,应当承担与此相当的责任。

【风险提示】

(1)对于关键信息应该在合同中予以明确告知。股票的锁定期是核心、关键信息,信托公司具有告知义务,但该案信托公司在信托募集文件中没有履行告知义务,在事后的电话回访中未能及时弥补,信托公司辩称其在路演文件中已经载明,但信托公司又不能证明其向投资者进行了明确的告知和说明,所以信托公司最终承担举证不能的法律后果。推介、路演文件保持与正式信托文件的一致性,如果不一致,只能以正式信托文件为准,除非能证明推介、路演文件中的相关内容已向投资者告知和说明。

(2)金融机构在推介和销售金融产品时,应当以实际情况为准,包括路演文件等内容,也应当与正式的信托文件相符。金融机构及金融产品的销售机构均应当确保推介、路演文件保持与正式信托文件的一致性。

(3)对于路演文件中确实与正式信托文件存在差异的部分,首先应当确认差异的存在是否合法合规。在差异合法合规的前提下,在路演文件中明确该内容不属于正式合同,同时应当完善地履行通知义务,确保投资者对存在差异的部分正确理解和掌握。

【投资建言】

(1)利用法律武器维护自身权益。该案的投资者投资300万元全部亏损,因为关于重要信息仅在路演时表明,未在合同载明,影响了投资者的判断,最终获得法院的支持。

(2)主动要求获取宣传材料、路演文件等信息。虽然信托公司有主动告知的义务,但投资者亦有谨慎投资的必要。该案中对投资者而言,仍然是损失巨大。

风险点三十一 对劣后级受益人未尽适当性义务的风险

【基本法理】

卖方机构需要了解产品、了解客户,并把适当的产品销售给适合的投资者。《关于加强信托公司结构化信托业务监管有关问题的通知》(银监通〔2010〕2号)规定:“四、结构化信托产品的投资者应是具有风险识别和承担能力的机构或个人。信托公司在开展结构化信托业务前应对信托投资者进行风险适应性评估,了解其风险偏好和承受能力,并对本金损失风险等各项投资风险予以充分揭示。信托公司应对劣后受益人就强制平仓、本金发生重大损失等风险进行特别揭示……六、结构化信托业务的产品设计:(一)结构化信托业务产品的优先受益人与劣后受益人投资资金配置比例大小应与信托产品基础资产的风险高低相匹配,但劣后受益权比重不宜过低。(二)信托公司进行结构化信托业务产品设计时,应对每一只信托产品撰写可行性研究报告。报告应对受益权的结构化分层、风险控制措施、劣后受益人的尽职调查过程和结论、信托计划推介方案等进行详细说明。(三)信托公司应当合理安排结构化信托业务各参与主体在投资管理中的地位与职责,明确委托人、受益人、受托人、投资顾问(若有)等参与主体的权限、责任和风险……”

信托项目中受益人若存在优先级和劣后级之分,劣后级通常承担了更高的投资风险。当然,高风险高收益,故法律对优先劣后未绝对否定,而由当事人在依法合规的前提下自由约定。

在金融机构尽到适当性义务之后,一旦发生讼争,劣后级受益人就被确定为真实意思表示人。但是若金融机构无法提供证据证明已经将劣后级受益人所要承担的风险等全部信息详实地提供给投资者,则金融机构将面临不利后果。尤其是信托文件内容又不全面的情形下。

金融机构对劣后级受益人的适当性义务较其他投资者可能更高。劣后级受益人相对于其他委托人要承担更大的风险,那么相应地信托公司应该尽到更大的适当性义务,除了类似于其他委托人的提示之外,还应尽到特别提示义务。因为劣后级受益人承担的风险、风控措施是否匹配等事项非常专业,信托公司需要就此进行特别的风险提示与告知,否则将承担不利后果。

【参考案例】

某信托公司与武某山营业信托纠纷案①

诉讼请求:

某信托公司一审诉讼请求:(1)请求法院判令被告向信托专户追加保证金,保证金的计算公式为(187500000 元×88.8%减补足资金实际支付日九某集团每股价格×2556.8182 万股)×5000000 元÷37500000 元(截至 2021 年 5 月 25 日,按照上述公式计算金额为 20597727.26 元);(2)要求被告给付未及时追加保证金所产生的违约金,违约之日为 2018 年 5 月 4 日,违约金的计算基数为 2018 年 4 月 26 日通知中主张的应追加资金金额 16813636.33 元,

① 参见北京市西城区人民法院民事判决书,(2020)京 0102 民初 8393 号;北京金融法院民事判决书,(2022)京 74 民终 414 号。

以日万分之五为标准，自 2018 年 5 月 4 日计算至实际支付之日（截至 2021 年 5 月 25 日，为 9390415.89 元）。

某信托公司上诉请求：依法撤销（2020）京 0102 民初 8393 号民事判决，改判支持某信托公司的全部诉讼请求，并由武某山承担一审、二审的全部诉讼费用。

案件事实：

武某山（委托人、受益人）与某信托公司（受托人）订立的案涉《信托合同》第 3 条约定，委托人根据所认购的信托受益权类别不同，本信托的委托人区分为优先委托人和劣后委托人。本信托计划全体委托人指定优先委托人为本信托计划委托人代表，代表全体委托人签发委托人指令。本计划项下优先委托人为国核公司。本计划项下劣后委托人为不超过 15 位且有一定投资风险承受能力的自然人。同时在其他合同条款中约定了一系列劣后委托人的权利和义务。

2015 年 8 月 21 日，武某山向某信托公司转账 500 万元用于认购案涉信托份额。同日，武某山向某信托公司转账 50000 元用于认购信托投资保障金。

2015 年 8 月 27 日，某信托公司（乙方）与九某集团（甲方）签订《认购协议》，约定：甲方拟向乙方（代“某信托公司 · 鑫民 6 号集合资金信托计划”）定向发行股票募集资金，用于补充运营资金，以扩大业务规模，提升公司的市场竞争力和抗风险能力。（1）认购标的及认购数量。认购标的：甲方本次定向发行的全部股票，经过询价后，最终确定每股面值为人民币 20 元，股数为 5 亿股。认购数量：乙方本次拟出资人民币 18750 万元现金认购甲方本次定向发行全部股票中的 937.5 万股股票。（2）认购股份的限售期：本次定向发行的新增股份登记在中国证券登记结算有限公司北京分公司。除公司的控股股东、实际控制人、现有董事、监事、高级管理人员参与本次发行所持新增股份将按照《公司法》、《全国中小企业股份转让系统业务规则（试行）》及其他相关规定进行限售外，本次定向发行的新增的其他股份不作限售安排。2015 年 8 月 28 日，某信托公司向九某集团支付股票认购款 18750 万元。

2015年8月31日,某信托公司在其公司网站上公告案涉信托计划成立,成立日2015年8月28日,信托规模18750万元,资金运用方式:九某集团投资新三板定向增发。

2016年2月29日,九某集团进行权益分派,以资本公积金向全体股东每10股转增17.272727股。所送股直接计入股东证券账户。

2016年3月31日,武某山与某信托公司签订《补充协议》,变更了原协议中关于信托业保障基金支付及返还等约定。

2018年4月25日,某核公司向某信托公司发出委托人指令,上载:经全体委托人授权,兹就该信托计划作出如下指令:鉴于九某集团自2015年6月至2018年3月26日在全国中小企业股份转让系统一直处于停盘状态,2018年3月27日复牌后股价大幅下跌。根据某信托公司·鑫民6号集合资金信托计划之信托合同,合同第22条第(2)款、第(3)款分别对劣后委托人追加保证金进行了约定。自复牌日2018年3月27日至4月25日,标的公司实际股权价值已连续20个工作日低于股权投资初始价值的80%。我司认为,依据上述两款约定,劣后委托人有义务追加保证金,以保障优先委托人利益。现指令贵司计算劣后委托人应补足保证金数额,并要求劣后委托人按时将保证金缴纳,保证金金额为人民币126102272.44元。请贵司按照上述指令办理相关事宜,本公司(代"国核稳增2号专项资管计划")及全体劣后委托人自愿承担因指令贵司而产生的相关风险、义务、责任、损失及其他后果。

2018年4月26日,某信托公司向武某山发送保证金追加通知书,要求武某山追加的保证金金额为16813636.33元。

判决结果:

一审判决:驳回了某信托公司的全部诉讼请求。

二审判决:驳回某信托公司上诉,维持原判。

裁判观点:

一审法院认为有三个争议焦点。

关于第一个争议焦点,该案优先级和劣后级受益人之间不构成借贷关系。

关于第二个争议焦点，信托合同约定的保证金应属于一种担保方式，并非信托财产。

关于第三个争议焦点，某信托公司没有尽到适当性义务。卖方机构承担适当性义务的目的是确保金融消费者能够在充分了解相关金融产品、投资活动的性质及风险的基础上作出自主决定，并承受由此产生的收益和风险。第一，适当性义务的主体是金融机构。信托机构对外销售信托产品，无论是主动管理类信托或事务管理类信托，信托机构均应当承担适当性义务。该案中，武某山及某核公司（代“国核稳增2号专项资管计划”）均述称案涉信托合同文本为某信托公司提供，某信托公司未举证证明信托合同条款系委托人提供，某信托公司作为格式文本的提供方，应当向消费者进行提示说明，某信托公司主张案涉信托属于“通道”业务，相关后果应由投资方自行承担的意见缺乏依据。第二，适当性义务的客体是金融消费者。金融消费者是指购买、使用金融机构提供的金融产品和服务的自然人。武某山填写的客户风险适应性调查问卷中明确载明没有投资过信托产品，而结构化信托业务具有一定的复杂性，案涉信托业务中劣后投资人承担巨大风险，某信托公司不能以消费者投资过股票、基金就视为消费者了解结构化信托产品。第三，从义务内容上看，卖方机构需要了解产品、了解客户，并把适当的产品销售给适合的投资者。该案优先级与劣后级资金比例为4∶1，优先级的预期收益安排为11.8%，上述结构化安排在股票价值严重下跌时将可能引发劣后级受益人追加4倍本金以上的保证金，在如此高风险情况下，合同中没有任何强制平仓及止损的安排，交易的主动权为优先级受益人控制，劣后级受益人承担的风险与风控措施严重不匹配，某信托公司应当就该投资风险对劣后投资人进行特别说明和提示并获得投资人的确认，但案涉信托文件中没有任何关于追加保证金的特别说明及提示，某信托公司提交的双录视频中亦无法体现工作人员对武某进行过说明和提示。仅凭武某山手抄的条款，不能认定某信托公司已经履行了适当性义务。某信托公司虽称案涉业务为“通道”业务，但某核公司（代“国核稳增2号专项资管计划”）与武某山均表示没有直接接触，武某山称接到某信托公司电话，在确认其有购买九某集团原始股的意向后，在某信托公司的办公场所进行了签约，某核公司（代“国核稳增2号专项资管计划”）亦称案涉信托条款由某信托公司提供。某信托公司未能提供证据证明案涉结构化安排及风控措施系全体受益人自行合意的结果，故其应当依法履行适当性义务。某信托公司在将高风险产品销售给武某山的过程中，没有将案涉信托产品的风险向武某山进行特别提示，没有尽到将适当的产品推介给适合的投资人的义务。在某信托公司没有就保证金约定尽到适当性义务的情况下，要求武某山缴纳保证金，缺乏依据。

二审法院认为该案二审阶段的争议焦点是：《信托合同》中关于劣后委托人追加保证金的条款是否对武某山具有约束力以及武某山是否应当按照该条款约定向信托专户追加保证金并承担相应的违约责任。《信托合同》系委托人武某山与受托人某信托公司合意签署，某信托公司发起设立某信托公司·鑫民6号集合资金信托计划，武某山作为合格投资者认购该信托计划劣后级信托单位。该案当事人关于《信托合同》中劣后委托人追加保证金条款的效力存在争议，但是对于《信托合同》的其他条款以及武某山认购信托单位并已经获得信托受益权的基本事实并无异议，上述合同系当事人之间的真实意思表示，未违反法律、行政法规的强制性规定，对于追加保证金条款的效力认定不影响《信托合同》的其他部分以及整体的效力认定，一审法院亦未否认《信托合同》的效力，故法院予以确认。

该案所涉《信托合同》项下信托结构的设置存在一定特殊性。通常的结构化信托业务中，信托公司根据投资者不同风险偏好对受益权进行分层配置，劣后级受益人的分配同时具有高风险和高收益之特征，优先级受益人则相应获得相对稳定的收益保障、承担较小的风险，意在为劣后级融资提供杠杆支持。从这一层面而言，标准的结构化信托产品的本质可以视为劣后级与优先级投资人之间的借贷关系，某信托公司在上诉状中亦认为优先委托人与劣后委托人之间的实质关系可类比为借贷关系。但是案涉《信托合同》以及相关信托文件对信托计划结构的设计存在特殊性，并非标准的结构化信托产品，主要表现在以下三个方面：其一，《信托合同》约定由优先级投资人发出指令，决定信托计划是否继续存续或者提前终止以及如何变现等，劣后级投资人无法实现对信托资金的控制权，如视为借贷，作为融资方的劣后级投资人却无法控制借贷资金的使用，不符合借贷关系的基本特征；其二，信托计划并未确保优先投资人可以以固定的本息回报退出，而是不承诺保本和最低收益，即委托人仍需承担信托计划的风险，信托计划项下的财产即使劣后级追加了保证金亦无法确保均能变现，不符合借贷关系还本付息的基本特征；其三，武某山并非信托计划投向目标企业的股东或其他关联方，不存在为企业融资的需求及动因，武某山认购案涉信托计划目的应为投资，而非通过杠杆向优先投资人进行融资。因此，一审法院关于该案中优先级和劣后级投资人之间不属于借贷关系的定性符合该案合同约定内容以及信托计划的特征。且某信托公司作为信托计划受托人而非优先级投资人，在缺乏合同依据及法律依据的情况下不能依据借贷关系向武某山主张支付保证金。故某信托公司关于优先委托人和劣后委托人之间实质法律关系为借贷关系的上诉意见，缺乏法律依据，法院不予采信。

某信托公司提起该案诉讼，要求武某山承担合同约定的追加保证金的义务，并承担相应的违约责任。某信托公司诉讼请求的直接依据系《信托合同》第 22 条约定的劣后委托人(劣后级受益人)的特别承诺，即如果标的公司实际股权价值在约定时点低于股权投资初始价值的 88.8%时，为保证优先委托人利益，劣后委托人应向信托专户追加保证金。法院认为，该条款系信托文件的一部分，属于劣后委托人的义务以及可能面临的重大现实风险，某信托公司作为适当性义务履行主体，应当在订立合同时向劣后委托人武某山明确告知并充分提示上述重大风险。根据在案双录视频显示，案涉《信托合同》系武某山本人签署并手抄相应声明条款，但是视频中并无某信托公司告知说明《信托合同》的主要条款或提示风险的内容，在信托文件的风险警示部分亦仅提示了劣后级受益人无法获得现金信托利益分配的风险，未对上述需追加保证金的风险以及劣后委托人的特别承诺予以提示。

在某信托公司无有效证据证明其已经提示了上述风险的情况下，一审法院按照信托法律制度的要求经审理认定某信托公司未尽重要风险的提示说明义务,适当性义务履行不全面,具有事实依据。但是对于风险的揭示属于适当性义务范畴的要求,信托公司未能有效提示风险的法律后果是承担缔约上的过失责任,适当性义务的履行情况亦不涉及案涉追加保证金条款本身的效力及法律约束力的问题,并非该案争议的焦点问题。

关于作为劣后委托人的武某山是否应当受到上述《信托合同》中追加保证金条款的约束,首先应当判断上述条款是否体现了当事人在订立合同时的真实意思表示。武某山提出追加保证金条款属于格式条款,而某信托公司未尽到对保证金条款的风险提示义务,因此保证金条款不构成合同内容,无须履行。对此法院认为,该案中,《信托合同》关于优先级和劣后级的安排以及劣后委托人在特定条件下追加保证金的约定,均仅体现在《信托合同》标准化制式文本中,但是《信托合同》在信托计划所有投资人认购时均反复使用,武某山认购信托计划仅需在信托合同签署页上签字确认即可,无证据表明该追加保证金条款经过某信托公司与武某山协商确认,且《信托合同》对于信托计划下所有投资者均直接反复适用,并无个别协商的空间,故该条款符合法律规定的格式条款的基本特征。某信托公司称认购信托计划是武某山等投资者急于投资热门产品而并其未强制签署合同等理由均不影响案涉条款性质的认定。《合同法》第 39 条规定,采用格式条款订立合同的,提供格式条款的一方应当遵循公平原则确定当事人之间的权利和义务,并采取合理的方式提请对方注意免除或者限制其责任的条款,按照对方的要求,对该条款予以说明。在该案信托计划的结构化安排下,经一审法院认定,优先级与劣后级资金比例为 4∶1,优先级的预期收益为 11.8%,在股票价值严重下跌时将可能引发劣后级受益人追加 4 倍本金以上的保证金,该义务对于劣后委托人而言可谓利益重大。但《信托合同》中没有任何强制平仓及止损的安排,且交易的主动权为优先委托人控制。一审法院据此作出劣后委托人承担的风险与风控措施严重不匹配的判断符合该案客观情况。此外,《关于加强信托公司结构化信托业务监管有关问题的通知》(银监通〔2010〕2 号)规定:信托公司在开展结构化信托业务前应对信托投资者进行风险适应性评估,了解其风险偏好和承受能力,并对本金损失风险等各项投资风险予以充分揭示。信托公司应对劣后级受益人就强制平仓、本金发生重大损失等风险进行特别揭示。因此,某信托公司作为信托计划的受托人应为以全体受益人最大利益为宗旨管理、运用、处分信托财产,并注意平衡优先委托人和劣后委托人之间的利益。

在追加保证金条款对劣后委托人利益影响重大、杠杆率过高的情况下,按照法律规定某信托公司应当采取合理的方式提请武某山予以充分的注意。根据某信托公司主张武某山追加保证金所依据的计算公式,劣后投资人追加保证金的范围涵盖优先投资人的投资本金及一年预期收益。但是信托文件中未予以明确说明,亦未对保证金条款予以特别提示或者明显加粗加黑显示,某信托公司亦未提交证据证明其向武某山提示了上述条款的内容及风险,武某山主张其未能注意并理解追加保证金条款对其权利义务的利害关系,上述条款不应作为合同内容,符合常理并具有法律依据,法院予以支持。某信托公司主张,武某山在《客户风险适应性调查问卷》以手写方式确认知悉《信托合同》第 7 节、第 8 节全部内容,而第 8 节包括保证金条款,该提示方式足以引起武某山的注意,但是相关司法解释规定提供格式条款的一方应当采用足以引起对方注意的文字、符号、字体等予以特别标识,而案涉保证金条款与合同其他条款的呈现方式并无任何差异,难谓"足以引起注意",故某信托公司以武某山概括式地确认知悉相关合同内容而相关合同内容包括了保证金条款即认为其已经履行了合理方式的提示义务不能成立,本院不予支持。在上述条款未订入《信托合同》并对当事人发生法律约束力的情况下,无须再行认定上述条款约定的保证金的法律属性。某信托公司要求武某山按照上述约定追加保证金并承担违约责任的诉讼请求,缺乏合同依据和法律依据,应予驳回。一审法院裁判结果正确,应予维持。

【风险提示】

卖方机构应尽到适当性义务,对劣后级受益人承担风险能力进行充分考察,并使其理解劣后级受益人应该承担的风险。同时,需要在合同中做到风险和风险措施的匹配。该案法院在第一个争议焦点和第三个争议焦点中两次提出,权利和义务不匹配的问题,劣后级受益人要承担保证金的义务,但却不掌控资金的主动权，没有任何强制平仓和止损的安排，劣后级受益人承担的风险与风控措施严重不匹配，但信托公司未就此进行特别的风险提示与告知。

风险点三十二　金融理财产品销售机构未尽适当性义务的风险

【基本法理】

信托公司的信托项目由其他金融机构代为销售时，若该代销的金融机构未履行适当性义务，对合同效力直接产生影响。我国法律规定，所有金融机构在销售过程中均应尽适当性义务。

【参考案例】

某研究院与工行某省分行、华某信托公司、博某公司金融委托理财合同纠纷案①

诉讼请求：

研究院诉讼请求：(1)判令工行某支行、工行某省分行、华某信托公司向某研究院赔偿信托投资本金500万元；(2)判令工行某支行、工行某省分行、华某信托公司对上述债务共同承担连带清偿责任；(3)本案诉讼费由工行某支行、工行某省分行、华某信托公司承担。

某研究院上诉请求：(1)请求撤销一审法院2020年12月24日作出的(2020)湘0111民初1925号民事判决，依法改判工行某支行向上诉人某研究院赔偿投资款损失500万元。(2)一审、二审诉讼费由工行某支行承担。

案件事实：

案外人邓某为博某公司的实际控制人，湖南银监局未对博某公司、邓某颁发过金融许可证，博某公司和邓某均不得从事吸收公众存款等商业银行业务。

---

① 参见湖南省长沙市雨花区人民法院民事判决书，(2020)湘0111民初1925号；湖南省长沙市中级人民法院民事判决书，(2021)湘01民终4584号。

2013 年 7 月 16 日，工行某省分行与华某信托公司签订《华某信托·岳麓 6 号集合资金信托计划保管协议》。

2013 年 7 月 22 日，博某公司与华某信托公司签订《华某信托·岳麓 6 号集合资金信托计划资金信托合同》，约定：博某公司作为委托人（劣后级受益人），华某信托公司作为受托人，信托资产为 2000 万元；委托人自愿将合法所有或具有合法支配权的资金委托给受托人，由受托人按委托人的意愿，以受托人的名义，为受益人的利益，将信托资金构建不同的信托单元并集合管理，用于证券投资从而为受益人获取信托利益；信托计划存续期限为自信托计划成立之日起 2 年。合同还就其他事项作了约定。2013 年 8 月 26 日，华某信托公司在官方网站发布公告："华某信托·岳麓 6 号"于当日成立，期限为 2 年，同时在公告中特别提示"本信托并不保证盈利，亦不保证投资者本金不受损失，证券投资有风险，投资须谨慎"。"华某信托·岳麓 6 号"信托资产共计 6000 万元，共两名委托人，委托人中国建设银行股份有限公司深圳市分行信托资产 4000 万元作为优先级受益人，委托人博某公司信托资产 2000 万元作为劣后级受益人。

某研究院议定同意在风险可控、保本保息的前提下，利用院闲置资金 500 万元购买博某公司《"华某信托·岳麓 6 号"结构化证券投资集合资金信托计划》理财产品，年利率为 7%，购买期为一年（2013 年 9 月—2014 年 9 月）。

2013 年 9 月 26 日，某研究院（委托人、乙方）与博某公司（受托人、甲方）签订了《华某信托·岳麓 6 号结构化证券投资集合资金信托计划委托认购合同》，约定：乙方自愿委托甲方认购并代为持有华某信托·岳麓 6 号结构化证券投资集合资金信托计划（以下简称"岳麓 6 号"）；信托计划存续期为 12 个月；委托认购资金交付的银行账户为博某公司名下账户；认购类型为 A 类优先信托受益权；资金金额为 500 万元；A 类优先级受益人可获分配的信托利益最高额为：该优先级受益人持有的优先信托单位对应的优先信托资金+该优先级受益人持有的优先信托单位对应的优先信托资金×7.0%×信托计划实际存续天数÷360 天；对优先信托认购类型，到期时确保按信托计划委托认购合同所规定的信托利益类型分配年化收益，不收取管理费、手续费等其他任何费用。该合同同时将博某公司与华某信托公司签订的信托合同作为附件。上述合同文本最后一页为博某公司出具的承诺书,载明博某公司以自有资金参与一般级委托资金认购,并对优先级受益人承诺保本保息,优先级认购资金自入款次日开始计息。上述合同签订当日,某研究院通过银行向博某公司转账500万元。

某研究院与博某公司约定的12个月期限于2014年9月26日届满后,博某公司未向某研究院发放约定的本金及收益,双方协商后签订《续签确认书》,约定将原合同续签3个月,原合同到期时间顺延至2014年12月26日,续签期间的收益按照10%计算。2015年1月4日,某研究院向长沙市中级人民法院对博某公司、工行某省分行及华某信托公司提起民事诉讼,长沙市中级人民法院受理后于2016年1月18日作出(2015)长中民四初字第00210-2号民事裁定,因博某公司涉嫌合同诈骗案被立案侦查,裁定对该案中止诉讼。鉴于该案刑事案件审理一直未结束,某研究院之后申请对该案撤回起诉。

后博某公司的实际控制人邓某因涉嫌非法吸收公众存款罪被刑事拘留,后被逮捕。长沙市中级人民法院判决邓某犯集资诈骗罪、在案冻结的博某公司的银行存款等按比例发还集资参与人……不足部分责令邓某继续退赔,并按照同等原则分别发还集资参与人。邓某上诉后,湖南省高级人民法院驳回上诉,维持原判。前述判决生效后,某研究院因退赔未到位,且认为即使退赔亦不足以弥补其自身损失,遂于2020年3月11日向一审法院提起诉讼。

另查明:上述生效的刑事裁判认定以下事实:2010年12月至2014年9月,在湖南博丰融资担保有限公司、博某公司的实际控制人邓某的授意和安排下,由案外人朱某、张某1、王某1、周某等人打通工行、中国银行销售渠道,博某公司的销售人员到银行网点对接,通过帮助银行网点完成揽存任务、给予银行工作人员销售提成等方式,激励银行工作人员向群众宣传、推介,并由银行工作人员提供博某公司的委托认购合同给投资群众签订,使群众基于对银行的信任,对保本保息、没有风险的宣传、推介信以为真,从而在委托认购合同上签字并支付投资款。通过上述运作模式，以委托认购“岳麓3号”“岳麓6号”等理财产品的名义，以年息6%—8.5%不等的利息回报为诱饵，以博某公司的名义与投资人签订《华某信托·岳麓6号结构化证券投资集合资金信托计划委托认购合同》方式，非法集资11000.59万元。非法集资获得的资金，由邓某主要用于支付集资本息、购买信托计划、博某公司的关联公司的经营等。

判决结果：

一审判决：工行某支行承担30%的赔偿责任，驳回某研究院其他诉讼请求。

二审判决：驳回上诉，维持原判。

裁判观点：

二审法院认为：关于工行某支行的缔约过失责任。(2018)湘01刑初19号刑事判决认定，博某公司销售人员到工行、中国银行、农业银行网点对接，通过帮助工行、中国银行、农业银行网点完成揽存任务、给予银行工作人员销售提成等方式，激励银行工作人员向群众宣传、推介，并由银行工作人员提供博某公司的委托认购合同给投资群众签订，使群众基于对银行的信任，对保本保息、没有风险的宣传、推介信以为真，从而在博某公司的委托认购合同上签字并交付投资款。上述事实表明，博某公司与工行之间经过磋商，双方通过帮助完成揽存任务、给予销售提成等方式，由工行提供场所、工作人员，工行工作人员向投资者宣传、推介并提供合同给投资者签订。因此，博某公司与工行之间形成了委托代理合同关系，工行某支行上诉认为系博某公司与工作人员个人之间的法律关系，与事实不符，本院不予采信。

金融机构违反适当性义务应承担民事责任。该案中，未履行适当性义务，自身缺乏风险意识，未对其合作伙伴博某公司进行尽职调查，未对所售的非法理财产品的性质进行合法合规性审查，反而在推介、销售非法理财产品时对某研究院宣传“保本保息、没有风险、到期兑付”，导致某研究院基于对银行的信任，签订委托认购合同，具有过错，对某研究院遭受的实际损失应当承担相应赔偿责任。

关于某研究院的缔约过失责任。某研究院系国家事业单位，在对外投资时有相应规范、严谨的内部审批程序，其风险防范意识应高于普通自然人投资者。涉案合同所称的“华某信托·岳麓6号结构化证券投资集合资金信托计划”明显与华某信托公司此前官网公告的“华某信托岳麓6号”名称不一致，而博某公司在“华某信托岳麓6号”中为劣后级受益人，但在案涉委托认购合同中将某研究院约定为A类优先级受益人，且博某公司在案涉委托认购合同中多处承诺“保本保息”，某研究院对上述约定应当明知。而在投资理财中，保本保息的承诺显然是违背市场经济基本规律和资本市场规则的。某研究院明知合同的相对方为博某公司，资金的收款方也是博某公司，其应对博某公司是否具有相应金融理财资质进行充分了解。即使工行某支行对案涉理财产品进行了不当宣传和介绍，其本身也应了解相应金融投资法律规范且具备识别案涉委托认购合同法律风险和市场风险的能力。并且在该案中，案涉合同系由工行某支行员工前往某研究院推介，并非在工行某支行经营场所，其不谨慎与防控风险意识的瑕疵亦是确实存在的，因此，某研究院应当对自己作出的投资行为负主要责任。一审法院综合考虑该案实际情况、当事人的过错程度等，酌情确定“由工行某支行赔偿30%，即150万元，其余损失若经案涉刑事案件退赔后仍不足以弥补部分，由某研究院自担”，有事实和法律依据。

【风险提示】

(1)当委托其他单位代销信托产品时，对代销单位的适当性义务履行应该予以管理、提醒等，防止违反适当性义务行为的发生。该案属于金融委托理财合同纠纷。法院认定，工行某支行未履行适当性义务，自身缺乏风险意识，未对其合作伙伴博某公司进行尽职调查，未对所售的非法理财产品的性质进行合法合规性审查，反而在推介、销售非法理财产品时对某研究院宣传“保本保息、没有风险、到期兑付”，导致某研究院基于对银行的信任，签订委托认购合同，具有过错，对某研究院遭受的实际损失应当承担相应赔偿责任。

(2)对于信托公司而言，在委托其他单位代销信托产品时，应当对代销单位适当性义务的履行予以管理、提醒等，防止违反适当性义务行为的发生,造成赔偿责任的承担风险。

【投资建言】

(1)调查受托单位的金融受托资质。合格投资者有通过公开渠道等方式查询清楚受托单位的经营范围的义务。该案中某研究院受托单位博某公司无金融牌照,应该引起警示。但是某研究院非但没有重视,反而通过开会形成集体决策同意本次投资。

(2)应对投资产品的信息仔细核对,包括产品名称等。投资者不是普通消费者,被认为对金融产品等有比一般人更多的敏感性,即便是一个标点符号的不同,都应该引起充分重视或怀疑。该案中金融机构公示的产品名称基本相似,但法院仍然仅因为一个标点符号不同认为投资者没有尽到注意义务而有缔约过失责任。

风险点三十三　对特殊群体仅尽一般风险提示义务的风险

【基本法理】

关于适当性义务前面已经进行了分析,同样须注意,对于老人等特殊群体在适当性义务履行过程中需要比对一般投资者更为谨慎。我国法律对于特殊群体会有一些特殊规定,如对限制行为能力人和无行为能力人。虽然对于老年人不能直接判断为行为能力存在一定限制,但是我国《民法典》确定成年人行为能力的标准是“不能辨认或者不能完全辨认自己行为的”,和之前的精神状态的标准相比发生根本性变化。此时,部分老年人可能就声称自己年纪大了,不能辨认该情况;其子女更可能声称父母有阿尔茨海默病等症状,指责信托公司未尽适当性义务,进而要求信托公司承担责任。故信托公司在发行和销售信托产品过程中,对于年纪较大等的特殊人群,要尽到更为谨慎的适当性义务。

以下案例是信托公司对特殊人群尽到比一般人更高的适当性义务,从而得到了法院支持的正面例子,可以由信托公司学习。

【参考案例】

崔某与某信托公司营业信托纠纷案①

诉讼请求:

崔某一审诉讼请求:(1)请求依法判令某信托公司支付认购资金损失324487.63元;(2)请求依法判令某信托公司支付认购费用损失13000元;(3)请求依法判令某信托公司支付1313000元对应的资金占用利息损失;(4)请求依法判令被告支付原告律师费损失60000元;(5)诉讼费用由某信托公司承担。

崔某二审上诉请求:(1)请求撤销一审判决,依法改判支持崔某的全部诉讼请求,或将该案发回重审;(2)一审、二审诉讼费由某信托公司承担。

案件事实:

2016年9月,某信托公司对崔某进行了风险适应性调查,崔某的测评结果为86分,属于进取型。2016年9月21日,崔某签署了投资风险确认函,其中特别提示条款内容为:"尊敬的投资者,本项目风险程度可能已经超过您所在年龄段的一般风险承受能力,请您向理财经理充分了解本项目的投资风险。我们再次提醒您,我们不保证收益,也不保证本金不受损失。"崔某抄录了"本人具有完全民事行为能力,本人已明确知晓并理解本项目风险,并已阅读特别提示,自愿承担项目投资风险和损失,确认认购本产品"。

2016年9月21日,崔某与某信托公司签署了约定。受托人同意接受委托人的委托,按委托人的意愿,以受托人自己的名义,根据信托文件的约定投资于信托计划进行股权投资(主要为定向增发),闲置资金可用于场外货币市场基金、债券、债券型基金等低风险高流动性金融产品,或安全性较高、期限适合的银行理财或信托理财产品,以及风险对冲工具,以管理、运用或处分信托财产形成的收入作为信托利益的来源,为受益人获取投资收益。

双方还签署了《风险申明书》,崔某手写"本人已经阅读上述风险提示,

① 参见北京市西城区人民法院民事判决书,(2021)京0102民初6081号;北京金融法院民事判决书,(2021)京74民终478号。

充分了解并清楚知晓本产品的风险,愿意承担相关风险”的内容,并进行了签名。

某信托公司对合同订立及风险提示的过程进行了录音录像。

2016 年 9 月 21 日,崔某依约向某信托公司指定账户支付了信托单位认购价格及认购费人民币 131.3 万元。

2017 年,某信托公司与崔某签订《补充协议》,上载:在《信托合同》运作过程中,证监会于 2017 年 5 月发布了《上市公司股东、董监高减持股份的若干规定》(已失效),之后上海和深圳证券交易所分别出台了落实《上市公司股东、董监高减持股份的若干规定》的实施细则,受上述规定影响,《信托合同》通过信托计划参与的一年期(含不超过一年期)锁定期的 A 股上市公司非公开发行股票于合同到期日无法全部变现,受托人将延长信托计划期限至变现完毕之日。

2018 年,某信托公司向崔某送达受益人通知书,上载:案涉信托计划于 2018 年 3 月 28 日进入延长期,受托人就受益人所持信托单位是否尽快变现征询受益人的意见:受益人可在下列方案一(尽快变现分配)及方案二(限期内继续持有计划份额)中进行选择……崔某选择方案二,并于 2019 年 3 月 22 日签署受益人退出时间选择确认书。

2018 年 4 月 13 日至 2020 年 1 月 14 日,某信托公司按照方案陆续向崔某分配款项。2020 年 2 月 3 日,某信托公司出具清算报告,上载:本信托计划已于 2020 年 1 月 14 日终止。

判决结果:

一审判决:驳回原告的全部诉讼请求。

二审判决:驳回上诉请求,维持原判。

裁判观点:

二审法院认为:首先,某信托公司在《信托合同》签订前对崔某进行了风险适应性调查,崔某作为完全民事行为能力人,应当如实填写风险适应性调查问卷,崔某为成功购买信托份额,在调查问卷中作出与基本事实不符的陈述,应当自行承担相应责任,此时再对某信托公司苛以核实风险问卷信息是否真实的义务，对某信托公司显失公平。

其次，某信托公司在投资风险确认函中进行了特别提示。崔某在该段特别提示项下抄录："本人具有完全民事行为能力，本人已明确知晓并理解本项目风险，并已阅读特别提示，自愿承担项目投资风险和损失，确认认购本产品。"某信托公司针对崔某年龄较大的特殊情况，进行了特别的风险提示。

在《信托合同》的签订过程中，某信托公司的工作人员询问了崔某是否系本人填写风险调查问卷，是否了解案涉信托合同的含义及风险，告知案涉信托项目风险评级为高风险型，不保证本金和收益，询问理财经理是否向崔某承诺收益等内容，崔某均进行了明确的回答，并签署《信托合同》，应当承担相应后果。

某信托公司的宣传材料中第一部分"为何选择定增"页面"连续八年跑赢大盘""2008 年至今，取得了 58.01%的平均收益"，从语义来看，是对定增总体表现的描述，并未专指案涉信托计划，某信托公司在庭审中提交了上述宣传的数据依据，崔某主张某信托公司诱导性宣传，缺乏依据。某信托公司在合同签订前及合同条款中多次提示案涉信托项目的相应风险，崔某均认可接受，崔某主张某信托公司违反适当性义务，无事实及法律依据，本院不予采纳。

【风险提示】

(1)信托公司，应当穷尽手段以确保属于特殊人群的投资者知晓和理解信托产品及可能的风险。该案中，信托公司进行了多次风险提示，且针对大龄投资者进行了特别的风险提示，这正是该案关键，也是一审、二审审理过程中的关键。

(2)针对特殊群体，信托公司应当尽到更高程度的适当性义务，在常规的判断因素基础上，结合其特殊情况，判断其风险承受能力。对于超出其一般风险承受能力的，应着重进行特别风险提示。

(3)在无法准确判断如老年人等特殊人群的行为能力时，可以要求其子女参加。但本行为需要谨慎，可能会让老年人觉得自己不受尊重，引起其不适,甚至被认为侵犯其投资权利等。建议根据具体情况,结合不同投资者的情况妥善处理。

【投资建言】

(1)了解我国对民事行为能力的法律规定。对于18周岁以上的成年人,我国《民法典》以是否能辨认自己行为作为判断标准,不能辨认自己行为的成年人为无民事行为能力人,不能完全辨认自己行为的成年人为限制民事行为能力人。无民事行为能力人由其法定代理人代理实施民事法律行为。限制民事行为能力人实施民事法律行为由其法定代理人代理或者经其法定代理人同意、追认;但是,可以独立实施纯获利益的民事法律行为或者与其智力、精神健康状况相适应的民事法律行为。若真出现不能辨认或者不能完全辨认自己行为的情形,需要通过利害关系人或者有关组织向人民法院申请认定该成年人为无民事行为能力人或者限制民事行为能力人。

(2)关于是否为诱导性宣传的声称,需要全面考察,并非一家直言。该案中崔某提交案涉信托计划宣传材料,主张某信托公司存在诱导性宣传的情况,在该宣传材料第一部分"为何选择定增",上载:定增是资本市场的特殊机会,并附有一年期定增收益率VS同区间上证综指涨跌幅柱状对比图,图侧有宣传性语句:连续8年跑赢大盘;2008年至今,取得了58.01%的平均收益。某信托公司指出该宣传语句是对定增总体业绩的描述,并非专指案涉信托计划,某信托公司提交了定增与上证综指收益率的计算数据,以证明其陈述符合客观情况,并未进行虚假或夸大宣传。但法院认为崔某已经认可风险,签署相关文件,故不认可崔某的主张。

第七章 项目投后管理阶段风险点

风险点三十四 对投资对象新增借款和投后担保的投后管理的风险

【基本法理】

主动管理型的信托业务中，信托公司负有根据合同以及法定信托义务对项目进行谨慎管理的义务。作为受托人，应该严格按照法律规定及合同约定履行谨慎、诚实、信用、有效管理的管理义务。若投资对象有新增借款，以及投后担保事项，则需要采取积极有效措施。若未能采取积极有效措施，一旦发生诉争，极有可能被法院认定为信托公司在管理职责履行中存在瑕疵。

【参考案例】

某万证券公司与某信托公司营业信托纠纷案①

诉讼请求：

某万证券公司诉讼请求：(1)判令解除《信托合同》；(2)判令某信托公司返还某万证券公司信托资金 24850000 元，赔偿利息损失、律师费。

① 参见北京金融法院民事判决书，(2021)京 74 民终 430 号。

某万证券公司上诉请求:(1)撤销一审判决,依法改判支持某万证券公司的一审全部诉讼请求或者发回一审法院重审;(2)一审、二审案件受理费由某信托公司承担。

案件事实:

1. 某万证券公司与某信托公司签订合同及履行合同相关事实

2017年1月18日,某万证券公司(委托人、受益人)与某信托公司(受托人)签署《信托合同》。

某信托公司于2019年2月25日、2019年3月15日、2019年4月25日共向某万证券公司偿还了7515万元本金。

2019年1月31日,某信托公司发布涉案信托计划第三次临时公告,书面正式告知信托计划自动延期,某万证券公司认可在收到该次公告前已知悉信托计划延期的情况。

另查一,2019年11月29日,某信托公司将多收取的信托报酬2357693.7元归还至信托财产专户。截至2021年3月21日,信托财产专户尚有资金余额1918145.35元。另查二,涉案信托计划的另一委托人为恒某银行股份有限公司,于2017年1月22日支付认购资金1亿元。

2. 某信托公司与宋某酒业、辅某集团、朱某臣签订合同及履行事实

2016年12月26日,某信托公司(贷款人)与宋某酒业(借款人)签订《信托贷款合同》,双方共同申请办理了公证并赋予强制执行效力。

同日,某信托公司与宋某酒业签订《动产抵押合同》。

另作为担保方式,某信托公司与辅某集团签订《保证合同》,双方就上述保证合同共同办理了公证并赋予强制执行效力。某信托公司与朱某臣签订《保证合同》,双方就上述保证合同共同办理了公证并赋予强制执行效力。

2019年1月18日,某信托公司向宋某酒业发送违约告知函,告知宋某酒业就案涉贷款构成实质性违约,贷款人保留并有权行使相关违约救济权利。2019年1月21日,宋某酒业、辅某集团、朱某臣向某信托公司发送承诺书,称因流动资金紧张,申请将本息偿还期限延长至2019年1月23日,并承

诺于2019年1月23日前偿还全部贷款本息。2019年1月24日,某信托公司向辅某药业、朱某臣发送代偿通知函(履行责任通知书),告知辅某集团、朱某臣于2019年1月29日前履行案涉信托贷款合同项下全部贷款本息及其他一切应付款项。

3. 其他查明的事实

某信托公司向某万证券公司公布了涉案信托计划自成立至2018年12月31日的季度管理报告,告知“信托计划资金未发生重大违约情况”,“报告期内无影响信托计划安全和受益人利益的情形发生”。某信托公司向某万证券公司披露了宋某酒业2017、2018年度财务报表审计报告及辅某集团2017、2018年度信用等级通知书。

宋某酒业违约后,某信托公司通过微信和邮件方式向某万证券公司披露信托贷款清收及变现情况。

2019年3月5日,某信托公司与辅某科技签订《股权抵押合同》,约定为保障案涉信托贷款合同债权的实现,辅某科技以其持有的辅某集团3200万股的股权出质给某信托公司。

判决结果:

一审判决:驳回某万证券公司的诉讼请求。

二审判决:驳回上诉,维持原判。

裁判观点:

二审法院认为:该案中,某信托公司作为受托人,应当承担尽职调查、风险揭示和真实信息披露的义务,并应在信托合同有效成立后遵循为受益人最大利益处理信托事务的原则,承担诚实信用、有效管理的义务。同时,某万证券公司作为专业投资机构,相较于其他自然人投资者而言,具有投资资金量大、收集信息能力强、投资管理较为专业的特点,具备相当程度的审查合同、管控风险的专业能力,在其从事投资业务时,亦应开展相应风险调查评估程序,在全面了解投资项目及风向的基础上作出投资决策。因此,在判断某信托公司在《信托合同》履行过程中是否构成根本违约时,亦应当考量该案中某万证券公司作为专业投资机构的具体情况,对双方当事人予以平等保护。

关于某万证券公司主张某信托公司没有履行贷后管理职责的上诉意见,本院认为,某信托公司作为受托人,应该严格按照法律规定及合同约定履行谨慎、诚实、信用、有效管理的管理义务。根据查明的事实,在某信托公司发现宋某酒业等主体新增借款和对外担保等情况后,未能采取积极有效措施,在履行贷后管理职责方面亦存在不足。考虑到案涉信托贷款本金的75%已经收回,对于剩余的款项,目前抵押物仍在另案执行程序中,依据现有证据尚不足以认定款项无法收回,所以,某万证券公司主张某信托公司没有履行贷后管理职责、构成合同目的不能实现的根本违约情形的上诉意见,本院亦不予支持。

【风险提示】

(1)信托公司应尽职履行投后义务。在投资对象出现新增借款和对外担保等情况时,尤其大幅出现新增借款、担保等明显异于日常经营行为时,信托公司应采取积极有效措施。所谓积极有效措施,可以要求投资对象进行解释、说明,对投资对象的债务偿还能力重新进行评估,要求投资对象提供担保等增信措施;必要时,可以采取提前终止贷款合同等。

本风险点列举的参考案例中,投资者某万证券公司是以某信托公司构成根本违约,合同目的不能实现为由,要求解除合同,赔偿损失,最终法院认定信托公司没有根本违约。

(2)关于投后管理的信息应该及时向投资者披露,涉及重大信息影响投资者利益的情形发生时,更应该及时披露。该案中法院关于是否违反受托义务的第三点理由特别重要,也是该案的关键,对第三点的裁判上,二审法院没有采纳一审法院的裁判理由。一审法院认定"在宋某酒业正常使用贷款,依约按时支付贷款利息的情况下,基于实现委托人利益最大化的原则,某信托公司没有任何理由提前终止贷款合同。但须指出的是,某信托公司在监督宋某酒业资金使用方面确实存在信息披露不准确、不及时的情况"。一审法院局限于信托公司是否需要提前终止贷款合同的角度阐述是否履行投后管理职责,最终未认定投后管理不尽职,仅认定信托公司信息披露不准确、不及时。而二审法院不局限于是否需要提前终止贷款合同,而关注在投资对象出现问题的情况下,信托公司是否积极采取有效措施,最终认定未能采取积极有效措施,在履行贷后管理方面存在不足。应该说二审法院相较一审法院的认定更加严格,认定面更加广。因为被认定信息披露不准确、不及时,和被认定为未能采取积极有效措施,投后管理存在不足的法律后果是不同的。被认定为未能采取积极有效措施,投后管理存在不足时,如果最终清算后尚有未清偿部分,则信托公司将会面临赔偿问题。

(3)信托公司应在出现项目彻底失败后做好后续工作。该案中之所以赔偿问题被驳回,是因为投资者某万证券公司主张的赔偿是基于合同解除情况下的赔偿,而该案合同不能解除,并且尚有财产正在执行,是否会存在款项不能收回的损失,尚不能确定。

【投资建言】

(1)作为专业的投资者应关心投后各项信息。二审法院考量没有根本违约的其中一个关键点是某万证券公司是专业投资机构,而非普通的投资者;

(2)信托公司受托行为的瑕疵不等于违约,主要考虑对投资失败造成损失的作用。该案中二审法院认为抵押物的检验方式尽管存在瑕疵但不构成根本违约;但毕竟1亿元的本金已经收回了超过75%,并且剩余抵押物正在执行中,而且现有证据不足以认定款项无法收回。

风险点三十五　对抵押物未履行检验义务的风险

【基本法理】

信托公司对抵押物有质量检验的义务。若未能采取积极有效措施,一旦发生诉争,极有可能被法院认定为在管理职责履行中存在瑕疵。

当然,对抵押物进行质量检验方面若存在不当行为,是否构成根本违约,仍然需要考察案件具体情况。但若是抵押物异常,在诉讼过程中,必然成为对方抗辩的一个有利证据,于信托公司不利。

【参考案例】

某万证券公司与某信托公司营业信托纠纷案①

裁判观点：

二审法院认为某万证券公司上诉主张某信托公司发放贷款时，没有对抵押物的质量和价值进行审慎核查，而根据案涉《信托贷款合同》的相关约定，放款先决条件之一为抵押物应满足相应的质量和价值标准，故某信托公司构成根本违约，对此法院认为，是否构成根本违约，应当以某信托公司的相关行为是否直接导致合同目的不能实现为判断标准。该案中，案涉合同对抵押物风险的承担作出明确约定，某信托公司按照合同的约定将抵押物交由案外人某保全公司提供保全服务，尽到了对抵押物的审慎管理义务。某万证券公司在签署案涉《信托合同》时未对抵押物检验方式和估值提出异议，故在某万证券公司未提交相关证据证明抵押物的检验方式不完全符合约定直接导致其无法就抵押物实现抵押权的情况下，某信托公司的瑕疵行为并不能被视为根本违约。

【风险提示】

(1)信托项目中若有抵押物建议投保财产险，并在合同中表明并提示抵押物的风险。

案例中抵押物一直由华安保全公司提供保全服务，并已投保财产保险。且在合同中提示了抵押物风险，而第14.3条第1款更是明确约定"受托人根据信托文件的约定管理、运用或处分信托财产及发生上述第14.1条所述任一风险而导致信托财产遭受损失的，其损失由信托财产和受益人承担"。

(2)抵押物的质量、数量方面，要尽可能委托第三方专业机构专业检验，不能由投资对象自行检验。对于因产品比较特殊，没有专业机构检验，或专业机构检验成本过高，抑或涉及投资对象的商业秘密、技术秘密等因素而无

---

① 参见北京金融法院民事判决书，(2021)京74民终430号。该案例与风险点三十四的参考案例同，案件事实等重复内容不赘述。

法委托第三方机构检验的情况,信托公司要提前与委托人就检验方式达成共识,由委托人确认认可该特殊的检验方式。

案例中一审法院认定某信托公司对抵押物进行质量检验方面存在不当行为,主要是因为抵押物宋河九号散装酒系宋某酒业自行委托检验,没有任何抽样过程或者第三方监督。因为某万证券公司是从根本违约角度起诉解除合同,所以法院仅从是否构成根本违约的角度评述。如果最终抵押物因为检验不当而不能处置或者贱价处置,导致款项无法收回或者收回不足,那么信托公司就要承担赔偿责任。

【投资建言】

在投资较大金额时,要对抵押物进行自行评估,核实信托公司披露的信息真伪。投资者理应关注自己的投资风险,抵押物是对项目投资的担保,决定了信托资金投放后能否收回,在信托公司披露关于抵押物的信息之后,投资者要进行充分了解,必要的时候可以委托第三方自行完成评估。在投资者为金融机构时,更应该全方位了解投资项目,谨慎投资。

风险点三十六　证券账户违规导致合同无效的风险

【基本法理】

信托计划在证券市场的交易结构及投资行为应当符合《证券法》的规定,证券交易行为应当受到证券市场监管主体的监管。我国《证券法》规定证券交易必须实名制。之前《证券法》第 80 条明确:“禁止法人非法利用他人账户从事证券交易;禁止法人出借自己或者他人的证券账户。”2019 年修订的《证券法》第 58 条同样强调“任何单位和个人不得违反规定,出借自己的证券账户或者借用他人的证券账户从事证券交易”。并在第 195 条规定了法律责任:“违反本法第五十八条的规定,出借自己的证券账户或者借用他人的证券账户从事证券交易的,责令改正,给予警告,可以处五十万元以下的罚款。”

信托合同的效力,按照我国《民法典》规定的法律行为有效要件判断。

违反法律和行政法规的行为无效。利用他人账户进行证券投资交易，明显属于违反我国《证券法》关于证券账户实名制的强制性规定，讼争中法院会直接认定信托合同无效。

【参考案例】

华某证券公司与某信托公司等营业信托纠纷案[①]

诉讼请求：

索某一审诉讼请求：华某证券、某信托公司共同赔偿索某损失合计人民币 3975380.72 元以及利息等。

索某二审上诉请求：(1)依法撤销一审判决，改判支持索锐的全部诉讼请求或发回重审；(2)一审、二审诉讼费用全部由某信托公司、某证券公司承担。

索某再审请求：撤销二审判决；改判支持申请人的全部诉讼请求或发回重审；一审、二审诉讼费用由被申请人承担。

案件事实：

2015 年 4 月 16 日、6 月 1 日，索某（一般委托人、一般受益人）与某信托公司分别订立《信托合同》第 37 期、第 38 期。

索某依约分别支付其认购信托资金款项 300 万元和 500 万元。某信托公司开立信托专用证券账户，并利用中融恒生交易系统为涉案第 37 期、第 38 期信托单位在信托专用证券账户项下开设子账户，信托合同项下每期信托资金通过该子账户进行投资运作管理。

2015 年 7 月 12 日，中国证监会于官网上发布《关于清理整顿违法从事证券业务活动的意见》，该意见载明证券公司应当严格审查交易账户及交易操作的合规性，严禁账户持有人通过证券账户下设子账户等方式违规进行证券交易。2015 年 8 月 31 日，中国证监会内部下发至各证监局《关于进一

---

① 参见北京市第二中级人民法院民事判决书，(2019)京 02 民终 13011 号。

步落实〈关于清理整顿违法从事证券业务活动的意见〉有关事项的通知》，该通知载明清理整顿工作的重点是违规接入的以恒生 HOMS 系统为代表的具有分仓交易功能的信息技术系统且清理整顿工作原则上应于 9 月 30 日前完成。2015 年 9 月 17 日，中国证监会于官网上发布《关于继续做好清理整顿违法从事证券业务活动的通知》，明确需清理的信托产品类型并要求各证监局督促证券公司积极做好与客户的沟通、协调工作，不要单方面解除合同、简单采取“一断了之”的方式，而应与客户协商采取多种依法合规的承接方式。同一天，华某证券向某信托公司发出《关于清理中融—华融金稳盈一号证券投资集合资金信托计划的提示函》，提示函载明华某证券根据近期监管要求决定于 9 月 25 日闭市后终止数据端口对接服务。2015 年 9 月 22 日 16 时 03 分，某信托公司以邮件的形式告知索某关于中国证监会内部下发通知和华某证券提示函的内容。2015 年 9 月 23 日 15 时 05 分，某信托公司又一次以邮件的形式发给索某“提前终止申请”模板并将信托报酬计提至 2015 年 9 月 21 日。同一天，索某签字确认“提前终止申请”。根据“中融退款数据”，涉案第 37 期、第 38 期信托单元于 2015 年 9 月 21 日终止，截至 2015 年 9 月 21 日，第 37 期信托单元清退金额为 144.721623 万元，第 38 期信托单元清退金额为 257.740305 万元，共清退 402.461928 万元。

判决结果：

一审判决：某信托公司于判决生效后 10 日内偿还索某 43746.79 元及相应利息（利息以 43746.79 元为基数，自 2015 年 5 月 18 日起按照中国人民银行公布的同期活期存款基准利率计算至实际支付之日止）。

二审判决：驳回上诉，维持原判。

裁判观点：

再审法院认为，该案中，涉案信托合同不仅交易形式的设计违反了《证券法》关于证券账户实名制的规定，而且伞形信托有增加金融风险、破坏证券市场正常秩序、损害证券市场不特定投资者的利益的情况，因此，一审、二审法院认定涉案信托合同无效具有事实和法律依据。在涉案信托合同履行过程中，索某实际控制信托资金账户、自主决定信托资金账户项下资金的运作，且索某与某信托公司在信托合同中对于信托计划的风险及收益已经进行安排，索某手抄条款亦表明其对于该风险安排的后果有确定的预期。索某作为成熟的投资者，理应知晓证券市场的监管政策，对证券投资市场应具备充分的风险投资意识。故，索某自行决策导致的损失应当由索某负担，一审、二审法院对其要求某信托公司、某证券公司承担赔偿责任的请求不予支持，并无不当。

【风险提示】

(1)确保信托业务的合法性。信托业务的开展需以遵守所有法律、行政法规为前提。《信托法》仅是信托业务遵守法律之一。《证券法》《民法典》等相关法律均是业务开展中合法性之依据。

(2)要关注信托业务的合规包括了合乎所有金融监管文件的规定，且监管文件是认定合同效力的重要因素。

金融业务的混合特征越来越明显。那么监管文件的范围也不应只停留在信托业务的监管文件中。

该案二审法院除了坚持一审的违反证券账户实名制，还引用了监管的背景认定“而且伞形信托有增加金融风险、破坏证券市场正常秩序、损害证券市场不特定投资者的利益的情况”。应该说，该案合同之所以无效，监管背景成为重要因素，尽管一审法院在认定合同无效的理由上，没有直接指明，但在整个事实认定上多处体现了监管背景，二审法院在认定理由上直接添加了监管的内容。

【投资建言】

(1)投资合法合规的金融产品，否则将自承后果。在金融监管和金融司法协同治理的理念下，违反金融监管文件已经成为金融司法判断合同效力的直接因素之一。

(2)成熟的投资者理应知晓证券市场的监管政策，对证券投资市场应具备充分的风险投资意识。该案中再审法院认为索某自行决策导致的损失应当由索某负担,因为无效的合同,投资者无合法权利,难谈法律保护。

风险点三十七　金融强监管背景下场外融资等金融创新行为无效的风险

【基本法理】

金融创新是被党中央、国家政策鼓励的行为。但是金融监管制度根据市场活动的实际情况以及对金融创新活动的认识加深而不断调整、完善。故对同一个法律行为,在不同时间法院可能作出截然相反的判决。

陈某新和某信托有限公司信托纠纷案[①]与索某和某信托公司营业信托纠纷就是截然相反的裁判观点。陈某新案审理时间早两年,该案认定伞型信托是创新性金融产品,不构成出借证券账户,合同有效。而在索某与某信托公司营业信托纠纷案件中,法院认定构成出借证券账户,并且认定伞形信托有增加金融风险、破坏证券市场正常秩序、损害证券市场不特定投资者的利益的情况,合同无效。

之所以存在判决差异,主要在于索某和某信托公司营业信托纠纷案件中当时的金融监管政策发生变化,是否违反金融监管政策成为考量合同有效与否的重要因素。

【参考案例】

陈某新与某信托公司纠纷案[②]

诉讼请求:

陈某新上诉请求:依法撤销杭州市下城区人民法院(2015)杭下商初字第5244号民事判决,改判支持陈某新的原审诉讼请求,诉讼费用由某信托公司承担。

---

① 参见浙江省杭州市中级人民法院民事判决书,(2017)浙01民终1996号;浙江省高级人民法院民事裁定书,(2017)浙民申3390号。

② 参见北京市第二中级人民法院民事判决书,(2019)京02民终13011号;北京市高级人民法院民事裁定书,(2020)京民申775号。

案件事实：

2015年4月，某信托公司发布《万信—证券结构化投资集合资金信托计划71号说明书》，载明信托计划投资范围为在上海证券交易所、深圳证券交易所已经公开发行并挂牌交易的上市流通中的股票、场内货币型基金、债券逆回购、活期银行存款，其他金融品种及相应投资比例应事先征得全体优先委托人及受托人同意后方可实施；期限为36个月。

2015年6月7日，陈某新（委托人）与某信托公司（受托人）签订《万信—证券结构化投资集合资金信托计划71号信托合同》（以下简称71号信托合同）。江苏江南农村商业银行股份有限公司作为优先级委托人亦与某信托公司（受托人）签订编号为WX-XT-201503071-［058］的《万信—证券结构化投资集合资金信托计划71号信托合同》，其认购金额为5000万元，信托受益权类别为优先级受益权，优先级信托单位5000万份。

陈某新向某信托公司付款2000万元。江苏江南农村商业银行股份有限公司向某信托公司付款5000万元。陈某新还向某信托公司累计支付增强信托资金1700万元。2015年9月17日、9月25日及9月29日，陈某新先后向某信托公司发出三份律师函，载明：鉴于近期中国证监会及证券公司集中清理整顿场外配资业务，证券公司对交易单元的技术处理，委托人已经无法继续通过远程投资指令系统向贵公司传递投资指令。委托人已经诚实、善意地履行本合同项下的义务，但中国证监会政策法规变化以及证券公司因前述政策变化而导致的操作规则变化，造成委托人无法继续履行71号信托合同的义务，是委托人不能预见、不能克服、不能避免的情况，即为意外事件，委托人不应承担法律责任。事实上，该信托计划的信托目的已经无法实现，不应当向委托人收取任何信托费用，特别指出，无论何种原因，贵公司不能按照信托合同约定向委托人提供信托服务，应承担违约责任。因此，陈某新向对方主张违约责任，要求答复清理账号，赔偿损失。2015年10月31日，陈某新又向某信托公司发出《关于提前结束信托单元的申请书》，载明：由于万信—证券结构化投资集合资金信托计划71号产品的证券经纪服务商广发证券限制账户买入功能，其无法完成证券账户买入操作，现本着避免损失进一步扩大的前提,正式申请先终止并注销该期信托单元。在信托计划清算之前,暂同意某信托公司扣除该期信托单元按实际存续天数计算的优先级信托收益和信托报酬,保管费按照该期信托单元预期存续期限(12个月)计算,上述款项请从信托财产中扣除,余款请某信托公司在收到本申请后3日内支付给陈某新。尽管有上述申请,本人特声明上述款项支付只是在信托计划清算完成前的临时性安排,本人对上述款项支付及信托计划保留异议权利及寻求其他渠道予以救济的权利。后交易系统分别于2015年11月2日、11月5日、12月9日根据提交的指令建议,在确认后自动卖出股票。

判决结果:

一审法院判决:驳回陈某新的诉讼请求。

二审法院判决:驳回陈某新上诉,维持原判。

再审法院裁定:驳回陈某新的再审申请。

裁判观点:

二审法院认为,该案信托产品属于创新型金融产品,对于新型金融产品交易的合法性问题,宜由金融监管部门根据金融市场的现状、目的和任务、理性投资者的多寡及金融市场的培育程度等综合进行判断。现金融监管部门既没有认定该案信托产品属于违法,也没有对该信托产品的发行机构进行查处。

针对陈某新的主张,原审法院从案涉信托产品性质、是否构成非法出借证券账户、是否属于非法融资融券、是否构成损害社会公共利益等层面,阐述了陈某新的相应主张不能成立的理由,有相应依据。结合案涉信托合同对认购风险进行了特别提示,且对信托资金的管理、运用和处分,包括投资指令的发出、预警线及止损线的设置、风险控制、信托利益的计算和分配等均作出明确约定,而陈某新作为理性投资人,在签订案涉合同时,理应知晓相应风险,据此原审法院认定案涉信托合同系当事人真实意思表示,陈某新主张信托合同无效的理由,依据不足,并无不当。

【风险提示】

(1)金融创新活动需符合金融监管制度,以合法合规为前提。实践中,往往是先有创新行为，后有对应的监管制度，那么对于监管制度中尚未涉及的金融创新活动，信托公司应以穿透式的监管思维考察创新行为的本质，研究监管制度和金融政策的要求。例如，党的二十大报告指出，“坚持把发展经济的着力点放在实体经济上”；“构建优质高效的服务业新体系，推动现代服务业同先进制造业、现代农业深度融合”。2023 年 10 月召开的中央金融工作会议，明确提出“坚持把金融服务实体经济作为根本宗旨”作为中国特色金融发展之路的重要内容。2024 年 1 月，习近平总书记在省部级主要领导干部推动金融高质量发展专题研讨班开班式上发表重要讲话，再次强调坚持把金融服务实体经济作为根本宗旨，[①]此背景下，利用杠杆和金融工具，多层嵌套的金融活动会被认定为无效。

(2)关注最新的司法判决及法官研讨会议纪要。对于新型的金融活动，法官审理思路及裁判理念往往体现在裁判中，以及针对新兴领域的研讨中。且在不同的时间段，法院裁判的观点也会存在变化，就从该案和“风险点三十六”的案例对比，明显发现法院裁判理念存在差异，究其原因，两起案件发生在不同的时间段，裁判理念及监管政策不同，审判结果自然不同。

【投资建言】

同对信托公司风险提示，不赘述。

风险点三十八　将委托人和受益人沉默不作表态视作同意，构成信托公司违约之风险

【基本法理】

我国《民法典》第 140 条第 1 款表明意思表示的两种方式：“行为人可以明示或者默示作出意思表示。”但该条第 2 款强调“沉默只有在有法律规定、当事人约定或者符合当事人之间的交易习惯时，才可以视为意思表示”。显

---

① 参见《习近平在省部级主要领导干部推动金融高质量发展专题研讨班开班式上发表重要讲话》，载中央人民政府官网 2024 年 1 月 16 日，https://www.gov.cn/yaowen/liebiao/202401/content_6926302.htm。

然“默示”不等于“沉默”。沉默未经规定、约定,不能当然理解成当事人的同意。

信托业务中,面对实际情况的变化,对于合同的相关条款需要变更,则由双方当事人对变更之内容形成一致意见,方可按照变更后的约定履行义务、行使权利。若是一方不同意,则依然按照原合同履行,否则视为违约,违约方只能向守约方承担民事责任或违约责任。信托业务中,对方之沉默,根据目前我国法律规定难以确定为默示之意思表示,更不能推断出为默示之交易习惯。故,若在项目管理中,信托公司以通知等方式知会委托人和受益人或其他当事人,在未得到明确表示的情况下,不能单方面认为通知事项已经构成新的合约。

一旦形成讼争,只要对方当事人认为该沉默不是同意,通常法院认为意思表示未达成。信托公司单方面认为对方同意,并按照“新约定”履行职责的行为可能被法院认定为违约行为。

【参考案例】

李某伟与某信托公司营业信托纠纷案①

裁判观点:

一审法院认为,在没有明确约定或者法律规定的情形下,不能将沉默推定为同意。该案中,在次级受益人对是否延期未作表态的情况下,某信托公司应当再次征求次级受益人的意见,要求其明确态度,并说明后果,而不能径自推定为次级受益人同意延期。因此,某信托公司的延期行为违反合同约定。故一审法院认为,某信托公司在信托期限届满自主延期 3 个月后,未经受益人大会作出有效决议,径行延期,且未按期清算信托财产,制作清算报告,存在违约行为。

二审法院认为,某信托公司在次级受益人均未明确表示同意信托计划延期的情况下,主动决定延期,其行为违反《资金信托合同》约定,构成违约。

---

① 参见最高人民法院民事判决书,(2018)最高法民终 173 号;最高人民法院民事裁定书,(2019)最高法民申 2689 号。该案例与风险点二十七的参考案例相同,案件事实等重复内容不赘述。

一审判决已经有详细阐述,不赘述。

【风险提示】

(1)在信托合同中约定“默示条款”的完整内容,即除了要求委托人在一定期限答复外,还应约定逾期答复的后果。

这是因为,如果委托人在约定期限内没有作出答复,实质上是沉默应对信托公司的通知。沉默原则上不具有意思表示的意义,是一个法律上纯然不价值或零价值的状态,而民事法律行为具有设立、变更、消灭民事法律关系的法律意义,这使得我们通常是从某人去做特定的事情来判断其意思,而不是从其不做某件特定的事情来判断其意思。因此,如果仅约定委托人在收到通知后一定期限内答复,而未约定法律后果,也就不存在“默示条款”适用的前提。

合同表述可以如下:“根据实际情况合同内容发生变更,双方应以书面形式获得对方同意;一方在收到另一方已经包含变更内容的书面通知或函件时,应该明确表示同意或不同意。若在五个工作日内未明确表示的,表示被通知一方以沉默方式同意通知内容。”关于 5 个工作日的说法,仅为建议,可以双方约定合理的时间。

(2)在合同未约定,但根据实际需要变更内容或作出新的决定,务必依据委托人或受益人的明确表态为意思表示方式。在涉及信托重大事项的征求意见中,信托合同没有明确约定或者法律没有规定的情形下,如果委托人沉默不作表态,信托公司不能将沉默推定为同意。信托公司应该再次征求委托人的意见,要求其明确态度,并说明后果,如果委托人再次不表明态度,信托公司方可本着委托人利益最大化的原则作出决定。

【投资建言】

投资者对于信托公司的询问等应该明确作出意思表示。法律虽规定沉默不能视作同意,该案中法院认同信托公司未经同意主动延期的做法构成违约。但是对投资者来说,若当时明确回复,则可能可以减少损失。发生讼争本身对投资者来说已经是极大的损失了,维权的金钱成本和时间成本,对投资者来说都是非常昂贵的。

风险点三十九　信托公司未亲自处理证券投资业务的风险

【基本法理】

信托公司有亲自处理信托业务的法定义务。第一，我国《信托法》第30条第1款明确指出"受托人应当自己处理信托事务"，但书指出"信托文件另有规定或者有不得已事由的，可以委托他人代为处理"。第二，银监会印发的《信托公司证券投资信托业务操作指引》第21条第1款规定："证券投资信托设立后，信托公司应当亲自处理信托事务，自主决策，并亲自履行向证券交易经纪机构下达交易指令的义务，不得将投资管理职责委托他人行使。"监管规定明确证券投资信托业务，信托公司得亲自履行，不得委托他人，直接排除了证券投资信托通过信托文件委托他人代为处理的情形。

信托公司通过信托文件等方式将信托业务委托他人的，责任由信托公司承担。《信托法》第30条第2款明确："受托人依法将信托事务委托他人代理的，应当对他人处理信托事务的行为承担责任。"

下述案例对信托文件中的代理人是委托人的代理人还是信托公司的代理人存在争议，法院最终认为其不是信托公司的代理人，是基于委托人的信托而指定对信托公司发出指令的人；且最后判决信托公司无须为此承担责任。但仍然不能忽略信托业务亲自处理的法定义务。

【参考案例】

郑某云与某信托公司营业信托纠纷案[①]

诉讼请求：

郑某云一审诉讼请求：(1)判令某信托公司支付信托资金100万元；(2)判令某信托公司支付信托收益63333.31元；(3)判令某信托公司赔偿经济损失；(4)判令某信托公司提供备查文件《法律意见书》《信托管理运用及清算报告书》等；(5)判令信托合同第12条第2款第4项约定的"本信托计

① 参见四川省高级人民法院民事裁定书，(2019)川民申3852号。

划在清算期间产生的利息归受托人所有”无效。

案件事实：

2015 年 3 月，郑某云与某信托公司签订《某信托公司—盈丰 1 号证券投资集合资金信托计划信托合同（B 类优先委托人）》，对信托计划的预警、追加和止损，信托利益的计算和分配，信托计划的终止与清算，信息披露进行约定。合同还对信托项目的风险进行揭示。

合同签署后，郑某云向某信托公司交付了合同约定的信托资金共计 100 万元。2015 年 3 月 26 日，某信托公司向委托人/受益人发布《某信托公司—盈丰 1 号证券投资集合资金信托计划成立公告》。

2015 年 6 月 26 日，某信托公司根据信托合同约定通过该案信托计划的信托财产专户向 8 位 B 类优先级受益人支付信托理论收益共计 241666.86 元，其中向郑某云支付 184173.07 元。

2015 年 8 月 24 日，该案信托计划的信托财产单位净值为 0.9322 元，低于合同约定的追加线 0.95 元。2015 年 8 月 25 日，信托财产单位净值为 0.8817 元，低于合同约定的平仓线 0.90 元，且截至该案信由计划终止该净值一直低于合同约定的平仓线。2015 年 8 月 24 日至 10 月 23 日，某信托公司通过电子邮件数十次向李某红发出《盈丰 1 号风险提示》和《盈丰 1 号风险提示及资金追加通知》，分别载明该案信托计划估值小于 0.95 的追加线或 0.90 的平仓线，并要求一般委托人追加资金至信托净值大于 0.95 的追加线或 0.90 的平仓线。2015 年 10 月 27 日至 2016 年 2 月 4 日某信托公司继续通过电子邮件向李某红发出《盈丰 1 号风险提示及资金追加通知》，载明 2015 年 12 月 23 日收盘后，券商已停止某信托公司在恒生资管系统，系统净值无法更新，截至 2015 年 10 月 23 日，信托计划净值 0.6895，一般委托人需要追加资金至少 3486 万元。2015 年 11 月 26 日，某信托公司向李某红发出律师函为：因李某红没有及时追加信托资金，某信托公司按约定执行平仓操作。经核算，李某红应立即追加资金至少 2000 万元。2016 年 2 月 16 日，某信托公司通过电子邮件向李某红发出《盈丰 1 号信托资金追加通知》：信托计划于 2016 年 2 月 4 日终止，并按信托合同约定分配了 A 类优先委托人的投资本金9000万元；一般委托人及增强资金追加人，通知其继续履行无限连带保证义务，补足A类优先委托人、B类优先委托人收益及信托费用缺口……

2016年1月28日，某信托公司根据李某红的授权将李某红在盈丰2号信托账户的资金4428062.51元作为追加资金划至该案信托财产专户。

2016年2月4日，中国工商银行股份有限公司作为该案信托计划的A类优先委托人和A类优先级受益人向某信托公司发出《关于终止"某信托公司—盈丰1号证券投资集合资金信托计划"的通知函》，载明：某信托公司—盈丰1号证券投资集合资金信托计划成立于2015年3月26日，信托规模为12000万元，期限不超过12个月，其中中国工商银行股份有限公司认购优先A信托单位9000万元，预期年化收益率为7.4%；本信托计划由李某红担任委托人代表，并作为增强信托资金追加人对A类优先委托人的信托利益承担补足差额义务；现中国工商银行股份有限公司同意于2016年2月4日终止本信托计划并退出A类优先信托本金9000万元，请某信托公司根据信托合同关于"信托计划的终止和清算"的约定要求办理信托终止事宜。

判决结果：

一审法院判决：驳回郑某云的诉讼请求。

二审法院判决驳回上诉，维持原判。

再审裁定：驳回郑某云的再审申请。

裁判观点：

再审法院认为：

(1)关于某信托公司是否存在欺诈的问题。案涉信托合同对于各方信托当事人的权利义务约定明确具体，不存在某信托公司故意要隐瞒事实或者告知虚假情况的情形。同时，该案信托计划也不存在《合同法》第52条与《信托法》第11条所规定无效信托的条件。郑某云认为某信托公司存在欺诈及本信托计划在清算期间产生的利息归受托人所有约定无效的再审理由不能成立，法院不予支持。

(2)关于李某红是否由某信托公司指定的问题。首先，信托合同明确载明,委托人代表/委托人指令权人是指:全体委托人指定及授权为本信托投资提供投资建议的委托人。本信托计划的委托人代表/委托人指令权人为一般委托人李某红。同时,李某红作为一般委托人亦与某信托公司就案涉盈丰1号信托计划签订了信托合同,并明确约定了各自的权利义务。结合二审法院另案审理某信托公司诉李某红的(2017)川01民终4451号民事判决认定李某君、刘某勉、邱某、唐某、王某荣、王某惠、郑某云等8位B类优先委托人合计认购信托金额为1000万元,李某红认购信托金额为2000万元的事实可见,李某红属于法律及监管机构文件规定的合格投资者,其作为包括该案6位B类委托人在内的全体委托人的代表亦不违反法律的禁止性规定。其次,郑某云对《认购风险申明书》声明内容全文手抄并签字确认。因此,郑某云作为信托合格投资者以及理性投资人,其主张李某红是由某信托公司指定的主张亦不成立。

(3)关于案涉信托合同是否存在违约以及违规从事融资融券的问题。第一,该案信托合同并不存在保本、保收益约定的问题。第二,某信托公司并未将投资管理的权限全部直接交给李某红。第三,根据该案实际情况,某信托公司与全体B类委托人、某信托公司与李某红签订的信托合同的文本基本相同,某信托公司亦未向李某红出借资金或者证券,并且诉争的信托计划属于结构化信托。不能因为其具有融资功能,就将其认定为某信托公司违法开展融资业务。第四,某信托公司作为受托人有权基于公允的角度进行综合判断,根据市场及投资股票变化情况自主选择平仓的时机、价格、数量,灵活进行平仓操作,以最大限度地维护全体委托人的利益。经查,(2017)川01民终4451号民事判决中法院认定的事实为:……现中国工商银行股份有限公司同意于2016年2月4日终止本信托计划并退出优先A信托本金9000万元,请某信托公司根据信托合同关于信托计划的终止和清算的约定要求办理信托终止事宜。可见原审法院在该案中并没有作出某信托公司直至2016年2月4日才实施平仓操作的事实认定。因此,郑某云认为某信托公司未依约及时平仓的主张亦不成立。

【风险提示】

(1)在信托文件中明确约定指令发出人(合同当事人之外的第三人)的明确身份,代表谁的利益。上述案例中,法院认定:结合双方当事人在盈丰1号信托合同中明确约定信托资金采取委托人代表投资建议和受托人指令相结合的方式进行投资管理,即认为该代表是委托人的代理人。但讼争过程中双方各种证明和说理,徒增成本。若是信托文件能够明确约定,则省去很多法律风险。

(2)在委托人提出代表的情况下,信托公司有提醒委托人委派有资质的代表的注意义务,即由委托人代表作出投资建议,委托人代表的资质必须符合相关法律法规的规定。

(3)在委托人委派代表的情况下,作为受托人的信托公司仍然保持独立的决策权,即受托人根据委托人代表的投资建议进行信托资金的交易和运作,并具有投资决策权。证券投资业务,信托公司具有处理义务,自主决策,委托人代表的投资建议仅具有参考价值,最终的决策权仍在信托公司。

【投资建言】

(1)要对信托合同约定的内容进行充分了解。该案中关于李某红的相关约定已经在合同中体现,投资者再以合同中内容违规为由在诉讼中主张信托公司赔偿,难以得到法院支持。

(2)投资者应理性对待《认购风险申明书》上的手书内容和签字,充分理解有行为能力的合格投资者签字的法律意义。该案中投资者手抄声明内容包括“对于风险确认本人对【李某红】已有充分了解,充分认可【李某红】的投资能力,认可并指定【李某红】作为本信托计划的委托人代表,负责为本信托计划行提供投资意见,并充分理解、完全接受委托人代表提供投资建议所可能产生的全部风险;本人已认真阅读并理解了所有的信托文件,已充分了解本信托计划可能发生的各种风险,愿意依法承担相应的信托投资风险”,却仍然对李某红提出质疑。再审法院也认为郑某云作为信托合格投资者以及理性投资人,其主张李某红是由某信托公司指定的主张亦不成立。

风险点四十　改变信托资金用途、违规“自融”的法律风险

【基本法理】

受托人必须为了受益人的最大利益处理信托事务，违反该法定义务的，将直接导致根本性违约，并因此承担法律责任。受益人有权要求解除合同。《信托法》第5条规定：“信托当事人进行信托活动，必须遵守法律、行政法规，遵循自愿、公平和诚实信用原则，不得损害国家利益和社会公共利益。”第25条规定：“受托人应当遵守信托文件的规定，为受益人的最大利益处理信托事务。受托人管理信托财产，必须恪尽职守，履行诚实、信用、谨慎、有效管理的义务。”

自融行为不仅属于违反合同约定违规改变资金用途，而且构成和受益人利益冲突的行为。《信托法》第25条是关于受托人义务的一般规定，《集合资金办法》第27条规定“不得将信托资金直接或间接运用于信托公司的股东及其关联人”，明确认定受托人的自融行为构成忠实义务违反。

在穿透式审判的背景下，自融行为不仅指受托人将信托财产中的利益直接输送给自身，还包括用很隐蔽的方法“绕道”将信托资金用于受托人的股东等主体。自融行为是一种隐蔽的且危害巨大的违反忠实义务的行为。截至目前，经营出现严重问题的信托公司，大多涉及自融。司法审判中穿透到底，受关联交易规则限制的不限于受托人本身，也包括受托人的近亲属、股东、投资企业等关联人。实务中“绕道”的方式说明违反忠实义务的行为可以十分隐蔽，被发现的概率较低。一旦被发现，则法院会认为该违反忠实义务的行为导致投资人“购买涉案信托产品的投资目的落空”，构成“根本违约”，投资者有权解除合同。

【参考案例】

李某与某信托公司营业信托纠纷案[①]

诉讼请求：

李某诉讼请求：(1)判令某信托公司赔偿本金损失320万元及利息(以320万元为基数，自2021年4月1日起计算至实际支付之日止，按年利率9%标准计算)；(2)判令某信托公司承担诉讼费。

某信托公司上诉请求：(1)请求撤销北京市东城区人民法院(2021)京0101民初18645号民事判决，依法改判驳回李某的全部诉讼请求或发回重审。(2)一审、二审诉讼费由李某承担。

案件事实：

2020年2月28日，李某与某信托公司签订了《信托合同》。合同约定以下主要内容：受托人为某信托公司；信托计划名称为中国某信托公司·至信828号铂首商业地产集合资金信托计划；购买了320万元信托产品。

北京银保监局出具《银行保险违法行为举报调查意见书》。该意见书载明：某信托公司未从受益人利益最大化的角度出发充分履行诚实、信用、谨慎、有效管理的义务。关于至信828号资金流向问题，经核查，该项目绕道非关联方公司，将信托资金违规用于某信托公司股东，某信托公司该行为违反了《集合资金办法》第27条“信托公司管理信托计划，不得将信托资金直接或间接运用于信托公司的股东及其关联人”的规定，某信托公司未向投资人揭示至信828号项目的实质资金用途，违反了上述规定第34条“信托公司应当……保证所披露信息的真实性、准确性、完整性”。关于未按规定进行信息披露问题，经核查，由于交易对手未能按期支付至信828号项目信托款项，该项目进行了两次延期，延期后，某信托公司均未向投资人披露至信828号底层资产风险情况及采取的应对措施，违反了前述规定第35条、第38条规定。关于延期时单方面变更信托收益分配方式问题。经核查，由于至信828

① 参见北京金融法院民事判决书，(2022)京74民终502号。

号项目交易对手未能按期足额支付信托款项，根据至信 828 号《信托合同》约定，该项目已进入延长期，延长期内受托人应尽快采取措施变现信托财产，信托财产变现完毕后延长期终止，并按《信托合同》约定分配变现的信托财产，该信托项目信托财产变现尚未完成，最终分配方式尚未确定。

判决结果：

一审判决：(1)某信托有限公司于判决生效之日起 10 日内赔偿李某本金损失 320 万元及利息损失(以 320 万元为基数，按全国银行间同业拆借中心公布的同期贷款利率为标准，自 2021 年 4 月 1 日起计算至实际支付之日止)；(2)驳回李某其他诉讼请求。

二审判决：驳回上诉，维持原判。

裁判观点：

二审法院认为该案的争议焦点有二：一是某信托公司是否构成根本违约而应对李某所受到的损失承担赔偿责任；二是李某投资损失是否已经确定。

关于争议焦点一。某信托公司上诉称其严格按照信托合同约定进行管理，案涉信托计划投资行为符合法定和约定范围。委托人李某主张受托人某信托公司违反了双方签订合同所约定的义务，违规将资金用于受托人的股东，李某提交的北京银保监局出具京银保监举复 YJ2021303-673 号银行保险违法行为举报调查意见书中明确表示，至信 828 号受让信托合同约定的标的公司股权后，绕道非关联方公司，将信托资金违规用于某信托公司股东。某信托公司辩称监管部门出具的调查意见书认定结论具有很大主观性，不能作为认定案件事实的依据。经询，某信托公司不能提出相反证据推翻北京银保监局调查意见，根据现有证据某信托公司存在绕道非关联方公司、违规将资金用于某信托公司股东的情形。

该案中，受托人某信托公司将信托资金用于其股东的情形，违反了《信托合同》中关于信托资金用途的约定；违反了《信托公司管理办法》第 24 条，即信托公司管理运用或者处分信托财产，必须恪尽职守，履行诚实、信用、谨慎、有效管理的义务，维护受益人的最大利益；违反了《集合资金办法》第 27 条第 3 项，即不得将信托资金直接或间接运用于信托公司的股东及其关联人，但信托资金全部来源于股东或其关联人的除外；违反了《信托法》第 5

条、第 25 条的规定。综上所述,该案中,某公司的上述行为违反了合同约定的受托人基本义务,违反了《信托公司管理办法》关于职业信托人谨慎投资义务的规定,也违反了《信托法》受托人义务的相关规定,某信托公司的绕道非关联方公司,违规使用信托资金的行为导致投资人李某购买涉案信托产品的投资目的落空,其行为已经构成根本违约。

关于争议焦点二。某信托公司上诉认为其正在积极进行底层资产处置,李某投资损失尚未发生或确定,故赔偿损失的条件尚未成就。对此,法院认为,委托人购买的涉案信托产品系单个独立的信托单位,且约定了封闭期。虽然涉案信托产品的整体期限并未届满,但就其中分割的单个信托单位而言,期限已经届满。该案中,李某在封闭期届满前已通过诉讼方式要求某信托公司支付本金及收益,而经询,李某明确表示如果某信托公司向其赔偿损失,双方权利义务履行完毕,不再主张信托产品的相关收益,至此李某因案涉信托产品所产生的具体损失已然可以确定。

某信托公司上诉认为针对李某的赔偿突破了信托财产的独立性,法院的责任认定扩大为对整个至信 828 号的责任认定,将导致整个信托产品成为刚兑。应指出的是,某信托公司在《认购风险申明书》中申明,该公司依据信托文件管理信托财产所产生的风险由信托财产承担,因违背信托文件、处理信托事务不当而造成信托财产损失的,由该公司以固有财产赔偿。由于本院认定某信托公司管理案涉信托产品违反合同约定,因此而产生的损失应由某信托公司以固有财产赔偿,并不会涉及整个案涉信托产品,也并非刚性兑付。

【风险提示】

(1)为了受益人利益最大化开展信托业务,这是信托法的强制性规定。

(2)坚决不违反信托的本质,按照信托文件约定的资金投向进行信托管理。《信托法》要求信托财产独立于信托公司的财产。而自融行为不仅违反合同约定,丧失信托最本质的"信任"特征,也从根本上因为触及了投资的"灵魂",改变了资金的用途,绕道用于关联方,属于极其严重的违约行为。当资金的用途改变,投资者通过信托实现资产增值的目的就无法实现。此时,法院会认定信托公司构成根本违约,投资者有权解除合同。

(3)在穿透式审判背景下,打破不被发现的侥幸心理。掩盖的不法不合规行为都有可能被发现，故不得进行违规行为。信托公司应按照《集合资金办法》第 27 条开展业务："信托公司管理信托计划，应当遵守以下规定：……（三）不得将信托资金直接或间接运用于信托公司的股东及其关联人"的规定，某信托公司未向投资人揭示至信 828 号项目的实质资金用途，违反了上述规定第 34 条"信托公司应当……保证所披露信息的真实性、准确性和完整性"。

【投资建言】

怀疑信托公司的受托行为有违规的嫌疑时可以先向监管机构举报，依赖监管机构的举报调查意见书，判断信托公司是否违反监管，同时可以作为诉讼中的证据。

风险点四十一　项目投后不以投资者利益最大化为原则的变更风险

【基本法理】

受托人必须为了受益人的最大利益处理信托事务，违反该法定义务的，将直接导致根本性违约，并因此承担法律责任。受益人有权要求解除合同。《信托法》第 5 条规定："信托当事人进行信托活动，必须遵守法律、行政法规，遵循自愿、公平和诚实信用原则，不得损害国家利益和社会公共利益。"第 25 条规定："受托人应当遵守信托文件的规定，为受益人的最大利益处理信托事务。受托人管理信托财产，必须恪尽职守，履行诚实、信用、谨慎、有效管理的义务。"

【参考案例】

陈某与某信托公司营业信托纠纷案①

裁判观点：

二审法院认为，关于投资顾问的资质。陈某主张案涉信托产品的投资

① 参见浙江省杭州市西湖区人民法院民事判决书，（2019）浙 0106 民初 8580 号；浙江省杭州市中级人民法院民事判决书，（2020）浙 01 民终 10296 号。该案例与风险点九的参考案例相同，案件事实等重复内容不赘述。

顾问不具备证券类咨询资格，在某信托公司将信托投资范围增加了私募股权投资内容后，投资顾问亦不具备信托公司私人股权投资顾问资质。法院认为，首先，在案涉信托计划成立之前，某信托公司就向当地银监局上报了包含有投资顾问诺恺公司详细情况的《信托公司固有业务、信托项目事前报告表》；其次，案涉信托合同明确约定了聘请诺恺公司为投资顾问，陈某对此系明知，且某信托公司聘请投资顾问事宜并未违反合同约定；再次，案涉投资基金 4 号已在中国证券投资基金业协会完成了私募投资基金备案；最后，某信托公司根据信托合同的约定，为受益人利益最大化而在投资范围中增加了对拟在新三板挂牌的健康行业企业进行私募股权投资，在此之后案涉信托计划投资了未在新三板挂牌的项目博瑞生物，而该项投资盈利比例达 42.86%。因此陈某未能提交充分证据证明某信托公司聘请诺恺公司作为投资顾问存在违约行为并对信托项目造成了损失，法院对陈某该项主张不予采纳。

关于延长信托期限。在案涉信托计划投资的标的中，华韩整形的标的公司华韩整形美容医院控股股份有限公司定向增发 522.466 万股人民币普通股，发行价格为每股 19.14 元，原子高科的标的公司原子高科股份有限公司的控股股东中国同辐股份有限公司于 2018 年 7 月 6 日 H 股上市，上述情形均符合信托合同约定的"本信托投资的新三板挂牌企业 IPO、转板、并购等申请已经监管部门受理，并取得正式受理文件"以及"本信托投资的新三板挂牌企业预计未来 1 年内有较大的业绩或投资价值体现"等可延长 1 年信托计划期限的情形，故陈某关于某信托公司延长信托期限系违约行为的主张与事实及合同约定不符，本院不予支持。

关于某信托公司曾被行政处罚。法院认为，陈某二审提交的行政处罚决定书系某信托公司在其他信托计划中有违反相关法律法规的行为而导致，与该案所涉信托计划无关，且陈某并未举证证明某信托公司因其他信托计划被行政处罚属于案涉信托合同的违约行为，故陈某上诉以某信托公司因其他信托计划被行政处罚为由主张某信托公司在运作该案信托计划中存在重大过错，缺乏事实及法律依据，法院不予支持。

【风险提示】

投后管理作为投资体系中“募、投、管、退”四环节之一，地位举足轻重。信托公司应当加强对投后管理的重视，避免投资重头轻尾、投后管理工作流于形式。

审判实践中，委托人以信托公司未尽到审慎的投后管理义务从而提起诉讼要求赔偿的案件比比皆是。上述案例中，原告（受益人）主张被告违反信托义务构成违约，但法院经过审查则是认为，信托公司履行了投后管理义务，驳回了原告的该项主张。因此，投后管理应以受托人利益最大化为原则处理信托项目中各类事件，若有讼争，最终将获得法院支持。

【投资建言】

信托公司受托应以投资者利益最大化为基本原则，但是投资者需明确投资损失并非全部由信托公司的违约或违法造成的。尤其在资产管理产品中，以信托产品为风险较高，故对合格投资者的要求也比理财等活动要高，与“高收益、高风险”的价值理念相符。实务中，很多投资者未做好投资失败承受风险的损害，相仿设法通过各种方式“维护权益”。但常事与愿违，各种主张要得到法院的支持需要有明确证据证明信托公司有违约行为，并是造成投资损失的主要原因。

风险点四十二　投资比例超过监管规定的风险

【基本法理】

为了分散投资风险，我国对金融产品投向的投资比例会根据产品不同而有要求。2007 年，银监会、国家外汇管理局印发《信托公司受托境外理财业务管理暂行办法》（银监发〔2007〕27 号），该办法第 15 条和第 16 条中的最后 1 款“中国银监会规定的其他投资品种和工具”包括下列金融产品或工具：“……1. 在任何时点上，单个受托境外理财信托计划或产品中的股票等投资产品的资金余额不得超过该信托计划或产品所募集资金余额的 50%；投资于单只股票等投资产品的资金余额不得超过该信托计划或产品所募集资金余额的5%”。

备案监管制度以备案为主,监管部门不对备案文件作实质审核,但不代表金融机构可以违反监管规定。相反备案代表金融机构对备案内容的承诺,那么一旦出现违反监管规定的情形,必然承担法律责任。实务中信托公司可能对管理的项目根据监管要求进行备案,尤其是私募,我国对其监管理念是备案制而非审核制。监管部门的形式审查逻辑上是对金融机构备案内容的充分信任,且备案的目的是一旦发生问题,有据可查,且以备案文件为准审查是否合规。当然,若项目开展与实际不符,则以事实为准。

通过搜索大量的案例发现,违反资金投向规定的案件,一般都会赔偿,而且往往赔偿数额不低。

【参考案例】

韩某与某信托公司营业信托纠纷案①

裁判观点:

某信托公司投资新确科技公司的资金比例远远超过上述规定,某信托公司的违规行为放大了产品风险,应承担与此相当的责任。某信托公司辩称上述通知中的集中度限制仅是原则指引缺乏依据,监管部门亦未对案涉信托计划的集中度限制问题作出可以放宽的意见。监管部门对信托计划进行备案登记仅是形式审核,备案不等同于信托文件内容符合监管要求,某信托公司主张信托计划完成备案是获得监管认可的意见于法无据,不予采纳。

关于韩某主张的高杠杆比例问题。

某信托公司在信托文件中明确约定了A类、B类信托单位的权利义务,

---

① 参见北京市西城区人民法院民事判决书,(2021)京0102民初24974号。该案可以从天眼查关于该信托公司的司法案件中获取;可参见《300万血本无归！法院判信托公司赔偿投资人75%本金!》,载搜狐网2024年3月5日,https://www.sohu.com/a/762041701_121123913;参见《中融信托败诉,投资者反转获赔案分析》,载微信公众号“北京汉盛律师事务所”2023年12月29日,https://mp.weixin.qq.com/s/0t015h4o3VUHprdyKZzytw。该案例与风险点三十的参考案例相同,故案例事实等重复内容不赘述。

通过某信托公司的网站公告亦可看出 A 类、B 类信托单位的比例情况。韩某作为股票相关投资经验 3 年以上的投资者,称自己在投资时不了解杠杆比例,有违常理。案涉信托成立于 2015 年,《结构化信托业务监管通知》并未对优先级和劣后级份额比例规定定量的指导意见,韩某援引的《关于规范金融机构资产管理业务的指导意见》为 2018 年 4 月发布,韩某据此主张案涉信托杠杆比例过高导致其投资损失依据不足。

综合上述分析,若案涉信托计划按照监管规定以 5%信托财产投资新确科技公司并推定全额亏损的情况下,按照比例扣除信托各项费用后,依据信托合同约定,相关亏损先由 B 类信托单位负担,按照上述方式计算,韩某所持 B 类信托份额占总体 B 类信托份额的 7.43%,其应当承担的损失为 761489.8 元,现其本金 300 万元全部亏损,超出的部分为其损失,某信托公司应当予以赔偿,金额为 2238510.2 元。超出部分,不予支持。

【风险提示】

(1)业务部门熟悉监管文件规定的投资限制,并严格按照监管要求开展业务。根据《关于调整信托公司受托境外理财业务境外投资范围的通知》中的规定:"《暂行办法》第十五条和第十六条中的最后一款'中国银监会规定的其他投资品种和工具'包括下列金融产品或工具:……1. 在任何时点上,单个受托境外理财信托计划或产品中的股票等投资产品的资金余额不得超过该信托计划或产品所募集资金余额的 50%;投资于单只股票等投资产品的资金余额不得超过该信托计划或产品所募集资金余额的 5%。……"

(2)确保备案文件的真实性、合法性和合规性。这里需要注意的是,监管对信托计划的备案,仅仅是形式审查,备案不代表审批,不代表信托计划符合监管部门的要求。该案是违反资金投向规定的赔偿案件。违反监管关于资金投向比例的限制,这是直接导致赔偿的原因,赔偿的原则是按超过监管规定的损失全赔,而不考虑市场因素。

【投资建言】

(1)了解高杠杆在投资中的风险。合格投资者被认为对高杠杆有充分的理解，并表示愿意承担其带来的后果。诉讼中声称自己不理解投资风险的观点，难以得到法院支持。

(2)确保投资比例符合监管规定。该案中虽信托公司违反了监管规定违规投资，但仅对超过比例部分的损失予以赔偿，投资者仍然承受了损失。从法律上，判决关于损失的分担是公正的，信托公司在信息披露真实的情况下，对违规操作的认可导致投资者必然承受违规认可的责任。

风险点四十三　资金投向违反信托合同约定的风险

【基本法理】

根据合同约定确定资金投向或投放，是信托公司履行善良管理人义务的核心。一旦违反，则需要承担法律责任。

信托项目管理期间，投资者有知情权，而信托公司有信息披露义务。

【参考案例】

某旗公司与某信托公司营业信托纠纷案[①]

裁判观点：

二审法院认为，根据该案查明的事实，案涉集合资金信托计划属于主动管理型信托产品，管理人实际使用信托财产从事投资，掌握信托财产的使用情况以及投资去向，除其按照合同约定披露的事项之外，委托人无从得知具体投资情况。《信托合同》对于信托目的以及投资组合范围均有明确的约定，这就要求受托人严格按照上述约定的范围及投资方向进行投资组合，并遵守关于投资限制的相关约定，以实现信托目的。某旗公司在一审中主张某信托公司擅自调换底层资产未披露，造成底层资产变现困难，无法按期兑付损害其合法权益。某信托公司上诉主张其对信托财产的管理运用方式符

① 参见北京金融法院民事判决书，(2022)京74民终415号。该案例与风险点七的参考案例相同，案件事实等重复内容不赘述。

合合同约定及监管规定。现某信托公司在一审诉讼中自认案涉信托计划底层资产变现困难,无法收回相应资金,在此情况下,其应当对其管理信托财产进行的投资行为符合《信托合同》对于投资组合范围、投资方式以及投资限制的约定承担相应的举证责任。一审判决对上述举证责任的分配符合法律规定,并无不当,法院予以认可。在一审法院予以释明的情况下,某信托公司仍未说明信托财产的具体投资指向,亦未说明底层资产情况,拒绝提交信托专户的银行流水,故一审法院无法查明其是否按照合同的约定进行了适当的投资。某信托公司在一审法院释明后拒绝提供产品的投资指向,一审法院依据在案已经查实证据,判决某信托公司承担相应的不利后果并无不当,法院予以确认。

由于某信托公司不能证明其管理信托财产的行为符合合同约定、信托目的及法律规定,应当承担违约责任。某信托公司在某旗公司购买的信托单位到期并发生自动赎回后,没有按照《信托合同》的约定与某旗公司之间进行信托财产收益的确认,也没有支付相对应的赎回款项,致使某旗公司一直处于投资款项和相应收益无法确定的状态,因此,一审法院认为认定某旗公司的损失在发生自动赎回后即已经确定,并无不当,法院予以认可。某信托公司在处理信托事务时,未能按照法律规定及合同约定,尽到受托人义务,对上述后果应承担责任。一审判决对某信托公司违约责任成立的认定,有事实和法律依据,法院予以确认。某信托公司关于其已经履行了受托义务的上诉意见,缺乏证据支持,法院不予采信。

【风险提示】

(1)按照合同约定进行资金投向或投放。信托合同约定的资金投向与合同目的紧密相关,资金投向违反约定甚至去向不明,信托合同目的是否实现难以证明,肯定构成违约。在信托贷款中,有委托人明确约定了信托资金的投放主体,此时信托公司按照信托合同约定投放资金,是受托人履行受托业务核心义务。而违约投放资金,与信托设立的目的相悖。受托人一旦违约,发生讼争,几乎不存在任何抗辩的理由。资金投放直接影响投资者是否投资项目的判断,改变资金投放主体,则导致信托合同目的不能实现。故在项目清算之前,委托人享有合同解除权。[①]

(2)信托公司应充分理解,对于资金投向委托人无从得知,应该披露;发生讼争之时,信托公司承担举证责任,并非不愿回答便可免去法律责任。

(3)投资出现风险等情况时,应及时向投资人披露底层资产、风险情况以及风险处置应对措施,保障投资者的知情权。

【投资建言】

信托公司理应将信托资金投向或投放信托合同约定的主体或项目,或在事务性管理信托中信托公司应按照投资者指令运行信托资金。但是,即使信托公司违反了受托义务也不必然是造成信托财产的主因,投资者也需要谨慎投资。比如在某科技公司、某信托公司等营业信托纠纷案中,二审法院认为:在某信托公司违反信托义务及《信托合同》约定未执行某科技公司、刘某关于 2018 年 3 月 19 日至 21 日期间的投资指令,系导致该案投资损失的诱发原因及次要原因;某科技公司、刘某自主决定以较低的卖出价格成交案涉股票,系导致该案投资损失的决定原因及主要原因。根据事务管理类信托的特点,结合某科技公司、刘某与某信托公司双方对案涉信托发生投资损失的原因力大小,本院酌情认定某信托公司应对某科技公司、刘某的实际损失 13800000 元承担 10%的赔偿责任即赔偿 1380000 元。[②]

---

① 通过企查查公开的某信托公司的涉诉案件:2010 年 4 月,某制药公司(委托人)与某信托公司(受托人)签订《信托合同》一份,约定:某制药公司将其合法关联的资金委托给某信托公司,由某信托公司按信托文件的规定,以某信托公司的名义,将信托资金贷款给目标企业,用于某房地产开发投资建设,为某制药公司获取收益,信托资金为 8000 万元。贷款利率为 12%/年,贷款按日计息。原告某制药公司主张在《信托合同》履行期间,被告未尽管理职责,处理信托事务不当,包括在未达到合同要求的放款条件情况下,提前向目标企业放款;未征得原告同意,即许可目标公司办理预售许可证;在目标公司取得预售许可证后,未能按合同约定办理上述房地产项目的(预)销售商品房的抵押登记手续等,致使某公司擅自将商品房出售,购房款未能进入监管账户,信托财产受到损失,按照《信托合同》约定,被告应向原告承担赔偿责任。该案经过一审、二审、再审。一审法院支持了原告的诉讼请求。根据最高人民法院出具(2018)最高法民申 1353 号,当事人达成和解协议且已履行完毕的,裁定终结审查某信托公司的再审申请。该案一审判决书的意义旨在对信托公司来说,尽量在信托业务中谨慎经营,避免讼争,减少成本。

② 参见广东省广州市中级人民法院民事判决书,(2023)粤 01 民终 5278 号。

风险点四十四　改变投资产品类型、违反信托财产独立性等义务的风险

【基本法理】

信托公司按照信托合同约定的产品类型投资管理,无权擅自改变产品类型,否则将承担不利法律后果。《资管新规》第 4 条中规定:“资产管理产品按照募集方式的不同,分为公募产品和私募产品。公募产品面向不特定社会公众公开发行。公开发行的认定标准依照《证券法》执行。私募产品面向合格投资者通过非公开方式发行。资产管理产品按照投资性质的不同,分为固定收益类产品、权益类产品、商品及金融衍生品类产品和混合类产品。固定收益类产品投资于存款、债券等债权类资产的比例不低于 80%,权益类产品投资于股票、未上市企业股权等权益类资产的比例不低于 80%,商品及金融衍生品类产品投资于商品及金融衍生品的比例不低于 80%,混合类产品投资于债权类资产、权益类资产、商品及金融衍生品类资产且任一资产的投资比例未达到前三类产品标准。非因金融机构主观因素导致突破前述比例限制的,金融机构应当在流动性受限资产可出售、可转让或者恢复交易的 15 个交易日内调整至符合要求。金融机构在发行资产管理产品时,应当按照上述分类标准向投资者明示资产管理产品的类型,并按照确定的产品性质进行投资。在产品成立后至到期日前,不得擅自改变产品类型。”

信托财产应该保持独立性。《资管新规》第 15 条中规定:“金融机构应当做到每只资产管理产品的资金单独管理、单独建账、单独核算,不得开展或者参与具有滚动发行、集合运作、分离定价特征的资金池业务。”第 22 条中规定:“资产管理产品可以再投资一层资产管理产品,但所投资的资产管理产品不得再投资公募证券投资基金以外的资产管理产品。”

信托公司应该根据法律和合同约定充分尊重委托人(受益人)的知情权。

【参考案例】

某旗公司与某信托公司营业信托纠纷案①

裁判观点：

一审法院认为：首先，信托合同明确约定信托计划为非公开发行的私募产品、固定收益类集合资金信托计划。按照监管部门的要求，涉案信托确定的类型为固定收益类集合资金信托计划，其投资于存款、债券等债权类资产的比例不应低于80%。某信托公司在法院释明后拒绝提供产品的投资指向，其提交的2021年第1季度管理报告中载明的投资存款、债券类资产的比例与法院调取的涉案信托专户的银行交易流水存在不符之处，依据在案证据，其投资存款、债券等债权类资产比例明显低于监管部门要求的80%。

一审法院依职权调取的信托专户的交易流水显示，某信托公司存在向其自行设立并管理的永丰1号、永丰2号信托计划进行多次投资的行为，而永丰1号、永丰2号信托计划再次投向了某信托公司自行设立并管理的汇某3号、汇某2号、汇某4号、汇某5号、添丰3号、添丰8号信托计划，且存在永丰2号向汇某4号认购互投的情形。某信托公司在该案中均未披露汇某4号信托财产的底层资产，无法查明底层资产的实际投向。虽然以设立信托计划的方式向其他信托计划投资的行为并不违反监管规定，但某信托公司投资的信托计划再次投向了其他信托计划。此种以TOT（信托投资信托）为主要投资形式，通过设立开放式集合资金信托计划，滚动发行信托单元，采用多层嵌套投资方式，使由其设立并管理的不同信托计划进行循环互相交易的资产管理产品，具有典型的资金池业务特征。某信托公司在对信托财产的管理及运用上，不仅违背监管部门的上述刚性要求，更增加信托财产的投资风险，使得委托人基于对受托人的信任认购信托单位，运用信托资金的目的无法实现，违反了受托人有效管理的原则。

其次，针对信息披露，某信托公司披露的信息不充分侵害了投资人的知

① 参见北京金融法院民事判决书，（2022）京74民终416号。该案例与风险点七的参考案例相同，案件事实等重复内容不赘述。

情权。信托合同明确约定了信息披露的事项，而某信托公司发布的《中国某信托公司·中民汇某4号集合资金信托计划2021年第一季度管理报告》仅载明整个信托计划整体资金运用情况，无法对各信托单位的资金运用进行充分披露；在重大事项披露中也未按照合同约定披露发生重大事项的具体情形，而且也未披露针对部分客户资金出现延期兑付时采取的明确、具体的应对措施。这使投资人并不清楚各自信托单位是否存在认购/申购信托公司信托计划、证券公司资产管理计划、基金公司及基金子公司资产管理计划等的情况，以及投资范围是否符合合同及监管部门要求的投资限制的情形，且不清楚对于后续的信托财产的处置及受托人的应对措施，严重损害了各信托单位购买人的知情权。

最后，针对合同约定，某信托公司存在违约行为，应当承担违约责任。

【风险提示】

(1)对信托项目的投资方向、具体运作，信托公司均应该建立台账制度，实现有据可查，有迹可循。信托公司若无证据证明自己已经按照合同履行投资义务，并以受益人利益最大化为原则履行义务，将承担违约责任。在既往的信托案件中，监管机构的意见往往是事实认定的重要依据，该案中并没有监管机构的意见。该案中，一审法院通过调取银行流水，审查资金的流向，再结合举证责任判定某信托公司的业务类型属于资金池业务，根据信托公司提交的，投资人没有异议的信托份额、信托净值判决信托公司承担全额赔偿责任。资金池业务实质上也是违规改变了资金用途，通过层层嵌套，导致底层资产处置困难，导致投资人通过信托投资资产增值的合同目的不能实现，其性质上与信托公司将信托资金绕道用于关联股东是相同的，本质也是根本违约，尽管该案没有判决解除合同，但其判决承担责任的方式与解除合同是类似的。

(2)按照法律规定和合同约定尽职尽责履行受托义务，保障委托人(受益人)的知情权。

(3)按照合同约定严格确定投资方向，并根据监管文件规定保证投资比例符合要求。根据《资管新规》的规定，金融机构应当做到每只资产管理产品的资金单独管理、单独建账、单独核算,不得开展或者参与具有滚动发行、集合运作、分离定价特征的资金池业务;并不得投向其他信托计划。

【投资建言】

同风险点七中投资建言内容,不再赘述。

风险点四十五 信托财产变现处置未尽信义义务承担赔偿责任的风险

【基本法理】

《信托法》第25条规定了受托人对信托事务处理的信义义务:“受托人应当遵守信托文件的规定,为受益人的最大利益处理信托事务。受托人管理信托财产,必须恪尽职守,履行诚实、信用、谨慎、有效管理的义务。”受托人违背信托合同、处理信托事务不当的,应赔偿因其违约而给委托人造成的全部实际损失。委托人以受托人未履行勤勉尽责义务损害其合法权益为由,请求受托人承担损害赔偿责任的,应当由受托人举证证明其已经履行义务。

【参考案例】

华某银行与某信托公司营业信托纠纷案①

裁判观点:

关于信托财产处置,法院认为:

双方当事人对于某信托公司在限售股份上市流通、持续关注投资标的、制定项目退出方案、资管份额转让、股票减持、差额补足权利的行使、信息披露等环节是否勤勉尽责存在争议,上述争议最终归结为某信托公司在信托财产变现处置过程中是否做到诚实、信用、谨慎、有效,是否由此给华某银行造成财产损失。

---

① 参见北京市第二中级人民法院民事判决书,(2020)京02民初302号;北京市高级人民法院民事判决书,(2021)京民终710号。该案例与风险点三的参考案例相同,案件事实等重复内容不赘述。

1. 关于限售股份上市流通

某信托公司答复华某银行称利源精制解禁公告迟延发布并不影响股票解禁与可上市流通的时间,答复内容与实际情况不符。限售股份上市流通的申请主体为上市公司董事会,并非股东或某信托公司,某信托公司已在答复华某银行时表示其催促股票解禁事宜。某信托公司上述错误答复与股票迟延解禁之间并无因果关系,亦不足以造成华某银行投资损失。

2. 关于信托财产变现处置方案的制定

信托计划成立后,某信托公司作为受托人主动管理运用信托资金,通过资管计划参与利源精制股票定向增发投资,故某信托公司应当择机转让资管计划份额或指令资产管理人转让利源精制股票,并在条件具备时要求增信主体王某承担差额补足义务,从而使华某银行最大程度获得现金收益。定增股票预计可于 2018 年 1 月 24 日上市流通,某信托公司应于该日期前即形成信托财产处置方案,分别针对股价涨跌情况提出针对性变现方案。在 2018 年 1 月以来利源精制股价持续下跌,且股价下跌幅度明显超过深证成指的情况下,某信托公司迟至 2018 年 4 月 11 日才向华某银行发送《项目退出方案》草稿,且载明具体实施方案将在项目到期前 6 个月即 2018 年 10 月才能确定,故某信托公司明显迟延形成信托财产处置方案,不利于其及时采取合理的信托财产处置措施。

3. 关于信托财产实际变现处置的方式和时机

第一,关于查明和应对王某股票质押问题。如前所述,王某自信托计划设立前至设立后,长期对其持有的利源精制股票进行质押或质押到期后再质押。某信托公司对此情况应当查明且能够查明,但其在信托计划设立之前和之后却一直没有查明。王某系利源精制的实际控制人和信托计划的唯一差额补足义务人,某信托公司在信托计划设立后未能及时了解到王某的股票质押情况,导致其对王某的偿债能力和利源精制披露信息的真实性、准确性和完整性未能作出更加谨慎的判断,进而不有利于其及时、果断地采取信托财产变现处置措施。

第二,关于分析和应对 2018 年利源精制股价不断下跌问题。按照某信托公司制定的《项目退出方案》草稿和初步设想,如果股价有较大程度的浮亏,信托计划可以通过转让其持有的资管计划份额实现信托财产的变现。利源精制股价自 2018 年 1 月以来持续下跌,但某信托公司未能说明转让资管计划份额的可行性,亦未能举证证明其尝试过转让资管计划份额,且在 2019 年 1 月发给华某银行的说明函中主张其当时拟采取的处置方案是减持股票,故某信托公司在股价不断下跌的情况下并未形成明确的信托财产处置思路,不利于信托财产处置。

第三,关于判断和应对项目预算投资大幅增加和项目进度延期问题。利源精制本次非公开发行股票所募资金主要用于轨道车辆制造及铝型材深加工建设项目,项目预算总投资 54.99 亿元。2017 年 4 月利源精制公告披露该项目的预算数增至 70 亿元,利源精制于 2018 年 4 月 27 日公告披露该项目的预算数增至 105 亿元,并公告轨道车辆整车样车的试制完成时间将从预计的 2018 年初延期至 2018 年 7 月底。项目预算投资的大幅增加和项目进度的延期必然将影响利源精制的股价,进而影响华某银行的信托投资收益。利源精制股价自 2018 年 1 月以来亦确实处于持续下跌状态。利源精制公告中解释称项目预算投资增加的主要原因是“轨道车辆制造项目在实施过程中生产线设备配置发生了变化”,项目进度延期的原因是“前期考察的个别零部件供应商因不可抗力无法为公司进行零部件交付”。某信托公司亦认为利源精制上述解释说服力不强,并表示“我司又与大股东及券商进行了深入沟通,沟通的重点是项目总投资额度变化的原因,大股东和券商都没有给出满意的答复”。据此,项目预算投资的大幅增加和项目进度的延期应属“信托财产可能遭受重大损失”的重大事项。某信托公司应依照《信托合同》第 18.2 条的约定,不仅要及时向华某银行披露该事项,而且应自披露之日起 7 个工作日内向华某银行书面提出受托人采取的应对措施,包括提出是否变现信托财产的主张与理由。某信托公司未认识到项目预算投资的大幅增加和项目进度的延期可能导致信托财产遭受重大损失,未履行信息披露义务,导致华某银行丧失采取转让受益权、协商提前赎回等积极止损措施的可能性。更重要的是,某信托公司因判断失误而未能及时采取变现措施,贻误信托财产处置时机,造成华某银行财产损失。

某信托公司在2019年4月向华某银行解释其未在2018年4月得知项目预算投资大幅增加和项目进度延期后减持股票的理由,包括大股东和券商对项目投资额度增加未给出满意的答复,“减持新规从2018年5月底开始实施,直接导致了减持受限制”,“由于2018年上半年同期深成指也下跌了20%,大股东并不同意减持,认为6月样车就可以下线,股价可以上涨”。某信托公司在大股东“未给出满意的答复”的情况下仍轻信其“不同意减持”的意见,且将2017年即已实施的《减持新规》错误理解为2018年实施,并以此作为其不及时减持股票的理由,故某信托公司解释的未减持股票的理由明显不能成立。此外,华某银行虽同意信托计划延期,但某信托公司仍应基于专业判断而选择合理的方式和时机处置信托财产,故信托计划延期亦不能成为某信托公司贻误信托财产处置时机的理由。

第四,关于差额补足权利的行使问题。根据某信托公司和王某签订的《增信协议》,王某履行差额补足义务的前提是某信托公司通过资管计划分配或转让资管计划份额等方式退出资管计划。某信托公司未能在适当的时机处置信托财产以退出资管计划,导致其在王某去世时仍未退出资管计划,未能及时向王某行使差额补足权利,不利于华某银行减少财产损失。

综上,某信托公司在信托财产变现处置过程中未能做到诚实、信用、谨慎、有效,该行为与华某银行财产损失之间存在一定的因果关系,法院对华某银行提出的某信托公司怠于履行投资管理义务的相应诉讼主张予以采纳,对某信托公司的相应答辩意见不予采纳。

【风险提示】

从该案可以看出,信托公司需要注意以下风险:

(1)信托公司在信托财产变现处置过程中亦应做到诚实、信用、谨慎、有效。案件中某信托公司违反《信托合同》约定,未能勤勉尽责地处理信托事务。当然上述案件中投资者的损失还因定增股票特别是限售股份上市流通后股价一直持续下跌的情形,法院考虑了股票市场风险与投资资金损失之间存在直接因果关系,故酌定考虑了信托公司的赔偿责任。

（2）信托公司应以专业敏锐度结合市场变化迅速作出反应，并以投资者利益最大化为原则处置信托财产，为投资者谋求最大利益。案件中某信托公司在2018年4月得知项目预算投资大幅增加和项目进度延期后，未能作出减持股票的决策，又通过承诺“刚兑”的方式阻止华某银行与利源精制直接沟通，该行为不利于促进信托财产处置和减少华某银行财产损失，最终成为承担责任的理由。

【投资建言】

（1）为了维护自身利益、保证投资利益不受损失，作为受益人的投资者应关注信托公司的受托行为。虽然受益人并无义务督促信托公司履行受托义务，但直接影响投资资金的信托公司财产处置行为，投资者应利用自身专业知识判断信托公司的行为是否专业，并根据合同行动。该案中华某银行作为专业的金融机构较一般投资者更具有专业知识，无论是投资本身，还是金融监管制度。

（2）应认真研判信托公司披露的各项信息，并预判对信托财产处置等可能带来的影响，若发现可疑情况可要求信托公司解释，严重时可以行使信托合同的解除权等权利，从而预防损失发生的风险。在上述案例中，据华某银行在一审时陈述：认为某信托公司季度管理报告存在很多错误和问题，事后补发的季度管理报告仍存在诸多低级错误：第一，2017年前三季度报告未体现资金运用与信托收益情况，显著违反《集合资金办法》第37条的规定。第二，某信托公司在2018年第一、二季度报告中，毫无理由地改变估值方式，采用成本法而非公允价值法对“信托资产净值”进行估值（成本法难以反映股价节节下跌的客观情况），却在注释中仍然标明按照“公允价值”计算信托资产，显然存在矛盾。不论某信托公司系有意误导还是重大失误，该数据均使得投资者难以准确了解信托财产的真实情况。作为专业的金融机构，华某银行如若能够及时发现这些问题，而不是仅在诉讼时提出，可能还可以阻止一些损失。

风险点四十六　行使合同解除权，没有根据法律规定通知对方的风险

【基本法理】

合同的当事人享有法定解除权，行使合同解除权，必须根据法律的规定，否定有可能丧失该法定权利。我国《民法典》第565条规定："当事人一方依法主张解除合同的，应当通知对方。合同自通知到达对方时解除；通知载明债务人在一定期限内不履行债务则合同自动解除，债务人在该期限内未履行债务的，合同自通知载明的期限届满时解除。对方对解除合同有异议的，任何一方当事人均可以请求人民法院或者仲裁机构确认解除行为的效力。当事人一方未通知对方，直接以提起诉讼或者申请仲裁的方式依法主张解除合同，人民法院或者仲裁机构确认该主张的，合同自起诉状副本或者仲裁申请书副本送达对方时解除。"

【参考案例】

某信托公司与青岛舒某公司等营业信托纠纷案①

裁判观点：

二审法院认为，《合同法》第96条第1款规定，当事人一方依照该法第93条第2款、第94条的规定主张解除合同的，应当通知对方。合同自通知到达对方时解除。对方有异议的，可以请求人民法院或者仲裁机构确认解除合同的效力。某信托公司的第1项诉讼请求为确认《信托合同》《股权转让合同》于起诉之日起解除；但某信托公司并未提交证据证明其在提起该案诉讼之前已将解除案涉合同的意思通知案涉合同相对方，经查，一审法院于2018年7月5日向山东舒某公司送达包括起诉状在内的诉讼材料，可以视为某信托公司将解除合同的通知于2018年7月5日送达山东舒某公司。某信托公司关于解除《信托合同》《股权转让合同》是起诉之日的时点不能支持，应为于2018年7月5日解除。

---

① 参见北京市高级人民法院民事判决书，(2020)京民终33号。该案例与风险点十的参考案例相同，案件事实等重复内容不赘述。

【风险提示】

(1)当法定解除权的条件成立时,应立即以书面形式通知对方当事人。为确保成功送达,建议在合同中约定送达条款,对送达的地址、送达的方式、视为送达成功的情形进行明确。

(2)函告中应该明确载明债务人在一定期限内不履行债务则合同自动解除,债务人在该期限内未履行债务的,合同自通知载明的期限届满时解除。

(3)也可以通过诉讼或仲裁的方式代为函告。

【投资建言】

(1)投资者同样可以根据法律规定以及合同约定行使解除权。

(2)对信托公司行使解除权时,若因解除权给投资者造成损失,有权请求赔偿。

风险点四十七 通道业务中未约定信托终止日期变更权的风险

【基本法理】

根据常规信托计划的起始和终止日期是信托合同的重要条款之一。又根据实际情况,信托计划可能延长或提前终止,即对信托计划终止时间的变更。变更权归于双方当事人。

但在信托公司的通道业务中,信托公司不参与实质上的信托管理。合同重要条款由委托方、实际管理人约定,故计划变更权同样不归属于信托公司。在通道业务合同中,该条款往往被忽略。

【参考案例】

国某信托有限公司与江某银行营业信托纠纷案[①]

诉讼请求:

国某信托公司诉讼请求:(1)江某银行支付信托管理费 709881.67 元;

① 参见北京市东城区人民法院民事判决书,(2021)京 0101 民初 24788 号;北京金融法院民事判决书,(2022)京 74 民终 828 号。

(2)诉讼费由江某银行承担。

案件事实：

2018年5月23日，江某银行向国某信托有限公司出具《信托财产管理运用书面指令(一)》：本机构为编号为【NT托字18-05-194-01号】的《嘉泰194单一资金信托信托合同》(以下简称《信托合同》)之委托人，根据该合同约定，向信托财产专户交付该合同项下信托资金，信托资金净额为600000000元。我公司作为本信托的委托人，现向贵公司发出信托财产管理、运用的书面指令。

2018年5月23日，江某银行作为委托人，国某信托有限公司作为受托人签订编号为【NT托字18-05-194-01号】的《信托合同》。

同日，国某信托有限公司作为甲方(贷款人)，中信国安公司作为乙方(借款人)签订《信托贷款合同》。国某信托有限公司作为甲方(债权人)，中信国安有限公司作为乙方(保证人)签订《保证合同》。信托贷款合同主要约定：甲方根据其设立的嘉泰194期单一资金信托之信托文件的约定，按照本信托委托人的意愿，将委托交付的信托资金以贷款人的名义向乙方发放人民资金信托贷款600000000元。贷款期限为24个月，自贷款发放之日起至贷款发放满24个月之对应日，贷款发放满24个月之对应日为贷款到期日，若贷款到期日为非工作日，则提前至上一个工作日。

2018年5月24日，江某银行向国某信托有限公司转账支付委托贷款600000000元。同日，国某信托有限公司向中信国安公司发放信托贷款600000000元。

2018年6月6日，国某信托有限公司与江某银行签订【NT托字18-05-194-01-补1号】的《嘉泰194单一资金信托信托合同补充协议(一)》，对原合同中的资金监管内容进行了部分修改。

2019年12月23日，国某信托有限公司向江某银行发送风险提示函，告知中信国安公司逾期未还本付息的情形。

2019年12月30日，江某银行向国某信托有限公司支付信托费用2339610元。

2020年5月25日，国某信托有限公司向江某银行、中信国安公司、中信国安有限公司分别发送《嘉泰194期单一资金信托财产现状分配通知书》，并通过电子邮件方式再次告知江某银行、中信国安公司、中信国安有限公司。其中，向江某银行发送的通知书中提及：截至本通知发出之日，对于现金类信托财产，受托人已按照信托合同的约定分配完毕。于本信托终止日，本信托项下存在如下非现金形式的信托财产：应收贷款本金账面价值599900000元，应收贷款利息具体计算方法见《信托贷款合同》规定，其他应收违约金、罚息、复利等具体计算方法见《信托贷款合同》规定。根据《信托合同》第9.3.2条约定：本信托终止时，对非现金形式的信托财产，受益人与受托人在此同意：受托人仅须向受益人发出《信托财产现状分配通知书》、向融资人、担保人（如有）发出债权人变更的书面通知即视为受托人已向受益人履行完毕分配信托利益的义务。基于此，我司向贵方发出本通知，将上述非现金形式的信托财产向贵方进行分配。于我司发出本通知书之同日，我司向融资人、担保人发送相关通知。自本通知发出之日，本信托项下非现金形式的信托财产即已向贵方分配完毕，《信托贷款合同》项下债权及全部权利义务于本通知书发出之日转让至贵方名下……

2020年5月29日，国某信托有限公司出具《嘉泰194期单一资金信托清算报告》。

庭审中，国某信托有限公司陈述，应江某银行挂牌转让债权的需要，才在2019年向江某银行出具《关于嘉泰194期单一信托将原状分配的告知函》，但挂牌转让需要签订信托受益权转让协议，并进行变更，此后双方也没有签署信托受益权转让协议，也未对信托受益权进行变更，国某信托有限公司按照信托合同约定，在信托计划到期后进行了清算。

判决结果：

一审判决：江某银行支付国某信托有限公司报酬709881.67元。

二审判决：驳回江某银行上诉，维持原判。

裁判观点：

关于国某信托有限公司是否有权在满足相应条件情况下终止信托计

划,二审法院认为,根据《信托合同》第4.5.1条约定,本信托为委托人/受益人指定用途和管理方式的事务管理类单一资金信托。第4.5.3条约定,受托人为依据委托人/受益人指令进行事务管理的通道主体,主要承担一般信托事务的执行职责,不承担主动管理职责。受托人仅负责账户管理、清算分配等信托事务,不负责以自身名义采取诉讼、仲裁等司法措施变现信托财产,但受托人应根据司法机构、行政机构的要求作为第三人/证人进行协助诉讼,相关费用由受益人承担。本合同另有约定的除外。上述合同约定与江某银行向国某信托有限公司出具的《信托财产管理运用书面指令(一)》内容一致,结合《信托贷款合同》的签订和履行情况可知,国某信托有限公司仅有权依据江某银行的指令承担账户管理、清算分配等一般信托事务的执行职责。此外,结合双方的微信聊天记录可知,对于如何终止信托计划及需要履行的程序等双方在进行商讨,因此,尽管《信托合同》第9.1条约定,满足相应条件情况下,无论委托人/受益人是否指令受托人宣布融资提前到期,受托人有权宣告信托终止并以届时信托财产现状(债权转让方式)向受益人分配信托利益,但综合上述情况,一审法院认定国某信托有限公司系从事通道业务,国某信托有限公司作为受托人,并无实质终止信托计划的权限,并无不妥。即使按照江某银行所说,通道业务情况下,也不影响《信托合同》赋予受托人终止信托计划的权利,但从受托人与委托人的协商情况可知,受托人仍需与委托人就信托计划终止的相关事宜达成一致,并履行相应的程序。

【风险提示】

(1)通道业务的合同中约定合同条款变更权,以及由此涉及的各方的权利义务。上述案例关于信托计划终止变更通知的争议涉及信托公司是否有权在约定计划终止日后收取管理费的问题,虽最后信托公司的诉请为法院所支持。但形成诉争已然不利。若在通道业务的合同中明确约定关于日期等变更权以及变更延长后的管理费问题,诉争可能避免。

(2)若是合同文本设计中未考量完整,则可以根据实际情况,在项目投后管理中,对发生变化的情况形成台账、会议记录,或者要求对方书面确认等方式保障信托公司的权益。

(3)项目管理中,虽为通道业务,仍需要投入精力管理,将通知、会议记录、书面确认等作为沟通方式记录在台账中,并加强沟通,维护自身权益,同时尽最大可能维护受益人的合法权益。

【投资建言】

(1)通道业务中委托人应积极发布指令。

(2)委托人根据实际情形决定信托终止时间,并与受托机构积极沟通。

风险点四十八　知情权范围未约定的风险

【基本法理】

受托人有知情权。《信托法》第20条规定:"委托人有权了解其信托财产的管理运用、处分及收支情况,并有权要求受托人作出说明。委托人有权查阅、抄录或者复制与其信托财产有关的信托账目以及处理信托事务的其他文件。"《集合资金办法》第35条规定:"受益人有权向信托公司查询与其信托财产相关的信息,信托公司应在不损害其他受益人合法权益的前提下,准确、及时、完整地提供相关信息,不得拒绝、推诿。"知情权是民事主体依法享有的获得、知悉相关信息的权利。在经济活动中,市场主体之间信息地位本应处于对等状态,但实际处于交易弱势地位的主体往往同时处于信息弱势地位,为维护实质公平,立法对其向合同相对方获取信息的权利予以保护。信托有效设立之后,信托财产的所有权转移给受托人,委托人(受益人)对受托人的行为是否尽职履责进行监督。有效的监督必须以知情为前提。因此,知情权是委托人(受益人)监督权落实的基础,也是防止受托人违反信托目的、违背信任的必要条件。

委托人(受益人)知情权是有限度的,不应被无限放大。委托人(受益人)的知情权应当以委托人(受益人)能够了解信托财产的管理运用、处分及收支情况为限,应当以不损害其他委托人(受益人)合法权益为限,应当以保护受托人业务相关方商业秘密为限,应以受托人实际掌握的相关文件为限。

【参考案例】

孙某聪与某信托公司营业信托纠纷案①

诉讼请求：

孙某聪诉讼请求：判令某信托公司向孙某聪提供，并允许孙某聪查阅、复制、摘录下列文件：……(2)某信托公司委托翻译机构的合同及发票和翻译成果文件；(3)授权各公司董事会签署的转让文书、股东名册、同意卖出的程序性文件、其他股东放弃优先购买权的证明；(4)某信托公司卖出案涉产品的统一标准，某信托公司与汇桥资本、某信托公司与工银国际的洽谈记录纪要等过程文件；(5)2017 年 12 月 29 日云峰基金打入尾号 7244 共管账户凭证原件及复印件；(6)某信托公司业绩报酬 1133 万元的依据及凭证；(7)某信托公司退出审批签报的原始载体(该材料在另案中出示过 word 文档，孙某聪没有看到原始载体)；(8)某信托公司入股案涉产品的合同及协议；(9)符合独立审批人制度的签批流程，包括卖出涉案产品、后期产品价值判断、运营过程、季报、年报签批流程；(10)中融鼎新给张某的授权委托书；(11)收取中融鼎新 3%申购费的依据及凭证；(12)中融鼎新收取其他投资人 10%收益的依据及凭证；(13)中融鼎新 5000 万元变更为不可赎回信托合同的相关公司内部及政府主管部门审批手续、关联交易披露给其他投资人的披露文件；(14)有关联方交易的尽职调查报告；(15)沃克森北京国际资产评估有限公司出具的关于某信托公司估值的评估报告(2018 年 3 月重组期间)；(16)某信托公司与工银国际的解除协议，体现工银国际收购的洽谈记录录音、会议纪要；(17)汇桥资本的洽谈记录、会议纪要等文件；(18)扣除 4816 万元的与 CEC 签订的合同协议发票等；(19)核实 2017 年 10 月 19 日、2018 年 1 月 3 日沟通会录音文字资料；(20)其他费用 1243 万元的合同发票及扣除费用凭证；(21)GreenSpark 2018 年 2 月 14 日付款于鑫璟宸澜的原件凭证，YunFengCAPITAL 2018 年 3 月 5 日付款于 CECCAPITAL 的原始凭证。

① 参见北京金融法院民事判决书，(2021)京 74 民终 686 号。

孙某聪上诉请求：(1)请求依法撤销北京市西城区人民法院(2020)京0102民初15546号判决，依法改判支持孙某聪一审全部诉讼请求；(2)一审、二审诉讼费由某信托公司承担。

案件事实：

2014年12月27日，孙某聪(委托人、受益人)与某信托公司(受托人)订立《信托合同》。孙某聪作为认购人，认购单价为1元人民币、数量为300万份的不可赎回信托单位，认购资金金额为300万元。

案涉信托计划发布定期管理报告。

2015年4月至2015年6月定期管理报告中载明：本信托计划项下募集的信托资金271580000元已经全部按照信托合同约定的投资范围用于澜起科技基金及其资产的境内外并购重组事项及股权收购活动。信托计划通过在上海自贸区设立有限合伙企业鑫璟宸澜，通过该企业的境外子公司“鑫璟宸澜国际有限公司”认购澜起科技基金36.7%的份额……

《中融-荣硕6号集合资金信托计划清算报告》载明如下内容：信托计划于2014年12月30日成立，募集的信托资金规模为人民币271580000元，信托资金根据信托合同和信托计划说明书的要求进行投资，最终间接持有澜起科技1769910股股份，占澜起科技总股比的4.35%。2018年3月27日，本信托计划终止，信托财产全部变现，变现金额为450024984.39元；累计实现收入为194983204.59元，其中存款利息收入258420.81元，投资收益194554603.78元；共产生费用23858545.10元，其中受托人报酬11333593.22元，银行托管费94666.29元，其他费用12430285.59元；累计实现信托收益171124659.49元，已分配171090424.83元，未分配34234.66元，应支付信托本金0元。

判决结果：

一审判决：驳回孙某聪的全部诉讼请求。

二审判决：驳回上诉，维持原判。

裁判观点：

该案中，孙某聪请求某信托公司提供21项相关文件，一审法院根据查明事实逐一审查并分析孙某聪在知情权合理范围内是否有权、有必要获取上述文件,以及某信托公司在客观上能否提供上述文件。其分析以事实和市场交易规则以及知情权的必要性和有限性为依据,其结论合理、合法,并无不妥之处。

【风险提示】

(1)信托公司构建标准化披露范式,主动、高质量的信息披露有利于提高信托公司的透明度,实现委托人与信托公司的利益平衡。

(2)在销售阶段,建议信托公司向投资者说明受托人信息披露内容与方式、委托人行使知情权的范围与方式以及边界,信托公司可在信托文件中进行约定并特别提示委托人关注。

(3)在投后管理阶段,对于委托人的知情权需求,如属于信托财产的管理、运用与处分的文件,在不损害其他委托人以及业务相关方合法权益的前提下,建议信托公司按照信托文件的约定及时向委托人披露,对于无法向委托人披露的材料,应向委托人解释无法提供的原因,得到委托人的理解。

【投资建言】

(1)充分了解投资者的知情权是一项法定权利,也是监督权落实的基础,知情权与信托公司的信息披露义务是一个问题的两面。

(2)积极行使知情权。就该案而言,虽然最后以某信托公司胜诉为结局,但判决书并未否定投资者的知情权,而是认为知情范围超越了权限。委托人知情权的目的在于了解其信托财产的管理运用、处分及收支情况,具体到信托项目上主要体现为信托资金管理报告或处理信托事务的完整记录。对于信托文件明确约定了受托人对委托人、受益人以及处理信托事务的情况和资料负有依法保密的义务的内容,除非法律法规另有规定或因处理信托事务必须披露的,均无须披露,委托人(受益人)亦无权查询、无须知情。

(3)建议行使知情权的最佳时间为信托合同成立前、信托合同履行中。信托清算后,因为认为受托人违反信义义务而要求查阅一系列文件,信托公司一般会拒绝。涉诉时法院也很难支持。该案案涉信托清算后,孙某聪认为某信托公司存在违反信义义务,存在违约、违规经营等行为,没有得到法院支持。

风险点四十九　忽略风险控制等独立运作职能的风险

【基本法理】

关于管理人是否已经尽到了信义义务,法院在司法审判中根据实际情况进行灵活判断。但标准唯有一个:是否以受益人合法利益最大化为原则。管理人应该像对待自己的事情一样,为受益人利益勤勉尽责。

信托公司作为管理人,其职责不仅包括披露信息、提示风险,还包括进行风险控制在内的独立运作等。

【参考案例】

邓某君与联某证券公司营业信托纠纷上诉案①

诉讼请求:

上诉人邓某君上诉请求:请求二审法院在查明事实的基础上撤销原判并依法改判支持邓某君的全部原审诉讼请求。(1)联某证券公司赔偿邓某君全部投资款人民币100万元(以下币种同);(2)联某证券公司按合同约定赔偿邓某君截至2018年11月30日的投资收益计79008.23元及自2018年12月1日起计算至全部投资款结清之日止的投资收益(以100万元为基数,按照年利率8.2%计算);(3)一审、二审的律师费、差旅费由联某证券公司承担;(4)一审、二审诉讼费用由联某证券公司承担。

案件事实:

2016年12月6日,联某证券公司发布推广公告,推广设立涉案资管计划,该计划投资标的是原审第三人昆某信托公司作为受托人设立的涉案信托计划,以信托资金受让A公司持有的子公司即深圳A珠宝有限公司(以下

---

① 参见上海金融法院民事判决书,(2021)沪74民终422号。

简称深圳A公司)100%股权的收益权,同时A公司承诺到期回购该股权收益权。

2016年12月26日,A公司作为转让方(回购方),原审第三人昆某信托公司作为受让方签订了该案所涉的《回购合同》,约定:A公司向原审第三人转让并回购其合法持有的深圳A公司100%股权的收益权。《回购合同》第5条“特定股权收益权回购”中第5.3条约定:“如转让方(回购方)出现如下情形时,受让方可自主决定提前回购日,即受让方可宣布任一日期为提前回购日,但应提前5个工作日书面通知转让方(回购方)。自该通知送达之日起5个工作日内,转让方(回购方)应提前支付特定股权收益权回购基本价款及行权费:(1)转让方(回购方)未按合同的约定支付前端行权费或定期行权费;(2)转让方(回购方)或担保人(如有)出现任何违反本合同或回购价款支付义务保障措施的文件的行为、事项,对本信托计划的受益人的权益可能造成损害、威胁的;(3)受让方有证据认为发生可能影响转让方(回购方)履行特定股权收益权回购义务的情形,包括但不限于转让方(回购方)发生重大未履行的债务、转让方(回购方)财务或经济状况恶化、转让方(回购方)实际控制人或法定代表人或负责人出现重大变故等情形;(4)本信托计划发生其他需提前终止的情形。”《回购合同》第8条“转让方(回购方)的陈述和保证”中第8.4条约定:“……截至本合同签订之日,特定股权及特定股权收益权上不存在任何质权、抵押权及其他负担和限制,并保证该种无权利负担和限制状态在受让方享有特定股权收益权期间持续存在(以受让方作为质权人设定的特定股权质押担保情形除外)。”《回购合同》第8.6条约定:“截至本合同签订之日,特定股权及特定股权收益权上不存在被查封、扣押、冻结等任何形式的权利限制。并且自本合同签订之日起,特定股权及特定股权收益权不会发生被法院查封、冻结或强制执行的情况(受让方提起诉讼、仲裁、申请执行致使法院查封、冻结或强制执行的情况除外)。如果出现特定股权全部或部分被有关部门冻结或者出现其他限制情形的,转让方(回购方)应当于特定股权被司法冻结或出现相关限制情形的当日通知受让方,并有义务于7日内行使特定股权及其派生股权解除司法冻结或消除限制情形。”

同日，案外人云南C有限公司（以下简称C公司）、赵某和王某分别作为保证人与原审第三人昆某信托公司签订《保证合同一》《保证合同二》，约定：保证人所担保的主债权为A公司在上述《回购合同》项下对原审第三人负有的支付股权收益权回购价款的义务，保证范围为A公司在主合同项下对债权人负有的全部债务，保证方式为连带责任保证。

2017年1月4日，联某证券公司作为委托人与原审第三人昆某信托公司作为受托人签订了本案所涉的《信托合同》，约定：本信托计划目的是原审第三人以信托资金受让A公司的子公司即深圳A公司100%股权的收益权，原审第三人按照信托文件规定向受益人分配信托利益。《信托合同》还约定：本信托为事务管理类信托，即由委托人自主决定信托设立、信托财产运用对象、信托财产管理运用处分方式等事宜，自行负责（或自行委托第三方负责）前期尽职调查及存续期信托财产管理，自愿承担信托投资风险，受托人仅负责账户管理、清算分配及提供或出具必要文件以配合委托人管理信托财产等事务，受托人主要承担一般信托事务的执行职责，不承担主动管理的职责；全体委托人授权联某证券公司为信托计划的委托人指令权人，在信托期限内代表全体委托人行使全体委托人保留的信托财产投资管理权限，自主向受托人发出委托人指令。

同日，涉案资管计划和信托计划成立。嗣后，涉案资管计划于2017年1月20日进行了备案。

2017年2月9日，联某证券公司通过《联某证券集合资产管理计划客户风险承受能力调查问卷（个人版）》对邓某君进行风险承受能力测评，根据测评结果，邓某君的投资风险承受度大致为进取型。

2017年2月15日，邓某君与联某证券公司签订合同编号为ZCZQ××××××××01（×××）的《资管合同》（含《联某证券聚诚15号集合资产管理计划说明书》《联某证券聚诚15号集合资产管理计划风险揭示书》）。《资管合同》第22条第2款“管理人的权利和义务”第2项“管理人的义务”约定，联某证券公司“在集合计划投资管理活动中恪尽职守，履行诚实信用、谨慎勤勉的义务,以专业技能管理集合计划的资产,为委托人的最大利益服务,依法保护委托人的财产权益;管理人违反本合同导致集合计划资产损失或损害委托人合法权益时,应承担赔偿责任”。《资管合同》第 23 条第 1 款“违约责任”第 1 项约定,“管理人、托管人在履行各自职责过程中,违反法律、行政法规的规定或者本合同约定,给计划财产或者委托人造成损害的,应当分别对各自的行为依法承担赔偿责任”。《资管合同》第 23 条第 2 款“争议的处理”约定,“为解决争议而支出的诉讼费,以及律师费、鉴定费和公证费等合理费用均由败诉方承担”。《资管合同》中,《联某证券聚诚 15 号集合资产管理计划风险揭示书》上“特别提示”部分载明“投资者在本风险揭示书上签字,表明投资者已经理解并愿意自行承担参与集合资产管理计划的风险和损失”,邓某君在“投资人”处进行了签字确认。

2018 年 7 月 24 日,原审第三人昆某信托公司向联某证券公司发送《告知函》,确认 A 公司尚未履行任何提前回购义务,保证人也未履行任何担保义务,信托目的无法实现,涉案信托计划提前终止,信托提前终止日定为 2018 年 7 月 24 日。同日,原审第三人向联某证券公司发送《信托财产原状分配通知书》,决定将信托财产以债权形式向联某证券公司原状返还,即原审第三人将《回购合同》项下的与 299000000 份信托份额(该部分信托份额对应特定股权收益权转让价款 299000000 元)对应的债权移交给联某证券公司,并将《保证合同一》《保证合同二》项下与标的债权对应的全部权利移交给联某证券公司,联某证券公司自 2018 年 7 月 24 日起受让原审第三人昆某信托公司在《回购合同》《保证合同一》《保证合同二》项下与标的债权对应的全部合同权利。同日,原审第三人昆某信托公司向 A 公司发送《债权转让通知书》,向 C 公司、赵某和王某发送《权利变更通知书》,告知债权转让及权利变更事宜。

联某证券公司就涉案资管计划的上述处理进展情况曾于 2018 年 7 月 6 日、2018 年 7 月 23 日向投资者发布公告。2018 年 8 月 16 日,联某证券公司向投资者发布公告,确认在涉案资管计划投资的信托计划项下的投资标的已于 2018 年 7 月 20 日提前到期,根据《资管合同》约定,涉案资管计划于

2018 年 7 月 20 日提前终止。2018 年 8 月 29 日,联某证券公司公布《联某证券聚诚 15 号集合资产管理计划清算公告及二次清算方案公告》,公布了涉案资管计划的清算情况。

一审法院另查明,联某证券公司于 2018 年 7 月 31 日向浙江省高级人民法院提起诉讼(原告联某证券公司与被告 A 公司、C 公司、赵某、王某合同纠纷一案),浙江省高级人民法院于 2019 年 4 月 18 日作出(2018)浙民初 38 号民事判决认为,A 公司未按《回购合同》约定支付应于 2018 年 6 月 20 日支付的定期行权费,已构成违约,并判决如下:被告 A 公司向联某证券支付特定股权收益权回购基本价款 299,000,000 元、定期行权费 12,848,694.44 元、一次性违约金 31,395,000 元、迟延违约金 1,679,943.18 元等损失,合计 1,393,614.21 元。后该案被告不服,向最高人民法院提起上诉,二审判决驳回上诉,维持原判。

一审法院还查明,涉案资管计划投资者谷某某向深圳××局申请政府信息公开,包括深圳××局(2019)225 号、(2019)223 号、(2019)224 号行政监管措施决定书。

深圳××局于 2019 年 12 月 11 日向联某证券公司出具的(2019)225 号行政监管措施决定书,载明:"联某证券有限责任公司:经核查,你公司部分资管计划信息披露不及时、销售不规范、份额种类划分不当、合同条款缺失、资管业务内部控制不到位,上述情况发生在《证券公司客户资产管理业务管理办法》《证券公司集合资产管理业务实施细则》(此处两个文件现均已失效)施行期间,引发较大风险事件,反映出你公司资管业务风险控制制度和合规管理制度不健全……此外,你公司部分资管计划投资比例超标……我局决定对你公司采取责令暂停私募资管业务六个月的行政监管措施……"

深圳××局于 2019 年 12 月 11 日向案外人张某出具的(2019)223 号行政监管措施决定书,载明:"张某:……你于 2015 年 8 月至 2018 年 4 月任联某证券总经理,对联某证券部分资管计划信息披露不及时、销售不规范、份额种类划分不当、合同条款缺失、资管业务内部控制不到位负有管理责任,依据《证券期货经营机构私募资产管理业务管理办法》第七十八条的规定,我局决定对你采取出具警示函的行政监管措施……”

深圳××局于2019年12月11日向案外人滕某出具的(2019)224号行政监管措施决定书,载明:“滕某:……你于2016年5月至2017年12月任联某证券资产管理总部总经理,对联某证券部分资管计划信息披露不及时、销售不规范、份额种类划分不当、合同条款缺失、资管业务内部控制不到位负有管理责任,依据《证券期货经营机构私募资产管理业务管理办法》第七十八条的规定,我局决定对你采取出具警示函的行政监管措施……”

判决结果:

驳回上诉,维持原判。

裁判观点:

二审法院认为,该案系个人投资者邓某君与“聚诚15号”资管计划管理人联某证券公司之间的委托理财合同纠纷。上诉人邓某君与上诉人联某证券公司双方于2017年2月15日所签订的《资管合同》,以及与该案相关联的《信托合同》(联某证券公司与原审第三人昆某信托公司于2017年1月4日订立)、《回购合同》(案外人A公司与原审第三人昆某信托公司于2016年12月26日订立),均系签约各方当事人的真实意思表示,一审法院认定上述合同为合法有效的合同,符合法律规定,签约各方当事人理应恪守履行各自的合同义务。与上述合同相关的资管计划和信托计划均于2017年1月4日成立,资管计划并于2017年1月20日完成了备案登记,符合法律规定。

关于案涉资管计划及《资管合同》的情况。从“聚诚15号”资管计划以及《资管合同》的实际履行情况来看,投资者邓某君与联某证券公司签署《资管合同》后,当日即将其100万元投资款支付给了联某证券公司。联某证券公司作为该资管计划的管理人,亦按《信托合同》的约定投资了涉案的信托计划,该信托计划依据《回购合同》受让约定权益后,相关的信托资金已支付给了融资人A公司。A公司亦已分别于2017年6月20日、2017年12月20日向昆某信托公司的信托专户按约支付了2017年6月和12月的定期行权费,联某证券公司管理的涉案资管计划分别于2017年6月26日向邓某君分配收益27642.60元,于2017年12月25日向邓某君分配收益41112.33元。

至此，合同期限为两年的《资管合同》，从履行时间上已履约过半，上述履约过程表明，案涉的三重合同关系在该时段均处于正常履行状态。故此，投资者认为联某证券公司存在欺诈投资人的情形，以及相关权益受让并未实现真实转让而属于无效受让的上诉理由，缺乏事实依据，对此不予采信。

时至2018年6月20日，因融资人A公司未能按约定支付2018年6月的第三期定期行权费，触发了提前回购的事件，该公司亦未能按约履行特定股权收益权回购义务及支付回购价款的义务，构成了对《回购合同》的违约，直接导致了涉案“聚诚15号”资管计划所投资的信托计划于2018年7月24日提前终止，“聚诚15号”资管计划并于2018年7月20日提前终止，《资管合同》亦按约定提前终止履行的后果。

关于投资者损失的认定。上述事件发生后，联某证券公司作为“聚诚15号”资管计划的管理人，理当按照《资管合同》第21条的相关约定完成清算义务，并将变现后的资产按照委托人（投资者）拥有份额的比例或《资管合同》的相关约定，全部分配给委托人（投资者）。联某证券公司认为其已就投资收益所转化的非现金性资产及时采取诉讼手段并正处于变现过程中，尚未形成清算报告，故因底层资产尚在强制执行过程中，相关资产未全部变现、分配完成之前，涉案资管计划的损失尚无法确定，投资者的损失亦无法确定。对此，一审法院认为，该案投资者邓某君在《资管合同》项下的委托资金计100万元，系因融资人A公司违约，导致“聚诚15号”资管计划提前终止、相关信托计划提前终止、《资管合同》提前终止履行后至今仍未获得兑付。故一审法院根据该案的客观状况，就此认定投资者的实际投资损失确已产生，并无不当。二审期间，从浙江省高级人民法院所出具的（2019）浙执26号、（2020）浙执恢4号之一执行裁定书可以看出，联某证券公司与A公司等人的合同纠纷案件曾于2020年8月“本次执行程序终结”。虽然后因联某证券公司取得了对A公司所有的上海黄金交易所会员资格、交易席位及相关权利的处置权，浙江省高级人民法院又出具了恢复执行通知书，对上述案件恢复执行，并且就该财产进行了处置，但联某证券公司并非该财产的唯一权利人，涉案资管计划可实际取得财产的分配时间及金额均尚不确定。

故在此情况下,法院对于投资者的投资损失确已实际发生,亦予认可。至于资管计划最终清算后如有收回的款项,联某证券公司可扣除30%后向投资者进行清算分配。邓某君据此以联某证券公司违反《资管合同》的约定为由提起该案违约赔偿之诉,亦不违反法律规定。但投资者以追求管理人的全额赔偿为诉讼目的,而放弃清算后资产分配的相关主张,不符合《资管合同》的约定,法院对此不予采纳。联某证券公司认为投资者所主张的损失尚未确定,虽与《资管合同》的约定不悖,但与该案客观事实不符,法院对联某证券公司的该项上诉理由不予采信。

关于管理人违约过错责任的认定。法院注意到,根据监管部门出具的30号答复函,存在多个资管计划,且每个投资者的具体签约情况不同,对于管理人违约及其过错责任大小应根据具体事实分别予以认定。就该案而言,结合上诉人邓某君所诉的联某证券公司的违约过错情形具体分析如下:涉案"聚诚15号"资管计划的部分投资者既已依据《资管合同》提起该案诉讼,双方当事人就《资管合同》的具体履约情况的争议,属于该案中审查和认定的重点。一审法院认为,联某证券公司作为涉案资管计划的受托人,应当为委托人的最大利益处理受托事务,必须恪尽职守,履行诚实、信用、谨慎、有效管理的义务;作为管理人,其职责不仅包括披露信息、提示风险,还包括进行风险控制在内的独立运作等。联某证券公司不能仅以其完成了信息披露、分配收益、代为行使权利等义务而主张其已妥善完成了《资管合同》项下的全部管理人义务。

该案中,涉及融资人A公司及其保证人多次违反《回购合同》约定的事项主要体现于:A公司将其持有的深圳A公司15%的股权进行质押融资;A公司持有的深圳A公司24%的股权被司法冻结;A公司2017年累计新增借款超过2016年年末净资产的20%;A公司持续提供担保;A公司涉及众多诉讼,资产被查封、扣押和冻结;担保人担保能力下降,明显违反了其在《回购合同》中的陈述和保证条款等。而联某证券公司作为专业的金融投资机构,在涉案"聚诚15号"资管计划的风险控制上应当尽到专业审慎的注意义务,但其对上述事项却没有及时披露和控制相应风险,亦未采取积极有效的措施促使《回购合同》项下的义务得以履行,在维护投资者《资管合同》项下的合法利益方面,存在一定的违约过错,应承担相应的责任。一审中,针对联某证券公司的具体履约情况,深圳××局出具(2019)225号行政监管措施决定书认定,联某证券公司存在"部分资管计划信息披露不及时、销售不规范、份额种类划分不当、合同条款缺失、资管业务内部控制不到位、部分资管计划投资比例超标"等违规行为,并给予其相应的行政处罚。一审法院认为联某证券公司对于其管理人应尽的谨慎勤勉的管理义务存在一定的过错,符合涉案《资管合同》约定及相关法律规定,也符合监管部门的相关处罚决定,故无不当。

上述(2019)225号行政监管措施决定书中所列举的"部分资管计划信息披露不及时、销售不规范、份额种类划分不当、合同条款缺失、资管业务内部控制不到位、部分资管计划投资比例超标"的违规行为,并未确切指向联某证券公司的哪些具体行为,亦未区分不同资管计划中的不同违规行为。据此,法院于二审中依据深圳××局所出具的30号答复函认定,联某证券公司在运作和管理"聚诚15号"资管产品的过程中存在以下问题:(1)销售不规范的问题,个别投资者未签署客户风险承受能力调查问卷;(2)资管业务内部控制不到位的问题,联某证券公司对"聚诚15号"的尽职调查不充分。

至于30号答复函中所认定的联某证券公司在运作和管理"聚诚15号"资管产品过程中存在资管业务内部控制不到位、尽职调查不充分的问题,二审中对于管理人于投前、投后的尽职调查义务的履行亦进行了全面审核,一审法院的相关认定符合该案事实。联某证券公司否认该行政处罚答复函相关内容与该案所涉资管计划存在关联性,但并未就此举证证明,法院对此同样不予采信。联某证券公司作为涉案"聚诚15号"资管计划的管理人,应当严格遵守其法定义务并履行合同义务。

关于该案违约赔偿范围的认定。《资管合同》中虽有关于管理人不保证最低收益的约定,但同时对于因管理人违反管理职责应承担相应赔偿责任,也作出了明确的约定。虽然涉案"聚诚15号"资管计划尚未最终清算结束,但考虑到该案投资者已经产生损失的事实,在《资管合同》对于管理人如何承担违约赔偿责任并未约定具体的损失赔偿计算方式的情况下，为了填补投资者所遭受的实际损失，并结合联某证券公司的过错程度，一审法院酌定联某证券公司对该案投资者的赔偿范围为邓某君投资本金的30%，亦无不妥。上诉人联某证券公司要求于投资本金中扣减投资者已获收益的上诉理由，依据不足，法院不予采信。

当本判决生效后，对于涉案“聚诚15号”资管计划清算后所收回的款项，按约当分配给投资者。一审法院认定，对于收回款项中的30%部分应由联某证券公司扣除后，余额部分再行向各投资者依约进行分配，法院予以认可。上诉人邓某君应缴纳的二审案件收费应为11590.08元，一审法院计算有误，法院予以纠正。

【风险提示】

(1)受托人应充分理解受托义务是法定义务，同时应该根据合同履行约定义务。信托和合同有本质区别，合同是建立信托的方式，但不是信托本身。“信托和信托合同并不等同，信托的成立要件与信托合同的成立要件也并不等同。”[①]委托人和受托人签订的合同基于事前判断尽量全面约定双方权利义务，但受托人的受托义务不仅仅是约定义务，同时是法定义务。信托义务是法定义务，即使合同没有规定，受托人仍然有基于受托人的专业尽到谨慎忠实的善管义务。故该案中联某证券公司不能仅以其完成了信息披露、分配收益、代为行使权利等义务而主张该公司已妥善完成了《资管合同》项下的全部管理人义务。

(2)受托人应对资产管理和资产服务项目进行风险控制，必要的时候为维护投资者利益根据实际情况对信托财产进行处置等积极措施。在投资对象出现异常的情况下，管理人要做到“两手都要抓，两手都要硬”，一手抓防控措施，要采取积极有效措施控制风险，比如要求融资人停止违约行为，增加增信措施，必要情况下的诉讼、仲裁等；另外一手要及时向委托人披露风险情况以及控制措施的进展情况。该案中，法院判决管理人承担责任的原

① 高凌云：《中国信托法重述》，复旦大学出版社2024年版，第109页。

因在于融资人A公司多次违反《回购合同》约定的情况下，联某证券公司作为专业的金融投资机构，在涉案“聚诚15号”资管计划的风险控制上应当尽到专业审慎的注意义务，但该公司对上述事项却没有及时披露和控制相应风险，亦未采取积极有效的措施促使《回购合同》项下的义务得以履行，在维护投资者《资管合同》项下的合法利益方面，存在一定的违约过错，应承担相应的责任。

【投资建言】

(1)要求合同中规定受托人违约的具体违约责任。合同等信托文件是格式合同，金融机构在拟定时会作出有利于自己的约定。违约责任是合同约定责任，若没有约定，法院没有依据在受托人违约后要求承担违约责任，法院判决受托人进行赔偿。但资产管理受托损失在实际中很难确定。该案中法院也就只能酌定按照本金的30%赔偿。

(2)诉讼中试图通过否认签字等方式规避风险很难行得通。在信托纠纷中，投资者很多否认自己对投资风险有充分认识，对这个问题法院的裁判观点基本一致，诚如该案中二审法院认为：“投资者邓某君已于一审庭审中确认了其在涉案《资管合同》《集合计划说明书》《风险揭示书》《客户风险承受能力调查问卷》等文件落款处签名系本人签署的事实，其于二审中又称并未签署相关文件，与事实不符，本院对此不予采信。一审法院认为，联某证券在《资管合同》中用加黑字体特别提示了涉案资管计划属‘中高风险’及面临的各种风险，以及投资本金有损失的可能和投资者自担风险与损失的约定事项，以及在该公司官网上对相关文件和风险的披露与公示，以及通过《风险揭示书》等均向邓某君提示了投资风险。在没有充分确凿的证据推翻该项事实的情况下，可以认定联某证券公司已履行了其法定的适当性义务。诉讼中，尽管有部分投资者主张，其只负责签名，其余涉及投资者文化程度、个人与家庭收入等勾选事项均由销售人员完成，且有与事实不符之处，责任都在联某证券公司。但是，投资理财是主动性的民事行为，投资者作为具有完全民事行为能力的自然人，理当明知其自愿签约行为的法律后果，理当对自身的合同义务有所了解，理当对投资理财的风险有所预见。在投资者并未对该项主张举证证明的情况下，上述事实缺少相反证据证明，故不成立。

本院对于投资者一方的该项上诉理由,不予采信。”

(3)充分了解投资损失的发生有多种原因,受托人在没有全部违反受托义务的情况下,产品本身的风险是造成投资损失的主因,履约瑕疵不是损失发生的主要原因,所以投资者的损失也不可能全部由受托人承担。该案中二审法院认可一审法院综合该案事实后的认定:“邓某君作为投资者应当充分了解自身所投资产品的交易内容和交易风险,不能片面追求收益而漠视投资风险,故其应当对自己的投资行为承担相应不利的法律后果,不能将由此产生的损失全部要求由管理人承担。”

风险点五十　信息披露、通知未按合同约定执行的风险

【基本法理】

信息披露义务是信托公司在项目发行销售以及项目履行中的核心义务,并关系委托人(受益人)的知情权。但用什么方式、通过哪些途径履行信息披露义务。若合同已经有规定,则应该按照合同约定履行。若无约定,则以是否能够确保委托人(受益人)接收到信息为判断标准。

在项目运营过程中,涉及需要通知委托人(受益人)的事项,关于通知的方式、通知送达的方式,应该以合同约定为准。但需要注意的是,信托受托人比一般受托人的通知义务要求更高。例如,遇到约定的送达地址发生了实际变化,委托人(受益人)仍然不能任由通知到达不了对方,而应该穷尽各种努力,通过电话等各种联络方式联系委托人(受益人)。

【参考案例】

王某与某信托公司营业信托纠纷案①

诉讼请求:

王某一审诉讼请求:(1)请求依法判令某信托公司赔偿给王某造成的损

① 参见北京市第三中级人民法院民事判决书,(2019)京03民初116号;北京市高级人民法院民事判决书,(2021)京民终501号。

失 165407914.60 元;(2)请求依法判令某信托公司承担全部诉讼费用。

王某上诉请求:(1)撤销一审判决并改判某信托公司赔偿王某损失10000000 元;(2)判令某信托公司承担全部诉讼费用。

案件事实:

王某与某信托公司签订的《信托合同》及相关书面文件载明了信托目的、受托人及委托人的姓名或名称、受益人、信托财产的范围和种类等设立信托应载明的事项,约定了信托关系中委托人、受托人、受益人之间的权利义务内容。

《信托合同》约定内容包括如下:

6.2　信托计划的成立

6.2.1　本信托计划满足以下条件,则信托计划成立……

6.2.2　受托人可根据发行情况缩短或延长募集期,并宣布本信托计划成立。

6.2.3　信托计划成立的日期由受托人在其网站上发布。

8.3.2.7　禁止将产品投资于单一股票的投资额占本计划财产净值比例超过 30%。

8.3.3　因投资标的自身变动、信托财产总值发生变动等因素致使本信托计划的投资不符合本合同关于投资范围、投资比例、投资限制约定的,受托人、投资顾问将在 10 个交易日内进行调整,但因投资标的停牌等原因除外。

8.4.1.3　如某一交易日(T 日)本信托计划触及预警线,受托人将于触及预警线之日(T 日)16:30 以前,以录音电话或传真形式通知 B 类受益人。B 类受益人可向本信托计划追加信托资金(以下简称增强信托资金)。

8.4.1.4　自本信托计划触及预警线之日的下一个交易日(T+1 日)起,受托人仅接受投资顾问出具的卖出或赎回及相关的投资建议,不再接受投资顾问出具的买入、申(认)购或开仓及相关的投资建议。当 B 类受益人按信托文件约定足额追加增强信托资金后或 B 类受益人未追加增强信托资金但信托单位净值回复到【95】元(含)以上的下一个交易日起,受托人恢复接收投资顾问出具的买入、申(认)购或开仓及相关建议。如B类受益人追加了增强信托资金,但追加增强信托资金当日信托单位净值仍未恢复到【95】元(不含)以上,则受托人依然仅接受投资顾问出具的卖出或赎回及相关的投资指令。

8.4.1.5　如信托单位净值在【101】元和【110】元(含)之间,则受托人有权根据自身判断自主变现本信托计划所持有的非现金资产,使本信托计划所持有的非现金资产比例不高于信托财产总值的80%(以成本价计算)。若在受托人变现过程中触及平仓线的,按照本合同8.4.2条之约定进行平仓处理。如信托单位净值在【95】元和【101】元(含)之间,则受托人有权根据自身判断自主变现本信托计划所持有的非现金资产,使本信托计划所持有的非现金资产比例不高于信托财产总值的60%(以成本价计算)。若在受托人变现过程中触及平仓线的,按照本合同8.4.2条之约定进行平仓处理。

8.4.1.6　如B类受益人未按信托文件约定在规定时间内足额追加增强信托资金且信托单位净值未恢复到【95】元(含)以上,则自本信托计划触及预警线之日后,受托人有权根据自身判断自主变现本信托计划所持有的非现金资产,使本信托计划所持有的非现金资产比例不高于信托财产总值的40%(以成本价计算);投资于单一股票的投资额占本信托计划信托财产总值比例不超过20%;本信托计划购买单一创业板公司股票不超过信托财产净值的5%,所有投于创业板的股票不超过信托产品净值的10%。

8.4.2.2　本信托计划运行期间,当某一交易日估值结果显示该日信托单位净值等于或低于【90】元时,则本信托计划触及平仓线,估值结果以受托人计算结果为准,受托人将开始变现非现金资产。平仓完成后,若自平仓完成之日起5个工作日内B类受益人按约定足额追加信托资金使信托单位净值大于【100】元或B类受益人未追加增强信托资金但信托单位净值恢复到【100】元(不含)以上,则受托人恢复接受投资顾问出具的买入、申(认)购或开仓及相关的投资建议。

本信托计划运行期间,当某一交易日估值结果显示该日信托单位净值等于或低于【90】元时,则本信托计划触及平仓线,估值结果以受托人计算结果为准,受托人将开始变现非现金资产……受托人不对信托计划触及平仓线后信托财产进行平仓变现的时间、收益情况作出任何保证。

8.5.3 受托人应当妥善保存处理信托事务的完整记录。受托人每周在其网站上公布信托单位净值;每月向委托人和受益人寄送信托单位净值披露的书面材料;受托人将按季制作信托资金管理报告,信托资金管理报告将在受托人网站(www.ecitic.com)“网上信托”栏目进行披露。

……

合同签订后,王某按约定进行了投资。

2015年8月14日,当日开放投资顾问权限,并进行GC001买入;当日王某追加增强资金10000000元,2015年7月6日跌破平仓线后,某信托公司开始平仓,此后信托单位净值一直未恢复到95元以上,某信托公司未平仓完毕,不应当接受追加增强资金。2016年2月5日,当日开放投资顾问权限,并买入TCL集团、佛山照明等股票;当日王某追加增强资金31600000元,2016年1月28日破平仓线,某信托公司开始平仓,此后信托单位净值一直未恢复到95元以上。

判决结果:

一审判决:被告某信托公司赔偿王某损失300000元;驳回王某其他诉讼请求。

二审判决:维持原判,驳回上诉。

裁判观点:

(一)是否尽到信息披露义务

王某主张,在信托计划成立后,某信托公司未就信托计划成立情况向王某进行真实、准确、完整的披露,隐瞒信托单位净值情况,使王某无法有效、准确获得相关信息。某信托公司不予认可,其主张其已依约披露信托单位净值,且王某作为本信托计划的投资顾问的投资经理并实际控制投资顾问,故其对于信托计划成立、信托资金运用情况均知情,可通过数据计算信托单位净值,且通过王某自行追加资金的行为也可以推知其了解信托单位净值。

1. 关于信托计划成立的披露义务

根据合同约定,信托计划成立的日期应当由受托人在其网站上发布,且未约定发布具体时间,故,某信托公司应当在合理期限内发布成立公告。

虽然某信托公司提交网页截图证明案涉信托计划成立时间已公示,但是某信托公司提供的网页截图没有发布时间,证据源于某信托公司官网,某信托公司可以任意修改官网发布内容,证据本身的真实性存疑。王某主张某信托公司直至 2015 年 5 月 11 日才在官网发布成立公告,且需要账户密码才可以登录查看,王某不掌握账户密码,无法看到公告内容。

某信托公司提交成立公告用以证明其按照《信托合同》约定发布了成立公告。成立公告中载明,案涉信托计划于 2015 年 4 月 17 日正式成立。王某认可该成立公告的真实性,但其主张某信托公司并未向其送达该成立公告。

某信托公司现未提交其他充分有效证据佐证其依照上述《信托合同》约定发布了成立公告及其发布时间。因此,对于王某所主张的某信托公司存在信托计划成立披露瑕疵,一审法院予以采信。

2. 关于投资情况、信托单位净值的披露义务

某信托公司应当依法依约履行信息披露义务。现某信托公司提供的网页截图没有发布时间,证据源于某信托公司官网,某信托公司可以任意修改官网发布内容,证据本身的真实性存疑。即使某信托公司确实如其主张完成了每周在其网站就信托单位净值进行公布的义务,其亦无证据证明按照合同约定完成了每月向委托人和受益人寄送信托单位净值披露的书面材料、每季度信托资金管理报告制作和披露。故,某信托公司存在未依约履行信息披露义务的行为。

(二)是否尽到通知义务

王某主张,某信托公司在案涉信托计划触及预警线、跌破平仓线时未依约履行通知义务,造成其损失。某信托公司辩称,其虽未按照合同约定方式履行通知义务,但其与王某的实际履约行为变更通知方式为通过微信通知安洲公司市场部总经理欧某,其已通知欧某,王某的多次追加行为也可认定该通知方式有效。

1. 关于合同约定的触及预警线的通知方式

当信托计划触及预警线时,按照合同约定,通知的方式为使用录音电话或传真方式,通知义务人为某信托公司,通知的对象为 B 类受益人。现某信托公司无证据证明其依据合同约定的方式履行了该通知义务。

2. 关于跌破平仓线的通知义务

《信托合同》未对跌破平仓线是否需要通知进行明确详细的约定。根据合同约定,跌破平仓线后,受托人将开始变现非现金资产,但是合同并未约定受益人不可通过追加增强资金拉高信托单位净值以避免信托计划被平仓变现。而在触及预警线后,受益人有被通知并考虑是否追加增强资金的权利,该权利不应因跌破平仓线而被剥夺。因此,跌破平仓线后某信托公司亦应当通知 B 类受益人。

3. 关于某信托公司主张的实际通知方式

某信托公司提交微信聊天记录等用以证明某信托公司通过通知欧某的方式履行了通知义务,王某虽认可微信聊天记录真实性。根据现有证据,即使某信托公司通知欧某的行为认定为系向王某履行通知义务,其履行亦不符合合同约定的时间要求。

4. 关于王某自行追加增强资金的行为

某信托公司主张根据王某部分自行追加增强资金的行为,可以认定其已履行通知义务。对此,投资者追加资金可能基于各种渠道的信息来源和考量因素,某信托公司通知并不是投资者追加资金的唯一原因,故某信托公司以王某存在追加增强资金的行为反证其进行过通知,其证明逻辑本身不成立。

由上,案涉 25 号信托计划中,某信托公司未履行合同约定的信托单位净值触及预警线、跌破平仓线的通知义务。

(三)管理信托财产是否存在不当行为

1. 某信托公司的投资行为是否违反个股持仓比例限制

首先,针对监管规定。某信托公司在履行受托义务时不仅要遵守合同约定,也应当遵守相关监管政策规定。根据现有证据可以看出,案涉 25 号信托计划确实存在“持有一家公司发行的股票最高超过该信托产品资产净值的 20%”的情况。

其次，针对合同约定。某信托公司针对康美药业 2015 年 10 月 21 日持股 30.3680%，超过合同约定的个股持仓比例限制。某信托公司主张其在发现个股持仓比例超过合同约定后，在第二日进行了持仓调整。但其并未提交证据证明个股持仓比例超出合同约定系上述因素造成的，因此，根据现有证据看，在 2015 年 10 月 21 日当日，某信托公司违反了合同约定的个股持仓比例限制义务。

2. 某信托公司的投资行为是否违反仓位限制

根据合同约定，在一定单位净值区间内，某信托公司有权根据自身判断自主变现非现金资产，控制非现金资产比例。由此，王某所主张的仓位限制根据合同约定实际为某信托公司的权利而非义务，故其依此主张某信托公司未履行义务，缺乏事实依据，不予支持。

3. 某信托公司是否违约开放投资顾问权限

根据现有证据可以看出，某信托公司确实存在提前开放投资顾问权限的行为。

4. 信托计划存续期间的具体投资是否符合合同约定

根据《信托合同》第 8.2 条“投资策略”中的约定可以看出，“风险评估”“采取自上而下和自下而上相结合的方式选择行业和精选个股进行投资”等系对“投资策略”的具体列举式说明，故，根据合同约定，某信托公司并无义务对投资顾问提供的投资的个股全部进行实质性评估判断。由此，对于王某所主张的某信托公司应当对个股选择进行投资价值判断，或对投资顾问选择个股的依据进行核实，缺乏合同依据，一审法院难以采信。

（四）平仓义务

某信托公司违反《信托合同》第 8.4.2.2 条约定的平仓义务。

综上，第一，根据《信托合同》约定及《信托法》规定的某信托公司作为受托人应履行的义务及其实际履行行为可知，某信托公司作为受托人实际违反了风险提示义务、信托计划成立及信托单位净值的披露义务、通知义务、个股持仓比例限制义务、投资顾问权限控制义务、平仓义务。第二,王某为投资顾问实际控制人等相关职务使得其对案涉信托计划的投资操作知情且实际控制,构成某信托公司案涉部分具体违约责任的阻却事由。王某是安洲公司的实际控制人及总经理,且实际负责安洲公司的日常经营管理和安洲公司所管理产品的发行、投资、交易决策和风险控制,以及其知悉全部产品的交易情况并控制交易决策及持仓比例;王某系案涉信托计划投资顾问的投资经理,其实际控制案涉信托计划的投资操作;安洲公司与某信托公司之间操作多个信托计划,具有一定的操作习惯,案涉信托计划的交易行为符合双方一贯的交易习惯;王某是唯一 B 类受益人,安洲公司的操作都是为了王某自己的利益而为,其应当更加注意其利益的实现。因此,上述情形对某信托公司违反风险提示义务、信托计划成立的披露义务、投资顾问权限控制义务而产生的违约责任发生阻却效力。第三,根据违反受托人义务及免责事由的认定,某信托公司仍应因违反信托单位净值的披露义务,个股持仓比例限制的义务,触及预警线、跌破平仓线的通知义务,平仓义务承担违约责任。由上,关于各项违约责任与王某损失之间的因果关系及数额认定,违反个股持仓比例限制义务、平仓义务的行为并未对王某造成实际损失,无须承担责任。虽违反信托单位净值的披露义务及触及预警线、跌破平仓线的通知义务,但王某系投资顾问的实际控制人、案涉信托计划的投资经理,其对上述情况有一定的认知和主动了解能力,一审法院结合信托合同约定、王某对案涉产品的实际控制情况、某信托公司的履约行为、某信托公司的信托报酬、证券市场系统风险、系列信托计划交易习惯等,酌定某信托公司赔偿王某 300000 元。

【风险提示】

(1)受托人应按照合同约定履行信息披露义务,包括但不限于按照合同约定及时、准确地履行通知义务,同时应当保证所披露信息的真实性。

(2)关于信息披露的方式可以逐一书面通知,也可以通知其查询信托公司的官方网站、App 等方式,并表明发布时间,不得有造成投资者误会、不明确等情形。上述案例中信托公司通过公司官网进行信息披露,但该网页上的内容没有发布时间，且信托公司可以任意修改发布的内容。故法院认定信托公司未依约履行信息披露义务。

(3)信托公司向投资者披露信息不受投资者本人的影响，即使投资者本人具有较强的理解能力、投资判断能力，虽能成为阻却信托公司承担责任的理由，却也不能完全使信托公司免责。本风险点的参考案例中信托公司的违约点比较多，投资人起诉了165407914.60元，最终法院酌定赔偿300000元，看起来不成比例，其原因在于委托人是信托投资顾问的投资经理。尽管因为王某的特殊身份，法院认定信托公司的部分违约责任产生阻却效力，但并非所有的违约责任都可以阻却，法院仍酌定了部分赔偿责任，并非所有的违约责任都可以豁免。

【投资建言】

(1)充分了解未履行信息披露、通知义务和造成投资损失之间的关系。受托人有信息披露和通知的义务，但投资者获得信息的渠道比较多，若不是从受托人处获得信息并作出相关决策，是否仍然可以认为受托人的违约造成了投资者的损失呢？显然不能。受托人的披露和通知没有到达投资者，因为漏过消息导致投资者来不及决策或者决策错误，那么受托人的违约造成了投资者的损失。但投资者若已经获得相关信息，不管是否从受托人处获取，说明并未因为未披露和通知导致投资者损失。只有违约和损害之间具有因果关系，法院才会支持违约人赔偿的请求，除非合同另有约定。

(2)根据多处了解的信息作出的决策，投资者应该自己承担后果。比如该案中关于王某主张的在平仓期间不应当接受增强资金，首先，通过微信聊天记录和王某的追加行为可以看出，追加增强资金系王某本人意愿；其次，某信托公司作为受托人应当以受益人利益最大化为原则管理信托财产，当王某追加增强资金能阻止信托计划平仓造成受益人实际损失的情况下，某信托公司接受增强资金并不损害受益人利益。因此，王某主张的在平仓期间不应当接受增强资金，缺乏合理依据，法院没有采信。

风险点五十一　风险提示从形式、内容上是否足以引起投资者的充分理解、注意的风险

【基本法理】

风险提示义务是受托人的适当性义务,风险提示形式和内容要能够足以引起投资者的充分理解和注意。

从形式上,风险提示义务的履行应当以足以起到提示说明效果的方式进行。要以字体、字号、加粗等方式,突出显示风险提示的内容,即让投资者在众多内容中能够注意到。

从文字上,专业词语的使用需要和投资者投资能力相匹配,需要与投资产品的风险程度相匹配。一般投资者和合格投资者在投资经验上有区别,其投资产品的风险等级自然也不同。风险承受能力低的投资者难以理解深奥的金融专业词。若发生争议,法院极有可能认定金融机构未尽适当性义务。

【参考案例1】

王某与某信托公司营业信托纠纷案①

裁判观点:

某信托公司是否尽到风险提示义务。王某主张某信托公司未尽风险提示义务的主要理由包括:(1)形式方面,未单独制备《认购风险申明书》并向投资人单独释明且要求签字确认,信托文件中风险提示内容没有在字体及格式方面以足以引人注意的形式进行提示;(2)内容方面,案涉信托产品杠杆比例高于常规产品,某信托公司未对过高杠杆比例、强制平仓时劣后级受益人本金损失等特殊风险进行单独的表述和说明。

1.关于风险提示义务的履行形式

风险提示义务的履行应当以足以起到提示说明效果的方式进行。该案中,根据信托文件的编制情况看,《认购风险申明书》的编制位置在系列信托

① 参见北京市第三中级人民法院民事判决书,(2019)京03民初116号;北京市高级人民法院民事判决书,(2021)京民终501号。该案例与风险点五十的参考案例相同,案件事实等重复内容不赘述。

文件中间,其与签字页间隔有一份《信托合同》,在相关编排印制没有明显区分的情况下,不足以引起充分注意;并且第68页签字页之前第37页至第67页为《信托合同》,而签字页标题上方又标注为《信托合同》之签署页,在该签字页上的签名与在《认购风险申明书》特定文件上的签名提示效果并不相同。另,某信托公司亦未提交其他证据佐证其对于25号信托计划的风险进行了充分的提示说明。

2. 关于风险提示的内容

首先,该案中,《信托合同》文本均未对杠杆比例、强制平仓等内容进行字体格式方面的特别提示,而《认购风险申明书》虽对风险进行了集中载明,但是如上所述,《认购风险申明书》的位置并不显著。其次,《认购风险申明书》在内容上并不能直观体现出某信托公司对杠杆比例等的风险提示,某信托公司亦未提交其他证据证明其对杠杆比例等进行了充分的提示说明。

综上,对于王某所主张的某信托公司存在风险提示义务履行瑕疵,一审法院予以采信。

【参考案例2】

某信托公司、谭某营业信托纠纷案①

诉讼请求:

谭某诉讼请求:(1)判令某信托公司因违反信托合同约定的义务给谭某造成的损失911908.16元及相应利息;(2)判令某信托公司承担诉讼费用。

案件事实:

2015年,某信托公司拟发行27号信托计划,信托计划存续期限为12个月,准备募集资金3000万元以上。在该信托计划下,信托受益权分为A、B两类,且B类受益权对应的信托单位份额占信托计划总信托单位份额的比例为20%。聘请第三人福达公司为该信托计划的投资顾问,委托某银行担任保管人。

---

① 参见北京市第三中级人民法院民事判决书,(2018)京03民终13860号。

2015 年 5 月，谭某认购了 27 号信托计划产品，成为 B 类受益人，并于 2015 年 5 月 8 日向某信托公司在某银行开立的信托资金专户转入认购资金 300 万元。此后，谭某时常上网查询披露情况，但一直未能查询到 27 号信托计划产品净值的公布信息。投资过程中，某信托公司没有通过网站、短信、邮件等任何方式公告、交流产品信息、运作情况。2015 年 12 月 11 日，某银行和某信托公司突然开始清算 27 号信托计划产品，某信托公司通过专户分配信托利益 260670.58 元。在信托文件签订过程中，某信托公司未对投资者进行资格审查，未进行风险提示和说明。信托计划成立后，某信托公司未就投资情况向受益人进行真实、准确、完整的披露，隐瞒信托单位净值情况，使投资者无法及时通过补仓、受益权份额转让等方式减少损失。某信托公司违反规定将信托财产的管理、运用和处分全部交给投资顾问操作，未采取任何有效监督措施。在清算时，以保障 A 类受益人本金和收益为目的，人为创造本金和收益的兑付条件，侵害投资利益。谭某时任某银行广州分行个人银行部经理，为 26 号信托计划 A 类受益权推介机构的工作人员，负责向投资人介绍该案产品。

判决结果：

一审法院按 30%的标准，判决某信托公司赔偿谭某损失 273572.45 元。

二审法院改判，按 50%的标准，判决某信托公司赔偿谭某损失 455954.08 元。

裁判观点：

一审法院认定：关于风险提示。

《集合资金办法》第 11 条规定，委托人在认购风险申明书上签字，即表明已认真阅读并理解所有的信托计划文件，并愿意依法承担相应的信托投资风险。该案中，从谭某签字情况看，虽然谭某仅在信托文件最后一页签字确认，但根据约定，信托文件包括《信托合同》《信托计划说明书》《认购风险申明书》三部分，该三部分页码连续，为一完整性的文件；且某信托公司在《信托合同》和《信托计划说明书》中均设置专门章节并以加粗字体重点对风险进行了提示和说明，《认购风险申明书》也对风险进行了相应的提示和说明。现无相反证据推翻，应当认定某信托公司履行了风险提示义务。

二审法院认定:风险提示义务的履行应当以足以起到提示说明效果的方式进行。

该案中包含有《认购风险申明书》的信托文件具体编制情况为:《信托计划说明书》第1页至第31页、《认购风险申明书》第32页至第38页、《信托合同》第38页至第68页,第69页为“信息填写及签字页”;该第69页亦未对风险提示申明的内容进行特别标注及说明,除基本个人信息填写外,在“信息填写及签字页”的标题上一行,以小号字体注明“此页为《中信安州价值优选风险缓冲证券投资集合资金信托计划资金信托合同》之签署页,无正文”,另外整个信托文件三部分的编制、排版、纸张等并无明显区分。根据上述信托文件的编制情况,《认购风险申明书》的编制位置在系列信托文件中间,其与签字页间隔有一份《信托合同》,在相关编排印制没有明显区分的情况下,不足以引起充分注意;并且第69页签字页之前第38页至第68页为《信托合同》,而签字页标题上方又标注为《信托合同》之签署页,在该签字页上的签名与在《认购风险申明书》特定文件上的签名提示效果并不相同。故法院对于某信托公司主张的在系列信托文件最后一页签字即应视为《认购风险申明书》中签字的主张不予采信。另,经询,某信托公司亦无录音、录像或其他形式证据证明其对于信托计划的风险进行了充分的提示说明。

该案中,原告谭某主张信托计划相关文件没有对强制平仓、杠杆比例、强制平仓时劣后级受益人本金损失等特殊风险进行单独的表述和说明。

法院查明,案涉《信托合同》文本并未对杠杆比例、强制平仓等内容进行字体格式方面的特别提示,而《认购风险申明书》虽对风险进行了集中载明,但是如上所述,《认购风险申明书》的位置并不显著。《认购风险申明书》第11条在内容上并不能直观体现出某信托公司对杠杆比例的风险提示,某信托公司亦未提交其他证据证明其对杠杆比例等进行了充分的提示说明。再则,某信托公司主张谭某的特殊身份和学历背景将导致其对风险的了解程度高于一般人,对此,对风险的提示说明义务系受托人的法定信义义务,谭某作为受益人,其自身对风险的了解程度并不必然导致某信托公司充分提示说明义务的减轻或免除。

【风险提示】

(1)信托公司风险提示义务的履行应当以足以起到提示说明效果的方式进行。

(2)风险提示义务从形式上看,要单独编排打印,避免混在其他材料中,要引起投资者的充分注意。杠杆比例、强制平仓等特别内容应在字体格式上特别提示,要对投资者进行特别的说明。上述两个案例同为某信托公司信托产品的系列信托产品,分别为25号信托和27号信托计划产品。同样的问题是,信托公司的《认购风险申明书》的编排上不足以引起投资者的充分注意,《认购风险申明书》在信托文件第32页至第38页,但签字页却在第69页,第39页到第68页又是《信托合同》,关键是签字页上面的标题又是"信托合同"签字页,而非"认购风险申明书"签字页。杠杆比例、强制平仓等特别内容在字体格式上没有特别提示。该案二审没有认定阻却信托公司的违约责任,而在王某与某信托公司营业信托纠纷中认定阻却,主要是因为两个案件的投资人的身份差异,该案投资者为26号信托计划A类受益权推介机构的工作人员,负责向投资人介绍该案产品。而王某与某信托公司营业信托纠纷投资者王某系案涉信托计划投资顾问安洲公司的实际控制人及总经理,其实际控制案涉信托计划的投资操作;安洲公司与某信托公司之间操作多个信托计划,具有一定的操作习惯,案涉信托计划的交易行为符合双方一贯的交易习惯;王某是唯一B类受益人,安洲公司的操作都是为了王某自己的利益,王某应当更加注意其利益的实现。两者对信托产品的参与度是完全不一样的。

(3)履行信息披露义务对所有投资者应一视同仁,不应把投资者的学历背景等特殊情况作为信托公司减轻或免除信托披露义务的理由。案例中对于某信托公司主张的谭某的特殊身份和学历背景将导致其对风险的了解程度高于一般人,法院认为:对风险的提示说明义务系受托人的法定信义义务,谭某作为受益人,其自身对风险的了解程度并不必然导致某信托公司充分提示说明义务的减轻或免除。

【投资建言】

(1)风险提示是受托人的义务,但并不必然导致投资者的损失,故在诉讼中投资者若以受托人未尽风险提示义务而主张赔偿,法院未必支持。重要的是风险提示和损失之间是否具有因果关系。

(2)投资者应该具备较高的资产管理和资产服务项目的风险识别能力。若真无识别能力,法院一般也默认所有合格投资者对匹配的项目投资具有识别能力。

风险点五十二　赎回协议的效力与解释问题可能导致的风险

【基本法理】

合同约定的赎回条件触发,投资人就有权行使赎回权。受托人无权单方面决定不予赎回。赎回时间根据合同约定的条件成熟,以及实际回购行为发生的时间。受托人并无单方面解释包括赎回时间等的赎回条款的权利。

信托财产具有独立性,在信托管理中,受托人以信托财产为限对外承担法律责任。该责任指的是基于正当管理业务对外产生的责任,属于外部责任。而委托人和受托人之间属于内部关系,任何一方违约,均需要以自己的财产向对方承担责任,而不是以信托财产为限;作为受托人,更不能以信托财产向委托人承担责任,否则就等于用委托人自己的财产为受托人的违约买单。

【参考案例】

大某银行与某信托公司营业信托纠纷案①

诉讼请求:

大某银行诉讼请求:(1)判令某信托公司立即向大某银行以现金方式分

① 参见北京市高级人民法院民事判决书,(2021)京民终 853 号;北京市高级人民法院民事裁定书,(2022)京民申 3544 号。

配信托利益 387558713.70 元；(2)判令某信托公司立即向大某银行以现金方式赔偿以延期分配的信托利益金额为基数乘以年化 6.7%资金成本计算的违约金，暂计算至 2020 年 10 月 27 日为 53066030.18 元，要求计算至大某银行收到全部信托利益之日；(3)判令某信托公司对于某信托公司泓玺一号债券投资集合资金信托计划于判决要求的时限内不能完全以现金向大某银行分配上述信托利益和支付违约金的情况下，以自有资金赔偿差额部分；(4)判令某信托公司向大某银行支付律师费用 500000 元及承担全部诉讼费用。

案件事实：

大某银行与某信托公司签署了《信托合同》，该合同约定：预约×型信托单位指封闭期为×个月的信托单位类型，封闭期限届满，受托人按照《信托合同》约定对受益人进行信托利益分配。

某信托公司认为一审法院判决某信托公司以固有财产对信托财产应付的信托利益不足部分以及违约金承担支付责任，属于认定事实不清、适用法律不当。在案涉信托项目出现投资风险的情况下，大某银行以赎回的方式要求某信托公司向其支付信托利益，并要求某信托公司以自有资金支付差额部分，违反了《信托法》第 34 条“受托人以信托财产为限向受益人承担支付信托利益的义务”的禁止性规定，构成刚性兑付，不应当得到支持。故提起上诉，要求撤销一审判决。

判决结果：

一审判决：(1)某信托公司于判决生效之日起 10 日内以大某银行信托份额对应的信托财产向大某银行支付信托利益 364888850.7 元，并以其固有财产对前述款项不足的部分承担支付责任。(2)某信托公司于判决生效之日起 10 日内向大某银行支付违约金(经一审法院计算，自 2018 年 12 月 18 日起至 2020 年 8 月 19 日止，按照 4.35%的标准，某信托公司共计应向大某银行支付违约金 29550490.59 元；以 364888850.70 元为基数，自 2020 年 8 月 20 日起至实际付清之日止，按照 3.85%标准计算)。(3)驳回大某银行的其他诉讼请求。

二审判决:驳回上诉,维持原判。

再审裁定:驳回再审申请。

裁判观点:

关于《赎回协议》是否有效及某信托公司是否构成违约。某信托公司上诉称:某信托公司从未对赎回进行确认,赎回未生效。(1)《赎回协议》中赎回日仅有手写的"2018 年 10 月"字样,并无具体的日期,双方并未商定赎回日。(2)赎回日的确定应当经某信托公司同意,大某银行无权单方决定。在 2018 年 10 月至 12 月,某信托公司一直与大某银行进行沟通,双方并未就是否进行赎回以及如果某信托公司同意赎回,将赎回日定为哪一天达成一致。(3)基于信托财产的独立性原则,某信托公司用于赎回的资金来源只能是信托财产,即使是在大某银行主张的赎回日 2018 年 12 月 11 日,案涉信托项目的信托财产专户内也并无足额现金,客观上不能完成赎回操作,大某银行赎回未生效。

二审法院认为,某信托公司关于赎回未生效的上诉意见不能成立。具体理由如下:(1)《赎回协议》中明确约定"本协议经双方签署之日起生效",现某信托公司与大某银行均在《赎回协议》上加盖了公章,协议已经生效。至于《赎回协议》是否明确约定了具体的赎回日期与协议是否生效并无关联,不能因协议中仅有手写的"2018 年 10 月"字样,没有具体日期就否认《赎回协议》的效力。(2)《赎回协议》中约定,某信托公司同意大某银行于 2018 年 10 月提前赎回上述全部预约型信托单位,且约定某信托公司应在赎回日后 3 个工作日内将大某银行赎回的信托单位对应的信托利益划付至大某银行在《信托合同》中指定的信托收益账户。故某信托公司同意大某银行赎回信托单位的意思表示明确,其关于"双方并未就是否进行赎回以及如果某信托公司同意赎回,将赎回日定为哪一天达成一致"的上诉意见与其在《赎回协议》中的意思表示相矛盾,且无证据证明,法院不予采信。(3)基于信托财产的独立性原则,某信托公司用于赎回的资金来源应为信托财产。根据一审法院查明的事实,《赎回协议》确认后的 2018 年 12 月 28 日,某信托公司向大某银行出具《资产配置确认函》,其内容显示,在《赎回协议》确认的时间节点，大某银行的投资标的价值为5亿元。大某银行的投资虽非直接对应上述投资标的，但信托财产应包括上述投资标的。现某信托公司未能提交证据证明在大某银行申请赎回的时点，信托财产的可变现价值不足以支付赎回资金，其仅以"赎回日2018年12月11日，案涉信托项目的信托财产专户内无足额现金"为由，主张"客观上不能完成赎回操作，大某银行赎回未生效"，显然与客观事实相悖，法院不予采信。故一审法院在《赎回协议》已经生效的前提下，确认某信托公司违约，并依据某信托公司收到《赎回协议》的时间作为赎回日，按照《赎回协议》中"在赎回日后3个工作日内将大某银行赎回的信托单位对应的信托利益划付至大某银行在《信托合同》中指定的信托收益账户"的约定，确定违约金起算日期并无不当，法院予以维持。

【风险提示】

(1)充分理解赎回和刚性兑付的区别。在符合合同有效要件的情形下，不违反法律法规以及监管规定，赎回约定合法有效，而刚性兑付是绝对禁止的。信托公司先是签署了赎回协议，后以刚性兑付的理由抗辩投资者要求赎回的请求，难以得到法院的支持。该案中法院肯定了赎回协议的性质。

(2)若有赎回协议，则受托人应该按照约定履行赎回约定；若赎回协议中关于赎回时间等约定不明确，则可以从项目的实际情况结合赎回条款触发条件进行判断，否则将承担违约。该案中法院就认为案涉信托合同约定受托人因自身管理问题，损害委托人的信托利益。

(3)因未履行赎回义务造成投资者损失，应该由受托人的财产赔偿，而不是信托财产。该案中某信托公司上诉称，由于案涉信托项目的底层资产出现逾期和流动性问题，信托财产专户内没有足额现金，案涉信托项目自然也就不具备向大某银行进行赎回的客观条件，因此导致赎回未生效，并非某信托公司过错。《资产配置确认函》并不是大某银行投资直接对应的资产情况，大某银行持有的信托受益权与底层资产并不存在对应关系。大某银行要求某信托公司以自有资金支付差额部分，违反了《信托法》第34条的禁止性规定，构成刚性兑付，不应当得到支持。但法院认为案涉《信托合同》已经约定，"受托人因违背信托文件、处理信托事务不当而造成信托财产损失的，由受托人以固有财产赔偿;不足赔偿时,由投资者自担”。该条约定的是因受托人违反信托义务,使信托财产受到损失,由受托人的固有财产对信托财产的损失承担赔偿责任,以实现对受益人的保护。现某信托公司因其自身原因未能及时完成赎回义务,导致信托财产不足以支付大某银行的信托利益,并非刚性兑付,应该以自己固定财产赔偿受益人的损失。

【投资建言】

(1)赎回协议是较好地保护资产管理项目委托人利益的方式。委托人可以根据具体情形与受托人签订赎回协议,对协议内容,尤其需要对赎回目的、触发条件进行明确约定,避免因为理解不同出现争议。赎回日期事实上很难确定,触发条件才是核心。

(2)在判断符合赎回触发条件时,投资者应催促受托人赎回以维护自身权益。

(3)应充分理解违反赎回约定和投资者损失之间的关系,受托人仅对违约行为负责,不对投资负责。该案中某信托公司未按时披露集合信托资金管理报告,披露的信息存在冲突,资金运用情况披露不详细,未披露收益情况。

(4)未按约定披露所投债券负面信息。对此一审法院认为,大某银行与某信托公司已就信托份额对应的信托资金的赎回签订了《赎回协议》,大某银行对其享有的信托份额已经赎回,双方不再存在信托关系项下的权利义务,大某银行亦无权再就赎回协议确认后的信托份额再行主张信托利益,故一审法院对双方信托计划履行期间是否存在违约情况不予认定,仅对某信托公司未按《赎回协议》履行赎回义务的违约行为进行处理,且对大某银行要求信托利益计算至信托财产变现足以支付信托利益之日的主张不予支持。某信托公司虽以大某银行资产投资不存在对应的资产、存续规模不受其控制、信托财产变现受制约等为由提出无法履行赎回义务的抗辩,但其并未提供相关证据予以证明,故一审法院对某信托公司的抗辩不予采信。关于违约金的数额,因双方并未对违约金的数额及计算方法进行约定,故支付违约金的数额应以补偿损失为限。

第八章 项目清算阶段风险点

风险点五十三　未按协议分配收益权承担责任的风险

【基本法理】

受托人应诚实向受益人披露信托财产的真实情况。《信托法》第 25 条第 2 款规定,受托人管理信托财产,必须恪尽职守,履行诚实、信用、谨慎、有效管理的义务。信托公司作为信托受托人将原有信托财产分配给受益人,基于其对信托财产的管理职责及受托人义务,应当对信托财产的真实状况知情,并应诚实对委托人披露真实情况。

根据信托合同约定分配收益以及信托剩余财产。委托人将财产委托给信托公司,目的是获得收益回报。故关于收益分配的信义义务与受益人稍有不合,就很容易引起讼争。而在诉讼中,关于财产、收益分配等情况的举证责任在信托公司,若难以证明已经尽到信义义务,信托公司则面临损失之风险。

【参考案例】

程某新与某信托公司营业信托纠纷案[①]

诉讼请求:

程某新诉讼请求:(1)判令某信托公司赔偿程某新借款本金损失 25087.02

① 参见北京金融法院民事判决书,(2022)京 74 民终 214 号。

元;(2)判令某信托公司赔偿程某新借款利息损失(截至2020年4月19日为1079元,自2020年4月20日起至实际全部付清之日止,以25087.02元为基数,按日5‰计算);(3)判令某信托公司赔偿程某新律师费损失5000元;(4)诉讼费用由某信托公司承担。

程某新上诉请求:(1)撤销北京市东城区人民法院(2021)京0101民初14250号民事判决书第一项,改判:某信托公司赔偿程某新本金损失25087.02元。某信托公司赔偿程某新借款利息损失(其中截至2020年4月19日为1079元,自2020年4月20日开始计算至某信托公司实际赔偿全部款项之日止25087.02元为计算基数,按照每日5‰计算)。某信托公司支付程某新律师费损失5000元或发回重审。(2)某信托公司承担案件受理费。

案件事实:

程某新(委托人)与某信托公司(受托人)签订《信托合同》。2017年10月25日,某信托公司与华夏信财股权投资管理有限公司签订《服务协议》,约定:为了达到本信托目的,受托人根据信托委托人的指定聘请乙方作为本信托服务方,乙方亦自愿接受委托作为本信托项下服务方并提供相关服务。乙方同意根据信托委托人的指令及甲方的要求,负责本信托项下个人信托贷款的借款人开发、收集借款人的贷款资料、接收借款人的借款申请并移交甲方、协助甲方进行贷款审批、协助甲方进行贷后管理(日常管理及回收贷款等)和逾期催收等事项。

2017年12月29日,程某新向某信托公司转账支付200万元。

2018年3月15日,某信托公司向程某新转账支付信托收益61623.3元。

2018年6月15日,某信托公司向程某新转账支付信托收益192583.15元。

2018年9月17日,某信托公司向程某新转账支付信托收益192705.36元。

2019年3月15日,某信托公司向程某新转账支付信托收益192959.12元。

2019年6月17日,某信托公司向程某新转账支付信托收益及本金491839.49元。

2019年9月16日,某信托公司向程某新转账支付信托收益及本金184531.04元。

2019年12月16日，某信托公司向程某新转账支付信托收益及本金244183.69元。

2020年3月16日，某信托公司向程某新转账支付信托收益142269.34元。

2020年6月8日，某信托公司向卜某霞出具债权转让通知，载有：我司与贵方于2018年1月19日签署了编号为2017中粮单字第052号-1-7-1的《信托贷款合同》，并依据该合同的相关约定向贵司发放了总金额为人民币89936.19元的信托贷款。截至2020年6月12日，《信托贷款合同》项下未偿还本金为25114.55元，应付利息为1079.41元。我司作为《信托贷款合同》项下债权人，将于2020年6月12日将该合同项下的全部债权（包括但不限于主债权以及利息、罚息、违约金、损害赔偿金等全部权利）转让给程某新。现特将《信托贷款合同》项下债权已发生转让的事实通知贵方。请贵方自2020年6月12日起，向程某新履行《信托贷款合同》项下的义务，并向程某新账户直接还款，不再采取代收方式还款。由此发生的争议请贵方与程某新自行协商解决，与我司无关。

2020年5月27日，程某新、某信托公司签订《信托合同补充协议二》，约定：（1）经双方协商，双方同意提前终止本信托，本信托的终止日变更为2020年6月12日。同时，双方同意按照原协议第11条及本补充协议第1条第2款约定的方式进行信托利益的清算和分配。（2）经双方协商，对原协议第11.1条约定的"受托人以信托利益核算日现金类信托财产扣除当期信托费用、信托税费及在管理、运用和处分信托财产过程中产生的对第三人负债后的全部余额为限向受益人分配。如当期实际可供分配的现金类信托财产不足当期预期信托利益的，则以实际可供分配的现金形式信托利益为限进行分配，非现金形式的信托财产按照第11.2条的约定进行原状分配；如进行当期预期信托利益分配完毕后仍有剩余，则留存信托专户。本信托终止时，如最后一期预期信托利益分配完毕后信托专户内仍有剩余现金的，则作为浮动信托报酬归属于受托人。就信托单位而言，受益人的预期收益率为不高于10.2%/年"变更为"受托人以信托利益核算日现金类信托财产扣除当期信托费用、信托税费及在管理、运用和处分信托财产过程中产生的对第三人负债后的全部余额为限向受益人分配。如当期实际可供分配的现金类信托财产不足当期预期信托利益的，则以实际可供分配的现金形式信托利益为限进行分配，非现金形式的信托财产按照第11.2条的约定进行原状分配；如进行当期预期信托利益分配完毕后仍有剩余，则留存信托专户。本信托终止时，如最后一期预期信托利益分配完毕后信托专户内仍有剩余现金的，则该笔现金中对应剩余质保服务金的部分（预计为人民币135930.77元）作为超额收益向委托人分配。如前述分配后信托专户内仍有剩余现金的，则作为浮动信托报酬归属于受托人。就信托单位而言，受益人的预期收益率为不高于10.2%/年"。

某信托公司2020年6月12日向程某新出具的信托利益分配通知书载有：（1）程某新（委托人）和某信托公司（受托人）于2018年1月19日签署了编号为2017中粮单字第052号-5-7的《信托合同》，委托人交付了信托资金金额总计人民币200万元，持有与该信托资金金额对应的信托受益权，委托人同时为受益人/初始受益人。（2）根据《信托合同》的规定，信托资金全部用于向服务商推荐的自然人借款人发放信托贷款。受托人与14名借款人分别于2018年1月19日签署了《信托贷款合同》，并于2018年1月19日分别向该14名借款人发放了总计本金金额为人民币200万元的信托贷款，贷款第一部分利息为贷款本金金额×1.30%/年×3，第二部分利息利率为10.2%/年，贷款期限为36个月。详见附件一"贷款发放明细表"。受托人就《信托合同》项下信托终止清算后的信托利益分配特通知贵方：截至信托终止日2020年6月12日，信托财产未全部变现，其中，可供分配的现金形式的信托利益总额为人民币257694.55元，未变现的贷款债权本息余额为人民币253959.51元（截至2021年1月19日，其中本金余额为人民币244154.52元，利息余额为人民币9804.99元）。《信托贷款合同》项下未变现的贷款债权预期还款情况详见附件二"剩余债权预期还款明细表"。（3）自本通知签发之日起，贵方即享有《信托贷款合同》项下的全部权利，贵方可依法自行向借款人主张该等权利。附件一"贷款发放明细表"显示卜某霞贷款本金金额89936.19元，剩余本金金额25114.55元。附件二"剩余债权预期还款明细表”显示卜某霞预期还款合计 26193.96 元。

2020 年 6 月 12 日,某信托公司向程某新转账支付信托收益及本金 257694.55 元。

某信托公司 2020 年 7 月 10 日出具的《某某信托·华夏丰盈 7 号单一资金信托清算报告》载有:本信托于 2018 年 1 月 19 日依法成立,信托资金募集总规模为人民币 200 万元,已于 2020 年 6 月 12 日终止。关于收益分配情况,本信托存续期间的信托利益总体支付情况是:截至 2020 年 6 月 12 日,受托人收到借款人还款共计 2242769.54 元,分配受益人收益及本金共计 2153219.69 元,分配非现金形式贷款债权本金余额人民币 244154.52 元,其他费用均已按合同约定支付。关于其他事项,受益人自收到信托清算报告之日起 10 个工作日未提出书面异议的,受托人就信托清算报告所列事项解除责任,但受托人有不正当行为的除外。

2020 年 7 月 23 日,某某信托·华夏丰盈 7 号单一资金信托完成终止登记形式审查。

判决结果:

一审判决:驳回程某新的全部诉讼请求。

二审判决:(1)撤销北京市东城区人民法院(2021)京 0101 民初 14250 号民事判决;(2)某信托公司于本判决生效之日起 7 日内向程某新支付 26166.43 元;(3)驳回程某新的其他诉讼请求。

裁判观点:

1. 某信托公司是否应当对信托清算和收益分配时转让给程某新债权的差额及利息损失承担赔偿责任

(1)某信托公司应当对其转让债权声明数额的真实性负责。

某信托公司在信托利益分配通知书中载明,将《信托贷款合同》项下对卜某霞享有的全部债权转让给程某新,同时在附件一、附件二中明确载明剩余本金金额 25114.55 元,预期还款合计 26193.96 元。该债权转让并非概括性债权的或有转让,而是明确了具体金额的转让,某信托公司应当对其转让债权声明数额的真实性负责。

(2)某信托公司应当对其受托管理财产的真实状况负责。

案涉债权转让并非一般交易行为中的转让,而是基于信托受托人向受益人进行分配。某信托公司作为信托受托人将原有信托财产分配给受益人,基于其对信托财产的管理职责及受托人义务,应当对信托财产的真实状况知情,并应诚实对委托人披露真实情况。

(3)原状分配的约定是否可以排除债权差额的追偿。

该案中,《信托合同补充协议二》约定双方同意按照原协议第 11 条及本补充协议第 1 条第 2 款约定的方式进行信托利益的清算和分配。非现金形式的信托财产按照第 11.2 条的约定进行原状分配。《信托合同》第 11.2 条约定,如信托单位的预计存续期限届满时,信托单位存在非现金形式的信托财产,则受托人有权宣布其他尚在存续的各期信托单位及本信托提前终止。本信托终止时(包括如期终止及提前终止),如存在非现金形式的信托财产,则受托人以维持信托终止时财产原状方式向受益人分配该等非现金形式信托利益(该种分配方式称为"原状分配")。上述原状分配的约定系双方当事人的真实意思表示,合法有效。现某信托公司基于上述"原状分配"的约定主张程某新无权主张差额,对此,此问题的关键在于如何认定"原状",根据上述某信托公司作为出让人应当对其信托利益分配通知书转让债权声明数额的真实性负责,以及某信托公司作为信托受托人应当对其受托管理财产的真实状况负责的论述,此处债权的声明数额的真实性应当由某信托公司负责,该"声明数额"即为"原状",程某新基于信托财产分配受让该债权有理由相信该债权数额即为声明数额,而其后权利主张中发现债权数额的不真实,要求某信托公司按"原状"即声明数额补足亦符合上述"原状分配"的约定本意。

(4)追偿及诉讼风险自担的约定是否可以排除债权差额的追偿。

《信托合同》约定,受托人在按本合同第 11.2 条约定向受益人分配信托财产之后,不承担将未偿还贷款本息全部追回并返还受益人的义务,由此而产生的受益人向借款人、服务商、第三方支付机构提起诉讼(或申请仲裁)、申请强制执行等追索责任由受益人自行承担。某信托公司主张,依据该追偿及诉讼风险自担的约定,程某新应当自行承担债权差额。对此,合同约定的追偿及诉讼风险自担的本意是指受托人“不承担将未偿还贷款本息全部追回并返还受益人的义务”,债权是否能够全部追回和返还取决于债务人的履行能力;而该案债权差额的形成并非基于债务人履行能力的不足或诉讼风险,而是因为声明债权数额的不真实,某信托公司以追偿及诉讼风险自担的约定抗辩排除债权差额的追偿,与合同约定本意不符,缺乏事实及法律依据,不予采信。

由上,某信托公司作为出让人及信托受托人,应当对其基于信托财产分配出具的信托利益分配通知书转让债权声明数额的真实性负责;《信托合同》约定的原状分配及诉讼风险自担,并非声明数额真实性的免责,而是基于债务人实际履行能力的免责;某信托公司应当对信托清算和收益分配时转让给程某新债权的差额及利息损失承担赔偿责任。

2. 程某新在收益分配时的其他获利是否影响上述对某信托公司分配责任的追偿

根据双方之间《信托合同》、《信托合同补充协议二》、信托利益分配通知书的约定,该债权系某信托公司基于信托收益分配向程某新进行的转让,该转让为双方之间真实意思表示,合法有效,依法应当受到保护。该债权转让系基于信托收益分配,并非无偿赠与,亦非与其他收益分配互为条件,某信托公司对于其转让的债权真实性应当负责。根据双方之间约定,其他分配利益与该笔债权转让均为独立意思表示,并无从属及关联关系,某信托公司以程某新在收益分配时有其他获利为由主张不承担债权差额缺乏事实及法律依据,不予采信。

【风险提示】

(1)信托公司作为信托受托人将原有信托财产分配给受益人,基于其对信托财产的管理职责及受托人义务,应当对信托财产的真实状况知情,并应诚实对受托人披露真实情况。该案中导致信托公司承担责任的原因主要有两个:一是法院认为某信托公司应当对其受托管理财产的真实状况负责;二是对合同中约定的“原状分配”,法院认为问题的关键在于如何认定“原状”,基于信托受托人应当对其受托管理财产的真实状况负责,信托公司的“声明数额”即为“原状”,信托公司按“原状”即声明数额补足,符合“原状分配”的约定本意。

(2)信托公司应当注重关于财产、收益分配等情况的证明材料留存,以便在可能产生的民事诉讼中对信义义务的履行进行举证。

【投资建言】

建议及时要求受托人进行清算并分配收益权。投资者需通过书面方式请求受托人履行分配义务,一方面是对受托人的督促,更好地享有收益权;另一方面是发生诉争之时有利于计算信托公司违约的时间。

风险点五十四　未尽清算义务承担责任的风险

【基本法理】

受托人在信托终止后,有法定的清算义务。《信托法》第 58 条规定:“信托终止的,受托人应当作出处理信托事务的清算报告。受益人或者信托财产的权利归属人对清算报告无异议的,受托人就清算报告所列事项解除责任。但受托人有不正当行为的除外。”清算是信托分配的前置程序,未经清算,不得分配信托财产。

信托公司的清算义务属于监管内容。《信托公司受托责任尽职指引》第 4 条第 2 款规定:“信托公司开展信托业务,应当制定符合本指引要求的信托业务操作规程,并按照法律、行政法规、部门规章及其他规范性文件的规定及时修订。信托公司制定的信托业务操作规程应当涵盖尽职调查与审批管理、产品营销与信托设立、运营管理、合同规范、终止清算、信息披露、业务创新等信托业务的各个环节。”

违反法定义务给受益人造成损失的,将承担民事法律责任;违反监管规定,则需要承担行政责任。

【参考案例】

万某芬与某信托公司营业信托纠纷案①

诉讼请求：

万某芬诉讼请求：(1)依法判令被告向原告返还信托本金150万元及收益、资金占用费168750元(其中收益计算至2020年12月30日，资金占用费自2020年12月31日以150万元为基数按照年利率9%计算至2021年4月16日，以上两项为168750元；后期的资金占用费自2021年4月17日起以150万元为基数按照年利率9%计算至返还完信托本金之日止)。(2)案件受理费等一切费用由被告承担。

案件事实：

2020年1月16日，原告万某芬作为委托人与被告某信托公司签署《认购风险申明书》、《认购确认书》、《某江国际. 锐增20号集合资金信托计划资金信托合同》(以下简称《信托合同》)各一份，并于同日向合同指定账户支付了认购款150万元。《认购风险申明书》声明：(1)本信托计划不承诺保本和最低收益，具有一定的投资风险，适合风险识别、评估、承受能力较强的合格投资者；(2)在签署本信托合同有关信托文件前，应当仔细阅读本申明书及其他信托文件，谨慎作出是否签署信托文件的决定，并保证交付的信托资金是合法持有的财产；(3)委托人认购的信托单位的数量为150万份，共计150万元……《认购确认书》约定：(1)信托资金金额150万元；(2)信托计划期限1年以上，自本信托计划成立之日起计算，符合本合同约定终止条件时，本信托计划终止；(3)循环周期为270天的预期年化收益率为8.5%；(4)受托人在保管银行开立下列信托财产专户中国光某银行南昌分行营业部……《信托合同》约定：(1)委托人基于对受托人的信任，加入本信托计划，受托人集合委托人(投资者)的信托资金并以受托人的名义进行管理、运用和处分，受托人将充分利用在资产管理方面的专业优势，以期为受益人获取信托受

① 参见江西省南昌市西湖区人民法院民事判决书，(2021)赣0103民初5992号。

益。(2)本信托计划期限为1年以上,具体期限见《认购确认书》。(3)本合同项下的信托资金金额为本合同附件《认购确认书》第3条规定的资金数额。(4)受托人须按照相关法律、法规和信托文件的规定进行管理、运用和处分本信托计划项下的信托财产,恪尽职守,履行诚实、信用、谨慎、有效管理的义务。(5)受托人依据《信托合同》的约定管理、运用、处分信托资金导致信托资金受到损失的,由信托财产承担。(6)受托人有权自信托生效之日起,根据本合同管理、运用和处分信托财产。(7)受益人信托受益的计算方法为投资本金×预期年化收益率×实际投资天数/当年天数。(8)信托利益全部向受益人分配,承诺以受益人最大的利益为宗旨处理信托事务,并谨慎管理信托财产,但不承诺信托资金不受损失,亦不承诺信托资金的最低收益。(9)受益人的信托收益在其到期退出该信托计划时结算,并与其委托本金一并支付,由受托人指令保管银行在认购信托计划期满后或本信托计划终止后5个工作日内划入受益人指定的信托财产银行划付账户。(10)信托计划成立后,全部信托财产支付应由信托财产承担的本合同第9条约定的税、费后的价值为信托计划财产净值。其中第15条约定信托计划的终止、清算与信托财产的分配。其一,信托计划的终止。有下列情形之一发生,本信托计划终止:(1)信托计划期限满一年后,受托人可以随时宣布终止本信托;(2)受益人大会决定终止;(3)受托人职责终止,未能按照有关规定产生新受托人;(4)法律、行政法规规定及信托计划文件约定的其他情形。其二,信托计划的清算。(1)受托人自本信托计划终止之日起3个工作日内进行信托财产的清算;(2)受托人负责信托财产的保管、计算和分配,编制信托清算报告,依法进行必要的民事活动;(3)受托人在信托终止后20个工作日内编制信托财产清算报告。委托人与受益人要求对清算报告进行审计并经受益人大会决议通过的,应在信托计划终止前向受托人提出审计要求,受托人应聘请有资质的第三方按要求进行审计并经受益人大会审议,所需审计及其他费用从信托财产中支付;委托人与受益人不要求审计或受益人大会决议不审计的,受托人按约定的方式报告委托人与受益人;(4)信托受益人或其继承人在信托清算报告公布之日起3个工作日内未向受托人送达书面异议的,视为同意清算报告所列事项,受托人就信托计划清算报告所列的有关事项解除责任;(5)信托清算过程中发生的所有合理费用,由受托人从信托财产中支付。其三,信托财产的分配。信托计划终止之日起的10个工作日内进行信托财产的清算分配。《信托合同》还约定了其他内容。

2020年10月19日,原告万某芬(甲方)与被告某信托公司(乙方)签订编号为某江国际2013信托1046第01-035号-补1号《某江国际.锐增20号集合资金信托计划信托文件之补充协议》一份,约定:(1)甲方同意投资本信托计划的期限延长至2020年12月30日,2020年12月31日为信托本息兑付日;(2)甲方投资本信托计划的信托资金金额共计人民币150万元,原预期收益率为8.5%/年,自2020年1月17日起(含该日)至2020年12月30日止(含该日)调整为9%/年……

另查明,原告认购信托计划后,被告未曾向原告分配过信托收益。

判决结果:

驳回原告万某芬的诉讼请求。

裁判观点:

法院认为,根据原告、被告所签补充协议可知,某江国际.锐增20号集合资金信托计划已于2020年12月30日期限届满,即信托终止。根据《信托法》第58条"信托终止的,受托人应当作出处理信托事务的清算报告。受益人或者信托财产的权利归属人对清算报告无异议的,受托人就清算报告所列事项解除责任。但受托人有不正当行为的除外"的规定及《信托合同》第15条第2项"受托人自本信托计划终止日起3个工作日内进行信托财产的清算。受托人在信托终止后20个工作日内编制信托财产清算报告"的约定,清算不仅是受托人的合同约定义务,而且为法定义务。因信托财产在运营过程中势必与外界发生频繁的交易,信托终止时,围绕信托财产必然会产生多种债权债务关系,需要通过清算程序进行合理分配,以保障相关利害关系人的合法权益,维护社会交易安全,故清算是信托财产分配前的必经程序。被告称案涉信托计划银行账户中现有资金为1551852.86元,扣除银行保管费21251.37元、信托报酬596888元,剩余部分根据投资比例可分配给原告。然而,被告所称账户现有余额,不能等同于经清算后的信托财产。该案中,某江国际. 锐增 20 号集合资金信托计划尚未进行清算,故不具备分配兑付条件。原、被告签订的《信托合同》合法有效,双方均应按照合同约定行使权利、履行义务。原告按照《信托合同》所认购的某江国际. 锐增 20 号集合资金信托计划产品已到期终止,但被告未履行清算义务,致使信托财产无法进行分配兑付,因清算是信托分配的前置程序,未经清算,原告所主张的信托利益款项数额无法确定,故其诉讼请求不能成立,不予支持。被告怠于履行清算义务致使信托财产分配兑付迟延,原告可另行主张。

【风险提示】

因上述案例中原告的诉讼请求是分配信托财产,在未经清算以前,信托财产不得分配,故法院驳回了原告的诉讼请求。但是该案中法院对于信托公司未履行清算义务已经表明了明确的法律态度,并提出“被告怠于履行清算义务致使信托财产分配兑付迟延,原告可另行主张”。

故建议:

(1)信托公司根据法律法规以及监管文件的规定履行清算义务。应该在信托终止后,作出处理信托事务的清算报告。清算报告至少应当包括以下内容:一是信托的基本信息;二是信托财产的管理、运用及处分情况;三是信托收益情况及分配情况;四是清算报告异议期限及受托人解除责任声明;五是法律、行政法规、部门规章、其他规范性文件规定及信托文件约定应当披露的其他内容。信托公司应当按照信托文件约定的时限和方式向受益人或信托财产的权利归属人提交清算报告。信托文件没有约定的,应当在信托终止后 10 个工作日内提交《信托公司受托责任尽职指引》第 43 条规定的清算报告,但法律、行政法规、部门规章及其他规范性文件另有规定的除外。

(2)对于清算后的剩余信托财产,信托公司应当依法按照信托文件的约定转移给信托财产的权利归属人。

【投资建言】

(1)充分理解分配信托财产和清算的关系,未经清算不得分配信托财产,尤其在涉及多个投资者的信托项目中。不宜直接通过诉讼要求信托公司分配财产。

(2)应及时请求并督促信托公司在信托到期后或合同约定清算条件成熟时进行清算。若信托公司不予以清算,可以通过诉讼方式,但需明确诉讼请求。该案中投资者的诉讼请求显然不适当,导致法院驳回其诉讼请求,并提出“由于被告怠于履行清算义务致使信托财产分配兑付迟延,原告可另行主张”。

(3)在信托公司发布清算报告后,在规定的时间内及时提出异议。否则“受益人或信托财产的权利归属人在异议期限内对清算报告无异议的,信托公司就清算报告所列事项解除责任,但信托公司有不正当行为的除外”。

风险点五十五　信托计划终止时劣后级受益人要求基于现状分配利息的风险

【基本法理】

信托终止后受托人按照法律规定进行清算,并分配信托财产。分配财产之顺序根据合同约定。在结构性金融产品中,优先级受益人若无分配,则劣后级受益人无权要求基于现状分配利息。

【参考案例】

某小额贷与某信托公司等营业信托纠纷案[①]

诉讼请求:

某小额贷诉讼请求:(1)某信托公司限期履行信托财产(6000万元本金)现状分配的承诺;(2)某信托公司赔偿因其怠于履行信托财产现状分配义务而给某小额贷造成的自应予现状分配完毕之日起(2015年11月7日)至相关信托权益转让手续办结之日止的资金占用损失,以6000万元的同期银行贷款基准利率(4.35%/年)计,暂主张计算至2015年12月28日的损失

① 参见广东省高级人民法院民事判决书,(2019)粤民终21号。

为 371835.6 元;(3)第三人银某证券、银某金汇、中行某支行依法向某小额贷交付 6000 万元份额信托债权(含担保债权)对应的委托贷款债权凭证并配合某信托公司与某小额贷签署债权转移协议。

某小额贷上诉请求:撤销一审判决,改判支持邦信小额贷的全部诉讼请求……

案件事实:

2013 年 3 月 19 日,银某证券与中行某支行及威海某天签署了 2013 圳中银东委字第 076 号《人民币委托贷款合同》。同日,中行某支行与威海某天签署了 2013 圳中银东借字第 076 号《借款合同》、2013 圳中银东抵字第 076A 号《土地抵押合同》以及 2013 圳中银东抵字第 076B 号《抵押合同》;中行某支行与余某强签署了 2013 圳中银东质字第 076 号《质押合同》以及 2013 圳中银东保字第 0768 号《保证合同》;中行某支行与福建省能某光电集团有限公司签署了 2013 圳中银东保字第 076A 号《保证合同》。同日,某小额贷、银某证券、中行某支行与威海某天签署了《资金监管协议》。

2013 年 4 月 5 日,某小额贷与某信托公司签订了《某信托公司—银某证券吉星 9 号定向资产管理计划投资集合资金信托计划》的信托合同(以下简称《信托合同 1》)。合同约定某信托公司运营信托财产的方式是投资于银某证券发起设立的银某证券吉星 9 号定向资产管理计划。《信托合同 1》第 1 条"定义和解释"第 10 项规定优先级受益人指享有本信托计划优先级收益权的受益人;第 11 项规定次级受益人指享有本信托计划次级收益权的受益人。第 16 项规定优先级收益权指受益人基于信托合同(优先级)享有的信托收益权,为信托权益分配时优先于次级受益人获得信托利益支付的权利,受托人根据信托文件规定的预期收益率于各支付日向全体优先级受益人足额分配定期信托利益之前,不向次级受益人分配任何信托利益;第 17 项规定次级收益权指受益人基于信托合同(次级)享有的信托收益权,为在信托权益分配时劣后于全部优先级受益人获得剩余信托利益支付的权利,次级收益权划分为等额份额的次级信托单位。第 19 项规定信托利益指受托人管理、运用、处分信托财产所产生的收益在扣除信托财产应缴纳的税费、信托费用、信托报酬后的剩余部分。第 6 条规定,信托期限为 24 个月,从信托成立之日起计算。第 9 条第 3 项规定投资金额:人民币 16000 万元整。第 11 条第 5 款规定,信托财产的分配顺序是:(1)支付本信托项下应由信托财产承担的税收;(2)支付应由信托财产承担的费用;(3)向优先级受益人分配信托利益;(4)向次级受益人分配信托利益。第 12 条第 1 款规定:信托利益的归属:优先级受益人年化预期收益率为 11.5%。第 12 条第 2 款规定:优先级受益人利益的分配:信托计划终止时,受托人向优先级受益人分配优先级受益人剩余信托利益,受托人应于收到资产项目分配的投资本金和剩余投资收益后的 3 个工作日内,将其直接划至优先级受益人信托利益分配账户。第 3 款规定:受托人应于每个支付日后,且收到投资收益后,向优先级受益人分配当个计费期间剩余的投资收益。如当期的优先级受益人的信托收益低于其预期收益率,则不足部分由次级受益人以其已收取的信托利益为限补足。第 21 条第 3 款规定:对于非货币形式的信托财产,受托人有权延长信托期限至信托财产全部变现之日止,或按照该部分非货币形式财产届时的现状按受益人持有信托单位的比例移交给受益人。受托人向受益人发出分配信托财产的书面通知,该通知到达受益人即视为受托人已经分配完毕信托财产。受托人将继续配合受益人办理相关权益转让手续。

2013 年 5 月 15 日,江某银行与某信托公司签订了《某信托公司—银某证券吉星 9 号定向资产管理计划投资集合资金信托计划》的信托合同(以下简称《信托合同 2》),合同编号为×××(×××)字第×××号×××以及《某信托公司—中国银某证券股份有限公司吉星×××号定向资产管理计划投资集合资金信托计划信托合同之补充协议》(优先级)。本信托项下优先级受益人为江某银行,投资金额 1 亿元,次级受益人为某小额贷,投资金额 6000 万元。

2015 年 3 月 20 日,某信托公司发出《通知函》载明:致优先级委托人/受益人,次级委托人/受益人,我司管理的信托计划,根据信托的约定将资产投资于吉星 9 号定向资产管理计划。经与银某金汇经办人沟通,因吉星 9 号一直未能回收相关投资收益,因此本信托未能向受益人分配信托利益。根据信托合同的约定,优先级受益人应收未收的信托利益(合计 5702739.73 元)

应由次级受益人以其已收取的信托利益(合计 18201338.41 元)为限向优先级受益人补足。鉴于本信托即将到期,且吉星 9 号无法按时回收投资本金及收益的可能性较大,届时将无法以现金清算分配,因此请优先级委托人与次级委托人对本次信托财产的后续管理及其他重要事项在协商一致后向我司发送委托人指令,我司将按照委托人指令执行。

某信托公司向江某银行和某小额贷发出《通知函》,载明:全体受益人委托我司于 2013 年 4 月 10 日设立吉星 9 号信托计划。本信托规模 16000 万元,优先级规模 10000 万元,次级规模 6000 万元,信托期限 2 年。本信托根据约定投资于银某金汇管理的吉星 9 号定向资产管理计划,委托资产合计 16000 万元,但吉星 9 号定向资产管理计划未能按合同约定到期分配委托资产及收益。根据约定,对于非货币形式的信托财产,受托人有权延长信托期限至信托财产全部变现之日止,或按照该部分非货币形式财产届时的现状按受益人持有信托单位的比例移交给受益人。受托人向受益人发出分配信托财产的书面通知,该通知到达受益人即视为受托人已经分配完毕信托财产。受托人将继续配合受益人办理相关权益转让手续。本信托项下非货币形式的信托财产为银某金汇管理的吉星 9 号定向资产管理计划项下资产委托人的全部权利和义务(对应 16000 万元委托资产份额)。我司作为本信托的受托人特此函告全体受益人,本信托将项下非货币形式的信托财产采取现状分配方式向全体受益人分配,我司将继续配合受益人办理相关权益转让手续。

2015 年 4 月 15 日,某信托公司向江某银行、某小额贷发出《通知函》,告知根据信托合同的约定该项目计划于 2015 年 4 月 10 日到期。现收到银某金汇发来的《通知函》,并与银某金汇经办人员沟通了解,吉星 9 号未能按期回收相关投资收益,并要求我司向其发出处理指令。鉴于本信托为事务类信托业务,且目前无法以现金清算分配,请优先级委托人与次级委托人对本信托财产的后续管理及其他重要事项在协商一致后向我司发送委托指令,我司将按照委托人指令处理相关信托事务。在我司未收到相关委托人指令前,根据信托合同约定,该项目信托计划期限将延长至信托财产完全变现之日,我司将于信托财产完全变现之后再进行清算分配。

2016年4月18日,银某金汇向某信托公司发出《吉星9号现状分配通知书》,通知某信托公司吉星9号定向资产管理计划终止。委托财产并未全部转变为资金形式,委托资产现状为银某金汇在《委托贷款合同》、相关从合同、《资金监管协议》及相关补充协议项下的全部权利、义务。根据《资产管理合同》的约定,以资产原状的方式将委托财产返还给某信托公司。自收到通知书之日,即视为资管计划项下全部委托财产已分配完毕,并可视情况配合某信托公司办理相关手续,但相关手续办理不影响委托财产已经分配完毕的事实状态。

2016年7月6日,某小额贷向威海某天、余某强、福建省能某光电集团有限公司发出(2016)深邦贷催字第001号《债权转移及催收通知》,载明:中行某支行作为名义债权人,对你/你公司享有的编号为2013圳中银东委字第076号的《人民币委托贷款合同》项下的债权及担保债权,为信托计划及该信托计划投资的吉星9号项下的信托资产,因所涉委托贷款、资管计划、信托计划均已到期,上述债权及担保债权作为非现金信托财产,已由信托受托人按照所持份额比例现状分配给包括某小额贷在内的两名信托受益人,某小额贷为信托计划的信托受益人之一,持有6000万元本金份额,现依法享有对你/你公司在上述本金总额1.6亿元委托贷款中的6000万元本金债权、担保债权及相应利息,债权金额计算清单见附件。鉴于你/你公司上述债务已逾清偿期限,现通知并催告你/你公司:(1)尽速向我公司清偿贷款本金6000万元及利息,并按照《信托合同1》的标准支付自2015年4月11日至实际支付日的资金占用费;(2)要求你/你公司就附件6、7、8所列合同项下的抵押物和质押物变现以清偿对我公司的上述债务。2016年7月21日,威海某天、余某强、福建省能某光电集团有限公司回复某小额贷称:(1)我/我公司知悉并认可2013圳中银东委字第076号《人民币委托贷款合同》项下全部债权及担保债权中的6000万元份额部分转移至贵公司;(2)我/我公司确认(2016)深某贷催字第001号《债权转移及催收通知》附件12债权金额计算清单所列我/我公司欠付贵公司的债务金额正确无异议,并承诺尽快向贵公司清偿;(3)我/我公司对贵公司要求就(2016)深邦贷催字第001号《债权转移及催收通知》附件6、7、8所列合同项下的抵押物和质押物变现清偿对贵公司的债务亦无异议。威海某天于2016年8月4日偿还某小额贷利息1万元。

信托计划执行期间,江某银行于2013年6月20日收取信托收益1134246.58元,2013年9月20日收取信托收益2898630.14元,2013年12月20日收取信托收益286123.29元,2014年3月20日收取信托收益2835616.44元,2014年6月20日收取信托收益2898630.14元,2014年9月20日收取信托收益2898630.14元,共计15532876.73元。自2014年9月20日起开始未收取信托分配收益。某小额贷于2013年6月20日收取信托利益3027857.41元,2013年9月22日收取信托利益3826232.88元,2013年12月24日收取信托利益3779260.27元,2014年3月21日收取信托利益3739301.37元,2014年6月24日收取信托利益3828686.48元,共计18201338.41元。自2014年9月20日起开始未收到信托分配收益。

2017年6月6日,山东省威海市文登区人民法院裁定受理威海某天的重整申请,威海某天进入破产重整程序。

2015年12月11日,银监会江西银监局作出《关于南昌银行更名为江某银行的批复》,同意南昌银行更名为江某银行。

二审另查明,2017年4月12日,江西省高级人民法院作出(2017)赣民终44号民事判决,判决某小额贷承担次级受益人补足责任,向江某银行支付2014年9月20日至信托到期日2015年4月10日期间的信托收益6332876.72元及利息。该判决对江某银行主张信托合同到期之后信托收益仍按原合同计算,由某小额贷以其已收取的信托利益为限,对信托合同到期之后的信托收益予以补足的请求未予支持。

2019年10月9日,广东省深圳市中级人民法院作出(2017)粤03民初734号民事判决,确认中行某支行就涉案的委托贷款对威海某天享有的债权为本金16000万元、利息19254177.49元、复利7844375.47元、逾期利息91879500元、律师费损失25万元,同时确认中行某支行对威海某天名下龙都丽景项目土地使用权及龙都丽景项目在建工程享有抵押权,对余某强持有的威海某天 57.5%股权享有质押权,判决福建省能某光电集团有限公司与余某强对威海某天所负债务承担连带清偿责任。该判决查明,2019 年 7 月 3 日,威海某天更名为威海融璟房地产开发有限公司。

判决结果:

一审判决:驳回某小额贷的全部诉讼请求。

二审判决:驳回上诉,维持原判。

裁判观点:

二审法院认为,根据最高人民法院《民事案件案由规定》,该案为营业信托纠纷。一审判决将该案案由定为信托合同纠纷,有失准确,予以纠正。根据各方当事人的二审诉辩意见,该案争议的焦点问题是:某小额贷要求某信托公司向其履行信托财产(6000 万元本金)现状分配承诺的主张能否得到支持。

根据某小额贷在二审期间所明确的诉讼请求第 1 项的内容,其要求某信托公司向其履行信托财产现状分配承诺的请求,实质为要求某信托公司向其转让 6000 万元本金份额的涉案贷款债权。根据该案查明的事实,中行某支行就涉案的委托贷款对威海某天享有的债权为本金 16000 万元及利息。某小额贷要求某信托公司向其转让 6000 万元本金份额的涉案贷款债权,即为要求某信托公司将未分配的信托利益按照 10∶6 的比例在江某银行与某小额贷之间分配。

根据涉案《信托合同 1》与《信托合同 2》对涉案信托利益分配的安排,江某银行为优先级受益人,某小额贷为劣后级受益人,信托财产在扣除应由信托财产承担的费用和税费后,优先向优先级受益人分配信托利益。以整个信托期限为计算依据的优先级受益人年化预期收益率为 11.5%。如当期的优先级受益人的信托收益低于其预期收益率,则不足部分由次级受益人以其已收取的信托利益为限补足。信托计划终止,受托人收到涉案资产管理计划分配的投资本金和剩余投资收益后,受托人以信托财产在支付信托费用、信托税费、优先级受益权信托利益后的余额为限,向各次级受益人分配剩余的信托财产。由此可知,涉案信托是典型的结构化信托。在结构化信托中,将信托利益根据不同层级的受益权进行分层配置是其主要特点。

《信托合同1》第21条第3款约定:对于非货币形式的信托财产,受托人有权延长信托期限至信托财产全部变现之日止,或按照该部分非货币形式财产届时的现状按受益人持有信托单位的比例移交给受益人。受托人向受益人发出分配信托财产的书面通知,该通知到达受益人即视为受托人已经分配完毕信托财产。受托人将继续配合受益人办理相关权益转让手续。某小额贷上诉主张,依据该款特别约定,如果信托财产在信托终止日存在非货币形式财产,受托人有权按照该部分非货币形式财产届时的现状按受益人持有信托单位的比例移交给受益人,且此时信托财产的分配是去结构化的,不受《信托合同1》中对信托受益权分层配置等条款的约束。法院认为,某小额贷对上述条款的理解缺乏依据,上述特别约定针对的是信托终止日时受托人对非货币形式信托财产以何种形式予以处分的选择权,不构成对涉案信托结构化特点的放弃与变更。无论是涉案信托计划存续期间还是信托计划终止后,某信托公司都应当按照江某银行优先于某小额贷获得信托利益的顺序进行信托利益的分配。根据该案查明的事实,在信托计划终止后,江某银行尚未按照优先级受益人年化预期收益率收取足额的信托利益,因此某信托公司向某小额贷分配信托利益的条件尚未成就。故一审判决认为在江某银行收取足额信托利益之前,某小额贷不能请求某信托公司分配信托利益,具有事实与法律依据,予以维持。

某小额贷上诉主张,江西省高级人民法院(2017)赣民终44号民事判决已认定涉案信托到期后信托利益的分配不受分层配置安排的约束,该案一审判决与其相矛盾。对于某小额贷的上述主张,分析如下:(2017)赣民终44号民事判决书判决某小额贷承担次级受益人补足责任,向江某银行支付2014年9月20日至2015年4月10日的信托收益及利息,对江某银行主张的由某小额贷以其已收取的信托利益为限,对2015年4月10日之后的信托收益予以补足的请求未予支持。该判决是建立在涉案信托财产尚未全部变现,江某银行可以通过某信托公司分配到的信托利益数额尚未确定的事实之上。故该判决未支持江某银行主张的2015年4月10日之后的信托收益补足请求,不能解释为是对涉案信托利益分层配置安排的否定。故某小额贷的上述主张缺乏依据,不予采纳。

【风险提示】

(1)在结构化信托中,信托公司应明确约定优先级受益人的权利,当优先级受益人和劣后级受益人意见不一致时,可以根据合同的明确规定解决纠纷;且应在合同中明确优先级受益人的利益应以收取足额预期收益为条件。换言之,只有优先级受益人的利益获得满足后,劣后级受益人的权利才能获得保证。上述案件是结构化信托中,在信托计划终止后,当两者利益不一致时,劣后级受益人能否向信托公司主张按照现状进行分配的争议。法院认为在信托计划终止后,优先级受益人尚未按照优先级受益人年化预期收益率收取足额的信托利益,信托公司向劣后级受益人分配信托利益的条件尚未成就。因此,在结构化信托中,信托计划终止时,在优先级受益人尚未按年化预期收益率收取足额的信托利益的情况下,信托公司无须向劣后级受益人分配信托收益。

(2)在结构化信托中,建议信托公司采用通俗易懂的文字规定对非货币形式的信托财产约定受托人明确的延长信托期限至信托财产全部变现之日止,明确约定在延长时期受益人仍然受结构化信托的约束。这样既能较好地保障优先级受益人和劣后级受益人的权益,也能避免与受益人之间发生理解上的分歧从而发生讼争。尤其是当信托到期后,劣后级受益人的投资可能难以获得回报,此时任何合同上含糊之词都可能引发争议。上述案例中信托公司在《信托合同1》第21条第3款约定:“对于非货币形式的信托财产,受托人有权延长信托期限至信托财产全部变现之日止,或按照该部分非货币形式财产届时的现状按受益人持有信托单位的比例移交给受益人。受托人向受益人发出分配信托财产的书面通知,该通知到达受益人即视为受托人已经分配完毕信托财产。受托人将继续配合受益人办理相关权益转让手续。”但劣后投资人仍在上诉时主张依据该条“特别约定”,如果信托财产在信托终止日存在非货币形式财产,受托人有权按照该部分非货币形式财产届时的现状按受益人持有信托单位的比例移交给受益人，且此时信托财产的分配是去结构化的，不受《信托合同 1》中对信托受益权分层配置等条款的约束。虽然法院最终认为，上述特别约定针对的是信托终止日时受托人对非货币形式信托财产以何种形式予以处分的选择权，不构成对涉案信托结构化特点的放弃与变更。无论是涉案信托计划存续期间还是信托计划终止后，某信托公司都应当按照有限受益人优先于劣后级受益人获得信托利益的顺序进行信托利益的分配。但同时也说明该《信托合同 1》第 21 条规定在文字上仍然存在引起歧义的疏漏。

【投资建言】

(1)充分理解优先级受益人和劣后级受益人的区别。实务中作为劣后级受益人基于商业考量，在信托项目中放弃信托利益分配的优先顺位，代表劣后级受益人的利益衡量，以劣后顺位换取其他利益。该案中讼争劣后级受益人时作为《资金监管协议》的主体方，说明在该协议中已经享有权利和义务，获得了资产管理计划相关的利益，其劣后级受益人便是其认为的支付的合理对价。

(2)诚实履约。投资者抱着通过诉讼的方式维护自身“权益”的侥幸，但明确违反合同约定的诉求难以得到法院的支持，反而支付较多的诉讼成本。